Rosemarie Nave-Herz
Ehe- und Familiensoziologie

Rosemarie Nave-Herz

Ehe- und Familiensoziologie

Eine Einführung in Geschichte,
theoretische Ansätze und empirische Befunde

Juventa Verlag Weinheim und München 2004

Die Autorin

Rosemarie Nave-Herz, Dr. rer. pol., Dr. phil. h.c., ist Professorin im Institut für Soziologie der Carl von Ossietzky Universität Oldenburg.
Ihre Arbeitsschwerpunkte sind Familien-, Kindheits- und Bildungssoziologie.

Bibliografische Information Der Deutschen Bibliothek

Die Deutsche Bibliothek verzeichnet diese Publikation in der Deutschen Nationalbibliografie; detaillierte bibliografische Daten sind im Internet über http://dnb.ddb.de abrufbar.

© 2004 Juventa Verlag Weinheim und München
Umschlaggestaltung: Atelier Warminski, 63654 Büdingen
Umschlagabbildung: Fernand Léger, Die Treppe, 1913 © VG Bild-Kunst, Bonn 2003
Printed in Germany

ISBN 3-7799-1712-2

Vorwort

Der vorliegende Einführungsband verfolgt verschiedene Ziele:

Es soll ein Überblick über die in der Familiensoziologie theoretisch und empirisch bisher am intensivsten behandelten Themen geboten werden, verbunden mit dem ehrgeizigen Ziel, komplizierte Sachverhalte möglichst verständlich darzustellen. Gleichzeitig wird der Versuch unternommen, das Interesse an familiensoziologischen Fragestellungen zu wecken. In einem Einführungswerk ist es nicht möglich alle Themen bis ins Detail zu behandeln. Um sich mit einzelnen Fragestellungen eingehender auseinandersetzen zu können, wird im Text auf entsprechende Literatur verwiesen und deshalb wurde außerdem ein umfangreiches Literaturverzeichnis angefügt, das hierfür Hilfe leisten soll.

Weiterhin soll die Einsicht in die spezielle gesellschaftliche Ausformung der heutigen Ehe und Familie und die historische und gesellschaftliche Bedingtheit familialer Prozesse (einschließlich ihrer Widersprüchlichkeiten) vermittelt werden. Aus diesem Grunde wurden Ergebnisse der historisch-soziologischen Familienforschung in die Darstellung mit einbezogen.

Durch das Eingebundensein in die gegenwärtige Gesellschaft sind wir häufig nicht in der Lage, die kulturspezifischen und zeitbedingten Aspekte unserer gegenwärtigen Ehe- und Familien-Form zu erkennen. Sie gilt uns als selbstverständlich, als immer da gewesen, evtl. sogar als naturgegeben. Die vorliegende Einführung will eine Sensibilisierung für die eigene „Standortgebundenheit" bei der Wahrnehmung und der Bewertung von Sachverhalten, die Ehe und Familie betreffen, wecken. Deshalb wurden immer wieder historische Exkurse eingeblendet. Diesem Zweck dienen ferner die kulturvergleichenden Darstellungen, die des Umfanges wegen nur punktuell berücksichtigt werden konnten. Der Schwerpunkt der Analyse musste auf die westeuropäische Ehe und Familie gelegt werden.

Dem Leser und der Leserin soll ferner die Notwendigkeit der Trennung zwischen familialer Realität und Ansprüchen bzw. Erwartungen an Ehe und Familie, zwischen Familienideal und Familienalltag, deutlich werden. Wie vielfach gezeigt werden wird, ist selbst in der wissenschaftlichen Literatur zuweilen die „Vermischung" dieser beiden Ebenen gegeben.

Bewusst wurde auf die Darstellung der in der Familiensoziologie gängigen wissenschaftstheoretischen Ansätze in einem speziellen Kapitel verzichtet, sondern diese (die strukturell-funktionale, die systemtheoretische, die Austausch- und Ressourcentheorie, die ökonomische Theorie, die Rollenanalyse, der symbolische Interaktionismus) werden im Zusammenhang mit den Themen dargestellt, bei denen sie insbesondere ihre praktische Anwendung gefunden haben und ihre besondere Erklärungskraft zu entfalten vermochten. Damit wird gleichzeitig deutlich, wie stark die folgenden Ausführungen am Postulat der theoriegeleiteten empirischen Forschung orientiert sind.

Dem sozialen und damit familialen Wandel wurde dadurch entsprochen, dass sich die soziologische Analyse der Familien nicht nur auf die Kernfamilie bezieht, sondern die Mehrgenerationenfamilie mit einschließt.

Last but not least sollten Ehe und Familie nicht von vornherein als ein identisches „Forschungsfeld" behandelt werden. Stets wird hinterfragt, ob sich die Fragestellung, die theoretische Analyse und die empirischen Befunde auf die Ehe, auf die Familie oder sowohl auf die Ehe und die Familie beziehen. Damit mussten manche familiensoziologische Thesen und Ergebnisse neu formuliert werden. Diese bewusst und systematisch praktizierte terminologische und thematische Trennung von Ehe und Familie, die der veränderten sozialen Realität Rechnung trägt (vgl. Kap. 2 und 3), spiegelt sich bereits im Titel und Inhaltsverzeichnis des Buches wider.

Ich möchte mich ganz besonders herzlich bei meinen Kollegen und Kolleginnen bedanken, die - trotz ihrer zeitlichen Belastung - das Manuskript kritisch durchgesehen und mir wichtige Anregungen gegeben haben: Dr. Rainer Fabian, Dipl. Soz. Michael Feldhaus, Prof. Dr. Krüsselberg, Dr. habil. Heinz-Dieter Loeber, Dr. Niels Logemann, Prof. Dr. Nauck, M.A. Monika Schlegel und Prof. Dr. Ingrid Sommerkorn. Die technische Erstellung des Manuskripts haben Michaela Graf, Sven Martensen, Mirjam Rix-Schneider und Dipl. Soz. Daniel Paasch übernommen. Das Sachverzeichnis hat Michael Feldhaus erstellt; und er war auch zusammen mit Daniel Paasch für die Erstellung der Tabellen verantwortlich. Ihnen allen danke ich vielmals für ihre sehr wichtige Unterstützung.

Oldenburg, im Februar 2004
Rosemarie Nave-Herz

Inhalt

1. Einführung: Abriss über die Geschichte der Familiensoziologie in Deutschland

In diesem Kapitel geht es nicht nur darum, einen wissenschaftshistorischen Abriss über die (Ehe-) und Familiensoziologie in Deutschland darzustellen und nach den verursachenden Bedingungen ihrer Entwicklung zu fragen. Es soll gleichzeitig das Verhältnis dieser Speziellen Soziologien zur Allgemeinen Soziologie untersucht und ihre Aufgabenstellungen beschrieben werden.

Die Ehe- und die Familiensoziologie als Spezielle Soziologien unterscheiden sich von der Allgemeinen Soziologie nicht auf methodologischer Ebene, sondern sie sind lediglich durch die Begrenzung ihres Forschungsgegenstandes bestimmt, nämlich durch die Konzentration auf die gesellschaftlichen Teilbereiche „Ehe" bzw. „Familie" und deren interdependente Beziehungen zu anderen sozialen Systemen.

Als eigenständige spezielle Soziologie wird bisher in Deutschland - wie im Vorwort betont - nur die Familiensoziologie ausgewiesen. Soziologische Analysen über die „Ehe" wurden (und werden) zumeist unter dem Begriff „Familiensoziologie" subsumiert. In den letzten Jahren nahmen jedoch die Veröffentlichungen zu, die wegen des veränderten Verhältnisses von Ehe und Familie in der Realität (vgl. Kap. 2.1) eine stärkere terminologische und thematische Trennung von Ehe und Familie forderten (vgl. z.B. Nave-Herz 1988b: 90; Lenz 2003). Wenn mit dem vorliegenden Einführungsband gerade auch diese Aufgabe zu erfüllen versucht wird, so kann im folgenden historischen Abriss wegen der in der Vergangenheit kaum gegebenen Trennung von Ehe und Familie auch keine strikte Trennung zwischen der Entwicklung der Ehe- und Familiensoziologie vorgenommen werden.

Wie in der Soziologie überhaupt, so gab und gibt es auch in der Ehe- und Familiensoziologie verschiedene wissenschaftstheoretische Positionen. Sie beruhen z.T. auf unterschiedlichen anthropologischen Annahmen, auf der Verschiedenheit von Erkenntnisinteressen und Methodenpräferenzen der Forscher bzw. Forscherinnen. Sichtbar werden diese Differenzen bereits durch die unterschiedlichen Zeitangaben der Entstehung einer Familiensoziologie und der Nennung unterschiedlicher „Gründungsväter", worauf später noch ausführlicher eingegangen wird.

Zudem bereitet die Bestimmung des Entstehungszeitpunktes der Familiensoziologie insofern Schwierigkeiten, weil die Ausdifferenzierung einer wissenschaftlichen Fachdisziplin von den Kriterien abhängig ist, an denen man eine Einzelwissenschaft misst. Hinzu kommt, dass sich wissenschaftliche Spezialisierungen durch Differenzierungsprozesse über einen längeren Zeitraum erstrecken. Wenn aus diesen Gründen in der Literatur auch unterschiedliche Zeitangaben zu finden sind, ist man sich dennoch einig, dass sich die Familiensoziologie erst im Laufe des 19. Jahrhunderts als eigenständiges Forschungsgebiet innerhalb der Soziologie entwickelt hat. Zwar haben bereits Platon, Aristoteles und viele andere Philosophen (wie Locke, Bacon), ferner die Autoren der „Hausväter-Literatur" und der frühen Haushaltsstudien wichtige Vorleistungen für die spätere Ausprägung der Familiensoziologie erbracht, die Familie war aber nicht zentraler Gegenstand ihrer wissenschaftlichen Analysen. Sie wurde als „Mittel zum Zweck" gesehen und der wissenschaftlichen Reflexion, im Hinblick auf die Staatsbildung, auf eine christliche Lebensführung, die Bevölkerungsentwicklung u.a.m. unterzogen. René König nannte diese Epoche die Zeit der universalhistorischen Betrachtungsweise von Familie (1969/2002: 339).

1.1 Die Anfänge der Familiensoziologie

Wenn im Folgenden gezeigt werden soll, ab wann familiensoziologische Forschung durchgeführt wurde, so muss hierbei immer mitbedacht werden, dass die Soziologie sich erst im 19. Jahrhundert als Einzeldisziplin langsam herausbildete, dass aber fast alle, die wir heute als Klassiker der Soziologie bezeichnen, familiensoziologische Beiträge verfasst haben bzw. in ihren Analysen von der Familie ausgingen, um Themen des sozialen Wandels, der sozialen Integration und des abweichenden Verhaltens, der Entstehung und Kontinuität von Klassenstrukturen u.a.m. zu behandeln (vgl. u.a. Marx, Weber, Simmel). Dieser Sachverhalt ist dadurch bedingt, dass die Familie als Teil der Gesellschaft nicht nur durch diese geprägt ist, sondern die Familie ihrerseits wesentlich dazu beiträgt, die Gesellschaft zu erhalten oder zu verändern. Deshalb war z.B. für René König „Familie" ein „gesellschaftliches Total-Phänomen" und familiale Analysen hatten für ihn paradigmatische Bedeutung für die Allgemeine Soziologie. Seiner Meinung nach nahm die Familiensoziologie „im Rahmen der vielen soziologischen Zweigdisziplinen" eine „strategisch zentrale Position" ein (2002: 541).

Im Zuge der sich langsam vollziehenden weiteren wissenschaftlichen Spezialisierungs- und ihrer Differenzierungsprozesse im 19. Jahrhundert sind empirische familiensoziologische Abhandlungen zunächst in der Rechts- und Staatswissenschaft zu finden. So weist z.B. Schwägler darauf hin, dass unter dem Einfluss der historischen Rechtsschule die ersten umfassenden Beiträge über Ehe und Familie erschienen sind (z.B. 1833 v. Raumer: „Über Ehe und Familie"; 1835 Bosse: „Das Familienwesen"). Diese Abhandlungen beschreiben u.a. die historische Entwicklung des Ehescheidungs-, Eigentums- und Erbrechts.

Als die sozialen Probleme der Industrialisierung in Deutschland im 19. Jahrhundert immer stärkere öffentliche Beachtung fanden, wurden auch die ersten umfassenden familiensoziologisch-relevanten Untersuchungen über die Wirkung der Fabrikarbeit durchgeführt, z.B. im Hinblick auf das Schicksal der Kinder, die Stabilität der ehelichen Beziehungen, die schwindende Autorität des Mannes (vgl. hierzu König 1969/2002). Ihr widmete z.B. Engels mit seinem Buch „Die Lage der arbeitenden Klasse in England" (1845) eine gesonderte - als familiensoziologisch zu bezeichnende - Erhebung.

Ferner entstand im 19. Jahrhundert die für die Familiensoziologie bis heutige wichtige Disziplin der Demografie, damals „Moralstatistik", genannt. So wurden umfangreiche, detaillierte statistisch-empirische Analysen über E-heschließungen, Ehescheidungen, die eheliche Fruchtbarkeit, das Heiratsalter, über Nichtehelichkeit u.a.m. durchgeführt (vgl. u.a. Guerry 1833; Quételet 1835; Mayr 1897; Kiaer 1903; Prinzing 1904). Man versuchte durch Messen, Zählen und Beobachten, soziale Regelmäßigkeiten und Konstanten in den scheinbar willkürlichen, individuellen menschlichen Handlungen aufzudecken. Quételet war der Erste, der mathematische Modelle auf Sozialdaten anwandte; dabei wurde die quantitative Erfassung nicht-physischer Merkmale im Gegensatz zu den anthropometrischen Untersuchungen von ihm erstmalig als „statistique morale" bezeichnet. Quételet beschäftigte sich mit dem sozialen Handeln des „homme moyen", des „durchschnittlichen Menschen", indem er beispielsweise beim Heiraten gewisse Regelmäßigkeiten in Bezug auf Geschlecht und Alter feststellte. Die Moralstatistik wurde in den 70er Jahren des 19. Jahrhunderts geradezu zu einer Modewissenschaft (vgl. Schwägler 1970: 70f.). Schnapper-Arndt (1883) versuchte, sowohl haushaltsstatistische als auch ökonomische und sozialpsychologische Betrachtungsweisen über die Familie zu vereinigen. Zur Beschreibung eines Haushalts verwandte er weit mehr Erhebungsmethoden als früher üblich. Neben den Interviews mit Experten, der Inventarisierung aller Haushaltsgegenstände und Arbeitsmittel, vom Fingerhut bis zur letzten Fadenrolle, wurden nun auch urkundliches Material, z.B. Briefe, Quittungen, Steuerzettel, gerichtliche Dokumente, Sparbücher, Einnahme- und Ausgabebücher, Speisezettel, herangezogen; ferner bezog sich seine Darstellung nicht nur auf die materielle Lage, die Berufssituation und auf Nebenarbeiten (die wir heute als „Schattenwirtschaft" oder „Schwarzarbeit" bezeichnen würden), auf die Art der Hausarbeit in jener Zeit, sondern auch auf die innerfamiliären und e-helichen Beziehungen sowie auf die Kindererziehung (vgl. den Auszug aus der Familienbeschreibung von Schnapper).

Einige dieser statistisch orientierten Vorläufer der Familiensoziologie sahen jedoch ihre Hauptaufgabe nicht nur in der Inventarisierung familienrelevanter Daten, sondern sie versuchten mit Hilfe ihrer statistischen Methode neben der Gegenwarts- und Zustandsbeschreibung der Familie, Grundlagen für politisches Handeln zu erstellen.

Die sich entwickelnde Haushaltsstatistik bzw. die familienstatistische Inventarisierung und das Erstellen von Familienbudgets waren also nicht das Resultat eines wissenschaftsimmanenten Entwicklungsprozesses, sondern sie waren Teil einer notwendig werdenden Reaktion auf starke soziale Veränderungen: durch die industrielle Revolution, die in Deutschland gerade um die Mitte des 19. Jahrhunderts voll einsetzte, und durch neue technische Erfindungen jener Zeit verstärkt wurde, veränderte sich die Lebenslage der verschiedensten Bevölkerungsgruppen und zog soziale Umschichtungen (Vermehrung des Großgrundbesitzes und Zunahme des besitzenden Bürgertums sowie der Fabrikarbeiterschaft mit sehr hohen Arbeitszeiten) nach sich. Gleichzeitig setzte die sog. „Bevölkerungsexplosion" vornehmlich infolge der Abnahme der Säuglings- und Kindersterblichkeit ein, die Landflucht und weiterhin die Auswanderungswellen. Dieser soziale Wandel „rief" geradezu nach Gegenwartsanalysen oft in kritischer Absicht erwachsen aus ihrer Opposition gegen die bestehenden Zustände und verbunden mit Orientierungsvorschlägen für zukünftige Veränderungen.

Beschreibung der Wirtschaft und Statistik der Wirthschaftsrechnungen der Familie eines Uhrschildmalers im bad. Schwarzwald.

Aufgenommen an Ort und Stelle, im Herbst 1878
von Gottlieb Schnaper in Frankfurt a. M.,
ehem. Mitglied des königl. preuss. stat. Seminars.
Civilstand der Familie.

Die Familie, deren Budget wir geben, bestand aus vier Personen, nämlich: P. P***, 43 Jahre alt, verheirathet seit neun Jahren ohngefähr, seiner Ehefrau, 39 Jahre alt, seinem Sohne, 8 ½ Jahre alt, seinem Töchterchen, 7 ½ Jahre alt. Ein drittes Kind, welches jetzt 5 Jahre alt sein würde, ist im Säuglingsalter gestorben.
...

Erwerb

Sonach entstammt gegenwärtig die Summe der Einnahme, über welche die Familie verfügt, so gut wie allein der Arbeit und zwar der Schildmalerei. Das Verfahren, dessen sich P*** zur Anfertigung seiner Schilde bedient ist das Folgende: (es erfolgt die genaue Beschreibung der Erwerbsarbeit). Er geht Morgens um ½ 6 Uhr an seine Arbeit und arbeitet mit einer halbstündigen Pause (zwischen ½ 8 und 8 Uhr) bis zur Mittagszeit, dann arbeitet er von 1 - 8, und nach dem Abendessen wiederum von 8 ½ bis 10 ½ Uhr, was im Ganzen 15 Stunden Arbeitszeit ergiebt. Obschon fromm katholisch und im Uebrigen alle Feiertage in Acht nehmend, giebt er sich doch an vielen Sonntagen des Vormittags seinem Geschäfte hin.

Nicht minder lang als die Arbeitzeit des Mannes ist die gesammte Arbeitzeit der Ehefrau, nur dass begreiflicher Weise ein Theil derselben den häuslichen Verrichtungen zufällt, und nur etwa die kleinere Hälfte, 7 Stunden, der industriellen Thätigkeit zugewendet werden kann. Es erstreckt sich die letztere namentlich auf die Beihilfe beim Grundiren und Bilderaufziehen. P*** und Frau sitzen dann nebeneinander an ihrem grossen Arbeitstisch und arbeiten sich mit grosser Emsigkeit in die Hände. An Sonntag Vormittagen feiert die Ehefrau. ...

I. Inventar der Wohnstube (ohne Arbeitsgeräth)

		Mk.				Mk.	Pf.
1	Bank, Hinterwand aus aufrechtstehenden Latten mit einem Sitzpolster und 2 Seitenkissen	12	23	eingerahmte Photographien		4	60
1	Gepolsterter Stuhl	2	9	Schildereien verschiedener Art		15	
2	Stühle aus Kirschbaumholz	5	2	Lampen		6	
1	Tisch, Nussbaum fournirt	5	1	Holzkasten		1	
2	Stühle aus Nussbaumholz	5		Vorhänge an den vier Wänden		8	
1	Spiegel	1					
1	geschnitzte Uhr	6		zusammen Inventar der Wohnstube		74	60
1	Cruzifix	2					
1	Etagere	1					
1	blaue Wasserflasche mit 2 Gläsern anderer Art	1					

...

Kleidung

Sehr adrett werden in unserer Familie auch die Kinder gekleidet, ...

Kleidung des Knaben	Mk.	Pf.		Kleidung des Mädchens	Mk.
2 Kittel	3	3		Kleider	12
3 Paar Beinkleider	10	5		Hemden	5
2 Westen	2	2		Paar Schuhe	3
4 Hemden	6	2		Hüte	2
2 Paar Schuhe	8	3		Paar Strümpfe	2
2 Hüte	2	50			24
1 Käppchen	–	50			
2 Paar Strümpfe	3				
	35				

...

Geistige Bedürfnisse (Vergnügungen)

Es erklärt sich aus der ungemein langen Arbeitszeit, dass die Muße zur Befriedigung und zur Erholung eine höchst beschränkte ist. ... P*** ist von mittlerer Intelligenz; sein, so wie seiner Familie hervorstechender Charakterzug ist Gutmüthigkeit. Er liest gegenwärtig nicht mehr sonderlich viel; ... P***s Kinder sind außerordentlich wohl erzogen; sie sind weder apathisch noch lärmend, ...

Derartige Krisenzeiten sind häufig die „Geburtsstunden" von Speziellen Soziologien gewesen (vgl. die Jugend- und auch die jüngste, nämlich die Alters-Soziologie; Nave-Herz 1997c: 11). Dieser Sachverhalt galt bereits für die Entstehung der Soziologie allgemein, weswegen sie auch als „Krisenwissenschaft" bezeichnet wird, und das trifft ebenso für die Familiensoziologie zu.

Als Begründer der Familiensoziologie werden in den meisten Abhandlungen Riehl und Le Play benannt. In Deutschland hat vor allem das Buch von Riehl „Die Familie" großes Aufsehen sogar in der breiten Öffentlichkeit gewonnen und 17 Auflagen erreicht. Die Hauptwerke beider Autoren, Riehl und Le Play, erschienen 1855. Ihre umfassenden Analysen über die Familie waren zum Teil getragen von der Sorge über den Bestand der Familie. Beide wollten mit ihren Abhandlungen zwar die Familie ihrer Zeit beschreiben, aber vor allem auf ihre Mängel und Auflösungserscheinungen hinweisen. Sie wählten beide einen ganz bestimmten Familientyp zum Maßstab, den sie verabsolutierten: Riehl den des mittelständischen Bürgertums, Le Play den des besitzenden Bauerntums. Beide betrachteten die familiale patriarchalische Autoritätsstruktur als Ideal. Riehl fügte außerdem detaillierte gesellschaftspolitische Forderungen und praktische Vorschläge zur Verwirklichung eines harmonischen Familienlebens im „ganzen Haus" hinzu. Obwohl sie also den Anspruch formulierten, die Familie ihrer Zeit beschreiben zu wollen, handelt es sich bei ihren Darstellungen um stark wertende Abfassungen und z.T. auch um verzerrte Wiedergaben familialer Realitäten, weswegen sie nur bedingt als Gegenwartsanalysen jener Zeit gelten können.

W.H. Riehl: Die Familie

„Schauen wir in das Innere unserer Wohnungen, so findet sich's, daß das ‚Familienzimmer', der gemeinsame Aufenthalt für Mann und Weib und Kinder und Gesinde immer kleiner geworden oder ganz verschwunden ist. Dagegen werden die besondern Zimmer für einzelne Familienglieder immer zahlreicher. ... Die Vereinsamung des Familiengliedes selbst im Innern des Hauses gilt für vornehm; sie ist darum schon in dem Aeußeren einer ‚fashionablen' Einrichtung zu veranschaulichen. Die eigentlichen ‚Familienmöbel' sind altväterisch geworden. ... (Früher) galt es noch als das Wahrzeichen eines soliden Hauses, eines Hauses vom alten Glanze, daß die Braut einige kapitale Familienmöbel, alte, treue Diener des Hauses, zur Aussteuer mitnehmen mußte. Jetzt gilt umgekehrt nur diejenige Aussteuer für vornehm, bei welcher alles funkelneu ist. So tief haben uns die Tapezierer, Schreiner und Möbelhändler unterjocht!" (Stuttgart 1881, 11. Aufl., S. 179-180).

Ihre Aussagen basierten auf qualitativen Befragungen sowie auf eigenen Reiseberichten. So unternahmen Riehl und Le Play ausgedehnte Wanderungen und führten dabei bereits teilnehmende Beobachtungen und Experteninterviews durch.

„Keiner, glaube ich, wußte zu reisen wie Le Play. Von kleiner Statur und schlankem Wuchs, mit Beinen von Stahl, wohlbewandert in der Fußgängerausrüstung, trotzte er den Unbilden der Sonne wie des Regens, begnügte sich mit schlechten Mahlzeiten und schlechten Herbergen und legte so ohne Ermüdung gewaltige Strecken zurück, bei der Ankunft so frisch wie beim Abmarsch. Keiner verstand es so wie er, aus Menschen und Dingen wertvolle Mitteilungen über das herauszuholen was er gerade im Auge hatte. Industrielle und Arbeiter, Großgrundbesitzer und Bauern, Professoren und Studierende, Herbergsväter und Reisende, alle mußten ihm herhalten. Türen, die anderen nicht weniger geschickt Neugierigen verschlossen waren, öffneten sich seiner unwiderstehlichen Art. Geheimnisse gab es nicht vor seinem Scharfsinn, wenn sie sich auch unter verführerischen Worten verbargen" (1913, S. 292ff.).

Le Play war darüber hinaus der Erste, der die Erhebung von Familienmonografien und von Familienbudgets als empirische Methode entwickelte, die sehr große Beachtung fand, vor allem auch Nachahmung bei seinen Mitarbeitern und Schülern.

Für ihre diesbezüglichen Abhandlungen gilt aber, dass die Interpretationen weit über das ihnen zugrunde liegende Material hinausgingen. Besonders aber wegen der - zwar versteckten - naturrechtlichen Konstruktion von Familie erkennen einige Autoren (z.B. König 1969/2002: 341) sie nicht als die „Väter" der Familiensoziologie an, sondern erst Durkheim wird als Begründer der Familiensoziologie mit seinem 1888 erschienen Werk „Introduction à la Sociologie de la Famille" benannt. König hat darauf hingewiesen, dass Durkheims berühmtes Werk über den Selbstmord (1897) „eine ganze Familiensoziologie in nuce in sich enthält" (1976/2002: 341).

Schon früher als Durkheim (aber später als Riehl und Le Play) hatten andere Autoren Fragen nach der historischen Entwicklung verschiedener Familienformen und vor allem auch die nach dem „Ursprung" der Familie gestellt. Das gilt z.B. für Bachofen mit seinem 1861 erschienenen Buch „Das Mutterrecht". Er wird als Pionier der amerikanischen Ethnosoziologie und als Begründer des „Kulturrevolutionismus" bezeichnet. Ferner ist Engels Buch mit dem Titel „Der Ursprung der Familie, des Privateigentums und des Staates" (1884) in diesem Zusammenhang zu nennen. Westermarck, der durch sein dreibändiges Werk über die „Geschichte der menschlichen Ehe" (1891) bekannt geworden war, versuchte dagegen, die These der geradlinigen Entwicklung von der Promiskuität über Polygamie und Monogamie - wie sie Morgan und Engels vertreten haben - zu widerlegen und anhand von ethnologischem Material nachzuweisen, dass es nirgends echte Promiskuität gegeben hat. Dennoch vertrat auch er, wie viele Wissenschaftler in jener Zeit, eine biologisch orientierte Sichtweise der Evolution von „primitiven" zu „modernen" Gesellschaften. Er wird deshalb auch als „darwinistischer" Ethnologe/Soziologe bezeichnet (Becker und Barnes zit. bei Dahrendorf 1959).

Auch diese familiensoziologischen Abhandlungen, die vor allem Fragen nach der Entstehungs- und Entwicklungsgeschichte der Familien nachgegangen und z.T. durch eine evolutionistische Sichtweise gekennzeichnet sind, waren Reaktionen auf Veränderungen von „außen", weil sie ausgelöst wurden durch den beginnenden Säkularisierungsprozess und durch die Ergebnisse der ethnologischen Forschung. Hildebrandt hat ausführlich dargelegt, dass als primäres Kennzeichen der evolutionistischen Theorien im 19. Jahrhundert gerade ihre Oppositionsstellung zur traditionellen letztlich theologischen Sichtweise zu gelten hat: „Erst mit der Überwindung der theologischen Weltinterpretation wird der Weg frei für eine Anschauung, die die Herausbildung des Menschen und seine Entwicklung dynamisch fasst und zu einer Erklärung dieser Prozesse nicht länger auf das Walten Gottes hinweisen muss. Die Reaktion der christlichen Welt (nicht nur der Theologen) ist entsprechend heftig. Das offene Ausbrechen der Gegensätze zwischen den beiden Sichtweisen ist allerdings erst das Resultat eines Prozesses, der schon erheblich früher eingesetzt hat" (Hildebrandt 1983: 24) und zurückzuführen ist auf die Entwicklung der bürgerlichen Gesellschaft, auf die gestiegenen wissenschaftlichen Kenntnisse und die neue Informationsflut. Letzteres ist nicht etwa in dem Sinne zu verstehen, dass der Beginn der Familiensoziologie - wie bereits betont - allein einem Bedürfnis nach wissenschaftlicher Arbeitsteilung im Zuge der Komplexitätssteigerung von Wissenschaft entsprochen hätte. Eine solche Erklärung würde dem vielfältigen Entstehungsprozess einer Fachdisziplin nicht gerecht. Die Wissenschaftsexplosion im 19. Jahrhundert, vor allem auch die Zunahme an ethnografischem Material, machte einen neuen Bezugsrahmen zur Interpretation der bisherigen „Fakten" notwendig. Sie bot ferner die Chance, durch den Vergleich einer großen Fülle neuer Informationen nach allgemeinen Gesetzmäßigkeiten suchen zu können. Dass im Zuge dieser Entwicklung gerade auch die Familie zum zentralen Gegenstand von Untersuchungen gewählt wurde, ist evident: Denn die Familie - vor allem die monogame Ehe - galt im Christentum als Teil der göttlichen Ordnung. Diese tragende „Säule" wurde durch das ethnografische Material zunächst in ihrer bis dahin gültigen Sinnzuschreibung infrage gestellt. Es galt also, sie entweder zu verteidigen oder nach ihrer „Entwicklung" oder ihrem „Ursprung" neu zu fragen und ihre gesellschaftliche Bedeutung sowie ihre Einordnung in den allgemeinen gesellschaftlichen Entwicklungsprozess erneut zu definieren.

Insgesamt wurde der Familiensoziologie in ihrer Anfangszeit also die Aufgabe gestellt, „Diagnostikerin" und „Ratgeberin" für die damaligen Krisenzeiten zu sein. Diese Forderung wird bis heute, vor allem auch in der Öffentlichkeit, insbesondere immer wieder von der Politik, an sie herangetragen. Ferner waren die Anfänge und die erste Epoche der Familiensoziologie in Deutschland durch eine Ambivalenz zwischen Fortschrittsglauben und Konservativismus, zwischen Spekulation und statistischer Dokumentation gekennzeichnet.

1.2 Die Konsolidierungsphase

Auch im weiteren Verlauf bekam die Familiensoziologie ihre Anstöße von „außen"; wurden ihr ihre Aufgaben durch gesamtgesellschaftliche Probleme (durch den Anstieg der Ehescheidungen, durch die Abnahme der Geburtenquoten, durch die Armut in den Städten u.a.m.), ferner durch neu entwickelte empirische Verfahren gestellt, die ihr einen neuen Zugang zu familiensoziologischen Problemen eröffneten.

So wurden Ende der 1920er/Anfang der 1930er Jahre zahlreiche Familienuntersuchungen in Deutschland - zumeist gekoppelt mit sozialpädagogischen Fragestellungen - durchgeführt, so z.B. von Kühn über das „Stiefmutterproblem" (1929), von Busemann über „Die Familie als Erlebnismilieu des Kindes" (1930) und von Kipp über „Die Unehelichkeit" (1933).

Als Reaktion auf die Erste Frauenbewegung fallen in jene Zeit die intensiven wissenschaftlichen Diskussionen über das Thema „Die soziale Rolle der Frau" (vgl. ausführlicher Nave-Herz 1997a), die selbstverständlich auch ehe- und familiensoziologische Probleme mit einschlossen. Die ersten akademisch ausgebildeten Frauen begannen selbst - ab 1910 - mit empirischen Erhebungen, z.B. über die Beziehungen zwischen weiblicher Berufsarbeit und Familie, über den Familienalltag von Mädchen, über innerfamiliale Beziehungen von Eltern und Kindern, über Interaktionen zwischen den Geschwistern, über das Freizeitverhalten, um hierdurch den Grad der Familienverbundenheit zu ermitteln (Kempf 1911; Mende 1912).

Seitdem sind die Veröffentlichungen über die Familie allgemein, über ausgewählte Teilbereiche oder über die soziale Situation bestimmter Familien sowie einzelner Familienmitglieder, über familienpolitische Themen oder familienstatistische Analysen keine Seltenheit mehr. Ihnen galt ein gleich bleibend starkes Interesse. Vor allem wurde immer wieder die Frage nach dem Bestand, nach der möglichen „Krise" und dem Wandel der Familie gestellt. Bereits zur Zeit der Entstehung der Familiensoziologie herrschte eine ausgesprochen skeptische und negative Bewertung der Chancen von Familie und Ehe vor, wie das damals geläufige Schlagwort von „bankruptcy of marriage" (zit. bei König 1969/2002: 333f.) signalisierte und später aus dem Vorwort der bekannten Familienmonografien der deutschen Akademie für sozial- und pädagogische Frauenarbeit (12 Bde. hrsg. v. Salomon, ab 1930) zu entnehmen ist: „Es ist notwendig, einmal festzustellen, ob in Deutschland noch mit Recht von Familienleben gesprochen werden kann... oder ob die Familie tatsächlich bereits so sehr gelockert ist, dass der Staat mit ihr nicht rechnen kann" (Baum 1931: 6). Leider blieben diese geplanten Monografien -

bedingt durch das „Dritte Reich" - unvollständig, ebenso wie die von Horkheimer herausgegebene „Studie über Autorität und Familie" (1936).

In jener Zeitepoche, den 1930er Jahren, sind auch die ersten familiensoziologischen Handbuch-Artikel erschienen. In dem 1931 von Alfred Vierkandt hrsg. „Handwörterbuch der Soziologie" finden sich sogar zwei Aufsätze zu diesem Themenbereich: Ein Aufsatz mit dem Titel „Familie" von Ferdinand Tönnies und einer über „Ehe und Familie" von P.W. Koppers, der - wie René König zurecht kritisierte - eine einseitige Schulmeinung wiedergab und „geradezu von primitiven Werturteilen" strotzte, was allerdings keineswegs für Tönnies Beitrag galt (1987: 263).

Zusammenfassend kann also konstatiert werden, dass bis Mitte der 30er Jahre im 20. Jahrhundert sich zwar zunehmend eine empirische Familiensoziologie in Deutschland entwickelte, ihr aber weitgehend noch eine theoretische Orientierung fehlte. Ihre Aufgabe wurde darin gesehen, eine Oppositions- bzw. Kritik- und Orientierungswissenschaft zu sein und Gegenwartsanalysen zu erstellen, ohne dass viele ihrer Autoren und Autorinnen hierbei jedoch über ihren jeweiligen Beurteilungsmaßstab reflektierten.

Während des Nationalsozialismus mussten viele Soziologen und Soziologinnen, die sich mit familiensoziologischen Fragestellungen beschäftigt hatten, Deutschland verlassen (von Salomon, Jahoda, Horkheimer u.a.m.). Ferner wurden derartige Themen in jener Zeit eher unter volkswirtschaftlichen und bevölkerungswissenschaftlichen, eugenischen sowie volkskundlichen Aspekten behandelt. Insgesamt fehlt es jedoch bislang an einer Quellen- und Literaturanalyse über die Geschichte der Familiensoziologie während des „Dritten Reiches".

1.3   Die Entwicklung der Familiensoziologie nach dem Zweiten Weltkrieg

Am sichtbarsten wird die Behauptung, dass an die Familiensoziologie ihre Aufgaben zunächst vor allem von „außen" herangetragen wurden, nach 1945. Denn die ersten großen empirischen Untersuchungen waren nicht die über sozialen Wandel, über industriesoziologische Fragestellungen oder andere; es waren familiensoziologische. Im Zuge der anglo-amerikanischen Bemühungen um Re-Education wurden Forschungsgelder aus den USA für Untersuchungen über den Zusammenhang von familialer Sozialisation und autoritären Persönlichkeitsstrukturen eines „deutschen Nationalcharakters" sowie über die Veränderungen der familialen Beziehungen durch Kriegsschicksale zur Verfügung gestellt (Baumert 1954, Weyer 1984: 388; Zentralarchiv für empirische Sozialforschung 1988: 23ff.).

Die Intensität der familiensoziologischen Forschungsaktivitäten lassen sich übrigens seit Bestehen der Bundesrepublik bis zur Gegenwart wellenförmig beschreiben; so wurden sofort nach dem Kriege - wie erwähnt - die ersten empirischen familiensoziologischen Erhebungen durchgeführt, und zwar 1947 und verstärkt in den 1950er Jahren (Thurnwald 1948; Wurzbacher 1951; Schelsky 1953; Baumert 1954). Danach flaute das Interesse an familialen Themen insgesamt wieder ab.

Erst durch die Protestbewegung im Rahmen der Studentenbewegung und der Entstehung der Neuen Frauenbewegung wurde Anfang und Mitte der 1970er Jahre wieder ein stärkeres wissenschaftliches Interesse an der Familie geweckt. Die Familie wurde erneut explizit zum Gegenstand von Forschung. Viele ihrer Vertreter und Vertreterinnen sahen die Aufgabe der Familiensoziologie darin, dass sie ihren Gegenstand einer kritischen Analyse zu unterziehen und vor allem Diskrepanzen zwischen Ansprüchen und Erwartungen an die Ehe und Familie und der sozialen Realität aufzudecken hätte. Ihr erkenntnisleitendes Interesse bestand vielfach weniger in einer dezidierten Analyse der Gegenwartsfamilie als in dem Nachweis, dass die „Zeit gekommen wäre", die Abschaffung der modernen Kernfamilie zu fördern. Sie wäre „überholt", würde nur noch „künstlich" aufrecht erhalten, sei vielfach eine „Fassadenfamilie", weil sie nämlich nur noch nach außen hin als intakt gelten könne, und sie wäre ein „Ort aller Entfremdung", insbesondere der sexuellen. Neue Formen des nicht-familialen Zusammenlebens galten sowohl für das Individuum als auch für die Gesellschaft als erstrebenswert (vgl. Haensch 1973; Laing 1974; Pieper/Pieper 1975; Korczak 1979; Ostermeyer 1979). In einigen soziologischen Veröffentlichungen, die sich der Psychoanalyse verbunden fühlten, wurde in den 1970er Jahren mit Rückgriff auf Freud (1905) und Reich (1933) die Forderung nach „Zerschlagung der traditionellen Ehe und Familie" zur Vorbeugung der Entstehung psychischer Störungen intensiv erörtert. Insbesondere die Antiautoritäre Bewegung und ihre Theoretiker sahen in der bürgerlichen Kleinfamilie den Ursprung autoritärer Strukturen, die wesentlich zur Entstehung des Faschismus beigetragen hätten und die Bereitschaft zur Unterordnung unter Autoritäten fördere.

Diese Diagnose hat zwar eine neuere Tendenz der Familie richtig erkannt: Die moderne Kernfamilie birgt durch die Emotionalisierung und Intimisierung ihrer familialen Binnenstruktur in viel stärkerem Maße als andere Familienformen die Gefahr der Ausprägung neurotischer Beziehungen und eines Scheiterns der Ehe in sich. Die Schlussfolgerungen wurden aber zu sehr verallgemeinert und zu radikal formuliert: Obwohl ihre Aussagen zumeist nur auf Fallanalysen aus der psychoanalytischen Praxis basierten, nahmen diese in manchen familiensoziologischen Veröffentlichungen in unzulässiger Weise generalisierenden Charakter an. Mit ihren Argumentationen verfochten die Autoren bzw. Autorinnen vor allem ein politisches Anliegen, wie es in jener Zeit dem wissenschaftlichen Diskurs entsprach, nämlich über und durch die familiale Sozialisation die „Praxis" und das „System" zu verändern; die soziologische Analyse war sekundär, so dass deren Vertreter statt als „Verfallsdiagnostiker" eher als „Verfallsforderer von Ehe und Familie" zu bezeichnen wären (vgl. ausführlicher Nave-Herz 1998: 291).

Seit Ende der 1970er Jahre mehrten sich die Veröffentlichungen, die wiederum aus den soziodemografischen Veränderungen - wie am Anfang des 20. Jahrhunderts - nunmehr aber der letzten 30 Jahre und aufgrund alltagsweltlicher Beobachtung ohne soziologische Differenzierungen düstere Prognosen für die Zukunft von Ehe und Familie ableiteten und in denen von Bedeutungsverlust und von Krise der Familie gesprochen wurde. Die Autoren waren zunächst größtenteils Journalisten; erst später meldeten sich Soziologen und Soziologinnen zu Wort. Dass die Familiensoziologen und -soziologinnen in Deutschland eine so lange Forschungsabstinenz gegenüber den statistischen Trends seit Mitte der 1960er Jahre praktizierten und ihre ersten Analysen erst nach den massenmedialen Deutungen durchführten, hatte eine politisch und wissenschaftlich fatale Konsequenz: die Fachvertreter konnten sich in ihren Veröffentlichungen nicht mehr nur auf die demographischen Veränderungen selbst beziehen, sie waren zudem gezwungen sich mit diesen prekären Interpretationen durch z.T. fachfremde Autoren bzw. Autorinnen auseinander zusetzen.

Die Familiensoziologen und -soziologinnen haben seitdem eine Reihe von empirischen Erhebungen über die derzeitige Familiensituation und über den Wandel von Ehe und Familie durchgeführt. Sie haben also primär empirisches Wissen (vor allem auch Daten in großem Umfang) über ihren Gegenstand - wie es Müller (1996) allen „Bindestrich-Soziologien" zuschreibt - in „solider, aber unspektakulärer Handwerksarbeit" geliefert. Diese dritte Phase der Familiensoziologie ist vor allem auch dadurch gekennzeichnet, dass sich eine theoretisch-empirisch fundierte Richtung in Deutschland innerhalb dieser Speziellen Soziologie durchsetzte. Ihre Hauptaufgabe sehen viele ihrer Vertreter bzw. Vertreterinnen darin, am Beispiel des Gegenstandsbereiches „Familie" einen Beitrag nicht nur für die Familiensoziologie selbst, sondern auch für die Allgemeine Soziologie zu leisten.

Diese starke Verbindung zwischen der Familiensoziologie und der Allgemeinen Soziologie kann auch daran abgelesen werden, dass die seit dem Zweiten Weltkrieg in Deutschland vorherrschenden wissenschaftstheoretischen Paradigmen in der Allgemeinen Soziologie ebenso für die theoretische Fundierung familiensoziologischer Analysen gewählt wurden. So herrschte zunächst in der Familiensoziologie das strukturell-funktionale[1] und das interaktionistische Paradigma vor. Seit Mitte der 1960er Jahre, ausgelöst zunächst durch bildungsökonomische Fragestellungen, wurde die schichtenspezifische Sozialisationstheorie zu einem zentralen Forschungsansatz. Ende der 1970er Jahre mehrten sich die Beiträge, die Mängel und

---

1 Dieser wissenschaftstheoretische Ansatz und die folgenden hier genannten werden in späteren Kapiteln näher erläutert.

Lücken dieses Paradigmas herausstellten, vor allem was die empirische Absicherung der Ursachen- und Bedingungsfragen und die Transferwirkungen zwischen verschiedenen gesellschaftlichen Teilbereichen (Arbeitsplatz-Familie) anbelangten. Diese Kritik führte schließlich zu einer Konzepterweiterung, zur sozialökologischen Sozialisationsforschung, die die Einbindung der Eltern-Kind-Beziehung in umfassendere Lebenskontexte - sowohl materieller als auch immaterieller Art - berücksichtigte.

Seit den 1980er Jahren bis heute wurden in der Familiensoziologie mit den verschiedensten wissenschaftstheoretischen Ansätzen vielfältige Themen bearbeitet. Neben system- und differenzierungstheoretischen sowie am symbolischen Interaktionismus orientierten Analysen wurden zunehmend auch die Biografie- und Lebenslaufforschung betont und ebenso die ökonomische Theorie der Familie innerhalb der Familien- bzw. auch der Ehe-Soziologie weiter entwickelt (vgl. hierzu auch Becker 1991; Nauck 1989b; Hill/Kopp 2002; Ott 2001).

Abschließend sei erwähnt, dass es in keinem anderen europäischen Land eine derart feste Verankerung zwischen Wissenschaft und praktischer Familienpolitik gibt wie in Deutschland. So besteht zum einen ein ständiger „Wissenschaftlicher Beirat für Familienfragen" beim Bundesministerium für Familie, Senioren, Frauen und Jugend, dem Soziologen aber auch Psychologen, Wirtschaftswissenschaftler, Erziehungswissenschaftler und Juristen angehören. Zum anderen fasste 1970 der Deutsche Bundestag den Beschluss, dass in regelmäßigen Abständen eine unabhängige Kommission von Sachverständigen zu berufen sei, die in einem Bericht Aufschluss über die Lage der Familie zu geben hätte und darüber, inwieweit die bereits getroffenen familienpolitischen Maßnahmen die angestrebten Ziele tatsächlich erreichen bzw. erreicht haben. Zurzeit wird der siebte Familienbericht erstellt. Diese Aufforderung zur kritischen Reflexion deutet auf eine Möglichkeit der politischen Einflussnahme seitens der Familiensoziologie, vor allem in der Form eines „Frühwarn-Systems" hin. Familiensoziologie kann somit als kritische Instanz gegenüber sozialpolitischen und familienpolitischen Forderungen und Maßnahmen bezeichnet werden. Diese Funktion umfasst auch, mögliche paradoxe Effekte vorher zusehen; oder mit Popper formuliert: Sie hat die Aufgabe der „Feststellung unbeabsichtigter sozialer Rückwirkungen absichtsgeleiteter Handlungen" (Popper 1965: 120). Die Tatsache der institutionellen Verankerung der politischen Beratungsfunktion der Familiensoziologie darf allerdings in ihren Wirkungsmöglichkeiten nicht überschätzt werden. Neidhardt hat z.B. darauf hingewiesen, dass Politikberatung eine grenzüberschreitende Kommunikation zwischen Wissenschaft und Politik sei, und ihr Erfolg die Lernfähigkeit beider Systeme voraussetze. Beide Systeme scheinen sich hierin aber zu unterscheiden, und zwar aufgrund ihrer unterschiedlichen eigenen Gesetzlichkeit. Wissenschaft und Forschung zu betreiben, beinhaltet immer auch wieder, neu lernen zu müssen. Dagegen ist - so Neidhardt - „die Lernfähigkeit des politischen

Systems ... durch das Vorherrschen kurzfristig orientierter Machbarkeitskriterien eingeschränkt" (1980: 401); denn Machbarkeit muss sich nach Zeit, Geld, Kompetenzen, Wählergunst, Verwaltungsdenken u.a.m. richten und ist leider zu selten an zweckrationalen Maßnahmen orientiert, wie sie die Wissenschaft rät. Andererseits muss betont werden, dass die Familiensoziologie und mit ihr ebenso andere Wissenschaften häufig zu schnell die unmittelbare Umsetzung ihrer aus der Forschung gewonnenen politischen Folgerungen durch das politische System fordern, ohne die Bedingungen des politischen Handlungsfeldes überhaupt angemessen wahrzunehmen. Weiterhin wird häufig die Verteilung der Steuerungskompetenzen in familienpolitischen Fragen zwischen den einzelnen Verwaltungsinstanzen sowie zwischen den staatlichen und nicht-staatlichen Organisationen u.a.m. zu wenig beachtet. Auf dieses Problem kann jedoch im Rahmen dieses familiensoziologischen Einführungswerkes nicht weiter eingegangen werden.

2. Grundbegriffe der Ehe- und der Familiensoziologie

Durch die Verwendung von definitorisch festgelegten Fachtermini wird der Kommunikationsprozess verkürzt. Insofern ist es notwendig, dass bei einer Einführung in ein wissenschaftliches Spezialgebiet zunächst auf ihre spezifischen Begrifflichkeiten eingegangen wird. In Bezug auf die Ehe- und die Familiensoziologie ist diese Forderung insbesondere deshalb notwendig, weil einige ihrer Begriffe der Alltagssprache entnommen sind. Jede Person meint z.B. genau zu wissen, was eine Ehe oder eine Familie ist, zumal durch ihre eigene Mitgliedschaft in beiden oder in einem dieser Sozialsysteme. Stellen Sie sich zunächst selbst die Frage: „Wie definiere ich die Begriffe ‚Ehe' und ‚Familie'? Welche Personen zählen zur Familie oder zur Verwandtschaft?"

Sieht man die Definitionen von Ehe und Familie in älteren Veröffentlichungen (vgl. z.B. Parsons 1964, Goode 1967, Neidhardt 1975, König 1974/2002: 99), aber auch in neueren (vgl. z.B. Hill/Kopp 2002: 12ff.) durch, so sind diese zumeist deckungsgleich mit einer spezifischen Ehe- oder Familienform einer bestimmten zeitlichen Epoche, und zwar zumeist mit dem bürgerlichen Ehe- und Familienmodell (vgl. hierzu auch die Diskussion in der Zeitschrift „Ethik und Sozialwissenschaften"; Lenz 2003). Um aber sowohl historische als auch in anderen Kulturen vorherrschende Ehe- und Familienformen beschreiben zu können, muss für die Definitionen dieser zentralen Begriffe, nämlich für „Ehe" und für „Familie", ein möglichst hohes Abstraktionsniveau - und damit ein geringerer Konkretisierungsgrad - gewählt werden. Insbesondere für die Erfassung und Analyse von ehelichem und familialem Wandel sind „weite" Begriffe notwendig, weil durch eine zu enge Definition von Ehe und von Familie u.U. Wandlungsprozesse oder neu entstandene Ehe- und Familienformen durch die gewählte Begrifflichkeit von vornherein ausgeblendet werden.

Ein Beispiel soll das Gesagte veranschaulichen: Für Parsons war Kennzeichen von Familie eine bestimmte Rollenstruktur, nämlich das Zusammenleben in einem Haushalt von Vater, Mutter und Kind(-ern) und eine spezifische funktionale Binnendifferenzierung, z.B. die eindeutige interne und externe Aufgabentrennung zwischen den Ehepartnern, d.h. der Ehemann und Vater hatte für die ökonomische Sicherheit zu sorgen, die Ehefrau und Mutter war für den Haushalt und vor allem für die Pflege und Erziehung der Kinder verantwortlich. Weiterhin sind für die Familie nach Parsons sehr verschiedene Interaktionsbeziehungen charakteristisch. So ist die Mutterrolle mit einem „expressiven Verhalten" (einem gefühlvollen, auf die Bedürfnisse anderer orientierten) und die Vaterrolle mit einem „instrumentellen Verhalten" verknüpft. Nach dem Zweiten Weltkrieg noch bis in die 1970er Jahre hinein konnte man davon ausgehen, dass es dieses Familienmodell in den Industriegesellschaften in vielen Dimensionen - nie in allen - in der Realität überwiegend gab. Würde man jedoch diesen Familienbegriff für die Gegenwart nehmen, gäbe es heute z.B. in Deutschland kaum noch „Familien", weil diese Familienform nur noch für eine gesellschaftliche Minorität zutrifft. Alle übrigen Familien, z.B. die mit erwerbstätiger Mutter, wären schlichtweg keine Familien.

Wenn es also notwendig ist, Definitionen von Ehe und Familie mit einem hohen Abstraktionsniveau zu wählen, so muss es dennoch selbstverständlich mit ihrer Hilfe möglich sein, aus der Komplexität sozialer Realität eine ganz spezifische Ausgrenzung vornehmen zu können; oder m.a.W.: Es muss danach gefragt werden, ob Ehe und Familie - bezogen auf alle Kulturen und auf alle historischen Epochen - von anderen Lebensformen unterscheidbar sind und was ihre über alle kulturell und historisch gebundenen Variationen hinweg die konstitutiven Merkmale von Ehe und von Familie sind.

2.1 Ehe: eine Begriffsbestimmung

Mit Ehe bezeichnet man (1.) eine durch Sitte und/oder Gesetz anerkannte, auf Dauer angelegte Form gegengeschlechtlicher sexueller Partnerschaft. Weiterhin ist (2.) ein wesentliches Strukturmoment aller Ehen, auch der heutigen, dass sie über das Paarverhältnis auf Familie hinausweist. Die für die heutige Ehe in fast allen Industriegesellschaften konstitutiven Merkmale der Emotionalität und Intimität ihrer Binnenstruktur und das der relativen Autonomie gegenüber der Herkunftsfamilie sind neuartige Erscheinungen und gelten daher auch keineswegs für die Ehen aller Kulturen (vgl. hierzu ausführlicher Kap. 3). Im Folgenden soll auf die beiden genannten Strukturelemente umfassender eingegangen werden, wobei auch kurz die Frage beantwortet wird, ob die Nichteheliche Lebensgemeinschaft und die homosexuellen Partnerschaften ebenso als Ehen - soziologisch gesehen - zu definieren sind. Expliziter wird dieses Thema in Kap. 4.3 behandelt.

Zu 1.: Für die Bundesrepublik bestimmt das BGB, nämlich der §1310, wann eine Ehe vorliegt: „Die Ehe wird nur dadurch geschlossen, dass die Eheschließenden vor dem Standesbeamten erklären, die Ehe miteinander eingehen zu wollen"; und durch den §1311 wird gefordert: „Die Eheschließenden müssen die Erklärungen nach §1310 Abs. 1 persönlich und bei gleichzeitiger Anwesenheit abgeben".

Diese heute verbindliche standesamtliche Form der Eheschließung gilt in unserem Kulturbereich erst seit ca. 130 Jahren. Zwar wurde der Beginn ei-

24

ner Ehe zu allen Zeiten rituell und öffentlich (d.h. vor Zeugen), also durch die „Institution Hochzeit", vollzogen, aber die Formen und der Ritualisierungsgrad der formalen Eheschließung haben sich - historisch gesehen - in unserem Kulturkreis mehrmals verändert. Ferner hat es immer wieder im Laufe der Geschichte vor allem darüber Konflikte gegeben, wer legitimiert sei, den Eheschließungsakt - also die Trauung - zu vollziehen; und die verschiedensten gesellschaftlichen Gruppen haben versucht, dieses Recht anderen abzusprechen, zu bestreiten und für sich allein zu beanspruchen. Diese These soll durch einen kurzen historischen Rückblick belegt werden:

Bis zum Beginn der Neuzeit war die Heirat ein Vertrag zwischen zwei Familien und damit ein privater, weltlicher Akt, „in den die Kirche sich nicht einzumischen hatte" (Vincent 1987: 246). Erst langsam setzte sich die kirchliche Trauung durch. Zunächst führte die katholische Kirche einen Zusammensprechungsakt vor dem Kirchenportal ein, an den sich anschließend lediglich die Verkündigung in der Kirche und eine Brautmesse anschloss (Schulz 1985: 150ff.; Schott 1992: 40). Sie enthielt ein Benediktionsgebet für die Eheleute und galt als „confirmation" des bestehenden Ehebundes (Rössler 1994: 255).

Endgültig und dogmatisch wurde erst auf dem Konzil von Trient (1563) der Sakramentscharakter der Ehe betont und die kirchliche Einsegnung generell vorgeschrieben. Dieser Sachverhalt, nämlich dass die Trauung katholischerseits ein Sakrament ist, stellt bis heute die Differenz zum evangelischen Eheverständnis dar.

Schröter hat die Entwicklung des Eheschließungsprozesses vom 13. bis zum 16. Jahrhundert als einen Institutionalisierungsprozess beschrieben, der sich mit dem Machtzuwachs der Kirche und schließlich des Staates gegenüber der Familie und Nachbarschaft sowie durch eine zunehmende öffentlich-rechtliche Formalisierung kennzeichnen lässt (Schröter 1985).

Noch zu Luthers Zeiten war die Regelung der Eheschließung relativ offen. Er selbst hat später das sakramentale Verständnis der Ehe abgelehnt. In seinem „Traubüchlein" von 1549 gibt er lediglich Empfehlungen für die Form kirchlicher Eheschließung und respektiert die Unterschiedlichkeit gewachsener Hochzeitsrituale. In diesem „Traubüchlein für die einfältigen Pfarrherrn" bezeichnet er die Hochzeit und den Ehestand als „ein welltlich geschefft".

Dennoch wird in den nacheinander entstehenden Kirchenordnungen später die kirchliche Trauung überall zur Norm. Für beide Kirchen erfolgte die Festschreibung eines Trauritus im 16. Jahrhundert. Das Trauritual wurde seitdem völlig in die Kirche verlegt.

Das preußische allgemeine Landrecht von 1794 bestimmte schließlich: „Eine vollgültige Ehe wird durch die priesterliche Trauung vollzogen" (Schott 1992: 46).

1875 (Barabas/Erler 2002: 50) wurde im gesamten Deutschen Reich die obligate Ziviltrauung eingeführt, nach der erst anschließend eine kirchliche Trauung möglich wurde (zuvor galt diese Regelung z.B. schon ab 1850 in Frankfurt, ab 1869 in Baden). Damit hatte sich der Staat das Recht auf Eheschließung nunmehr als Monopol angeeignet. Aufklärung und Demokratisierungstendenzen haben diese Entwicklung, den Kirchen die Trauungskompetenz zu bestreiten, bewirkt. Der Staat unterstützte diesen Wandel, weil er dadurch das zuvor dem Feudalherrn zustehende Recht gewinnen und gleichzeitig den bürokratischen Akt der Eheschließung als staatliches Demonstrationsmittel gegenüber der zunehmenden privatistischen bürgerlichen Ehe nutzen konnte (vgl. „Zum Wandel von Öffentlichkeit und Privatheit", Habermas 1981). Dieses Bismarcksche Gesetz richtete sich gegen die Kirchen und ihren Anspruch auf Kontrolle der Ehegesetzgebung, aber auch gegen aufklärerischen Libertinismus und gegen Sonderrechte des Adels (v. Münch 1988: 9).

Die katholische Kirche hatte sich gegen diese Veränderung - aber ohne Erfolg - gewehrt; sie hält ferner bis heute daran fest, dass die Ehe ein Sakrament ist. Die evangelische Kirche hat dagegen - anders als die römisch-katholische - von Anfang an die zivile Eheschließung als gültig und nicht ergänzungsbedürftig anerkannt (Schulz 1985: 152). Sie hat sich damit nicht nur an den Grundsatz Luthers gehalten („Die Ehe ist ein welltlich geschefft"), sondern die Trauung wurde wieder zu einem Gottesdienst für das jungvermählte Paar.

Gegen das staatliche Trauungsmonopol wandte sich ferner am Anfang des 19. Jahrhunderts ein kleiner Kreis, überwiegend vermögender Intellektueller, die für die sog. „freie Ehe" plädierten. Für diese trafen dennoch die essentiellen Kriterien der Eheschließung weiterhin zu: Die Ehe wurde - auch ohne Standesbeamten - zeremoniell vor Zeugen, mit der öffentlichen Absichtserklärung, eine dauerhafte Verbindung schließen zu wollen, begründet und mit einer Hochzeitsfeier verbunden. Diese Eheschließung wurde durch eine Zeitungsanzeige öffentlich bekannt gegeben (König 1985).

Ansonsten blieb das staatliche Trauungsmonopol bis heute mehr oder weniger unangefochten. Jedenfalls wurde die Forderung nach neuen „Zeremonienmeistern" nicht gestellt.

Infolge der skizzierten historischen Veränderungen der Eheschließungsform ist unter soziologischen (nicht juristischen) Gesichtspunkten für die Begriffsbestimmung von Ehe nicht relevant, ob ein Standesbeamter die Eheschließungszeremonie vollzieht, sondern allein die Tatsache, ob die Ehe mit der Absicht der Dauer und durch eine öffentliche Bekundung vor Zeugen sowie rituell begründet wird; symbolisch werden nämlich durch die öffentliche Zeremonie die Verteilung von neuen gesellschaftlichen Rechten und Pflichten markiert. Die Hochzeit ist in allen Kulturen ein institutionelles Mittel zur Neu-Definition und Neu-Regelung der Beziehungen zwischen den beiden Herkunftsfamilien, worauf unter (2.) nochmals eingegangen wird.

In dieser - aber auch noch in weiterer - Hinsicht sind Unterschiede zwischen den Ehen und den Nichtehelichen Partnerschaften gegeben. An dieser Stelle sei ferner nur kurz erwähnt, dass der Nichtehelichen Lebensgemeinschaft nicht nur das Kriterium des öffentlichen Bekenntnisses fehlt, eine dauerhafte Beziehung mit dem Partner bzw. der Partnerin eingehen zu wollen, sondern dass sie in Deutschland überwiegend als eine neue Lebensform während der Postadoleszenz zu definieren ist (vgl. ausführlicher Kap. 4.2) Auch die gleichgeschlechtlichen Partnerschaften werden in den Staaten, in denen überhaupt eine rechtliche gegenseitige Absicherungsmöglichkeit durch eine staatlich regulierte Eintragungsmöglichkeit besteht (seit 2001 auch in Deutschland) juristisch zumeist nicht der Ehe gleichgestellt (vgl. ausführlicher Derleder 2003). Auch soziologisch gesehen unterscheiden sie sich von der Ehe, worauf in Kap. 4.3 ausführlicher eingegangen wird.

Zu 2.: Ein wesentliches Strukturmerkmal aller Ehen, auch der modernen, ist, dass sie über das bloße personale Paarverhältnis auf Gruppenbildung - auf Familie - hinausweist. Dies kann sich auf die biologische Reproduktionsfunktion beziehen. Denn die Eheschließung verweist nicht nur heute, sondern ebenso in der Vergangenheit und in anderen Kulturen auf Kinder. Sie, die Ehe, wurde und wird z.B. auch heute in Deutschland überwiegend im Hinblick auf Kinder eingegangen, wie viele empirische Untersuchungen belegen, und deshalb hatte und hat gerade die Ehe auch im Hinblick auf Kinder immer einen instrumentellen Charakter (Nave-Herz 1984; Simm 1991; Vaskovics/Rupp 1995; Matthias-Bleck 1997; Lauterbach 1999a: 303).

Auch der Gesetzgeber betont diesen Verweisungszusammenhang der Ehe auf Kinder, denn in Deutschland (aber auch in den meisten anderen Staaten) gilt, dass die Kinder, die während dieser Ehe geboren werden, dem Ehemann rechtlich automatisch zugeordnet werden, anderenfalls muss er die Ehelichkeit des Kindes offiziell anfechten (§1592 (1) BGB). Übrigens ist nach neuestem deutschen Recht „Mutter eines Kindes die Frau, die es geboren hat" (§1591 BGB). Die Aufnahme dieses Gesetzeswortlautes ist eine Folge der modernen Reproduktionsmedizin.

Der Verweisungszusammenhang von Ehe auf Familie bezieht sich, soziologisch gesehen, aber nicht nur auf die mögliche Bildung einer neuen Kernfamilie, also auf Kinder. Die Eheschließung stellt ebenso einen rîte de passage in Bezug auf die Definitionen und neuen Regelungen der Beziehungen zwischen den beiden Verwandtschaftslinien und den Herkunftsfamilien dar. Welche konkreten Folgen mit der Eheschließung verbunden sind, ist kulturabhängig: z.B. ob die Frau in den Haushalt der Herkunftsfamilie ihres Mannes wechselt (wie z.B. in islamischen Gesellschaften) oder ob und wie die Verwandtschafts- und Erbschaftslinien nach Eheschließung neu verlaufen. So werden auch in unserer heutigen Gesellschaft - selbst wenn keine

Kinder geplant oder zu erwarten sind (evtl. bedingt durch das Alter der E-hepartner) - mit der Eheschließung Erbschaftslinien und familiale Rollen neu festgeschrieben (aus der Mutter wird eine Schwiegermutter, aus dem Partner evtl. nicht nur ein Ehepartner, sondern auch ein Stiefvater, aus der Schwester eine Schwägerin usw.) mit genau festgelegten Rechten und Pflichten, die z.T. sogar gesetzlich „verankert" sind, z.B. im Hinblick auf Unterhalts- und Erbrechte. Diese askriptiven Rollen, bedingt durch die Ehe, werden „lebenslänglich" erworben (selbst bei Tod des Ehepartners bleibt man Schwager, Schwiegermutter usw.).

Trotz aller kulturellen Unterschiede ist also die Ehe überall nicht nur als soziale Institution anerkannt, sondern verlangt - zumindest dem Anspruch nach und wenn auch mit unterschiedlichen Verpflichtungsgraden in den verschiedenen Kulturen - von den Partnern auch im Hinblick auf andere Familienangehörige gegenseitige Solidarität und Kooperation. Solidarität ist ein Zugehörigkeitsgefühl der Teile (hier: des einzelnen Partners) in einem sozialen Ganzen (= der Ehe bzw. Familie). Durch welche Emotionsqualitäten die Solidaritätsbeziehung bestimmt ist, kann wiederum in der jeweiligen Kultur und je nach Zeitepoche unterschiedlich sein. Gleiches gilt für die Art bzw. Ausgestaltung der Kooperationsbeziehungen.

In Bezug auf die verschiedenen Eheformen ist zwischen Monogamie und Polygamie zu unterscheiden. Die polygame Ehe ist soziologisch zu definieren als die Mehrfach-Besetzung einer Partnerrolle, nämlich die des Ehemannes (= Polyandrie[2]) oder die der Ehefrau (= Polygynie). Die bei uns heute geltende Monogamieregel ist juristisch durch den §1306 BGB und durch das Strafgesetzbuch (§171) abgesichert. In der Familiensoziologie kennzeichnet man diese Regel jedoch als „sukzessive Monogamie", da nach Ehescheidung oder Tod eines Partners eine neue Ehe wieder eingegangen werden kann. Im Übrigen galt noch bis 1998 die Gesetzesbestimmung, dass eine Frau „nicht vor Ablauf von zehn Monaten nach Auflösung oder Nichtigkeitserklärung ihrer früheren Ehe eine neue Ehe eingehen" soll, „es sei denn, dass sie inzwischen geboren hat" (§8 des vor 1998 gültigen Ehegesetzes).

Die Ehe ist übrigens - das sei abschließend betont - eine unter anderen dyadischen Lebensformen. Abbildung 1 veranschaulicht diesen Sachverhalt:

Vielfach wird in der Soziologie statt „dyadische Lebensform" die Bezeichnung „Partnerschaftsform" verwendet. Aber mit dieser wird m.E. zu stark eine egalitäre Beziehung unterstellt, die - auch dem Anspruch nach - für Ehen nicht aller Kulturen gelten. Ferner soll betont werden, dass die poly-

---

2 Polyandrie war früher z.B. in Indonesien und bestimmten Regionen Indiens sowie auf Lanzarote (bei den Guanchen) gegeben, und zwar in Ländern, in denen ein „Männerüberschuss" herrschte und/oder die Bevölkerung bewusst beschränkt werden sollte. Heute existiert sie offiziell - im Gegensatz zur Polygynie - nirgends mehr.

game Ehe aus verschiedenen Dyaden (jeweils mit einer Personengleichheit) besteht mit hierarchischen Unterschieden nach der zeitlichen Rangfolge der Hochzeit und damit der neu gebildeten Dyade.

Abb. 1: Lebensformen

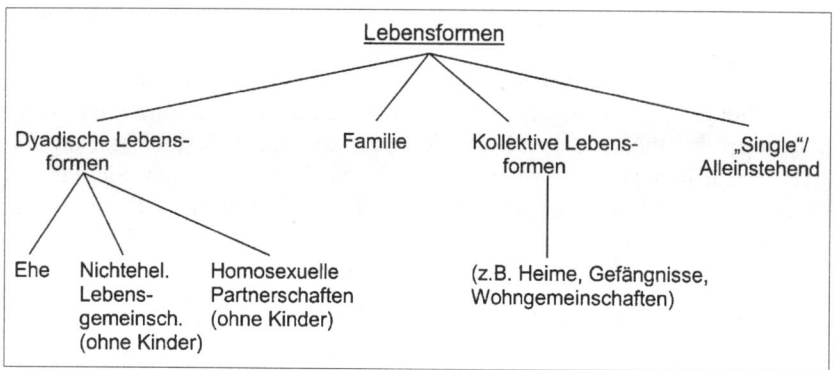

Auf den Begriff „Familie" und die unterschiedlichen Familienformen wird im folgenden Abschnitt eingegangen. Umstritten ist die Bezeichnung „Single" (vgl. hierzu Sander 1997: 15ff.), weil zuweilen mit ihm ein bestimmter Lebensstil assoziiert wird (Hradil 2003).

2.2 Zum Begriff „Familie" und eine Typologie von Familienformen

Im Gegensatz zum Begriff „Ehe" gibt es in der Alltagssprache keine einheitliche Auffassung darüber, was man als „Familie" bezeichnet, obwohl das Wort seit Ende des 17. und zu Beginn des 18. Jahrhunderts in die deutsche Sprache aufgenommen wurde. Bei der Bildung dieses „Fremdwortes" spielte nicht nur die lateinische, sondern - nach Brunner/Conze (1975: 266) - auch die französische Sprache eine Rolle. Schon damals wurden mit dem Wort „Familie" unterschiedliche Bedeutungen verknüpft. Man bezog dieses Wort z.T. auf Abstammungslinien (schloss also die Verwandtschaft mit ein), z.T. auf die Haushaltsgemeinschaft von Eheleuten, Kindern und Dienerschaft und z.T. wurde es anstelle des früher üblichen Begriffs des „Hauses" verwandt. Auch für die Gegenwart zeigen demoskopische Umfragen, dass unterschiedliche Bedeutungsinhalte mit dem Wort „Familie" verknüpft werden (Noelle-Neumann/Köcher 2002: 110). So wollen viele nur dann von Familie sprechen, wenn Kinder aus einer Ehe hervorgegangen sind; andere wenden diesen Begriff auch auf kinderlose Ehepaare an. Gefragt, wen man zu seiner Familie zählen würde, nannten einige auch Haustiere. Derartige demoskopische Umfragen sagen jedoch kaum etwas Substanzielles aus, da die Antworten verschiedene Interpretationen zulassen. Haben die Befragten nur diejenigen als zur Familie zählend genannt, mit denen sie ein besonderes emotionelles Zugehörigkeitsgefühl verbindet; oder mögen juristische

Überlegungen eine Rolle gespielt haben? Warum trennen einige Befragte zwischen Familie und Verwandtschaft, andere nicht? Es wäre interessant, der Frage nach den Ursachen dieser unterschiedlichen Differenzierungen nachzugehen.

Aber auch in der Wissenschaftssprache fehlt es an einer allgemein anerkannten Definition von Familie und selbst innerhalb der einzelnen Fachgebiete, wie Psychologie, Soziologie usw., gibt es keine einheitliche Begriffsbestimmung. Diese mangelnde Übereinstimmung resultiert nicht aus einer ungenügenden theoretischen Reflexion oder aus einem Desinteresse an präziser Begrifflichkeit der Fachvertreter bzw. Fachvertreterinnen. Sie hat ihre Ursache in ihrer Favorisierung unterschiedlicher wissenschaftstheoretischer Ansätze, weswegen es nicht erstaunlich ist, dass es unterschiedliche Familienbegriffe gibt.

Überblickt man die in der Wissenschaft üblichen Definitionen von Familie, so betonen ihre Autoren - entsprechend dem von ihnen jeweils bevorzugten wissenschaftstheoretischen Paradigma - entweder die Makro- oder die Mikroperspektive. So wird z.B. in gesamtgesellschaftlicher Sicht die Familie als eine soziale Institution bezeichnet, die bestimmte gesellschaftliche Leistungen für die Gesamtgesellschaft erbringt bzw. zu erbringen hat. Mikroperspektivisch gilt die Familie als ein gesellschaftliches Teilsystem oder als eine Gruppe besonderer Art, die gekennzeichnet ist durch eine genau festgelegte Rollenstruktur und durch spezifische Interaktionsbeziehungen zwischen ihren Mitgliedern. Wie bereits einleitend zu diesem Kapitel betont wurde, beziehen sich die meisten aus dieser Theorietradition stammenden Definitionen auf ein spezifisches Familienmodell, nämlich auf die moderne westeuropäische und nordamerikanische Kernfamilie des Industrialisierungszeitalters. Im Folgenden soll mit Hilfe des hermeneutischen Verfahrens gefragt werden, durch welche essentiellen Kriterien sich „Familie" in allen Kulturen und zu allen Zeiten von anderen Lebensformen abgrenzen lässt. Ferner soll damit sowohl die Mikro- als auch die Makroebene berücksichtigt werden.

Zunächst werden - thesenförmig - die Kennzeichen des Familienbegriffes aufgelistet, um dann anschließend ausführlicher seine Bestandteile und auch die Folgen dieser Definition zu bestimmen.

Familien sind im Vergleich zu anderen Lebensformen gekennzeichnet:

1. durch ihre „biologisch-soziale Doppelnatur" (König 1946/2002), d.h. durch die Übernahme der Reproduktions- und Sozialisationsfunktion neben anderen gesellschaftlichen Funktionen, die kulturell variabel sind,

2. durch die Generationsdifferenzierung (Urgroßeltern/Großeltern/Eltern/ Kind(er)) und dadurch dass

3. zwischen ihren Mitgliedern ein spezifisches Kooperations- und Solidaritätsverhältnis besteht, aus dem heraus die Rollendefinitionen festgelegt sind.

Lange Zeit galt in der Familiensoziologie das Ehesubsystem als essentielles Kriterium für den Begriff „Familie". Zwar wurden und werden Familien zumeist durch eine zeremonielle Eheschließung begründet oder ergänzt (im Falle von vorheriger Verwitwung oder Scheidung) bzw. erweitert (im Hinblick auf die Mehrgenerationen- oder die polygame Familie), aber zu allen Zeiten und in allen Kulturen gab es auch Familien (z.B. Mutter-Kind-Einheiten), die nie auf einem Ehesubsystem beruht haben oder deren Ehesubsystem im Laufe der Familienbiografie durch Rollenausfall infolge von Tod, Trennung oder Scheidung entfallen ist. Wenn also in Kap. 2.1. betont wurde, dass Ehe immer auf Familie verweist, so gilt - wie gezeigt - aber nicht umgekehrt, dass der Begriff „Familie" immer auf Ehe verweisen würde.

Familien ohne Ehesubsystem werden heute nicht mehr als „unvollständige Familien" bezeichnet wegen des damit verbundenen wertenden Aspektes, sondern als „Ein-Eltern-Familie" oder als „Vater-" bzw. „Mutter-" Familie.

Zu 1.: In allen Gesellschaften wird der Familie die biologische Reproduktions- und die frühkindliche Sozialisationsfunktion zugewiesen. Das gilt selbst dann, wenn sie die Sozialisation mit Unterstützung familienfremder Personen, Gruppen oder anderer Institutionen erfüllt oder wenn es - wie bei den indischen Nayar - die Regel ist, dass die biologischen Väter nicht mit ihren Kindern zusammen leben, sondern sie in ihren Herkunftsfamilien verbleiben (vgl. Calhoun/Light/Keller 1994: 294).

Von der Familie wird vielfach außerdem die Erfüllung weiterer Funktionen erwartet: die der Schutz- und Fürsorgefunktion, die Befriedigung emotional-expressiver Bedürfnisse u.a.m., die z.T. inhaltlich, vor allem aber in ihren Kombinationen und in ihrer Prioritätenfolge die vielfältigsten Variationen in der menschlichen Gesellschaft aufweisen (vgl. Goode 1967; König 1969/2002; Mitterauer 1989). Welche weiteren Funktionen neben der Reproduktions- und Sozialisationsfunktion die Familie in der Bundesrepublik erfüllt, wird in Kap. 4.1 näher beschrieben.

Zu 2.: Die Generationsdifferenzierung kann sich sowohl auf die Eltern-/ Mutter- bzw. Vater-Kind-Einheit beziehen, dann sprechen wir von Kernfamilie (nuclear family), als auch darüber hinaus auf die Großeltern, evtl. sogar auf die Urgroßeltern (Drei- bzw. Viergenerationenfamilie oder Mehrgenerationen-Familie genannt). Für diese Mehrgenerationen-Familie ist ein gemeinsamer Haushalt kein essentielles Kriterium, zumal in dieser Hinsicht starke Veränderungsprozesse stattgefunden haben. In Kap. 3 wird gezeigt werden, dass in der vorindustriellen Zeit die Familien Haushaltsfamilien waren, was aber keineswegs mehr für die heutigen Familien in diesem Ausmaß zutrifft. Selbst im Falle des Zusammenwohnens mehrerer familialer Generationen in einem Haus ist zumeist eine getrennte Haushaltsführung gegeben, und auch die zeitweilig beruflich bedingte regionale Trennung der Ehepartner erfordern zuweilen zweifache Haushaltsführungen usw. Deshalb löst sich aber die Familie, gerade auch im Hinblick auf das

Solidaritätsprinzip nicht auf (vgl. hierzu auch Kap. 8 in diesem Band und die Familientypologie am Ende dieses Abschnitts).

Idealtypisch kann man zwei verschiedene Formen von Mehrgenerationen-Familien unterscheiden: Die Abstammungsfamilie (diese ist vornehmlich vorfindbar in der Türkei, Korea usw.) und die Form des familialen Generationsverbundes (wie z.B. in Deutschland, Polen, Spanien usw.). Diese beiden Idealtypen unterscheiden sich vornehmlich in ihrer Definition der Position des Ehesystems sowie in der Stellung der einzelnen Kernfamilie im jeweiligen Familienverband. In der Mehrgenerationen-Familie in Form der Abstammungsfamilie ist die Ehe der Generationsbeziehung untergeordnet oder m.a.W.: Die Ehebeziehung ist gegenüber der Herkunftsfamilie nachrangig. Ferner ist Patrilinearität das Kennzeichen der Mehrgenerationen-Familie in Form der Abstammungsfamilie. Der Idealtypus der Mehrgenerationen-Familie in Form des familialen Generationenverbundes ist demgegenüber dadurch gekennzeichnet, dass die einzelnen Generationen selbstständige „Einheiten" bilden. Ihre Beziehungen sind zwar eng, aber dem Prinzip „Intimität auf Abstand" (Rosenmayr 1969: 334) unterworfen. Multilokalität herrscht vor. Betont wird grundsätzlich die Egalität beider Herkunftsfamilien.

In der Familiensoziologie ist ferner der Begriff der „joint familiy" gebräuchlich. Diese Bezeichnung wird zumeist für die Familien angewandt, die aus mehreren Kernfamilien bestehen, zumeist aus den Familien mit Brüdern, die in ungeteilter Erbengemeinschaft leben. Die Bezeichnung „erweiterte Familie (extended family)" wird für Familien gewählt, in deren Haushalt noch weitere zumeist seitenverwandte Personen als Mitglied aufgenommen wurden. Die Worte „Groß-" und „Klein-" Familie beziehen sich in der Literatur auf unterschiedliche Sachverhalte. Zuweilen soll damit eine Familie mit einer großen bzw. kleinen Kinderzahl gekennzeichnet werden, manchmal beziehen sie sich auf die Zahl der Generationen oder auf die Personenzahl der Haushaltsmitglieder. Wegen ihrer dadurch gegebenen unspezifischen Aussagekraft werden sie in diesem Einführungsbuch nicht verwendet.

Zu 3.: In allen Gesellschaften ist die Familie durch eine spezifische Rollenstruktur mit nur für sie geltenden Rollendefinitionen (z.B. Vater/Mutter/Tochter/Sohn/Enkel/Schwester usw.) gekennzeichnet. Die Anzahl der Rollen und die Definition der Rollenerwartungen sind kulturabhängig. Sie definieren aber eine spezifische Kooperations- und Solidaritätsbeziehung, die ein konstitutives Merkmal von Familie ist. Selbstverständlich gab und gibt es historische und soziokulturelle Unterschiede in der Form und auch in den Inhalten der Kooperations- und Solidaritätsbeziehungen; aber immer handelt es sich um ein ganz spezifisches und von anderen Interaktionsbeziehungen in der jeweiligen Gesellschaft abgehobenes Verhältnis und um eine engere Beziehung - zumindest normativ - als zur Verwandtschaft. Häufig wird vor allem in den Medien vermutet, dass die Familie in Deutschland im Zuge des Individualisierungsprozesses kaum noch ein Solidaritätsverband wäre; jedoch widersprechen alle vorhandenen empirischen Befunde dieser These (vgl. Kohli 1997, 2000a; Lauterbach 1998b, 2003; Szydlik 2000 und 2003; vgl. hierzu auch Kap. 8 in diesem Band).

Ferner wird das Kooperations- und Solidaritätsprinzip in den einzelnen Gesellschaften unterschiedlich legitimiert. Es kann z.B. auf Traditionen, auf speziellen Verträgen, auf Gesetzen und/oder auf einer gegenseitigen emotionalen Zuneigung beruhen. So gilt z.B. in der islamischen Religion oder in der konfuzianischen Ethik mit ihrer Ahnenverehrung die gegenseitige Unterstützung innerhalb der Mehrgenerationen-Familie als eine religiöse Pflicht; oder umgekehrt formuliert: Eine Unterlassung dieses Verhaltens bedeutet eine religiöse Pflichtverletzung. In europäischen Staaten z.B. ist die familiale Solidarität z.T. durch staatliche Gesetze abgesichert. Aber darüber hinaus stellt die Familiensolidarität (wie empirische Untersuchungen z.B. über Spanien, Polen und Deutschland belegen; vgl. hierzu ausführlicher Nave-Herz 2002) auch eine unhinterfragte Norm dar; sie ist also ein traditionelles Verhalten im Sinne Max Webers. Nach ihm bedeutet „Tradition", dass der Fortbestand von Wertvorstellungen, normativen Orientierungen, Verhaltensweisen usw. durch die schlichte faktische Bewährung, durch „eingelebte Gewohnheiten" gewährleistet wird (vgl. hierzu auch Kap. 8.4.4 in diesem Band).

In der Familiensoziologie wird außerdem zwischen weiteren Familienformen unterschieden, die alle den zuvor beschriebenen essentiellen Kriterien, also dem „Grundmuster" entsprechen, sich aber zusätzlich durch einen bestimmten Faktor unterscheiden. Sie sollen abschließend aufgeführt werden.

Familienformen

a) nach dem Familienbildungsprozess
1. Eltern-Familie aufgrund biologischer Elternschaft
2. Adoptionsfamilie
3. Stieffamilie bzw. Fortsetzungsfamilie
4. Patchwork-Familie (= beide Ehepartner bringen Kinder aus einer früheren Partnerschaft mit in die Ehe und haben zusätzlich ein gemeinsames Kind oder gemeinsame Kinder)
5. Pflegefamilie
6. Inseminationsfamilie (= durch die Reproduktionsmedizin)

b) nach der Zahl der Generationen
1. Zwei-Generationenfamilie (= Kernfamilie bzw. nuclear family)
2. Mehrgenerationen-Familie (in Form der Abstammungsfamilie oder des familialen Generationsverbundes)

3. Erweiterte Familie bzw. extended family (= Haushaltsgemeinschaft von mindestens zwei Generationen und weiteren Einzelpersonen, häufig Seitenverwandte)

4. Joint family (= mehrere seitenverwandte Kernfamilien, u.U. in ungeteilter Erbengemeinschaft lebend)

c) nach der Rollenbesetzung in der Kernfamilie

1. Zwei-Eltern-Familie bzw. Eltern-Familie (hierzu zählen auch Nichteheliche Lebensgemeinschaften und homosexuelle Paare mit Kindern)

2. Ein-Eltern-Familie bzw. Vater- oder Mutter-Familie

3. Polygame Familie
   - Polygynie (= ein Ehemann mit mehreren Ehefrauen und Kindern)
   - Polyandrie (= eine Ehefrau mit mehreren Ehemännern und Kindern)

d) nach dem Wohnsitz

1. neolokale Familie (= die Kernfamilie bestimmt unabhängig von der Herkunftsfamilie ihren Wohnsitz)

2. patrilokale Familie (= die väterliche Abstammungsfamilie bestimmt den Wohnsitz)

3. matrilokale Familie (= die mütterliche Abstammungsfamilie bestimmt den Wohnsitz)

4. bilokale Familie (= die Kernfamilie verfügt über zwei Wohnsitze)
   - Pendler-Familie (= es besteht ein Hauptwohnsitz der Familie; aus beruflichen Gründen ist für ein Familienmitglied bzw. Elternteil eine regelmäßige zeitweilige Abwesenheit gegeben)
   - Commuter-Familie (= aus strukturellen, beruflichen Zwängen verfügt die Kernfamilie über zwei voll eingerichtete Haushalte)
   - LAT bzw. Living-Apart-Together (= die Familie, zumeist die Ehepartner, leben bewusst - ohne äußeren Zwang - in zwei getrennten Haushalten)
   - binukleare Familie (= das Kind bzw. die Kinder gehören zwei Kernfamilien - zumeist durch Trennung oder Scheidung der Eltern - an, haben in beiden Haushalten ein eigenes Zimmer und wechseln öfter zwischen diesen Aufenthaltsorten)

e) nach der Erwerbstätigkeit der Eltern

1. Familie mit erwerbstätigem Vater und Vollzeithausfrau

2. Familie mit erwerbstätiger Mutter und Vollzeithausmann

3. Familien mit erwerbstätigem Vater und erwerbstätiger Mutter (evtl. auch teilzeit-arbeitend)

4. Dual-Career-Family (= beide Ehepartner streben eine Berufskarriere an oder sind bereits in beruflichen mittleren bzw. Spitzenpositionen tätig).

Selbstverständlich können alle genannten Familienformen in den verschiedensten Kombinationen auftreten.

2.3 Verwandtschaft und Verwandtschaftslinien

Die Unterscheidung von Verwandtschaft und Nicht-Verwandtschaft ist - wie Wagner betont - „universal und im Bewusstsein der Gesellschaftsmitglieder verankert" (2002: 229). Das bedeutet jedoch nicht - vor allem für Industriegesellschaften - dass auch immer enge oder überhaupt irgendwelche Interaktionsbeziehungen zwischen Verwandten bestehen müssen. Verwandtschaftsbeziehungen sind optionale bzw. potenziale Netzwerke, die genutzt werden können, aber häufig nur aufgrund von Sympathie aktiv erhalten bleiben oder in Notfällen aktiviert bzw. reaktiviert werden. Nach dem Zweiten Weltkrieg und auch nach der Wiedervereinigung Deutschlands haben Personen, die sich fremd waren, lediglich aufgrund ihres Verwandtschaftsstatus Kontakt aufnehmen können und de facto auch aufgenommen; eine derartige Kontaktmöglichkeit ist Nicht-Verwandten verwehrt. Verwandtschaftsbeziehungen bestehen lebenslang und werden beispielsweise auch nicht notwendigerweise durch Ehescheidung aufgehoben, vielfach jedoch gelockert. Makrosoziologisch kommt der Verwandtschaft eine Integrationsfunktion zu, nämlich die gesellschaftliche familiale Isolation zu vermeiden.

Die Verwandtschaft ist nicht etwa ausschließlich über die „blutsmäßige Abstammungslinie" zu definieren, weil die Verwandtschaftslinien darüber hinausgehen (im Mittelalter zählten z.B. Taufpaten bei uns zu den Verwandten) oder enger gefasst werden können (so galten in Deutschland nichteheliche Kinder bis 1970 zumindest juristisch als nicht-verwandt mit ihrem Vater; vgl. Limbach 1988:22). Die kulturellen Variationen in Bezug auf die Zugehörigkeit/Nicht-Zugehörigkeit zur Verwandtschaft sind derart groß, dass man generell konstatieren muss: Jede Gesellschaft bestimmt für sich, wer mit wem verwandt ist. Diese These wird vor allem auch durch die kulturell sehr unterschiedlich verlaufenden Verwandtschaftslinien bestätigt, worauf gleich noch eingegangen wird.

Man erkennt in einer Gesellschaft die gültigen Verwandtschaftsregeln an der Existenz von Bezeichnungen bzw. Anreden, und diese können sogar in ein und demselben Kulturbereich regionale Unterschiede aufgrund der Tradition aufweisen. So gibt es z.B. in einigen Teilen Deutschlands die Bezeichnungen „Schwipp-Schwager" für den Bruder des Schwagers bzw. „Schwipp-Schwägerin", in anderen nicht. Auch werden zuweilen besondere Verwandtschaftsbeziehungen durch nur für sie geltende Bezeichnungen kenntlich gemacht. In unserer Sprache gab es z.B. das Wort „Ohm", eine spezielle Bezeichnung für den Bruder der Mutter, oder „Muhme" für die Schwester der Mutter.

Nach René König ist Verwandtschaft zu definieren „als die Art und Weise wie Status, Rang und Würden, Namen und Eigentum in einer Gesellschaft übertragen werden" (1969/2002: 341). Die damit verbundene Reduzierung der Verwandtschafts- auf die Erbschaftslinie wird der kulturell gegebenen sozialen Verwandtschaft jedoch nicht gerecht. Verwandtschaft ist „ein formales oder normatives Netzwerk, dass durch Rollen, gegenseitige Pflichten und Rechte gekennzeichnet ist" (Wagner 2002: 229). Die „engere" Verwandtschaft ist ferner dadurch erkennbar, dass - von ganz wenigen Ausnahmen abgesehen - zwischen diesen Mitgliedern das Inzesttabu gilt (vgl. Kap. 5.1).

Folgende Verwandtschaftslinien sind zu unterscheiden: das patrilineare, matrilineare, bilaterale und das duale System. Die Patrilinearität und Matrilinearität sind gleichzeitig Lokalitätsregeln (bestimmen also den Wohnsitz der neu gegründeten Kernfamilien), was gleichzeitig die jeweilige Herrschaftsform widerspiegelt. Das bilaterale (zweiseitige) Verwandtschaftssystem, das gleichzeitig neolokal sein kann und bei uns Gültigkeit besitzt, ist weltweit nicht das verbreitetste (Murdock 1949). Das duale System ist eine „Mischform" aus Teilen der patrilinearen und matrilinearen Abstammungslinie. In diesem Fall ist das Kind verwandt nur mit den Frauen seiner mütterlichen Abstammungslinie und nur mit den Männern der väterlichen (z.B. konkret: mit der mütterlichen Großmutter und dem väterlichen Großvater, aber nicht mit dem Großvater mütterlicherseits und der Großmutter väterlicherseits).

Eine Sippe umfasst Personen, die sich für verwandt halten und in verschiedenen Haushaltsformen leben (zuweilen auch regional verstreut) und über einen Ahnenkult ihr Sippenbewusstsein erhalten (gens = männliche Abstammungslinie; sip = weibliche Abstammungslinie). Ein Clan ist eine Sippe mit politischer Souveränität.

Auf die inhaltliche Bedeutung der Verwandtschaft und bestimmter Verwandtschaftslinien in unserer Gesellschaft wird später eingegangen. Im Folgenden soll zunächst mit einem historischen Rückblick über den Wandel von Ehe und Familie in unserem Kulturbereich versucht werden, das Besondere der heutigen Ehe und Familie und ihrer gegenwärtigen Probleme besser erfassen zu können.

3. Ein historischer und zeitgeschichtlicher Rückblick über die Ehe und Familie

In einer Einführung in die Familiensoziologie kann der historische und zeitgeschichtliche Wandel von Ehe und Familie des Umfanges wegen nicht chronologisch nachgezeichnet werden; hierzu sei auf die diesbezügliche Spezialliteratur verwiesen. Mit der folgenden Darstellung von historischen Familienformen wird der Zweck verfolgt, die spezielle Ausformung unserer heutigen Ehe und Familie und ihre speziellen gesellschaftlichen Leistungen zu verdeutlichen, sowie die Vorstellung von *„der* vorindustriellen Familie" als „Mythos" zu kennzeichnen. Gleichzeitig wird auf die in allen Epochen vorfindbare Differenz zwischen Familienideal und familialer Realität hingewiesen und die Forderung betont, beide Ebenen dezidiert zu unterscheiden, weil dies sowohl in Bezug auf frühere als auch gegenwärtige Ehe- und Familienformen häufig in diesbezüglichen Alltagstheorien und im Alltagswissen nicht beachtet wird. Der Rückbezug auf die Geschichte ist insbesondere auch deshalb notwendig, weil die Maßstäbe für ein vermeintlich „normales" Familienleben bei uns noch immer - vielfach unbewusst - bestimmt werden mit Blick auf ein bestimmtes Familienmodell, nämlich das Bürgerliche. Das kann angesichts veränderter Realitäten in Folge des Wandels der allgemeinen sozialen sowie der familialen Lebensbedingungen zu erheblichen gesellschaftlichen und individuellen Spannungen führen. Dieser Sachverhalt wird nicht nur im folgenden Abschnitt, sondern in allen weiteren Kapiteln immer wieder thematisiert.

3.1 Vorindustrielle Familienformen

Noch bis Anfang der 1970er Jahre wurde in der Familiensoziologie davon ausgegangen, dass in unserem Kulturbereich in der vorindustriellen Zeit die Drei-Generationen-Familie, und zwar vor allem als Typus „des ganzen Hauses" - eine von Brunner geprägte Bezeichnung (1966) - die real existierende Familienform gewesen sei. Inzwischen hat die historische Familienforschung nachgewiesen, dass z.B. die bekannte Schwabsche Ballade „Das Gewitter" einen weit verbreiteten Mythos über unsere vorindustriellen Familien widerspiegelt, denn sie beginnt: „Urahne, Ahne, Mutter und Kind in dumpfer Stube beisammen sind". Zu Schwabs Zeiten und auch zuvor hat es in West- und Mitteleuropa die Drei-Generationen-Familie wegen der geringen Lebenswahrscheinlichkeit, wegen eines relativ späten Heiratsalters und aus ökonomischen Gründen viel seltener gegeben, als häufig angenommen wird, noch viel seltener die Vier-Generationen-Familie. In unserem Kulturbereich lebten nur dort mehrere Generationen zusammen, wo es die produktiven Voraussetzungen dafür gab, wo etwa ein Bauernhof oder ein Handelsbzw. Handwerksbetrieb groß genug war, dass er Unterhalt für drei Generationen bot. Doch auch nicht alle wohlhabenden Familien umfassten drei Generationen (vgl. ausführlicher bei Mitterauer 1977: 38ff.). Dem gegenüber ist heute die Chance weit verbreitet, dass sich die verschiedenen Familiengenerationen, wenn auch nicht zusammenwohnend, dennoch gegenseitig „erfahren". Wir sprechen deshalb in der Familiensoziologie von der neuen historischen Familienform der „Multilokalen-Mehrgenerationen-Familie" (vgl. hierzu auch Kap. 8.4 in diesem Band).

Insbesondere zeigen die Ergebnisse der historischen Familienforschung, dass in unserem Kulturbereich zwischen jenen Familien mit und jenen „ohne Produktionsfunktion" zu differenzieren ist, da - trotz aller Variabilität innerhalb der beiden Gruppen - die Unterschiede zwischen diesen sehr groß waren.

Die Familien ohne Produktionsfunktionen waren überwiegend Kernfamilien, zuweilen erweiterte Familien, selten lebten mehrere Kernfamilien in Form eines Familienverbandes (auf horizontaler Ebene) zum Zwecke der Solidarität zusammen (Schwägler 1970; Rosenbaum 1982b: 495). Sie waren eigentums- bzw. besitzlos, besaßen einen geringen Rechtsstatus (vgl. Barabas/Erler 2002: 28), waren gekennzeichnet durch eine Autonomie von Verwandtschaftskontexten, durch freie Ehepartnerwahl, ein spätes Heiratsalter und durch egalitäre Geschlechterbeziehungen (Oesterdiekhoff 2002: 178).

Die Familien mit Produktionsfunktion bestanden ebenfalls häufig lediglich aus Familienmitgliedern (z.B. bei Besitz oder bei Eigentum eines kleines Bergbauernhofes, Handwerks- oder Handelsbetriebes). Zu ihnen konnten aber auch zusätzlich familienfremde Personen zählen, wenn der Betrieb auf Gesinde oder auf Gesellen und andere angewiesen war. Diese letzteren werden in der Literatur auch als „große Haushaltsfamilien mit Produktionsfunktion" (Weber-Kellermann 1977) oder als „Typus des ganzen Hauses" (Brunner 1966) bezeichnet. Neben der Variabilität in Bezug auf die personelle Zusammensetzung bedingte die jeweilige Produktionsweise (Landwirtschaft/Handwerk/Handel) unterschiedliche Lebensweisen. Für alle Familien mit Produktionsfunktion galt aber, dass der Betrieb den familialen Mittelpunkt bildete, sie patriarchalisch strukturiert waren und nur eine bedingte freie Ehepartnerwahl und ein spätes Heiratsalter (Mitte bis Ende des 20. Lebensjahres) sowie keine Neolokalität galt. Eine relativ große Autonomie war von Verwandtschaftskontexten gegeben, aber nicht von der Herkunftsfamilie, jedenfalls bis zur Hof- bzw. Betriebsübergabe. Diese wurde möglichst lange hinausgeschoben, vor allem aus wirtschaftlichen Gründen (Wall 1997: 263) oder in Folge geltender Erbschaftsregeln (z.B. bei Jüngstem-Erbrecht). Diese Fakten (vor allem das hohe Heiratsalter und der große Anteil Ledigbleibender) bedingten die hohe Anzahl von Kern- bzw. erweiterten Familien in unserem Kulturkreis und den geringen Anteil von vertikalen Mehrgenerationen-Familien und Joint-Families. Mitterauer und Sieder fassen die diesbezüglichen historischen Forschungsergebnisse folgendermaßen zusammen: „Es kommt in diesen Zahlen ein grundlegender Unterschied im Heiratsverhalten zum Ausdruck, der sich bis in neuere Zeiten zwischen den Ländern West- und Mitteleuropas einerseits, Ost- und Südeuropas andererseits verfolgen lässt. Das west- und mitteleuropäische Heiratsmuster, vereinfacht ‚European marriage pattern' bezeichnet, ist weltweit einzig dastehend, das ost- und südeuropäische entspricht hingegen viel stärker den außereuropäischen Verhältnissen. Mit dem Ersteren korrespondiert ein Vorherrschen der Zwei-Generationen-Familie, mit dem Letzteren eine Tendenz zu größeren Familienverbänden unter Einschluss mehrerer verheirateter Paare" (Mitterauer/Sieder 1977: 54).

Inzwischen haben mehrere Forschungarbeiten zum Teil diese Ergebnisse bestätigt, zum Teil vor dieser geografischen Dichotomisierung gewarnt und durch regionale Untersuchungen darauf hingewiesen, dass es auch in Ost- und Südeuropa kleinere Familien bzw. Familienverbände gegeben hätte (vgl. z.B. Hareven 1997: 17f.; Wall 1997: 255f.; Todorova 1997: 293f.; Plakans/Wetherell 1997: 301f.; Cerman 1997: 327f.; Wakao 1997: 347f.; Saito 1997: 371f.; Oesterdiekhoff 2002: 177f.). Wichtig in unserem Zusammenhang ist allein der Forschungsbefund: Dass es überall und zu jeder Zeit unterschiedliche Familientypen gegeben hat, in unserem Kulturkreis die Kernfamilien, die ohne Produktionsfunktion anteilmäßig gegenüber den Familien mit Produktionsfunktion, den Drei-Generationen-Familien und den Joint-Families überwogen haben und die sich von den Kernfamilien und erweiterten Familien in Ost- und Süd-Europa sowie in vielen außereuropäischen Kulturen qualitativ durch die zuvor genannten unterschieden.

Trotz aller Unterschiedlichkeit zwischen Familien in Ost- und Südeuropa und innerhalb vieler außereuropäischer Kulturen, z.B. durch die personale Zusammensetzung, ihre ökonomischen Lebenslagen, die Art ihres „Einkommens", herrschte in Süd- und Ost-Europa im Gegensatz zu unseren vorindustriellen Familien Patrilokalität vor; es galt ein sehr niedriges Heiratsalter und eine freie Partnerwahl war kaum bzw. zuweilen überhaupt nicht gegeben. Die Kernfamilie war in patrilineare Herrschaftskontexte eingebunden, nämlich das „Familienoberhaupt"[3], auch wenn es nicht dem Haushalt angehörte, „regierte" dennoch in regional entfernte und nur scheinbar autonome Haushalte der patriarchalischen Abstammungslinie hinein. Die Ehefrauen besaßen einen niedrigeren Status als die Männer. Ebenso galt unter den Frauen das Anciennitäten-Prinzip wie unter den Männern.

Über die verursachenden Bedingungen für diese „Sonderstellung der nordwest- und mitteleuropäischen vorindustriellen Familie" sind viele Vermutun-

---

3 Das konnte der Großvater, Vater oder der älteste Bruder/Sohn und damit evtl. der Onkel sein.

gen geäußert worden: traditionelle Rechts- und Herrschaftssysteme, Produktionsbedingungen, staatliche Regulierungen (Präventivmaßnahmen gegen Überbevölkerung), religiöse Traditionen mit ihren Vorstellungen von Ehe und Familie. Vermutlich bedingten sich alle genannten Faktoren gegenseitig.

Bevor auf die Differenzen zwischen der Familie mit und ohne Produktionsfunktion in unserem Kulturkreis genauer eingegangen wird, sollen zunächst die Kennzeichen herausgestellt werden, die für beide Familientypen galten und in denen sich die vorindustriellen von den heutigen Familien unterscheiden.

Ehe und Familie hatten - das ist allgemein bekannt - in der vorindustriellen Zeit immer einen instrumentellen Charakter, und zwar nicht nur für die Ehepartner selbst, sondern auch für den erweiterten Familienverband. Die Ehe wurde eingegangen im Hinblick auf Kinder, um - je nach Schicht - Vermögen, Namen usw. weiterzuvererben und die Versorgung der Familienmitglieder im Falle von Krankheit und im Alter zu garantieren.

Die Familien in der vorindustriellen Zeit waren Haushaltsfamilien, d.h. im Mittelpunkt stand der „Haushalt"; sie unterschieden sich - entsprechend ihrer ökonomischen Lage - in der Größe und in der Zusammensetzung der Haushaltsmitglieder. Vor allem in den ärmeren Familien war die Zahl der Haushaltsmitglieder gering (Ecarius 2002b: 519ff.); selten bildeten (wie bereits erwähnt) eigentumslose Bevölkerungsschichten umfassende Familienverbände (auf horizontaler Ebene) zum Zwecke der Solidarität (Rosenbaum 1982b: 49). Wegen ihrer ökonomisch schlechten Situation und der dadurch bedingten Konzentration auf die Frage des Überlebens stand hier ebenso die physische Versorgung ihrer Mitglieder und damit die - wenn auch sehr reduzierte - Haushaltsfunktion im Mittelpunkt.

Soweit wir historisches Material besitzen, hat es in unserem Kulturkreis sowie auch in anderen immer eine geschlechtsspezifische Arbeitsteilung gegeben. Die Frauen waren zu allen Zeiten vor allem für die in jener Zeit sehr vielseitigen Haushaltstätigkeiten verantwortlich, gleichzeitig waren sie aber auch für bestimmte Bereiche der Erwerbs- und Produktionswirtschaft zuständig. Das galt für die Frauen aller Schichten, wenn auch in unterschiedlichem Umfang und in unterschiedlicher Form, was später noch genauer dargestellt werden wird. Insofern ist die in den letzten Jahrzehnten gestiegene Erwerbstätigkeit von Müttern kein neuartiges Phänomen, sondern bedeutet nur die Rückkehr von Frauen in früher innegehabte Positionen des Produktions- bzw. nunmehr verstärkt des Dienstleistungsbereiches. Die Tätigkeitsverantwortung der Männer beschränkte sich ebenso wenig allein auf landwirtschaftliche oder handwerkliche Arbeiten, sondern schloss auch - wenn auch in geringerem Maße - hauswirtschaftliche mit ein (Holzhacken, Reinigungs- und Reparaturarbeiten usw.), weil in der Haushaltsfamilie in jener Zeit keine strikte Trennung zwischen Innen- und Außenbereich, zwischen Familien- und Erwerbsbereich, möglich war.

Zwischen den Haushaltsmitgliedern gab es in der damaligen Zeit wie heute individuelle/persönliche Beziehungen, die Nähe, Intimität und Geborgenheit vermittelten, aber diese waren nicht zwischen bestimmten Personen festgeschrieben, wie z.B. heute zwischen den Ehepartnern, zwischen den Eltern und ihren Kindern. Die Liebe zwischen den Ehegatten war zwar ein altes biblisches Gebot, spielte aber jahrhundertelang für die Eheschließung eine untergeordnete Rolle. Das eheliche Bündnis sollte vor allem nicht auf Leidenschaft beruhen, sondern auf Zuverlässigkeit, Nüchternheit und Achtung des Partners, und deshalb galten damals auch völlig andere Partnerwahlkriterien als heute. In vermögenden Familien spielte der Besitz, den die Partnerin als „Mitgift" in die Ehe einbrachte, eine bedeutende Rolle. Aber darüber hinaus waren für die Auswahl ebenso das Arbeitsvermögen eines Partners bzw. einer Partnerin und vor allem die Gesundheit ausschlaggebend, was gleichermaßen für die vermögenden und nichtvermögenden Familien galt.

Die Kinderzahl war in den vorindustriellen Familien entgegen weit verbreiteter Meinungen gering . Zwar hatten die verheirateten Frauen in ihrem Leben, wie Nachberechnungen aus Kirchenbüchern zeigen (vgl. Cipolla/Borchardt 1971), durchschnittlich 8-12 Geburten zu überleben, bzw. alle 1½ bis 2½ Jahre eine Geburt. Die Zahl war abhängig von dem Heiratsalter und der Lebenszeit der Mütter. Aber weit über die Hälfte der Kinder starben im Säuglings- und Kleinkinderalter, viele an Epidemien, durch Kriege, Hunger und an speziellen Kinderkrankheiten (z.B. an Masern, Scharlach, Diphtherie, Pocken). In Bezug auf die vorindustrielle Zeit ist es deshalb besonders wichtig, zwischen der Geburten- und der Kinderzahl explizit zu unterscheiden; die Geburtenzahlen waren hoch, die Kinderzahl pro Familie dagegen gering, nämlich durchschnittlich drei bis vier (Mitterauer 1989: 184).

Zur Fehleinschätzung der vorindustriellen Kinderzahl pro Familie trugen einerseits die Berichterstattungen und Familienporträts einiger markanter Persönlichkeiten bei (z.B. die Bach-Familie, Maria Theresia mit ihren 14 Kindern), andererseits die Anfang bis Ende des 19. Jahrhunderts - de facto gegebene - hohe Zahl von Kindern, also nur während einer bestimmten, relativ kurzen Zeitepoche. Denn die hohe Sterblichkeitsquote ist erst durch die medizinischen und ernährungsphysiologischen Forschungskenntnisse sowie durch die Einrichtung von Säuglings- und Kinderkrankenhäusern mit entsprechend ausgebildetem Personal sowie durch den Impfzwang erheblich zurückgegangen (Peiper 1966: 257ff.). Das generative Verhalten blieb damals weiterhin traditionell bestimmt, d.h. es gab in jener Zeit zunächst keine Geburtenplanung in der Ehe.

Die hohe Säuglings- und Kindersterblichkeit hatte weiterhin zur Folge, dass der Altersabstand zwischen den Geschwistern sehr viel größer war als heute. Ferner lebten zum Zeitpunkt der Geburt der jüngsten Kinder häufig die ältesten nicht mehr im Hause. Vor allem aber war durch die hohe Säuglings- und Kindersterblichkeit auch die Altersversorgung durch eigene Kinder - trotz hoher Geburtenzahlen - nicht immer gewährleistet. Ein Beispiel aus dem historischen Material von Imhof sei zur Veranschaulichung in diesem Zusammenhang wiedergegeben:

A. E. Imhof: Die gewonnenen Jahre

„Es ist eines jener ergreifenden, erschütternden, in unseren heutigen Augen grausamen Dokumente, an denen die ganze Sammlung unserer siebentausend Ausdrücke nicht eben arm ist. Wer bräuchte da lange Kommentare? Jeder Leser versuche sich selbst an der Interpretation dieses Bildes! [...] Kein einziges der neun geborenen Kinder vollendete auch nur sein erstes Lebensjahr. Länger als höchstens sieben Monate hatten die Eltern keines ihrer Kinder behalten können. Und zu viert lebten sie ein einziges Mal, nämlich damals in der ersten Hälfte des Jahres 1713, als am neunten März Zwillinge zur Welt kamen. Das, was wir heute als ‚Familienglück‘ bezeichnen würden, währte nicht lange. Schon nach drei Monaten starben den Eltern die beiden Säuglinge im Abstand von nicht einmal zwei Wochen wieder weg, der eine am neunten, der andere am achtzehnten Juni. Es war für die Eltern die letzte Chance gewesen, eine Familie zu bilden. Die Frau hatte ihr 43. Altersjahr bereits überschritten. Die Aussichten auf eine erneute Schwangerschaft schwanden rapide und waren bald gleich Null. Das Ehepaar lebte indes - kinderlos - noch volle fünfzehn Jahre zusammen. Dann starb auch der Mann. Achtundzwanzig Jahre lang hatte die Ehe gedauert, neun Kinder waren in ihr zur Welt gekommen, und nun lebte die Frau noch weitere zwölf Jahre allein, ohne Mann, ohne ein einziges ihrer Kinder" (München 1981, S. 41).

Aus der Diskrepanz zwischen hoher Geburtenzahl bei gleichzeitiger hoher Säuglingssterblichkeit leitet Shorter die sachlichere Beziehung zwischen Müttern und ihren Säuglingen in der vorindustriellen Zeit ab. Dieser Sachverhalt erscheint uns heute unverständlich, da die mütterliche Einstellung zu ihren Kindern, wie wir sie heute kennen, als von Natur aus notwendig angesehen wird. So klingt die folgende These von Shorter für uns provokativ: „Die Mutterliebe zu ihren Kleinkindern ist eine Erfindung der Moderne. In der traditionellen Gesellschaft standen die Mütter der Entwicklung und dem Glück ihrer Kinder unter zwei Jahren gleichgültig gegenüber. In der modernen Gesellschaft ist ihnen das Wohlergehen ihrer kleinen Kinder wichtiger als alles andere" (Shorter 1975: 256). Liebe ist bei Shorter als Spontaneität und als Einfühlungsvermögen gekennzeichnet, als Zärtlichkeit und liebevolle Vertrautheit. Eine sachlichere, also eine weniger stark emotionell-affektive Beziehung, wie sie heute von der Mutter in Hinwendung zu ihrem Säugling erwartet wird, darf allerdings nicht etwa mit Vernachlässigung oder völliger Gefühlsarmut assoziiert werden. Ferner konnten - wie bereits betont - psychische Zuwendungen auch von anderen Personen gegeben werden; der Mutter wurde aber nicht - wie heute - das Monopol auf diese Gefühlsbeziehung zugesprochen oder als Forderung an sie gestellt.

Schon vor Shorter hatte Ariès auf die viel emotionslosere Beziehung der Oberschicht zu ihren Kleinkindern hingewiesen. Dass man überhaupt in jener Zeit dem einzelnen Säugling nicht allzu viel Bedeutung beimaß, illustrieren auch die Worte einer Nachbarin gegenüber einer Wöchnerin: „Ehe sie soweit sind, dass sie dir viel Sorge machen können, wirst du die Hälfte oder aber alle wieder verloren haben" (Ariès 1975: 242).

Inzwischen gibt es eine Reihe von Forschungsergebnissen und Abhandlungen, die alle zunächst darauf hinweisen, dass es nicht um die Frage gehen kann, ob es eine „Mutterliebe" in der vorindustriellen Zeit gegeben hat oder nicht. Sie weisen nach, dass die Mutter-Kind-Beziehung damals eine andere Qualität besaß (vgl. hierzu ausführlicher Schütze 1986).

Als verursachende Bedingung für die sachlichere Beziehung zwischen Müttern und ihren Kindern wird in der Literatur nicht nur die hohe Säuglingssterblichkeit in der vorindustriellen Zeit angegeben, sondern auch die ökonomischen und materiellen Existenzbedingungen bzw. die damalige Existenznot. Hinzu kam, dass die Schwangerschaft, die Geburt und das „Wochenbett" durch das sog. Kindbettfieber für die Frauen aller sozialen Schichten, aber überproportional für die unteren (vgl. Imhof 1981) mit einem Lebensrisiko verbunden war. Zum Beispiel geht aus einer Untersuchung der Todesursache von verheirateten Frauen in Florenz im 16. Jahrhundert hervor, dass eine von drei Frauen bei der Geburt oder an den unmittelbaren Folgen ihrer Niederkunft gestorben ist (Klapisch-Zuber 1989). Auch diese „Aussicht" ließ die Erwartung eines Kindes für die Mutter nicht nur als „freudiges Ereignis" erscheinen, zumal wenn andere Kinder bereits vorhanden waren.

Die Familien der vorindustriellen Zeit unterschieden sich von unseren heutigen vor allem auch darin, dass es keine Trennung zwischen Familie und familienfremden Personen und keine Ausprägung einer familialen Intimsphäre gab und aufgrund der Wohnverhältnisse kaum geben konnte. Auf diesen Sachverhalt - getrennt nach beiden Familientypen - soll nunmehr eingegangen werden.

In der *Haushaltsfamilie mit Produktionsfunktion* stand diese - schon rein räumlich - im Mittelpunkt. Man lebte nämlich in Allzweck-Räumen. Außer der Küche hatte kein Raum einen präzisen Verwendungszweck. So schreibt z.B. Ariès: „Weder der Richter noch der Händler, der Bankier oder irgendein Geschäftsmann verfügte über Lokalitäten zu rein beruflichen Zwecken. Alles wurde in den selben Zimmern abgewickelt, in denen man mit der Familie lebte" (1975: 541). Dort aß man, schlief, arbeitete und empfing die Besucher, pflegte Kranke, versorgte Säuglinge und Alte, gleichzeitig spielten hier die Kinder. Die Zimmer waren öffentliche Räume, nicht Zufluchtsstätten vor der Öffentlichkeit. Je nach Ansehen der Familie waren sie Brennpunkte eines intensiven gesellschaftlichen Lebens, und das bedeutete aber auch, dass es für den Einzelnen keine Möglichkeit des Rückzugs aus der Gruppenöffentlichkeit in der vorindustriellen Zeit gegeben hat (Weber-Kellermann 1974; Ariès 1975; Mitterauer 1977; Rosenbaum 1982; Häußermann/Siebel 2000).

Die Zahl der Haushaltsmitglieder war sehr unterschiedlich, abhängig von der Art und dem Umfang der Produktionsfunktion. Zuweilen umfasste sie - wie bereits erwähnt - nur die Kernfamilie. Vielfach lebten Lehrlinge, Handwerksgesellen, die Handlungsdiener, die Knechte und Mägde im Haushalt ihres „Brotherrn" und waren dessen Hausgewalt unterstellt.

Die Person des „Hausvaters" nahm eine besondere Rolle ein, die durch die damaligen - vor allem christlichen - Deutungen von Ehe und Familie und durch das Erbrecht besonders gestützt wurde. Selbst über den generellen Tagesrhythmus bestimmte der Hausherr. In einer Schrift von 1632 heißt es: „Ein Hausvater gleichet einer Hausuhr, danach sich jedermann mit Aufstehen, Schlafengehen, Arbeiten, Essen und allen Geschäften richten muss" (zit. bei Kramer 1975: 25). Jeder „Hausgenosse" war zwar vor Gott gleich, aber keineswegs auf Erden.

Das „Haus" war ferner nicht nur Wohnung, sondern bot seinen Insassen und Gästen besondere Rechte und besonderen Schutz, was heute noch in den Begriffen wie „Gastrecht" und „Hausfriedensbruch" zum Ausdruck kommt. So sind im Übrigen auch die ältesten Familiennamen durchweg Hausnamen. Hinzu kommt, dass man sich das „Haus" im Alltagsleben als das Beständigste vorstellen muss; seine Bewohner wechselten. Das gilt nicht nur für die Lehrlinge, Gesellen, Knechte und Mägde, die nicht lebenslang in demselben Haus blieben, sondern mehrfach, zuweilen sogar häufig ihre „Herrschaften" wechselten und/oder infolge wirtschaftlicher Krisen wechseln mussten. Insbesondere in der bäuerlichen Hausgemeinschaft verging kaum ein Jahr, ohne dass nicht eine Person hinzukam oder ausschied, sei es durch Weggang oder Tod (Mitterauer 1991: 86; Segalen 1990: 57). Ferner bestimmte die Herkunftsfamilie die Ehepartnerwahl mit; denn diese hatte Auswirkungen auf den gesamten Familienbereich; deshalb konnte sie nicht einem Einzelnen überlassen bleiben (vgl. auch Kap. 5 in diesem Band). Überhaupt war in jenen Familien die Ehe der Herkunftsfamilie untergeordnet; sie war nicht als familiales Subsystem mit eigener Sinnzuschreibung, mit eigenen Sinngrenzen usw. beschreibbar (vgl. Abb. 4).

In der bäuerlichen Familie hatten die Frauen neben hauswirtschaftlichen Arbeiten für Tätigkeiten Sorge zu tragen, die für die familiale Versorgung damals sehr wichtig waren, z.B. für die Kleintierhaltung, den Gemüse-, Obst-, Kräuter- und Blumengarten, sie halfen mit auf dem Felde oder - je nach Art des landwirtschaftlichen Betriebes - im Weinbau u.a.m. Gab es eine Altbäuerin im Hause, so hatte diese zumeist, wenn sie dazu noch fähig war, überwiegend die Hausfrauenrolle inne, und die Jungbäuerin widmete sich verstärkt der Vieh- und Feldarbeit.

„Wer in einem Museumsdorf ein Bauernhaus betritt, findet oft nur einen einzigen Raum, das Flett, in dem um den zentralen Herd, Essen, Arbeit und Schlafen, Kinder, Gesinde, Bauer und Bäuerin versammelt sind. Justus Möser hat das beschrieben: ‚Der Heerd ist fast in der Mitte des Hauses und so angelegt, das die Frau, welche bey demselben sitzt, zu gleicher Zeit alles übersehen kann. Ein so großer und bequemer Gesichtspunkt ist in keiner anderen Art von Gebäuden. Ohne von ihrem Stuhle aufzustehen, übersieht die Wirthin zu gleicher Zeit drey Thüren, dankt denen die hereinkommen, heißt solche bey sich niedersetzen, behält Kinder und Gesinde, ihre Pferde und Kühe im Auge, hütet Keller und Boden und Kammer, spinnet immer fort und kocht dabey. Ihre Schlaftstätte ist hinter diesem Feuer, und sie behält aus derselben eben diese große Aussicht, sieht ihr Gesinde zur Arbeit aufstehen und sich niederlegen, das Feuer ausbrennen und verlöschen, und alle Thüren auf- und zugehen, höret ihr Vieh fressen, die Weberin schlagen und beobachtet wiederum Keller, Boden und Kammer. Wenn sie im Kindbette liegt, kann sie noch einen Theil dieser häuslichen Pflichten aus dieser ihrer Schlafstelle wahrnehmen‘.“ (Weinheim und München 2000, S. 22)

In den handwerklichen Familien waren die Frauen ebenso nicht nur für die Hausarbeit zuständig, sondern zudem für die Versorgung der zum Haushalt gehörenden Gesellen, Lehrlinge, häufig außerdem für kaufmännische Tätigkeiten und zum Teil auch für bestimmte handwerkliche Zulieferungs- und Aushilfsarbeiten. Vor allem in den bäuerlichen und städtischen Haushalten, die viele Personen umfassten, wurden den Frauen überaus vielseitige Fertigkeiten abverlangt, weil die notwendigen Haushaltstätigkeiten sehr vielfältig waren. Sie umfassten das Kochen, Backen, Waschen, Spinnen, Weben, Nähen, das Putzen der Kochgeschirre und Bestecke, das Reinigen der Räume und der Öfen, die Pflege von Wäsche und Kleidung, die Bestellung des Obst- und Gemüsegartens, das Einsäuern, Kerzenherstellen, die Krankenpflege, die Versorgung der Kinder u.a.m. Selbstverständlich waren Art und Umfang der Tätigkeiten und die Zahl der Dienstboten, die den Hausfrauen zugeordnet waren und die sie einzuweisen, zu kontrollieren und ebenso zu versorgen hatten, genauso wie die Zahl der Arbeitskräfte für den Produktionsbereich von der Betriebsgröße abhängig. So gab es Familien diesen Typs, die neben den Familienmitgliedern zehn bis fünfzehn und zu bestimmten Zeiten, z.B. zur Erntezeit, an Waschtagen, noch weitere Personen umfassten, aber auch solche, wie die Bergbauernfamilien, die sich zusätzliche Arbeitskräfte kaum leisten konnten.

In der Haushaltsfamilie mit Produktionsfunktion war - wie einleitend betont wurde - eher die Chance gegeben, dass die Familie drei Generationen umfasste, zumeist in der Form, dass ein verwitweter Großelternteil im Haushalt mit wohnte. Im Übrigen war das - im Gegensatz zu heute - damals eher der Großvater als die Großmutter, denn das mittlere Sterbealter von Männern war in der vorindustriellen Zeit höher als das der Frauen, eine Folge ihrer hohen Sterbequote bei Geburt und im Wochenbett. Daneben gab es auch die Regel, wenn beide Großeltern lebten und der Bauernhof groß genug war, dass er Wohnraum und Unterhalt (zumeist in Form von Naturalien) für drei Generationen bot, dass bei Hofübergabe ein so genanntes „Ausgedinge" eingerichtet wurde.

Nicht nur die Haushaltsfamilie mit Produktionsfunktion allgemein, sondern insbesondere auch die in der Form der Drei-Generationen-Familie galt über Jahrhunderte als Ideal (selbst heute noch für 12% der bundesrepublikanischen Bevölkerung, wie eine repräsentative Umfrage zeigt; Noelle-Neumann/Köcher 2002: 109). Das hat dazu geführt, dass viele ihrer Schattenseiten nicht gesehen wurden und werden. Vor allem war die Betriebs- bzw. Hof-Übergabe mit Vater-Sohn-Konflikten und Rechtsstreitigkeiten um den Abschluss des Vertrages und seiner Einhaltung verknüpft. Auch psychisch war für die ältere Generation oft der Verlust ihrer vorherrschenden Stellung belastend. Die vielfach sehr kleinlichen Regelungen der Altenteilverträge lassen jedenfalls keineswegs auf ein harmonisches Zusammenleben der Generationen schließen: Wenn z.B. dem alten Bauern schriftlich zugestanden werden musste, dass er weiterhin durch den Vordereingang gehen und welchen Sessel er benutzen dürfe, wie viele Eier er am Tage oder in der Woche bekäme usw. Erst die in sehr viel späterer Zeit eingeführte eigene Altersversicherung für Landwirte und für andere Selbstständige ermöglichte und garantierte ein selbstbestimmtes Leben im Alter.

Die *Haushaltsfamilien ohne Produktionsfunktion* waren eigentumslos und zählten somit zu den unteren Schichten. Ihnen wurde nur der Status eines „minderen Rechts" zugebilligt, bezogen z.B. auf Schutz- und Bürgerrechte (vgl. hierzu ausführlicher Barabas/Erler 2002: 28).

Ihre Familienmitglieder gingen einer außerhäuslichen Erwerbstätigkeit nach (Schwägler 1970: 150; Sieder 1977: 126; Shorter 1977: 41; Mitterauer 1977: 105/ 202). Denn außerhalb des Hauses geleistete Lohnarbeit ist nicht irgendeine neuartige, sondern eine sehr alte Erscheinung.

Auch in Bezug auf diesen Familientyp galt gleiches wie für die Familie mit Produktionsfunktion, nämlich dass es zwischen den einzelnen Familien große soziale Ungleichheiten und eine große Variabilität in Bezug auf die familialen Rollenzusammensetzungen, ökonomischen Lagen, den sozialen Status usw. gegeben hat.

Auf dem Lande zählten zu ihnen die Häusler-, Inwohner- und Tagelöhnerfamilien. Ihre Kinder mussten sie so früh wie möglich (mindestens mit zehn Jahren) aus wirtschaftlicher Not außer Haus geben. Sie stellten einen großen Teil der Hirten für die Weiden und Almen, der Sennen und Sennerinnen und der Dienstboten. Ferner waren außerhäusliche Erwerbsarbeit und die Trennung von Arbeits- und Wohnort für bestimmte Familien im Montanwesen mit seinen frühentwickelten großbetrieblichen Organisationsformen gegeben, sowie im Bau- und Transportgewerbe und vor allem in der Forst- und Weinwirtschaft. In den Städten arbeiteten gegen Lohnarbeit die Gerichtsdiener, Nachtwächter, Türsteher und andere untere Bedienstete. Zuweilen besaßen einige dieser Familien zusätzlich einen Acker, einen Garten und/oder etwas Vieh.

Die Frauen und Mütter halfen in „fremden" Haushalten aus und verdingten sich z.B. als Wasch- und Nähfrauen oder als Küchenhilfen bei bestimmten Anlässen (Hochzeiten, Taufen usw.). Ihre Mithilfe wurde häufig sporadisch abgerufen und ihre Entlohnung bestand überwiegend aus Naturalien.

Sowohl auf dem Lande als auch in der Stadt bildeten manche dieser Familien ohne Produktionsfunktion einen Wohnverband; manche lebten „in Katen", die jedem jederzeit Zutritt boten. Auch in diesen Familien gab es also keine Intimsphäre, denn ihre Mitglieder waren ebenfalls niemals allein; selbst die Freizeit wurde mit und in der breiten Öffentlichkeit mit anderen Personen verbracht. Obwohl diese Familien ohne Produktionsfunktion ebenso wie unsere heutigen Familien überwiegend als separierte Kernfamilien zu definieren sind, besteht der Unterschied zu unseren gegenwärtigen in der damals fehlenden Exklusivität und Intimität der familialen Binnenstruktur. Vor allem wurde ihnen eine größere Vielfältigkeit an familialen Funktionen zugewiesen als heute.

Neben den beiden beschriebenen Familientypen gab es ferner die adligen Familien, die aber eine sehr kleine Minorität bildeten. Die Zahl ihrer Bediensteten war sehr hoch und deren Kompetenz und Rangfolge waren genau festgelegt. Ferner war die Familie erweitert durch unverheiratete und andere Verwandte und durch jene Besucher, die oft monatelang verweilten. Aber auch für diese adligen Familien galt ebenso: Eine Intimität zwischen den Familienmitgliedern konnte sich nicht herausbilden, und zwar nicht nur aufgrund der hohen Zahl von Bediensteten, sondern ebenso wegen ihrer Wohnweise. Denn alle Zimmer waren Durchgangszimmer, Flure waren damals nicht bekannt. So berichtet Ariès darüber, dass selbst Könige nie allein in einem Raum waren, selbst nachts schlief ein Diener gleich hinter der Tür in Rufnähe. Er schreibt wörtlich: „Die Historiker haben uns bereits seit langem darüber aufgeklärt, dass der König niemals allein blieb. In Wirklichkeit war es jedoch bis zum Ende des 17. Jahrhunderts so, dass überhaupt niemand allein war. Die Intensität des sozialen Lebens verbot die Isolierung, und man pries es als seltene Leistung, wenn es irgendjemandem gelungen war, sich für einige Zeit ‚hinter dem Ofen' oder ‚hinter seinen Studien' zu verkriechen; all die Beziehungen zwischen Gleichgestellten, zwischen Personen desselben Standes, die jedoch voneinander abhängig waren, die Beziehungen zwischen Herren und Dienern ließen es nicht zu, dass irgendjemand jemals allein war. Diese ausgeprägte Sozialität stand der Herausbildung des Familiengefühls lange Zeit entgegen, weil keinerlei Intimität aufkommen konnte." (Ariès 1975: 547)

Abb. 2: Marten van Cleve (1527-1581): Bäuerliche Szene.

Erst allmählich verlor das Haus den Charakter eines öffentlichen Versammlungsortes, das Kennzeichen aller vorindustriellen nordwestlichen und mitteleuropäischen Familien. Der Prozess der Trennung des Familien- und des Erwerbsbereichs begann zunächst nur in der kleinen Gruppe der besitzenden Familien. Mit dieser Differenzierung veränderten sich die Beziehungen zwischen den Familienmitgliedern qualitativ, so wie sie für die heutige Ehe und Familie bestimmend sind. „Die Individualisierung der Ehe" gegenüber der Herkunftsfamilie bzw. dem erweiterten Familienverband - wie René König (1974: 49ff.) diesen Sachverhalt nannte - setzte sich erst langsam mit Aufkommen des bürgerlichen Familienideals durch.

3.2 Die Entstehung und Verbreitung des bürgerlichen Familienideals in Deutschland

Betont sei, dass alle mit Ehe und Familie zusammenhängenden Veränderungen unendlich langsam vor sich gingen. Viele Prozesse des familialen Wandels verliefen keineswegs unilinear oder betrafen häufig zunächst nur eine bestimmte Bevölkerungsgruppe und eine bestimmte soziale Schicht. Manche Prozesse wirkten in verschiedenen Räumen und sozialen Milieus stark phasenverschoben. Insgesamt aber haben im Laufe der Zeit, vor allem im 19. Jahrhundert im gesamten Deutschland, zwei neue Familientypen, nämlich die bürgerliche und die proletarische Familie, „an Bedeutung gewonnen und sich in den Vordergrund geschoben und damit die weitere Entwicklung bestimmt" (Rosenbaum 1982b: 476). In beiden Familienformen hatten sich der Wohnbereich und das Erwerbsleben voneinander separiert.

Die Zahl der proletarischen Familien war zwar in jener Zeit hoch (wie zuvor in Bezug auf ihre Vorläuferin die „Heimarbeiter-Familie"), aber die quantitativ unbedeutendere Bürgerfamilie wurde zum „Ideal", zum „Familienmodell", das allgemeine Anerkennung genoss und das sich schließlich im 20. Jahrhundert als Familienform - quantitativ und normativ - durchsetzte. Seit den 1970er Jahren ist zwar ein erneuter Wandel in Bezug auf Ehe und Familie zu konstatieren, aber dennoch haben manche Aspekte dieses bürgerlichen Familienmodells bis heute nicht an Attraktivität verloren. Weil der bürgerliche Familientyp so bestimmend für unsere heutige Ehe- und Familienform war (und ist), wird allein auf diesen im Folgenden eingegangen[4].

In den städtischen Beamten- und besitzenden Bürgerfamilien, den reichen Kaufmanns- und Handelshäusern bildete sich als Erstes - und zwar zeitlich vor der Industrialisierung (vgl. Hareven 1997: 21) - die Emotionalisierung und Intimisierung der familialen Binnenstruktur heraus und ließ die Familie zu einer geschlossenen Gemeinschaft mit Exklusivcharakter werden. Diese Entwicklung wurde einerseits durch die Aufklärung mit ihrer Anerkennung des Individuums und ihrer Diesseitsbejahung gefördert, andererseits durch das Bestreben der Bürger, den Adel im Lebensstil nachahmen, aber sich gleichzeitig von ihm in moralischer Hinsicht distanzieren zu wollen (insbesondere im Hinblick auf das Konkubinat). Auf die vielen Fakten, die an diesem Veränderungsprozess mitgewirkt haben, kann in dieser Abhandlung nur hingewiesen werden; infolge ihrer gegenseitigen Verflechtung ist ferner kaum auszumachen, welche als verursachende, auslösende oder bedingende Faktoren anzusehen sind (vgl. Mitterauer 1989: 188).

Rein äußerlich, genauer: rein räumlich, signalisierte ein neuer Wohnstil den Beginn dieses Intimisierungs- und Emotionalisierungsprozesses. Er bot die Chance der Isolierung und damit der Ausbildung einer Intimsphäre. Nach Häußermann und Siebel (2000: 23) gab es Ansätze des Wohnungswandels in den Städten bereits ab dem 16. Jahrhundert; er setzte dann aber verstärkt ab dem 18. Jahrhundert ein, als die vermögenden Familien - wie es Nahrstedt (1972) beschrieben hat - „vor die Stadt zu ziehen" begannen, d.h. die Kontore und Büros der wohlhabenden Handels- und Bankbetriebe verblieben im Stadtzentrum, die Familie zog aus und in eine extra für das Familienleben bestimmte, vom Stadtzentrum etwas entfernte, neu erbaute Villa. Besondere Auswirkungen hatte die Entwicklung der Trennung von Arbeits- und Familienstätte für die Frauen, weil sie gleichzeitig die hauswirtschaftlichen von den erwerbswirtschaftlichen Tätigkeiten schied und damit eine Gruppe von Frauen erstmalig allein auf den Innenbereich des Hauses verwiesen wurde.

---

4 Über die anderen genannten Familienformen (die Heimarbeiterfamilie, proletarische Familie, bäuerliche Familie usw.) berichtet sehr detailliert Rosenbaum (1982b).

Kennzeichen dieser modernen Häuser war die Unabhängigkeit und Vereinzelung der Zimmer (vgl. den Textausschnitt von W.H. Riehl in diesem Band), was durch die Einrichtung von Fluren, die bis dahin unbekannt waren, gewährleistet wurde. Es entstanden das Esszimmer (getrennt von der Küche), das Wohnzimmer, das „Herrenzimmer", der „Damensalon", das Kinderzimmer usw. Mit dieser räumlichen Separierung und der damit verbundenen Absonderungsmöglichkeit wurde die bis dahin immer gegebene gegenseitige totale soziale Kontrolle aller Haushaltsmitglieder aufgegeben. Eine Differenzierung der nächsten Umgebung (z.B. die Trennung zwischen Familienangehörigen und familienfremden Personen), setzte sich durch und ermöglichte erst die Ausprägung von Intimitätsbeziehungen zwischen den Familienmitgliedern. Laut Ariès hat die Spezialisierung der Wohnräume die größte Veränderung des täglichen Lebens gebracht und ist auf das neue Bedürfnis zurückzuführen, „die Dienerschaft sich fern zu halten und sich gegen Eindringlinge zu schützen" (1975: 598; ebenso Zinn 1978: 250). Der weitere Distanzierungsprozess wird unterstützt durch die Ausprägung bestimmter neuartiger Umgangsformen: Durch die Veränderung der Anredeformen zwischen den Eheleuten und den Dienstboten, die Einführung der Visitenkarte, des Empfangstages, der Klingelschnur im Wohnzimmer, mit der die Herrschaft ihre Dienstboten herbeirief usw. Auch diese neuen Umgangsformen hatten allein differenzierende Funktion, nämlich die Familienangehörigen gegenüber anderen Personen aufzuwerten und die Vertrautheit innerhalb der Familie zu betonen.

Gleichzeitig setzte sich in jener Zeit - und zunächst in der bürgerlichen Schicht - die Auffassung durch, Kindern eine eigenständige Entwicklungsphase zuzubilligen; sie nicht nur als kleine Erwachsene zu betrachten. Das fand durch die Entstehung einer eigenen Kinderkleidung äußerlich sichtbaren Ausdruck (Weber-Kellermann 1977). Nunmehr begann ferner der Prozess zunehmender emotionaler Zuwendung zum Kind - und vor allem zum Säugling - seitens ihrer Mütter und Väter. Schließlich wurde - auch in der Wissenschaft (vgl. Schütze 1986) - die Auffassung stärker vertreten, dass nur die biologischen Eltern, insbesondere die Mütter, die besten Erzieher ihrer Kinder seien, was immer man unter dem Begriff „beste" verstand. Die Primärsozialisation wurde konkurrenzlos und monopolistisch der Kernfamilie zugewiesen.

Die Emotionalisierung der Familie trug ihren endgültigen Sieg davon, als die „romantische Liebe" und nicht mehr das Vermögen oder die Arbeitskraft zum einzig legitimen Heiratsgrund wurde. Damit setzte sich die romantisch-idealistische Interpretation der Ehe als „Bund verwandter Seelen" - eine gebräuchliche Formulierung in jener Zeit - durch.

Dennoch muss betont werden, dass lange Zeit in jenen bürgerlichen Familien, in denen dieses Partnerschaftsideal als Erstes postuliert wurde, die autonome Willenserklärung beider Partner und ihre romantische Zuneigung als

Grund der Eheschließung vielfach nur Fiktion war. Vor allem wenn die Familie Trägerin von Vermögen und/oder eines wirtschaftlichen Unternehmens war, hatte sie Rücksicht auf Erhalt und Mehrung dieses Kapitals auch durch Eheschließung zu nehmen, wie Thomas Mann es eindrucksvoll in seinem Roman „Die Buddenbrooks" geschildert hat. Diese ambivalente Einstellung zur Liebesheirat betont auch Lenz: „Die Eheschließung wurde nicht einfach für die romantische Liebe freigegeben und von sachlichen Überlegungen entkoppelt. Im Bürgertum des ausgehenden 18. und 19. Jahrhunderts wird einerseits die Liebe als Eheschließungsmotiv betont und verklärt, aber andererseits zugleich vor einer stürmischen, leidenschaftlichen und blinden Liebe gewarnt" (Lenz 2003: 269/270). Von manchen Philosophen und Rechtswissenschaftlern wurde dieses Familienmodell sogar überhaupt abgelehnt und die Gefahren für den Bestand von Ehe und Familie prognostiziert. Ihre Autoren sprachen schon damals vom Zerfall bzw. der zunehmenden Auflösung der Familie (statt: von der Haushaltsfamilie). Selbst noch 1855, als die ersten familiensoziologischen Bücher erschienen (vgl. Kap. 1), nämlich die Veröffentlichung von Riehl in Deutschland und von Le Play in Frankreich, waren ihre Ausführungen bestimmt von der Sorge des Verfalls der Familie, weil das Ideal des „ganzen Hauses" immer seltener - gerade von der damaligen Oberschicht - eingelöst wurde. Familiale Veränderungen, vor allem der Wandel von Familienidealen, werden in ihrer Zeit - und das gilt auch für die Gegenwart - häufig als Zeichen des Zerfalls, des Unterganges gedeutet statt als Ausdruck gesellschaftlichen Wandels.

Dennoch, je mehr sich mit der Zeit die sog. romantische Liebe zum einzig legitimen Heiratsgrund durchsetzte, wurde der Anspruch betont, den instrumentellen Charakter gegen das Ideal der Partnerschaft gegenseitiger emotionaler Unterstützung einzutauschen, und damit erhielt die Ehe eine historisch neue eigene Sinnzuschreibung. Durch diese Sinnzuschreibung konnten erst Systemgrenzen zwischen der Ehe und der Familie (vgl. Abb. 4), zu den Kindern und zu anderen Haushaltsmitgliedern, z.B. dem Hauspersonal, entstehen. Sie wurden durch diese begründbar. Hierdurch wurde ebenfalls der Prozess der Entstehung eines relativen eigenständigen Ehesystems gegenüber der erweiterten Familie und der Öffentlichkeit unterstützt.[5]

Kinder und damit die Erweiterung der Ehe zur Familie waren im bürgerlichen Familienmodell oder im Typ der „Gattenfamilie" - wie diese Familienform von Durkheim (bereits 1921) benannt wurde (vgl. hierzu ausführlicher Wagner 2001: 21ff.) - ebenso wie im Typ der Haushaltsfamilie eine selbstverständliche Folge der Eheschließung.

Ferner wurde nunmehr - wie bereits erwähnt - der Familie die Spezialisierung der frühkindlichen Sozialisation, d.h. die soziokulturelle Nachwuchs-

---

5 Vgl. hierzu die ausführlichen kritischen Anmerkungen der negativen Folgen dieser Entwicklung in Métral 1981: 218f.

sicherung der Gesellschaft, allein zuerkannt, nachdem zuvor Kinder (auch Kleinstkinder) nicht allein von den eigenen Eltern und auch nicht an erster Stelle von ihnen betreut und erzogen worden waren, sondern von Geschwistern, Großeltern, unverheirateten Verwandten oder Bediensteten. Erst als sich die „Gatten-Familie" ab dem 18. und 19. Jahrhundert immer stärker durchsetzte, ging die Alleinverantwortung und -erziehung an die Eltern bzw. vornehmlich an die Mutter über.

Die Herausbildung dieser Gatten-Familie (also die Eltern-Kind-Einheit) war zudem verbunden mit der gleichzeitig sich in jener Zeit ausprägenden Ideologie des „Ergänzungstheorems der Geschlechter", d.h., dass Mann und Frau, Vater und Mutter von Natur aus und wesensmäßig als unterschiedlich und als sich ergänzende Teile eines Ganzen angesehen wurden. Die logische Folge dieser Ideologie war, dass den Ein-Eltern-Familien, also den Familien mit allein erziehender Mutter, ein notwendiger Teil fehlen musste und sie somit als defizitär galten (eine Vermutung, die zuweilen heute noch geäußert wird). Mit der Idee des Ergänzungstheorems der Geschlechter wurde das - damals für dieses Familienmodell geltende - strukturelle Tauschverhältnis[6] zwischen den Ehepartnern legitimiert und damit ein besonders starkes Abhängigkeitsverhältnis einerseits zwischen den Ehepartnern und andererseits zwischen dem Verdienst bzw. der beruflichen Leistung allein des Ehemannes begründet.

Der Mann sollte „das Haupt", die Frau die „Seele der Familie" sein, wodurch beide ihre unterschiedlichen Pflichten zu erfüllen hätten. Die Ehefrau hatte ferner dafür zu sorgen, dass ihr Ehemann durch die Kinder nicht gestört würde, auch wenn er in Erziehungsfragen die bestimmende Instanz war. In einem 1780 erschienenen, sehr verbreiteten „Lehrbuch der Erziehungskunst" von Bock hieß es: Die Hausfrau sollte „als Freundin, als Ratgeberin, Gesellschafterin und Regentin des Hauswesens (ihm/dem Ehemann) mancher kleiner Übel und Verdrießlichkeiten zu überheben" versuchen (Bock 1780: 28). Der Mutterrolle wurde damit gleichzeitig eine Vermittlerfunktion zwischen dem Vater und den Kindern zugewiesen. Mutter und Kinder bildeten so ein eigenes System und sie, die Mutter/Ehefrau, hatte stärker als der Vater/Ehemann u.U. Ausbalancierungsprozesse zwischen der familialen und der ehelichen Rolle zu bewältigen (vgl. Abb. 4).

---

6 Von strukturellem Tauschverhältnis spricht man deshalb, weil die Norm galt (und diese die gesamtgesellschaftliche Struktur prägte), dass der Ehemann/Vater für die ökonomische Sicherstellung der Familie zu sorgen hatte, die Ehefrau/Mutter dagegen (bzw. dafür) ihre Arbeitskraft für den Haushalt, die Versorgung ihrer gemeinsamen Kinder einzusetzen hatte.

Abb. 3: Simon Meister (1796-1844): Familie Werbrun

Zusammenfassend bleibt also festzuhalten: Mit der Trennung des Erwerbs-
und des Wohnbereiches - zunächst nur in jener hochbürgerlichen bzw. besitzenden Schicht - war gleichzeitig die Trennung psychischer Ebenen verknüpft: Der Arbeitsbereich wurde zumindest dem Anspruch nach immer
zweckrationaler. Der Ehe und Familie wuchs als spezialisierte Leistung die
emotionale Bedürfnisbefriedigung ihrer Mitglieder zu, wobei hauptsächlich
der Ehefrau diese Aufgabe zuerkannt wurde. Im Zuge dieser Entwicklung
bekam das Ehe- und Familiensystem das Monopol zugewiesen, das einzige
System mit Spezialisierung „auf emotionale Bedürfnislagen" - wie Luhmann (1982) es nannte - zu sein.

Persönliches Glück, eheliche Liebe und exklusive Intimität wurden als Erwartungen an die Ehe formuliert und damit die außereheliche Sexualität zunehmend stigmatisiert. Hierdurch wurde - dem Anspruch nach - Liebe und
Sexualität gleichzeitig völlig in den Rahmen dieses Ehemodells integriert.

Zwar wurde dann im 18./19. Jahrhundert der Prozess der Intimisierung und
Emotionalisierung der familialen Binnenstruktur und die Exklusivität des
Familiensystems durch die Industrialisierung und der damit - für immer
mehr Menschen - verbundenen Trennung des Erwerbs- und Wohnbereiches
unterstützt. Dennoch klafften noch lange Zeit weiterhin Familienideal (=
bürgerliches Familienmodell) und Familienrealität für weite Kreise der Bevölkerung auseinander (vgl. hierzu auch Büchner 2002: 481).

Die neue historische Familienforschung hat ferner gezeigt, dass nicht - wie vielfach behauptet - die Familie passiv dem Industrialisierungsprozess „ausgeliefert" war und sich ihm strukturell angepasst hätte. Im Gegenteil: Sie spielte eine aktive Rolle. Hareven u.a. haben forschungsmäßig nachgewiesen, „dass sowohl das entstehende als auch das ausgebildete Fabriksystem in vieler Hinsicht auf Verwandtschaftsnetzen beruhte: Bei der Rekrutierung von Arbeitskräften, bei der Organisation und Unterstützung der Migration oder bei der praktischen Einschulung junger oder neu zugewanderter Arbeiter in der Fabrik. Sie vermittelten den jüngeren Mitgliedern der Verwandtschaftsgruppe Bedeutungsmuster, Handlungsanleitungen und Disziplin ... Familie und Verwandtschaft kontrollierten die Vergabe von Jobs in der Fabrik, sie erzogen Neulinge dazu, Stückzahlen auch bei starkem Druck durch die Betriebsleitung nicht zu überschreiten, und sie boten den jungen und neu zugewanderten Arbeitern in den Werkhallen Schutz. Die Entdeckung dieser Wechselbeziehung zwischen Arbeiterfamilie und kapitalistischem Unternehmen warf auch neues Licht auf das Funktionieren von Industriebetrieben. Diese setzten auf Verwandtschaftsnetze, um ihre Arbeiterschaft zu rekrutieren und zu stabilisieren; sie benützten Familienmetaphern und Familienbindungen, um ein paternalistisches Fabrikregime herzustellen bzw. beizubehalten und damit die Loyalität der Belegschaft zu fördern; und sie stützten sich auf Familienloyalität, um die Fluktuation der Arbeitskräfte in Grenzen zu halten und Streiks zu brechen" (Hareven 1997: 22/23). In Europa hatte zuvor die Proto-Industrialisierung (z.B. die Heimindustrie) den Übergang von der gewerblichen Produktion zur industriellen vielfach erleichtert, indem sie Fabrikarbeitskräfte für die Fabrikarbeit vorbereitete und indem der Übergang der verschiedenen Produktionsweisen nebeneinander und sich überlappend verlief. Quartaersts Untersuchung über die Oberlausitzer Textilindustrie im 19. Jahrhundert ergab z.B., dass einige Familienmitglieder in den Fabriken tätig, während andere in der Hausindustrie beschäftigt waren, je nachdem ob Arbeit vorhanden war, Kinder betreut oder die Hausgärten versorgt werden mussten (Quartaerst 1985).

Die Lebensrealität der überwiegenden Bevölkerung entsprach also in jener Zeit keineswegs dem bürgerlichen Familienideal. Allein schon die Wohnverhältnisse boten z.B. innerhalb der Arbeiterschaft der Familie keinen „abgeschlossenen Raum", denn aus ökonomischen Gründen wurden vielfach sog. „Schlafstellen" untervermietet (vgl. hierzu ausführlicher Häußermann/Siebel 2000: 59ff.). Die Erwerbstätigkeit von Müttern und diejenige von Kindern war die Regel (vgl. hierzu auch Kap. 7.4 in diesem Band). Gesetze zur Beschränkung der Kinderarbeit wurden 1839 erlassen. Für diese ersten Arbeitsschutzmaßnahmen gaben militärische Erwägungen den Anlass. Vornehmlich die militärischen Rekrutierungsstellen drängten auf eine staatliche Gesetzgebung in der Arbeiterfrage, da die Kinder durch die übermäßige körperliche Beanspruchung der Fabrikarbeit physisch und psychisch unterentwickelt und für den Militärdienst untauglich waren. In Preußen wurde 1839 durch ‚Fabrikregulativ' die Industriearbeit für Kinder unter neun Jahren verboten, für Kinder von neun bis sechzehn Jahren auf zehn Stunden täglich und 51 Stunden wöchentlich begrenzt und Nacht-, Sonn- und Feiertagsarbeit untersagt. Ab 1870 galt der 12-Stunden-Takt. Das Arbeitsschutzgesetz von 1891 legte die tägliche Höchstgrenze für Frauen auf zehn Stunden und an den Tagen vor Sonn- und Feiertagen auf acht Stunden fest (vgl. zum Verhältnis von Arbeitszeit und Freizeit ausführlicher Nave-Herz 1976: 8ff.; Nave-Herz/Nauck 1978: 14ff.).

Was die Erwerbstätigkeit von Frauen und Müttern anbetraf, waren die Unterschiede in jener Zeit besonders ausgeprägt. Es gab im 19. Jahrhundert vornehmlich vier verschiedene Gruppen von Frauen, die sich in ihrer Daseinsform stark unterschieden: 1. Die Frauen und Töchter der bürgerlichen Mittel- und Oberschicht ohne Recht auf Arbeit (mit Ausnahme des Gouvernanten-, Lehrerinnen- oder Gesellschafterinnen-Berufs bei Ledigbleibenden; aus ihren Reihen gingen die ersten Vertreterinnen der Frauenbewegung hervor), 2. die in der Landwirtschaft, im Handel und im Gewerbe tätigen Frauen, 3. die Fabrikarbeiterinnen (ledig oder verheiratet mit Kindern) und 4. die unverheirateten Dienstmädchen sowie die verheirateten Hilfskräfte (wie Wäscherinnen, Köchinnen, zuweilen nur für besondere Anlässe rekrutiert usw.). Nur für die erste kleine Gruppe der bürgerlichen Ehefrauen galt das „Privileg", allein Hausfrau und Mutter zu sein; die weit überwiegende Mehrzahl der Mütter war im 19. Jahrhundert gezwungen, einer Erwerbstätigkeit mit hohen Arbeitszeiten nachzugehen.

Welche starke Anerkennung in jener Zeit dem bürgerlichen Familienmodell zuteil wurde, ist ablesbar an den damaligen Forderungen der Arbeiter-Vereine nach mehr Lohn, und zwar mit dem Argument, dass ihre Ehefrauen dann nicht mehr erwerbstätig zu sein brauchten und sich ganz um das Haus, den Haushalt und die Familie kümmern könnten. Sie forderten letztlich das bürgerliche Familienmodell als Lebensform ebenso für sich (vgl. ausführlicher Nave-Herz 1997a).

In jener Zeit waren im Übrigen die hauswirtschaftlichen Tätigkeiten noch relativ vielfältig und die Hausfrau (bzw. ihre Dienstboten) mussten entsprechendes Wissen besitzen.

> *Der Weg zum Herzen des Mannes:*
> *Dessauer Geschenk-Kochbuch für junge Ehen*
>
> „Die eisernen Kochtöpfe werden mit Sand gefegt (abgerieben), ebenso Rührlöffel und Backschaufel usw., die emaillierten Töpfe reinigt man mit Kleie, Silbersand oder Vim. Das Kupfergeschirr und Messing wird mit einem Teigchen aus einer Tasse Essig, einem Löffel Salz und einem starken Löffel Mehl geputzt und dann in Sodawasser abgewaschen, damit kein Tropfen Essig daran bleibe. Aluminium wird mit Vim gescheuert, von Soda und Seife wird es angegriffen. Nachdem die Kochtöpfe noch abgeschwenkt wurden,

reibt man sie mit dem gut ausgerungenen Spültuche aus und läßt sie umge-
stülpt auf dem warmen Herde austrocknen. ...

Alle acht Tage muß die Küche sowie die darin befindlichen Gerätschaften
gründlich gereinigt und blank geputzt werden. Den Abend vorher, solange
kein Feuer im Herd ist, wird alle Asche herausgenommen; dann klopft man
mit einem dünnen Stocke von oben nach unten von allen Seiten an die Röhre; hierdurch fällt der Ruß in die untere Kapsel; diese nimmt man vorsichtig
ab und entfernt behutsam den Ruß. Von Zeit zu Zeit, etwa alle drei Monate,
muss die Ofenröhre noch gründlicher gereinigt werden. Man nimmt zu diesem Zwecke die untere Kapsel ab, bindet einen Strohwisch an einen Stock
und stößt damit einige Mal in der Röhre auf und ab" (o.J., S. 302f.).

Das bürgerliche Familienmodell (vgl. Abb. 4) setzte sich jedoch im Laufe
der Zeit auch in der Realität immer stärker durch und fand - wie bereits erwähnt - Mitte des 20. Jahrhunderts (1950/1960) in der alten Bundesrepublik
seine stärkste Verbreitung.

Im Übrigen hatte auch der Nationalsozialismus mit seiner Mutter- und Be-
völkerungsideologie ebenso dieses Familienmodell proklamiert; er geriet
jedoch mit der Favorisierung dieses Ideals während des Zweiten Weltkrieges und der hierdurch fehlenden Arbeitskräfte in politische, ökonomische
und argumentative Bedrängnis.

Nach dem Zweiten Weltkrieg wurde dagegen in der DDR von Anfang ihres
Bestehens an das „sozialistische Familienbild", die Familie mit erwerbstätiger Mutter, propagiert und seine Verwirklichung durch Infrastruktureinrichtungen unterstützt (durch Kinderbetreuungsinstitutionen, Bevorzugung bei
der Wohnungsversorgung, durch besondere finanzielle Kredite u.a.). Von
staatlicher Seite standen bei der Durchsetzung dieser Maßnahmen nicht an
erster Stelle frauenpolitische, sondern vor allem arbeitsmarkt- und bevölke-
rungspolitische Überlegungen im Vordergrund (vgl. ausführlicher Nave-
Herz 1992; Wiss. Beirat für Frauenpolitik beim BMFJ 1993; Sommer-
korn/Liebsch 2002). Hinzu kam für die Familie die ökonomische Notwendigkeit eines zweiten Einkommens. Ferner konnten in der DDR die Frauen
bei einer Scheidung nicht mit einer Unterhaltszahlung rechnen, weswegen
eine Unterbrechung der Erwerbstätigkeit hier auch ein höheres Risiko für
die Frauen bedeutete.

In West-Deutschland galt weiterhin nach dem Zweiten Weltkrieg das bürgerliche Familienmodell mit nichterwerbstätiger Mutter als einziges Ideal. Unterstützt und gefordert wurde diese Form von Familie vor allem durch die
Kirchen, aber auch von anderen gesellschaftlich relevanten Gruppierungen.
Zudem waren zunächst die Arbeitsplätze knapp. Vor allem in den 1950er
und 1960er Jahren war das bürgerliche Familienideal mit nichterwerbstätiger Mutter in der Realität am verbreitetsten: 1950 waren 76% aller Mütter
mit Kindern unter 18 Jahren Vollzeithausfrauen (vgl. Sommerkorn 1988:
299; Sommerkorn/Liebsch 2002). Erst mit der Studentenbewegung, dem

Anstieg des Bildungsniveaus von Frauen und ihrem veränderten Selbstbewusstsein setzte in West-Deutschland auf ideologischer Ebene und schließlich auch in der sozialen Realität ein nachhaltiger Wandel ein.

Abb. 4: Der Wandel der Familienideale

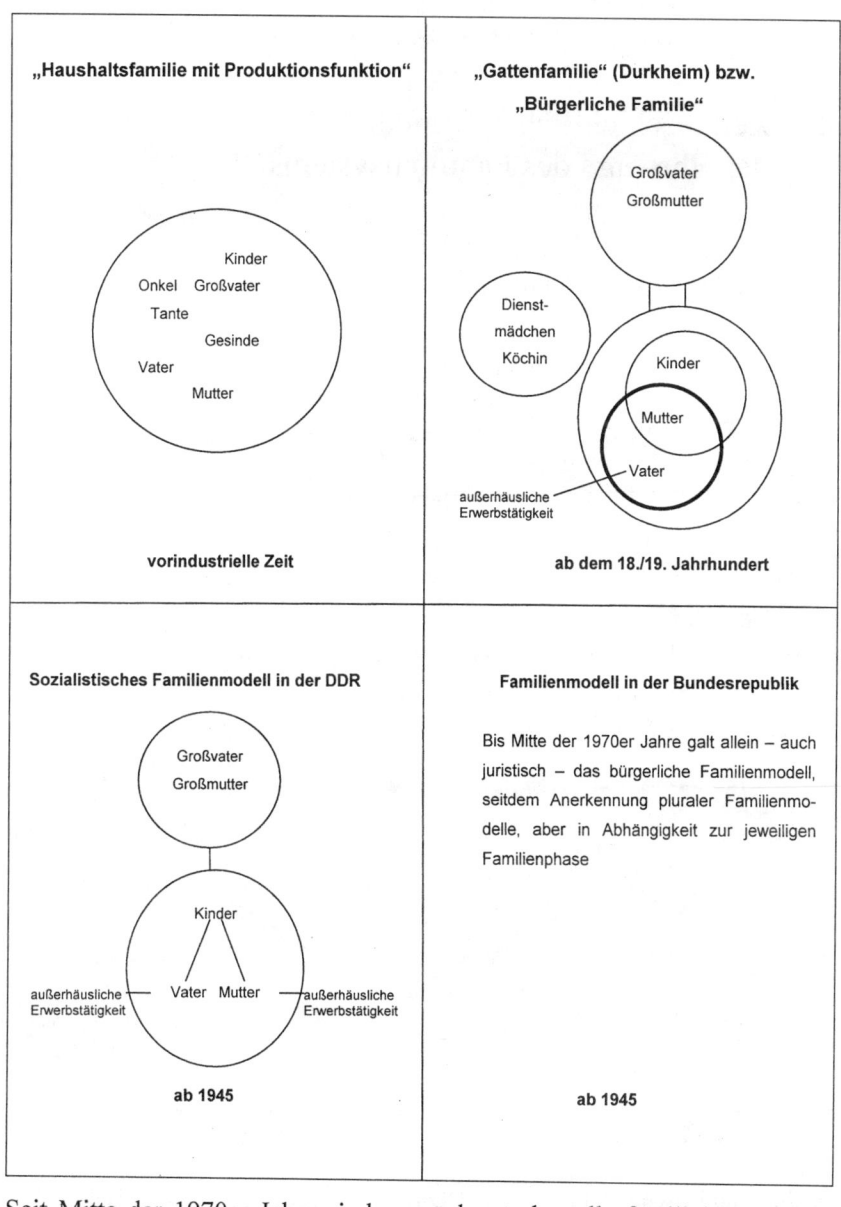

Seit Mitte der 1970er Jahre sind nunmehr strukturelle familiale Veränderungen zu konstatieren, die bis heute andauern. Das Ergänzungstheorem hat in weiten Kreisen der Bevölkerung seine Legitimationskraft eingebüßt und an Anerkennung verloren. Eine Entdifferenzierung zwischen Vater- und Mutterrolle zeichnet sich ab. Die sich erst langsam herausgebildete relative Eigenständigkeit der Ehe gegenüber der Herkunftsfamilie ist geblieben; aber die starke Eigenständigkeit des Ehesystems gegenüber den Kindern, was vor allem auch auf der Anerkennung des Ergänzungstheorems basierte, scheint demgegenüber in den letzten Jahren abzunehmen.

3.3 Zeitgeschichtlicher Wandel des Ehe- und des Familiensystems

3.3.1 Familienstatistische Veränderungen und methodische Probleme ihrer Interpretation

Seit Mitte der 60er bzw. seit den 70er Jahren des 20. Jahrhunderts zeichnen sich in allen Industriestaaten auf statistischer Ebene starke familiäre Veränderungen ab, was als Zeichen einer Krise bzw. eines Verlustes der Attraktivität von Ehe und Familie diagnostiziert wird und weswegen beide Lebensformen - unter Zugrundelegung von marktwirtschaftlichen Begriffen - zuweilen als „Auslaufmodelle" beschrieben werden.

Zunächst sei festgehalten: In der Tat haben seit den 1960er Jahren in Deutschland die Eheschließungszahlen - von Schwankungen abgesehen - kontinuierlich abgenommen:

Abb. 5: Entwicklung der Eheschließungen je 1000 Einwohner in Deutschland

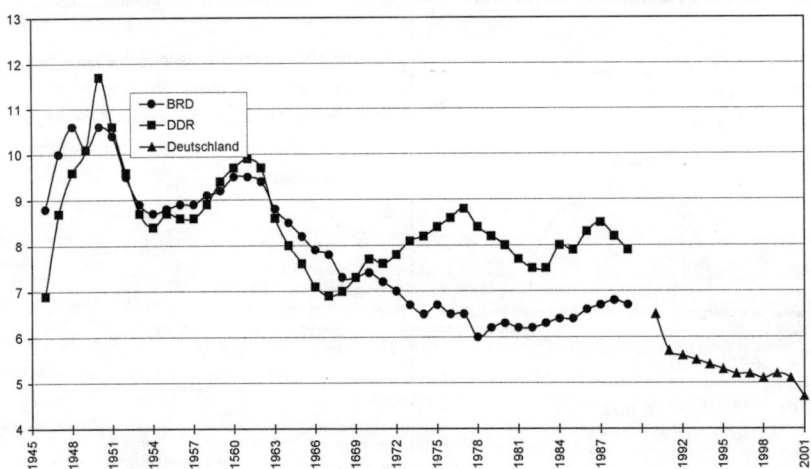

Quelle: Statistisches Jahrbuch der DDR, Berlin 1980; 1990. Statistische Jahrbücher der BRD 1970-2002. Statistisches Bundesamt 19.09.2003: Pressemitteilung.

Dieser Sachverhalt gilt für alle europäischen und für einige außereuropäische Staaten mit Ausnahme von Dänemark, dessen quantitatives Ausgangsniveau bereits 1980 sehr niedrig war, wie Tabelle 1 zeigt:

Tab. 1: Entwicklung der Eheschließungen im internationalen Vergleich je 1000 Einwohner

Land	1980	1990	2000
Dänemark	5,2	6,1	7,3
Japan	6,7	5,9	6,4
Portugal	7,4	7,2	6,4
Russische Föderation	10,6	8,9	6,2
Australien[1]	7,6	6,6	5,9
Griechenland	6,5	5,8	5,9
Niederlande	6,4	6,4	5,5
Schweiz	5,7	6,9	5,5
Vereinigte Staaten	9,3	9,3	5,5
Spanien	5,9	5,7	5,3
Frankreich	6,2	5,1	5,2
Deutschland	6,3	6,5	5,1
Finnland	6,1	5,0	5,1
Vereinigtes Königreich	7,4	6,5	5,1
Irland	6,4	5,1	5,0
Italien	5,7	5,6	4,9
Luxemburg	5,9	6,1	4,9
Österreich	6,2	5,8	4,8
Schweden	4,5	4,7	4,5
Belgien	6,7	6,5	4,4

1) 1981; 1991
Quelle: Statistisches Jahrbuch für das Ausland 2001. Wiesbaden 2003: 195ff.

Weiterhin verbreiteten sich in vielen Staaten seit den 1970er Jahren die Nichtehelichen Lebensgemeinschaften ohne Kinder sprunghaft (vgl. Abb. 6). Aufgrund dieser beiden gleichzeitig ablaufenden statistischen Trends, Rückgang der Eheschließungsquoten und Anstieg der Nichtehelichen Lebensgemeinschaften, schließen manche Autoren, dass die Nichteheliche Lebensgemeinschaft als funktionales Äquivalent der Ehe anzusehen wäre. Auf diese These wird wegen ihrer sozialen Bedeutsamkeit ausführlich in einem gesonderten Kapitel (4.2 in diesem Band) eingegangen.

Zu berücksichtigen ist dabei (worauf später noch eingegangen wird), dass gleichzeitig das durchschnittliche Heiratsalter bei ledigen Frauen und Männern kontinuierlich gestiegen ist (vgl. Abb. 7).

Die Geburtenzahlen haben in Deutschland ebenso wellenförmig seit den 1960er Jahren kontinuierlich abgenommen (siehe Tab. 2).

Abb. 6: Nichteheliche Lebensgemeinschaften in Deutschland

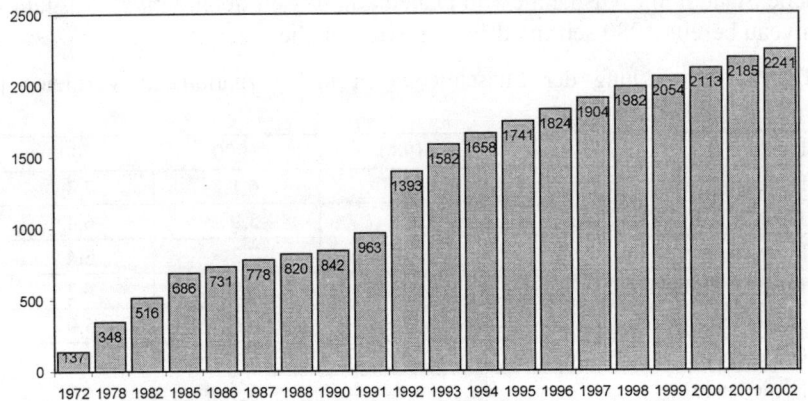

Quellen: Statistisches Bundesamt: Statistische Jahrbücher 1972-2002, Wiesbaden; Leben und Arbeiten in Deutschland – Ergebnisse des Mikrozensus 2002, Wiesbaden 2003: 23.

Abb. 7:   Entwicklung des durchschnittlichen Erstheiratsalters in Ost- und West-
deutschland

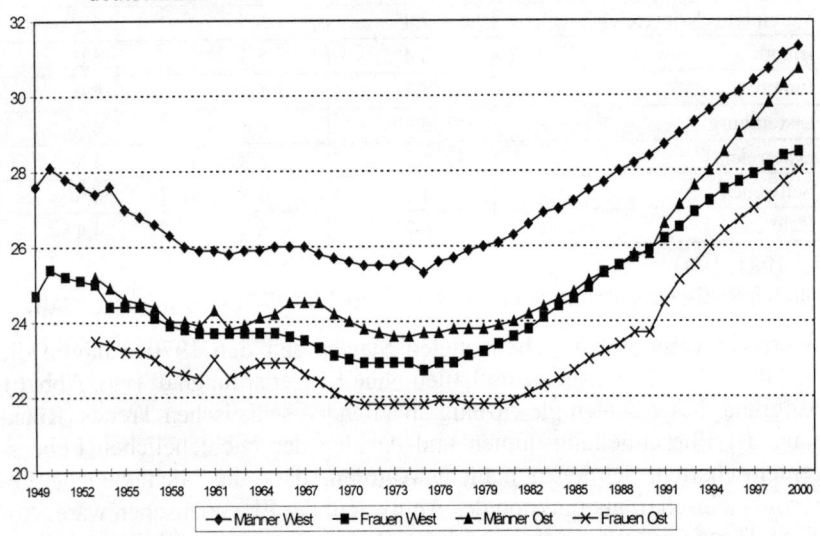

Quelle: Statistisches Jahrbuch der DDR, Berlin 1980: 354, 1990: 404; Statistische Jahrbücher der BRD 1970-2002, Wiesbaden.

Tab. 2: Entwicklung der zusammengefassten Geburtenziffern seit 1952

Jahr	Früheres Bundesgebiet	Ehemalige DDR/Neue Länder und Berlin Ost	Deutschland
1950	2,10	–	–
1960	2,37	2,33	–
1970	2,02	2,19	–
1980	1,44	1,94	–
1990	1,45	1,52	1,45
1991	1,42	0,98	1,33
1992	1,40	0,83	1,30
1993	1,39	0,77	1,28
1994	1,35	0,77,	1,24
1995	1,34	0,84	1,25
1996	1,39	0,95	1,32
1997	1,44	1,04	1,37
1998	1,41	1,09	1,36
1999	1,41	1,15	1,36
2000	1,38[*]	1,22[*]	1,38

[*] Vorläufige Angabe aus: Council of Europe 2001
Quellen: Statistisches Bundesamt: Fachserie 1, Reihe 1, 1999: 53; Die Familie im Spiegel der amtlichen Statistik, 2003: 71; Bevölkerung Deutschland bis 2050 - 10. koordinierte Bevölkerungsvorausberechnung, 2003: 10ff.

Demgegenüber sind allein in Dänemark seit 1990 die Geburtenziffern kontinuierlich um 10 Prozentpunkte angestiegen. Insgesamt ist aber - betrachtet man die gesamte Europäische Union und die Mehrzahl der Staaten - ein sinkender Trend in Bezug auf die Geburtenquoten gegeben, wenn auch kein linearer. Diese Entwicklung ist kaum auf demografische Faktoren (z.B. auf einen unterschiedlichen quantitativen von Geburtskohorten) sondern auf Verhaltensänderungen zurückzuführen, worauf später eingegangen wird. In Deutschland ist die geringfügige Zunahme an Geburten allein auf die der ausländischen Mitbürgerinnen zurückzuführen.

Die höchsten Geburtenziffern (=2000) weisen in Europa Island (=2,10), Irland (=1,89), Frankreich (=1,88), Norwegen (=1,85) und Luxemburg (=1,80) auf, aber auch die USA (=2,06); die niedrigsten: Spanien (=1,23), Italien (=1,24), Griechenland (=1,29), Österreich (=1,34) und die Bundesrepublik (=1,38).

Die Reduktion der Geburtenzahlen ist in der Bundesrepublik vor allem auf die Abnahme der Mehrkinderfamilien und auf den Anstieg von Kinderlosigkeit zurückzuführen: „Während von den Frauen des Geburtsjahrganges 1935 nur 9% kinderlos blieben, sind es beim Geburtsjahrgang 1945 bereits 13%; von den 1955 geborenen sind es 22%, von der Geburtskohorte von 1958 voraussichtlich bereits 23% und vom Geburtsjahr 1961 24%, mit weiter steigender Tendenz" (Onnen-Isemann 1995).

Tab. 3: Zusammengefasste Geburtenziffer in ausgewählten Staaten

	1990	1991	1992	1993	1994	1995	1996	1997	1998	1999	2000
Europäische Union (15 Staaten)	1,57	1,53	1,51	1,47	1,44	1,42	1,44	1,45	1,45	1,45	1,48
Belgien	1,62	1,66	1,65	1,61	1,56	1,55	1,55	1,55	1,53	1,61	1,66
Dänemark	1,67	1,68	1,76	1,75	1,81	1,80	1,75	1,75	1,72	1,73	1,77
Deutschland	1,45	1,33	1,30	1,28	1,24	1,25	1,32	1,37	1,36	1,36	1,38
Finnland	1,78	1,79	1,85	1,81	1,85	1,81	1,76	1,75	1,70	1,74	1,73
Frankreich	1,78	1,77	1,73	1,65	1,66	1,70	1,72	1,71	1,75	1,79	1,88
Griechenland	1,39	1,38	1,38	1,34	1,35	1,32	1,30	1,31	1,29	1,28	1,29
Irland	2,11	2,08	1,99	1,90	1,85	1,84	1,89	1,92	1,93	1,88	1,89
Italien	1,33	1,31	1,31	1,25	1,21	1,18	1,20	1,22	1,19	1,23	1,24
Luxemburg	1,61	1,60	1,64	1,70	1,72	1,69	1,76	1,71	1,68	1,73	1,80
Niederlande	1,62	1,61	1,59	1,57	1,57	1,53	1,53	1,56	1,63	1,65	1,72
Österreich	1,45	1,49	1,49	1,48	1,44	1,40	1,42	1,37	1,34	1,32	1,34
Portugal	1,57	1,57	1,54	1,52	1,44	1,40	1,43	1,46	1,46	1,49	1,52
Schweden	2,13	2,11	2,09	1,99	1,88	1,73	1,60	1,52	1,50	1,50	1,54
Spanien	1,36	1,33	1,32	1,27	1,21	1,18	1,17	1,19	1,15	1,20	1,23
Vereinigtes Königreich	1,83	1,81	1,79	1,75	1,74	1,71	1,72	1,72	1,71	1,68	1,64
Island	2,30	2,18	2,21	2,22	2,14	2,08	2,12	2,04	2,05	1,99	2,10
Japan	1,54	1,53	1,50	1,46	1,50	1,42	1,44	1,44	–	1,40	1,41
Norwegen	1,93	1,92	1,88	1,86	1,86	1,87	1,89	1,86	1,81	1,84	1,85
Schweiz	1,59	1,60	1,58	1,51	1,49	1,48	1,50	1,51	1,46	1,48	1,50
USA	2,08	2,07	2,07	2,05	2,04	2,02	2,04	2,06	–	2,05	2,06

Quelle: Statistisches Bundesamt: Bevölkerung Deutschland bis 2050 - 10. koordinierte Bevölkerungsvorausberechnung, 2003: 13.

Der Anteil kinderloser Frauen ist in Deutschland, verglichen mit den Quoten in den anderen Staaten der europäischen Union, besonders hoch. Auf diese verursachenden Bedingungen wird in den Kapiteln 4.1.1 und 4.2 in diesem Band ausführlich eingegangen.

Gleichzeitig stiegen die Ehescheidungen in Deutschland, wenn auch nicht linear, sondern in Schwankungen und „Sprüngen", ebenfalls seit den 1960er Jahren insgesamt an. Zuvor war ihre Zahl Anfang der 1950er Jahre bereits sehr hoch, was damals aber noch auf Kriegsauswirkungen zurückführbar war. So wurden z.B. während des Krieges viele Ehen schon nach kurzer Zeit des Kennenlernens geschlossen. Trauungen waren damals sogar in Abwesenheit des Verlobten wegen seiner Kriegsteilnahme möglich, sog. „Kriegstrauungen". Die starken Einschnitte im Jahr 1977 in der alten Bundesrepublik und 1990 in den neuen Bundesländern sind allein als Reaktion auf die Veränderungen des Ehescheidungsrechts in jener Zeit zurückzuführen. In West-Deutschland wurde das alte Niveau bald wieder erreicht und sogar „überholt". Das gilt noch nicht für die neuen Bundesländer.

Tab. 4: Kinderzahl der 1955 geborenen Frauen in Ländern der EU

Land (absteigend sortiert nach dem Anteil der Frauen ohne Kinder)	Zahl lebend geborener Kinder					Mittlere Kinderzahl je Frau
	0	1	2	3	4 und mehr	
	in %					
	1955 geborene Frauen					
Westdeutschland	22	25	33	13	6	1,67
Finnland	18	16	37	19	9	1,89
Niederlande	17	15	43	17	8	1,87
Vereinigtes Königreich	17	12	40	20	11	2,02
Dänemark	13	19	45	17	5	1,84
Irland	13	9	22	27	28	2,67
Schweden	13	16	41	22	9	2,03
Belgien	11	32	35	15	7	1,83
Spanien	11	22	44	16	7	1,90
Italien	11	24	43	20	2	1,78
Frankreich	8	20	39	22	10	2,13
Portugal	7	26	44	13	9	1,97

Quelle: BMFSFJ: Die Familie im Spiegel der amtlichen Statistik. 2003: 90 (gekürzt).

Abb. 8: Gerichtliche Ehelösungen je 10.000 Einwohner in Deutschland

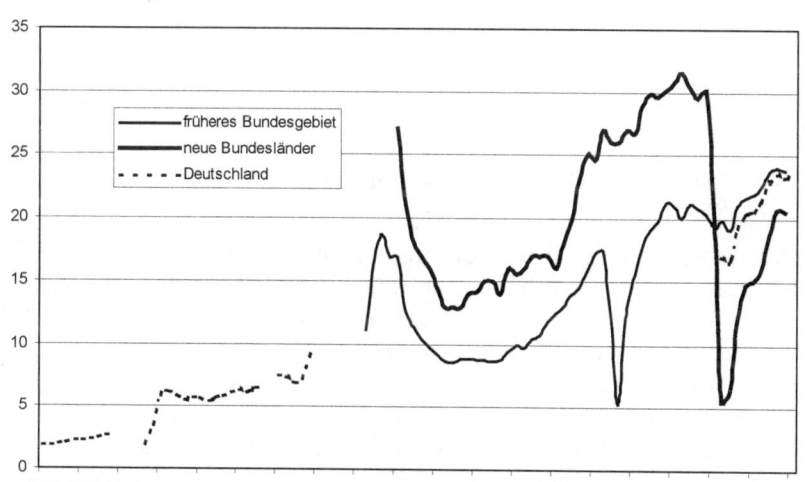

Quelle: Statistisches Jahrbuch der DDR 1988: 354; 1990: 404; Statistische Jahrbücher des DR; Statistische Jahrbücher der BRD 1970-2002.

Deutschland nimmt jedoch in Bezug auf die Scheidungsquoten im Vergleich zu anderen Staaten keine Spitzenposition ein.

Tab. 5: Ehescheidungen in ausgewählten Ländern je1000 Einwohner

Land	Ehescheidungen	Land	Ehescheidungen
Russische Föderation	4,3	Niederlande	2,2
Weißrussland	4,3	Norwegen	2,2
Vereinigte Staaten	4,2	China Hongkong	2,0
Ukraine	4,0	Frankreich	2,0
Kuba	3,7	Japan	2,0
Estland	3,1	Island	1,9
Moldau, Republik	3,0	Portugal	1,9
Litauen	2,9	Slowakei	1,7
Tschechische Republik	2,9	Schweiz	1,5
Dänemark	2,7	Rumänien	1,4
Finnland	2,7	Bulgarien	1,3
Australien	2,6	Ägypten	1,2
Belgien	2,6	Polen	1,1
Lettland	2,6	Kroatien	1,0
Uruguay	2,6	Griechenland	0,9
Vereinigtes Königreich	2,6	Italien	0,9
Neuseeland	2,5	Spanien	0,9
Deutschland	**2,4**	Südafrika	0,8
Luxemburg	2,4	Mexiko	0,7
Österreich	2,4	El Salvador	0,5
Schweden	2,4	Türkei	0,5
Ungarn	2,4	Georgien	0,4
Kanada	2,3	Bosnien-Herzgowina	0,4

Quelle: Statistisches Bundesamt, Statistisches Jahrbuch 2002 für das Ausland: 199.

Ferner hat die Zahl der Kinder, die nur mit einem Elternteil zusammenwohnen, zugenommen: 1972 betrug ihr Anteil 7%, 1991=11% und nunmehr (=2000) 16% in der (alten) Bundesrepublik. In der DDR war ihr Anteil immer höher, er hat aber hier - wie das Familienministerium betont - seit 1991 um 12,2 Prozentpunkte abgenommen (BMFSFJ 2003: 25). Diese Daten sind insofern problematisch, weil Nichteheliche Lebensgemeinschaften zu den Alleinerziehenden gezählt wurden. Erst die jüngsten Statistiken differenzieren in dieser Hinsicht genauer. Bezogen auf alle Familien in Deutschland beträgt danach der Anteil der Alleinerziehenden 15,4%. Die Mutter-Familien überwiegen gegenüber den Vater-Familien (84% zu 16%). Vor allem wurde die Alleinerzieherschaft durch Scheidung oder Trennung vom Ehepartner bzw. -partnerin begründet: zu 59% bei den allein erziehenden Vätern und 44% bei den allein erziehenden Müttern (Stat. Bundesamt 2003: 27).

Tab. 6: Familien mit Kindern unter 18 Jahren nach Familientyp und Zahl der minderjährigen Kinder, 2000

Familientyp	Insgesamt		davon mit ... minderj. Kind(ern)[3]		
			1	2	3
	in 1000	in %	in 1000		
Ehepaare	7.264	78,4	46,7	40,3	13,0
NEL[1]	575	6,2	72,8	22,2	5,1
Allein Erziehende[2]	1423	15,4	65,7	26,4	7,8
Zusammen	9262		51,2	37,0	11,7

Quelle: BMFSFJ 2003: 39.

1 Zwei nicht miteinander verheiratete oder verwandte Personen unterschiedlichen Geschlechts mit ledigen Kindern (einschl. Paaren, bei denen beide Partner jeweils eigene Kinder im Haushalt haben)
2 Ohne Lebenspartner im Haushalt
3 Im Haushalt der Eltern(teile) lebende ledige Kinder unter 18 Jahren

Ob es sich bei den Ehepaaren oder den Nichtehelichen Lebensgemeinschaften um die biologischen Eltern handelt, darüber gibt die Tab. 6 leider keine Auskunft.

Alle aufgezeigten statistischen Trends sind - wie betont - überall in Europa seit ca. 30 bis 40 Jahren zu finden, in Ost- und West-, in Nord- und Südeuropa. Im Beginn, Ausmaß und Tempo gibt es jedoch gewisse Divergenzen zwischen den einzelnen Staaten. Ein Vergleich der Bundesrepublik mit anderen Staaten zeigt, dass bei uns - außer in Bezug auf die Geburtenquote, die Kinderlosenzahl und die Zahl der Einpersonenhaushalte (vgl. BMFSFJ 2003: 58/88) - keine besonders hohen oder niedrigen Werte im Vergleich zu den übrigen europäischen Ländern gegeben sind. Eine etwas stärkere Pluralisierung von Lebensformen ist in Großbritannien und in Dänemark im Vergleich zu allen übrigen europäischen Staaten von Wagner/Franzmann/Stauder (2001: 68ff.) festgestellt worden (vgl. auch BMFSFJ 2003). Sehr viel höher sind immer die Ehescheidungszahlen in den USA gegenüber Europa und der Anteil der Kinder unter 18 Jahren, die nicht mit beiden Eltern zusammen leben, gewesen (nach Bertram 2000: 81 = 44%). Große Differenzen bestehen zwischen den ethnischen Gruppen, was nicht nur auf ökonomische Faktoren, sondern vornehmlich auch noch heute auf wirksame traditionale familiale Muster zurückgeführt wird.

Die Ursachen des demographischen Wandels der letzten 30 Jahre in allen Industrienationen sind vielfältig. Einige Autoren deuten die statistischen Trendverläufe als Indikatoren für eine zunehmende De-Institutionalisierung von Ehe und Familie (z.B. Tyrell 1988). Andere Autoren (z.B. Beck 1986; Beck und Beck-Gernsheim 1990; Zapf 1992: 190; Barabas/Erler 2002) betonen zwar ebenfalls den gestiegenen Traditionsverlust, bedauern aber die zugenommene Auflösung fester Verbindlichkeiten nicht, sondern stellen den damit verbundenen Gewinn an individueller Freiheit heraus, vor allem die damit einhergehende Chance, zwischen verschiedenen Formen menschlichen Zusammenlebens wählen zu können, und benennen diese Entwicklung mit „Individualisierungsprozess". Dieser Wandel resultiere u.a. aus der ökonomischen Wohlstandssteigerung, dem sozialstaatlichen Absicherungssystem, dem gestiegenen Bildungsniveau, vor allem auch für Frauen.

Im Folgenden sollen zunächst verschiedene methodische Einwände gegen die - aus diesen statistischen Trendverläufen abgeleiteten - These der „Krise von Ehe und Familie" dargestellt werden.

Bei statistischen Trendverläufen ist zunächst immer die Künstlichkeit der Ausgrenzung einer bestimmten Zeitepoche, m.a.W. das Problem der Bestimmung der Anfangs- und Endpunkte zu beachten. Denn ihre Auswahl kann die Interpretation des Trendverlaufes beeinflussen. Geht man beispielsweise nicht von den 60er bzw. den 70er Jahren des 20. Jahrhunderts aus, sondern von früheren Zeitepochen (evtl. sogar von der vorindustriellen Zeit), dann zeigt die Mehrzahl der Zahlenreihen einen u-förmigen Verlauf. So waren noch nie in unserem Kulturbereich so viele Menschen verheiratet wie Ende der 1950er und in den 1960er Jahren (z.B. konnten in der vorindustriellen Zeit viele Menschen - wie bereits betont - aus wirtschaftlichen Gründen nicht heiraten oder wegen bestehender Heiratsverbote; vgl. Kap. 5 in diesem Band). Auch das Erstheiratsalter war nach dem Zweiten Weltkrieg höher, im Mittelalter (Mitterauer 1989: 182) galt - abgesehen von kurzen epochalen und regionalspezifischen Schwankungen - ein relativ spätes Heiratsalter. Die Historiker sprechen von dem sog. „European marriage pattern" (vgl. Kap. 3.1 in diesem Band). Weiterhin waren die Scheidungszahlen nach dem Zweiten Weltkrieg überall in Europa relativ hoch.

Gleiches gilt im Hinblick auf die Familienformen. Von allen Nichtehelichen Lebensgemeinschaften haben heute (= 2000) 6,2% Kinder (vgl. Tab. 6)[7]. Wie bereits betont - ist ferner die Zahl der Ein-Eltern-Familien seit Mitte der 1960er Jahre angestiegen; ihr Anteil an allen Familien war aber in den vorigen Jahrhunderten, vor allem in der vorindustriellen Zeit, höher als heute. Die Gründungsanlässe jedoch waren andere: Verwitwung und Nichtehelichkeit statt - wie heutzutage - überwiegend Trennung und Scheidung. Ihre soziale Bewertung war zwar schichtenspezifisch und regional unterschiedlich, aber auch von der Entstehungsursache abhängig: Mitleid bei Verwitwung, Diskriminierung bei Nichtehelichkeit. Ferner stellten sie nicht - wie heute - eigenständige Familien dar, sondern waren eingebettet in andere Lebensformen (z.B. in eine große Haushaltsfamilie mit Produktionsfunktion).

Ebenso waren die Nichtehelichen Lebensgemeinschaften mit Kindern in der vorindustriellen Zeit in Europa verbreiteter als heute, aber nur in den Ar-

---

7 Ob man den Anteil als gering oder hoch beurteilt, ist auch von der Normvorstellung des Betrachters bzw. der Betrachterin abhängig und erinnert an den Streit um das berühmte Glas Wasser, ob dies nun halb leer oder halb voll wäre.

mutsschichten. Ihr quantitativer Anteil ging erst Ende des 19. Jahrhunderts stetig zurück. Doch nach dem Zweiten Weltkrieg war ihre Zahl in Westdeutschland zunächst wieder hoch. Für sie gab es in der damaligen Zeit sogar eine besondere Bezeichnung, nämlich „Onkel-Ehe", trotz des damals noch geltenden Kuppelei-Paragrafens[8]. Erst nach der Änderung der Sozialgesetzgebung (Witwenrente) ging ihr Anteil an allen Familien in Deutschland wieder zurück.

Auch die „Patchwork-Familie" ist keine neuartige Familienform (nur die Bezeichnung ist neu!). Sie entsteht durch Wiederverheiratung von Müttern und/oder Vätern (mit Kindern aus früheren Ehen oder Partnerschaften) und zusätzlich eigenen, gemeinsamen Kindern; alltagssprachlich formuliert: Sie bestehen aus „meinen, deinen, unseren Kindern". In der vorindustriellen Zeit waren sie sogar wegen der geringeren Lebenswahrscheinlichkeit der Menschen weit verbreiteter als heute, vor allem in der Haushaltsfamilie mit Produktionsfunktion. Denn nach dem Tod eines Ehepartners war eine Wiederverheiratung vielfach aus betrieblichen Gründen notwendig, weil die Familienrollen gleichzeitig auch Berufsrollen waren.

Die familienstatistischen Trends verliefen also nicht so geradlinig, wie häufig unterstellt wird. Vor allem - das sei nochmals betont - ist bei ihrer Interpretation die Künstlichkeit der Ausgrenzung bestimmter Zeitepochen zu beachten.

Ferner ist in Bezug auf den Anteil von Einelternfamilien zu betonen, dass dieser zwar seit Ende der 1950er und 1960er Jahre (den „golden ages of marriages", wie diese Zeitspanne auch genannt wird) geringfügig angestiegen ist, aber diese Familienformen nehmen weiterhin eine Minoritätenstellung unter allen Familienformen in Europa ein[9]; und die Zwei-Eltern-Familien mit formaler Eheschließung sind weiterhin quantitativ die dominanten geblieben (in Deutschland z.B. beträgt ihr Anteil an allen Familienformen 81%; Statistisches Bundesamt Pressemitteilung vom 18. September 2002).

Fragt man ferner, wie hoch der Anteil der Kinder an der Gesamtzahl aller Kinder ist, die heutzutage in einer Zwei-Eltern-Familie aufwachsen, so zeigen die statistischen Daten für Deutschland (und Ähnliches gilt für alle europäischen Staaten), dass die große Mehrheit minderjähriger Kinder über

---

8 StGB §180 (Kuppelei): I Wer gewohnheitsmäßig oder aus Eigennutz durch seine Vermittlung oder durch Gewährung oder Verschaffung von Gelegenheit der Unzucht Vorschub leistet, wird wegen Kuppelei mit Gefängnis nicht unter einem Monat bestraft; auch kann zugleich auf Geldstrafe, auf Verlust der bürgerlichen Ehrenrechte sowie auf Zulässigkeit von Polizeiaufsicht erkannt werden. Sind mindernde Umstände vorhanden, so kann die Gefängnisstrafe bis zu einem Tag ermäßigt werden.

9 was nicht bedeutet, dass ihnen familienpolitischerseits keine besondere Aufmerksamkeit zuteil werden sollte, da überall in Europa die überwiegende Zahl in ökonomisch prekärer Lage sich befindet (vgl. hierzu auch Lauterbach/Becker 2002: 159f.)

83% in den alten und 77% in den neuen Bundesländern mit beiden leiblichen Eltern zusammenlebt.

Abb. 9: Ledige Kinder unter 18 Jahren im April 2002 nach Lebensformtypen
der Eltern/-teile

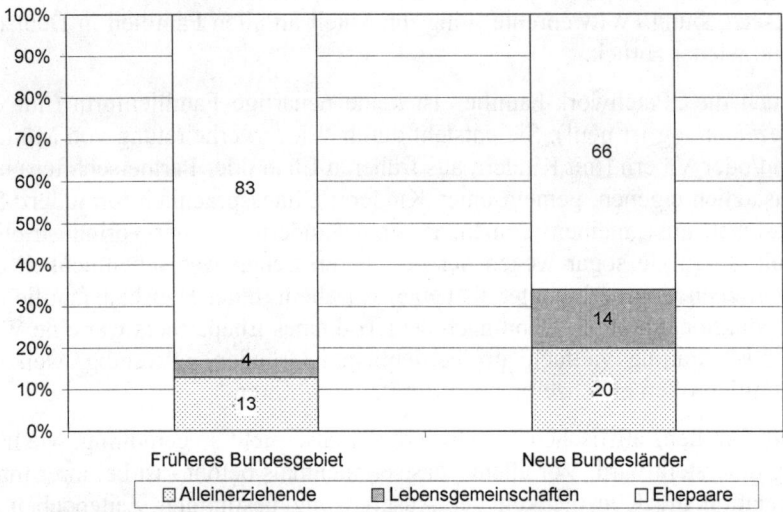

Quelle: Statistisches Bundesamt: Ergebnisse des Mikrozensus. Wiesbaden
2003: 33.

Wie ist dieser Befund des hohen Anteils von Kindern, die mit ihren leiblichen Eltern in der Bundesrepublik Deutschland zusammenleben, zu erklären, da doch heutzutage bereits jede dritte Ehe geschieden wird? Doch: die
Ehescheidungsquoten der kinderlosen Ehen sind am höchsten und die der
kinderreichen am geringsten; ferner werden relativ viele Ehen geschieden,
wenn die Kinder über achtzehn Jahre alt sind.

Unter methodischen Gesichtspunkten muss ferner zwischen Quer- und
Längsschnittdaten unterschieden werden.

Alle bisher dargestellten statistischen Trendverläufe (bis auf den Anteil kinderloser Frauen; vgl. Kapitel 3.3.1 in diesem Band) sind gewonnen aufgrund
des Vergleichs von verschiedenen Zeitpunkt-Erhebungen (zumeist jährlichen)
und sind Querschnittsdaten. So ist aus diesen z.B. eine Abnahme der Eheschließungsquoten abzulesen (vgl. auch Schulz 2002: 216), aus denen dann
vielfach eine abnehmende Heiratsneigung interpretiert wird. Längsschnittdaten in Form von Kohortenanalysen zeigen zwar auch eine geringfügig gestiegene Quote von Zeit ihres Lebens Ledigbleibenden, aber sie weisen
nach, dass dennoch - je nach Geburtskohorte - zwischen 87% bis 94% aller
Erwachsenen bis zu ihrem 50. Lebensjahr mindestens einmal geheiratet haben (Höpflinger 1987: 70). Man schließt heute jedoch später als in früheren
Generationen eine Ehe (und zwar überall in Europa), ein Resultat der länge-

ren Schul-, Berufs- und Universitätsbildung, der gestiegenen Akzeptanz Nichtehelicher Lebensgemeinschaften, wegen einer hohen Arbeitslosenquote (z.B. in Spanien) u.a.m.

Ferner spricht Schneider ein methodisches Messproblem von demografischen Veränderungen zurecht an: Da nicht alle Regionen und sozialen Milieus in gleicher Weise diese dargestellten statistischen Veränderungen aufweisen, sind auch maßgeblich „Kompositionseffekte" zu berücksichtigen. „D.h., dass die Zu- und Abnahme der zahlenmäßigen Größe unterschiedlicher sozialer Milieus (z.B. die Verbreitung des städte-akademischen Milieus und die Schrumpfung des traditionellen Arbeitsmilieus) unmittelbare Auswirkungen auf familiendemographische Indikatoren haben kann, ohne dass Veränderungen des milieuspezifischen Verhaltens stattgefunden haben" (Schneider 2002: 539f.).

Weiterhin zeigen Längsschnittbetrachtungen, dass die „Familienphase", also das Zusammenleben von Eltern mit ihren unmündigen Kindern, im Lebenslauf des Einzelnen zeitlich geschrumpft ist. Diese Familienphase nimmt durch die geringere Geburten- und Kinderzahl pro Familie und durch die gestiegene Lebenswahrscheinlichkeit im Lebenslauf des Einzelnen nur noch ein Viertel des gesamten Lebens ein; sie umfasste dagegen vor hundert Jahren noch das halbe Leben. Aber selbst vor fünfzig Jahren war diese Familienphase weit länger als heute.

Abb. 10: Schematische Darstellung der Familienphase zwischen 1949 und 2002

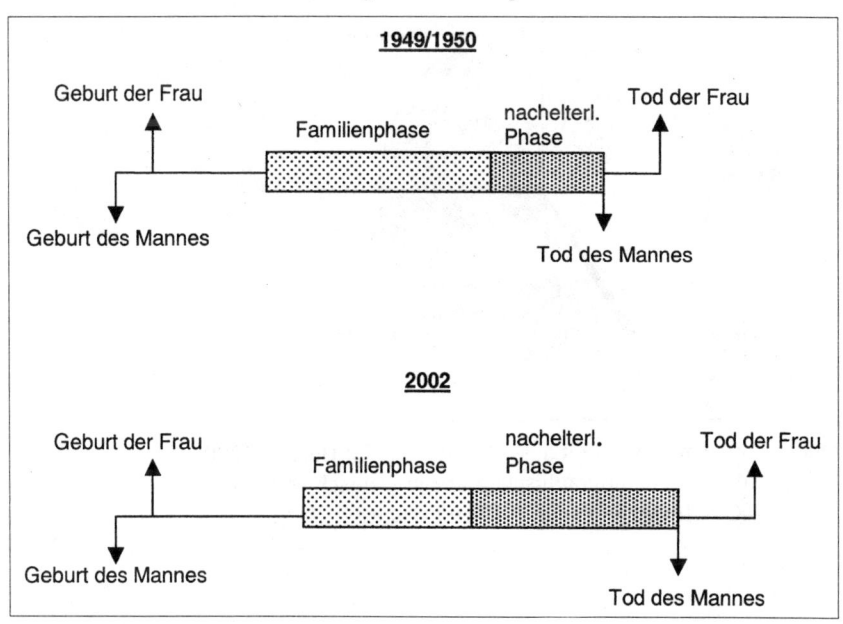

69

Die längste Phase im Lebenslauf des Einzelnen bildet heute das Zusammenleben mit dem Ehepartner ohne Kinder[10], sie umfasst zwei Viertel des gesamten Lebens. Noch nie haben so viele Ehepaare ihre Goldene, Eiserne usw. Hochzeit gefeiert wie heute. Dagegen ist die Familienphase stärker als je zuvor zu einer transitorischen Lebensphase geworden.

Aus Frauensicht ist hinzuzufügen: Eine normative Festschreibung der Frauen auf die Familienphase (wie es das bürgerliche Familienmodell vorsieht) würde demnach heutzutage bedeuten, dass sie ca. ein Viertel ihres Lebens in der Erwartung auf das „eigentliche Leben" (= Familienphase) und ca. zwei Viertel ihres gesamten Lebens im Bewusstsein verbringen müssten, dass das „eigentliche Leben" vorbei wäre.

Ferner ist das Verwitwetsein am Lebensende ein typisches „Frauenschicksal" geworden wegen der gegebenen Altersunterschiede der Ehepartner und der längeren Lebenserwartungen der Frauen, die auf biologische und verhaltensbedingte Ursachen zurückgeführt werden (vgl. Luy 2002).

Die zeitliche Reduktion der Familienphase im Lebensverlauf des Einzelnen hat aber zur Folge, dass - bei einer Querschnittsbetrachtung - von allen Haushalten in der Bundesrepublik die Familienhaushalte nicht mehr anteilmäßig die dominante Lebensform in unserer Gesellschaft sind.

Abb. 11: Haushalte in Deutschland

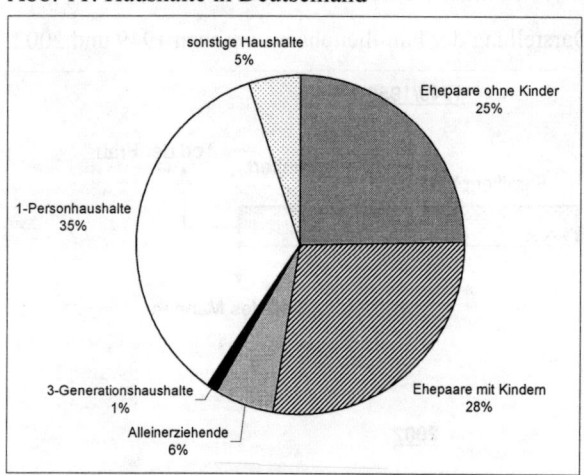

Quelle: Zusammengestellt aus den Angaben in: Bericht 2000
über die demographische Lage in Deutschland von
K. Schwarz in Zschr. f. Bevölkerungsw. 2001, H.1, S. 39.

---

10 Diese Phase wird in der Familiensoziologie die „nachelterliche Phase" genannt, wodurch begrifflich die Ehe nur als Teil der Familie definiert wird, was zu vermeiden ist (vgl. Kap. 2 in diesem Band).

Das uns in Werbespots suggerierte Bild, dass die Gesellschaft sich hauptsächlich aus Haushalten von Vater und/oder Mutter mit Kindern zusammensetzen würde, stimmt mit der sozialen Realität heute überhaupt nicht mehr überein. Durch die Zunahme der älteren Ehen (ohne Kinder im Haushalt), der Alleinstehenden im Alter und in der Postadoleszenz (also der Ein-Personen-Haushalte), der kinderlosen Ehen[11], der Nichtehelichen Lebensgemeinschaften ohne Kinder u.a.m. sind von allen Haushalten in der Bundesrepublik Deutschland nur noch ca. ein Drittel „Familien-Haushalte" im Sinne der Eltern- oder Mutter- bzw. Vater-Kind-Einheit. Dennoch haben ca. 80% der erwachsenen Bevölkerung - lebenslaufspezifisch betrachtet - irgendwann in ihrem Leben in dieser Lebensform gelebt.

Auch aus diesem Tatbestand, dass bei einer querschnittsmäßigen Betrachtung aller Haushalte die Familie in eine Minoritätenstellung „gerutscht" ist, wird häufig in den Massenkommunikationsmitteln auf eine „Krise der Familie", auf ihren Bedeutungsverlust geschlossen. Wie gezeigt, wäre diese Aussage bereits unter statistischer Sicht nicht haltbar. Vor allem aber können statistische Angaben nicht als Beweis eines „Bedeutungsverlustes" herangezogen werden, weil aus Zeitreihen der Bevölkerungsstatistik mit Aggregatebenen-Niveau keine Aussagen, die die Individualebene betreffen, zu formulieren möglich sind; oder, m.a.W.: Massenstatistische Angaben werden sonst unzulässigerweise als Ergebnisse von Motivanalysen interpretiert. Im folgenden Kapitel soll deshalb gezeigt werden, dass aus den Ergebnissen der empirischen Sozialforschung andere Schlussfolgerungen zu ziehen sind.

3.3.2 Veränderungen in der subjektiven Bedeutung von Ehe und Familie?

Die vorhandenen Untersuchungen, aus denen Angaben über die subjektive Bedeutung von Ehe und Familie seitens der Interviewten zu entnehmen sind, konzentrieren sich zumeist nicht auf diese spezielle Fragestellung. Sie sind überwiegend im Rahmen der empirisch ausgerichteten Wert- und Sozialindikatoren-Forschung durchgeführt worden oder gingen umfassenderen soziologischen Fragestellungen nach. Ihre Untersuchungsergebnisse basieren sowohl auf qualitativen Erhebungsverfahren als auch auf repräsentativen Umfragen unter Verwendung von Präferenzskalen in Bezug auf verschiedene Lebensbereiche, von Zufriedenheitsindizes und von Listenvorgaben über familiale Sinnzuschreibungen.

„Bedeutung" meint im Folgenden, wie Ehe und Familie aus subjektiver Sicht gedeutet wird, d.h. wie Personen die Ehe und Familie allgemein und

---

11 Eine genaue Zahlenangabe ist nicht möglich, da die in der Statistik (wegen fehlender eigener Kinder) als „kinderlos" ausgewiesenen Frauen (über kinderlose Männer gibt es keine statistischen Angaben) in Stieffamilien leben können.

speziell die eigene bewerten und welche „persönliche Wichtigkeit" sie ihnen in ihrem Leben zumessen.

Zunächst werden die Ergebnisse demoskopischer Umfragen sowie der Wert- und Sozialindikatorenforschung präsentiert. Auf ihre methodischen Probleme kann hier nicht weiter eingegangen werden. Aber aus diesen verschiedensten Untersuchungen sind übereinstimmende Angaben in Bezug auf die subjektive Bedeutung von Ehe und Familie zu entnehmen, trotz unterschiedlicher Erhebungsinstrumente, Befragtengruppen usw. Sie widerlegen alle die These von einem Bedeutungsverlust von Ehe und Familie:

So weisen viele empirische Erhebungen den hohen Spitzenplatz in der Rangliste nach, den die Familie im Vergleich zu anderen Lebensbereichen (Beruf, Freunde usw.) bei allen Bevölkerungsgruppen einnimmt, gleichgültig, wie hoch das Berufs- und das Bildungsniveau der Befragten sind. Allein in Bezug auf das Alter sind etwas niedrigere Werte bei den unter 30-Jährigen gegeben (vgl. hierzu Habich/Noll/Zapf 1999: 2ff.; Weick 1999: 14; Bundeszentrale für politische Bildung 2000: 432). Repräsentative Umfragen für die (alte) Bundesrepublik (über die DDR besitzen wir keine Daten) zeigen weiterhin, dass die zugeschriebene subjektive Bedeutung der Familie sogar in den letzten 20 Jahren noch gestiegen ist:

Abb. 12: Subjektive Bedeutung der Familie für den Einzelnen (Nennung: Familie ist sehr wichtig)

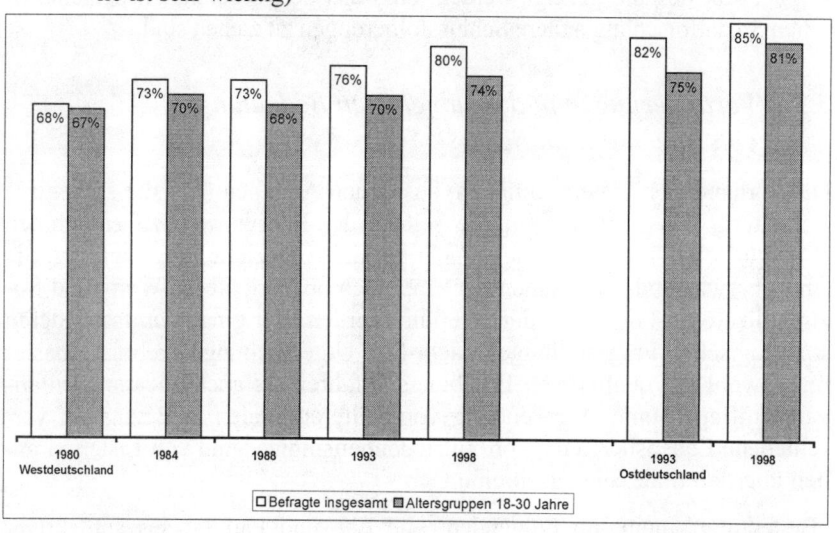

Quelle: ISI 1999: 14; Datenbasis: Wohlfahrtssurveys 1980, 1984, 1988, 1990; Ost: 1993, 1998

Ferner ist ein hoher Zufriedenheitsgrad mit der Ehe und dem Familienleben aus vielen empirischen Untersuchungen zu entnehmen (z.B. Hahn/Burkhart 1998: 100; Noelle-Neumann/Köcher 2002: 119; Shell Studie 2002: 18). Männer bewerten ihre Ehe noch positiver als Frauen, oder m.a.W.: Viele

72

Untersuchungen zeigen, dass unter den verheirateten Frauen - trotz insgesamt hoher Zufriedenheit mit der Ehe - der Anteil der Unzufriedenen höher ist als unter den Männern (Glatzer/Herget 1994: 130; Lenz 2003: 110). Dieser geschlechtsspezifische Unterschied in der Zufriedenheitsbewertung mit der eigenen Ehe ist sogar international verbreitet, wie Lupri bereits 1983 festgestellt hat (1983: 23). Trotz geschlechtsspezifischer Unterschiede - das sei nochmals ausdrücklich betont - ist aber auch bei den Frauen insgesamt eine hohe Zufriedenheit mit der Ehe gegeben. Auch als „Sinn ihres Lebens" nennen sowohl in Umfragen als auch in qualitativen Erhebungen die Interviewten an erster Stelle ihre Ehe und Familie, etwas weniger die Ledigen. Selbst unter Jugendlichen und jungen Erwachsenen ist der Anteil hoch, der ihnen eine besondere Bedeutung beimisst (Starke 1997: 196; Bertram 1991/1992; Bien 1996; Shell Studie 2002: 142). Dagegen wird die Ehe als Institution nicht mehr so stark verteidigt. So bejahten im Jahr 2001 die Frage, ob die Einrichtung der Ehe überholt sei, 25%; 1949 waren es nur 4% (Noelle-Neumann/Köcher 2002: 116). Die Frage „Würden Sie von sich sagen, Sie sind ein Familienmensch, sind am liebsten mit der Familie zusammen oder würden Sie das nicht sagen?" bejahten dagegen 73% der Befragten, 12% waren unentschieden und 15% rechneten sich nicht zu dieser Personengruppe (Noelle-Neumann/Köcher 2002: 112). Diese positive Einstellung zur Familie schließt nicht aus, dass man auch ihre „Schattenseiten" wahrnimmt: So betonen 26% der Frauen und 21% der Männer, dass die Familie auch „Stress" sowie 34% der Frauen und 28% der Männer „Streit" bzw. „Auseinandersetzung" bedeutet (Noelle-Neumann/Köcher 2002: 111).

Dennoch bleiben die Ehe und die Familie für die Mehrzahl der Befragten die ideale Lebensform, wie die Ergebnisse verschiedenster empirischer sozialwissenschaftlicher Forschungsprojekte belegen. Sie zeigen alle, dass das bürgerliche Familienmodell, jedenfalls was seine Rollenzusammensetzung anbetrifft, an subjektiver Wertschätzung keineswegs verloren hat. Das gilt selbst für viele derjenigen, die zurzeit in einer anderen Daseinsform leben. Nur 8% bevorzugen das Single-Dasein und 1% das Zusammenleben mit einem Kind (Noelle-Neumann/Köcher 2002: 109).

Auch in der DDR spielte in der subjektiven Wertschätzung die Familie eine große Rolle (vgl. Gysi 1989). Sie war der Ort, wo man sich zurückziehen konnte, wo Meinungen offen, ohne Furcht vor Zurechtweisungen und Folgen, diskutiert werden konnten, wo Eltern und Kinder „zusammenhalten" mussten. Rückblickend bezeichnet man deshalb die DDR häufig als „Nischengesellschaft" (Krause 1991: 89). Dass viele Personen hier einem Irrtum unterlagen, weil der politische Staatsapparat selbst engste Familien- und Verwandtschaftsangehörige als informelle Informanten sich seinem Dienst gefügig gemacht hatte, wurde vielfach erst nach der „Wende" erkannt.

Ebenso zeigen die Ergebnisse empirischer Untersuchungen, dass viele derjenigen, die zurzeit in einer anderen Familienform leben, die Zwei-Eltern-

Familie bevorzugen würden. Die Mehrzahl der Betroffenen hat ihre jetzige Lebensform nicht als bewusste Alternative zur Eltern-Familie gewählt; das gilt für Ein-Eltern-Familien (vgl. Napp-Peters 1985; Nave-Herz/Krüger 1992; Schneider et al. 2001) und für Alleinlebende (vgl. Krüger 1990; Sander 1997). Ferner unternehmen und versuchen die Adoptionsfamilien alles, um als Eltern-Familie zu gelten und möchten keine „Alternativform" sein, wie Hoffmann-Riem bereits 1989 zeigte und wie neuere Untersuchungen bestätigen (vgl. zusammenfassend Klein-Allermann 1994; Peuckert 1996). Gewiss ist hier zwischen der Erwachsenen- und der Kinderperspektive zu unterscheiden und die Familienphase sowie das Geschlecht des Kindes zu berücksichtigen (Ritzenfeldt 1998; Bien et. al. 2002).

Selbst die gestiegenen und derzeit hohen Scheidungszahlen weisen nicht auf einen Bedeutungsverlust, auf ein Infragestellen von oder auf eine Abneigung gegen Ehe und Familie hin. Wie bereits betont, stellen statistische Datenreihen keine Motivanalysen dar, und die Ergebnisse der empirischen Erhebungen über die verursachenden Bedingungen von Ehescheidungen zeigen, dass die Instabilität der Ehe gerade wegen ihrer hohen subjektiven Bedeutung für den Einzelnen zugenommen und damit die Belastbarkeit für unharmonische Partnerbeziehungen abgenommen hat (hierüber wird in Kap. 6.7.1 ausführlich berichtet). Gleichzeitig wurde dieser Prozess durch die abnehmende Notwendigkeit verstärkt, Ehen - mehr oder weniger allein - aufgrund zwanghafter Kohäsion zu erhalten, weil insbesondere für die Ehefrauen die Aufrechterhaltung nur aus ökonomischen Gründen, wegen des sozialen Ansehens u.a.m. nicht mehr zwingend ist. Zudem stellt man nur die eigene Ehe in Frage, häufig in der Hoffnung auf eine andere und bessere Partnerbeziehung in der Zukunft (Nave-Herz et al. 1990).

Auch die quantitativ zunehmende Kinderlosigkeit ist nicht als eine Abkehr von der Familiengründungsbereitschaft zu interpretieren (vgl. hierzu ausführlicher Onnen-Isemann 1995/2000/2003). So zeigen jugendsoziologische Untersuchungen, dass der Kinderwunsch auf der subjektiven Ebene der Lebensplanung seinen Stellenwert im Zeitvergleich kaum eingebüßt hat. Zwar belegen diese Erhebungen bei jungen Erwachsenen eine gestiegene Skepsis gegenüber der Ehe; der Wunsch nach späteren Kindern wird aber weiterhin bejaht (vgl. Shell Jugendstudie 2002). Darüber hinaus haben empirische Untersuchungen über kinderlose Ehepaare (vgl. Nave-Herz 1988a; Onnen-Isemann 2000) feststellen können, dass diese Ehepaare sehr wohl mit ihrer Eheschließung auch den Wunsch nach gemeinsamen Kindern verbinden. Die Einlösung des Kinderwunsches wird überwiegend wegen der Vereinbarkeitsproblematik von Beruf und Kindern verschoben, vor allem auch wegen der hohen Berufsorientierung bei kinderlosen Frauen. Gleichzeitig ist bei diesen jedoch häufig eine Mutter-Rollen-Konzeption gegeben, die dem bürgerlichen Familienmodell entspricht (d.h. konkret formuliert, wenn sie Mutter werden würden, dann wollten sie sich auch selbst völlig um das Kind kümmern, also den Beruf aufgeben). Diese nicht zu vereinbarenden Wertorientierungen (nämlich die hohe Berufsorientierung bei gleichzeitigem Wunsch nach Entsprechung einer Mutterrolle, wie sie das bürgerliche Familienmodell vorsieht) führt zu irrationalen Konflikten und bewirkt immer wieder den Aufschub des Kinderwunsches, bis es auf einmal zu spät ist und sie der Entscheidung durch den biologischen Ablauf enthoben sind. Soziologisch interpretiert, müssen wir nämlich erkennen, dass sich Ungleichzeitigkeiten im sozialen Wandel zweier gesellschaftlicher Teilbereiche nunmehr auf der individuellen Handlungs- und Entscheidungsebene in Form von irrationalen Konflikten widerspiegeln: Der Schul- und Berufsbereich hat sich für Frauen verändert und damit ihre Berufsorientierung, nicht aber der Familienbereich. Mit Ogburn (1922) formuliert: Zwei zuvor in einem - wie immer geartetem - Gleichgewicht stehende Teilbereiche haben sich ungleichzeitig entwickelt; ein derartiger „cultural lag" führt zumeist solange zu gesellschaftlichen Spannungen, bis ein neues Gleichgewicht erreicht ist. Die zunehmende Kinderlosigkeit in Deutschland ist also auch als ein Ausdruck dieses Spannungsverhältnisses in unserer Gesellschaft zu interpretieren (vgl. hierzu auch Kap. 4.2).

Diese Forschungsergebnisse werden unter kulturvergleichender Perspektive bestätigt: So kennen z.B. Schweden und Frankreich diese hohe Kinderlosenquote wie in Deutschland nicht, weil in diesen Staaten erwerbstätige Mütter von Kleinstkindern eine Selbstverständlichkeit sind und einem „Normalitätsmuster" entsprechendem sowie Infrastruktureinrichtungen für die Kinderbetreuung zur Verfügung stehen. Wie stark in dieser Beziehung das bürgerliche Familien- bzw. Mutterideal in Deutschland gegenüber anderen Ländern noch Gültigkeit besitzt, aber auch gewisse Ambivalenzen in der öffentlichen Meinung bereits abzulesen sind, zeigt die Tab. 7 (vgl. Spalte 1 und 3).

Tab. 7: Einstellungen zur außerfamiliären Sozialisation in Prozent

	Zustimmung zu „Frauen sollen zuhause bleiben, wenn Kind im Vorschulalter"	Zustimmung zu „Kind leidet, wenn Mutter arbeitet"	Zustimmung zu „eine arbeitende Mutter kann ein warmes Verhältnis zu Kind haben"
EU Länder	46,4	51,4	69,8
Westdeutschland	68,5	71,0	75,3
Ostdeutschland	20,7	33,6	92,3
GB	62,7	39,3	63,6
Österreich	60,5	73,3	77,1
Italien	39,1	68,1	62,6
Irland	49,4	49,1	62,1
Niederlande	40,1	45,1	71,5
Schweden	29,5	28,5	67,3
Spanien	46,7	54,2	56,2

Quelle: Gerhards/Hölscher 2003: 214.

Zusammenfassend bleibt festzuhalten: Weiterhin ist trotz eines gewissen Anstiegs anderer Familienformen in den letzten dreißig Jahren die Eltern-Familie quantitativ die dominante geblieben; unter allen Lebensformen ist ihr Anteil jedoch gesunken. Nur ein Drittel aller Haushalte sind Familienhaushalte. Weiterhin bringt man aber der Eltern-Familie in Deutschland hohe Wertschätzung entgegen, jedoch: In Familie zu leben ist stärker als je zuvor zu einer transitorischen Lebensphase geworden. Dagegen hat sich die Ehe-Zeit stark ausgedehnt und zwar trotz des Anstiegs der Scheidungsquoten und obwohl heute mehr Menschen (= 25%) ihren institutionellen Charakter als überholt bezeichnen. Dagegen ist der Anspruch an die Ehe, als persönliche zufrieden stellende Partnerschaftsbeziehung erfahren zu werden, gestiegen.

Als verursachend für diese Entwicklung sind gesamtgesellschaftliche Wandlungsprozesse zu nennen: Gegenüber den bürokratischen und industriellen Strukturen von Großorganisationen, die durch gestiegene Anonymität, Zweckrationalität u.a. gekennzeichnet sind, besteht heute bei mehr Menschen das Gefühl der Vereinzelung. Sie weckt beim Einzelnen das Bedürfnis nach kleinen Gemeinschaften, in denen er sich nicht als Rollenträger[12] definiert, sondern die ihm eine ganzheitliche Lebenswelt, Überschaubarkeit und ein personales Angenommensein *versprechen*. Ob diese Sehnsuchtserwartungen und emotionellen Bedürfnisse an die Ehe und an die Familie nicht häufig auch eine Überforderung in sich tragen, wurde bereits schon zuvor in Bezug auf den Anstieg der Ehescheidungszahlen angedeutet und wird in Kap. 6.7.1 nochmals diskutiert.

Abb. 13: Zille, H. (1858-1929): Berliner Kinder spielen Hochzeit.

---

12 Zum Begriff „Rollenträger" vgl. Kapitel 7.1 in diesem Band.

4. Ehe und Familie aus funktionalistischer und differenzierungstheoretischer Sicht

René König sprach bereits 1969 von den „zwei Grundbetrachtungsweisen der Familie" (2002: 367), der Makro- und der Mikroperspektive, die sich nicht ausschlössen, sondern im Gegenteil: beide wären für eine differenziertere familiensoziologische Analyse notwendig. Im folgenden Kapitel werden Ehe und Familie zunächst makrosoziologisch unter dem Leistungsaspekt behandelt. Es wird die Frage zu beantworten versucht, welche Funktionen von der Ehe und der Familie im Hinblick auf die Gesamtgesellschaft bzw. auf andere gesellschaftliche Teilbereiche im Zuge der funktionalen Differenzierung unserer Gesellschaft heute erwartet werden. Im Mittelpunkt der folgenden Erörterungen steht also nicht das „Wie" der Leistungserfüllung (z.B. wie die Eltern heutzutage ihrer Sozialisationsaufgabe nachgehen), sondern das „Ob", z.B. ob die biologische Reproduktion der Gesellschaft noch als eine Funktion der Ehe gelten kann. Die mikrosoziologische Perspektive wird erst z.T. in Kap. 6 und dann in Kap. 8 thematisiert; hierbei werden selbstverständlich ebenso auch gesamtgesellschaftliche Faktoren als verursachend für bestimmtes soziales Handeln geprüft und somit in die Analyse einbezogen. Schließlich wurde deshalb einleitend bewusst von Makro- *und* Mikro-*Perspektive* - wegen der jeweiligen Schwerpunktsetzung - gesprochen; sie bedeuten keine gegenseitige Ausschließlichkeit.

In der Familiensoziologie war lange Zeit, vor allem am Anfang der zweiten Hälfte des 20. Jahrhunderts, die strukturell-funktionale Analyse vorherrschend. Trotz unterschiedlicher theoretischer Akzentsetzungen stimmen die Vertreter dieses Ansatzes überein (vgl. z.B. Goode 1967), dass ihr erkenntnisleitendes Interesse auf die Frage gerichtet ist, durch welche Leistungen - im Zuge der Differenzierung unserer Gesellschaft in funktional spezialisierte Teilbereiche - die Familie zum Bestand der Gesellschaft beiträgt. Oder als Handlungsanweisung an den Forscher bzw. an die Forscherin formuliert: Sucht den Beitrag bzw. die Leistung (= Funktion), die die Familie zum Gelingen des Ganzen stiftet!

Die Antwort auf diese Frage fällt selbstverständlich je nach Kulturbereich unterschiedlich aus und je nachdem, welche Zeitepoche herausgegriffen wird. Denn die Funktionen sind abhängig von der Struktur der Gesamtgesellschaft bzw. von den Leistungen anderer gesellschaftlicher Teilbereiche. Deshalb wäre zunächst zu fragen, ob überhaupt und in welchem Grade in einer Gesellschaft eine funktionale Differenzierung gegeben ist.

So z.B. bestimmt und kontrolliert in einigen islamischen und afrikanischen Staaten die Religion die gesamte Lebensführung und Lebensweise; das Familienleben ist den religiösen Zeremonien - Ritualien und Normen - völlig untergeordnet. Die Familie trägt aber auch zur Erhaltung dieses gesellschaftlichen Zustandes aktiv bei. Von „Familie" im Sinne eines exklusiven gesellschaftlichen Teilbereichs mit spezialisierter Leistung kann hier nicht gesprochen werden. Auch bei uns nahm die Religion im Mittelalter diese umfassende Stellung und Bedeutung ein. Erst im Zuge der Säkularisierung differenzierte sich die Religion in der Mehrzahl der Industrienationen immer stärker zu einem gesellschaftlichen Teilbereich mit funktionaler Spezialisierung aus (vgl. Luhmann 1977).

Gleiches galt in Europa in der vorindustriellen Zeit z.B. für die Produktionsfunktion, wie in Kap. 3 dargestellt. Erst langsam - während eines über Jahrhunderte sich erstreckenden Differenzierungsprozesses - trennte sich der Produktions- vom Familienbereich. Ferner entstanden Krankenhäuser und Altenheime, Schulen, Kindergärten usw., also spezialisierte Institutionen mit professionellem Personal, die die Familie und Verwandtschaft immer stärker von der bis dahin ihnen zugewiesenen Fürsorge- und Schutzfunktion entlasteten. Diese historische Entwicklung hat lange Zeit die Diskussion in der Familiensoziologie bestimmt, indem danach gefragt wurde, ob die moderne Familie in den Industriestaaten durch einen Funktionsverlust oder einen Funktionswandel zu kennzeichnen wäre. Diese Frage soll erst am Ende dieses Kapitels nach einer eingehenden diesbezüglichen Prüfung beantwortet werden.

An der funktionalistischen bzw. strukturalistischen Analyse von Gesellschaft ist zu Recht Kritik geübt worden, weil viele ihrer Vertreter (z.B. Parsons 1964) sie vor allem als generelle und als eine alle gesellschaftliche Tatbestände erklärende Theorie bezeichneten. Doch ihre Vertreter waren weder in der Lage, die Bestandsvoraussetzungen des gesamtgesellschaftlichen Gleichgewichtes, das diese Theorie unterstellt, zu begründen, noch sozialen Wandel, Devianz u.a.m. zu erklären bzw. überhaupt zu berücksichtigen (vgl. hierzu z.B. ausführlicher Luhmann 2002: 14). Mit dieser Kritik soll jedoch die Leistung dieser Theorie nicht als völlig obsolet beurteilt werden. Vor allem durch die systemtheoretische Weiterentwicklung wurde es eher als mit anderen Theoriekonzepten möglich, die Leistungen der Familie als notwendig für die Gesamtgesellschaft „herauszufiltern", die ansonsten zu stark als private/individualistische Angelegenheit „dargestellt" werden bzw. als solche „erscheinen". Ferner wurde mit Hilfe dieses Theoriekonzeptes auch sozialer Wandel beschreibbar.

So bestimmt die systemtheoretische Perspektive, dass Wandlungsprozesse in einem gesellschaftlichen System zu weiteren in anderen Teilsystemen zwingen können. Damit würde der Begriff „Funktion" hier nicht mehr im Sinne des klassischen Funktionalismus - wie einleitend dargestellt - verstanden. Stattdessen meint er: Leistung im Austauschprozess mit anderen sozialen Systemen. Ohne auf die Systemtheorie selbst und ihre verschiedenen Varianten hier eingehen zu können, vor allem auch auf die von Niklas Luhmann, sei nur weiterhin betont, dass den folgenden Ausführungen die Annahme zugrunde liegt, dass Systemdifferenzierung und Systembildungsprozesse auf Komplexitätssteigerung und zunehmender Leistungsspezialisierung beruhen. Damit werden jedoch keine evolutionistischen Entwicklungstrends postuliert, sondern es wird gerade in den folgenden Kapiteln auch auf neue Spannungen durch die unterschiedlichen Entwicklungen verschiedener gesellschaftlicher Systeme und auf Entdifferenzierungsprozesse eingegangen. Mit der Verwendung des Systembegriffs wird hier allein das dialektische Verhältnis zwischen Einzel-System und seinen relevanten Umwelten, seine Wechselbeziehungen und Verflechtungen zu koexistenten Systemen betont. Es wird also davon ausgegangen, dass an soziale Systeme - und so auch an familiale Systeme - sowohl systemexterne Anforderungen, Erwartungen und Bedürfnisse seitens der Systemumwelt als auch systeminterne Bedürfnisanforderungen seitens der Systemmitglieder gestellt werden.

Im Folgenden werden zunächst die einzelnen der Familie heute zugeschriebenen Funktionen beschrieben.[13] Diese Ausführungen werden dann in den darauf folgenden Kapiteln unter Zuhilfenahme anderer Theoriekonzepte ergänzt.

4.1 Die Funktionen von Ehe und Familie

4.1.1 Die Reproduktionsfunktion

Die Reproduktionsfunktion umfasst sowohl die biologische als auch die soziale Reproduktion der Individuen.

Die *biologische* Reproduktionsfunktion wurde zu allen Zeiten in unserem Kulturbereich der Ehe zugeschrieben, was insbesondere für die Vergangenheit bis in die 70er Jahre des 20. Jahrhunderts galt. Unterstützt wurde diese Funktionszuschreibung an die Ehe durch die Diskriminierung bei Nichterfüllung dieser Erwartung. Das war der Fall entweder wenn eine Ehe kinderlos blieb (hierauf wird im Folgenden zunächst eingegangen) oder bei einer nichtehelichen Geburt.

Kinderlosigkeit in einer Ehe war - so weit man die Geschichte der Menschheit überblickt - überwiegend medizinisch bedingt und galt als etwas „Unnatürliches", „Abweichendes", und man begegnete ihr zumeist mit einer

---

13 Auch hier gibt es gewisse, aber nicht gravierende Unterschiede zwischen einzelnen Familiensoziologen in der Anzahl der Nennung von Funktionen (vgl. z.B. Goode 1967; Neidhardt 1975). Im folgenden Abschnitt wird umfassend auf alle genannten eingegangen, manche zwar nur erwähnt.

mehr oder weniger offen ausgesprochenen und verdeckten Geringschätzung. Vor allem den Frauen wies man die „Schuld" für die Kinderlosigkeit einer Ehe zu und ächtete sie z.T. sehr stark. Schon in der Bibel wird diese Abwertung der kinderlosen Frauen und damit verbunden die Aufwertung von Müttern durch Rahel und Lea verdeutlicht, indem sie Rahel zu den Füßen Jakobs ausrufen lässt: „Gib mir Kinder oder ich muß sterben", während ihre mit Kindern gesegnete Schwester sich rühmt: „Gott habe sie fruchtbar gemacht und dadurch mit den besten der Geschenke belohnt" (zitiert bei Kisch 1886: 2).

Auch galt in vielen Kulturen Kinderlosigkeit in einer Ehe als Scheidungsgrund oder als Möglichkeit der Verstoßung der Frau. Diese einseitige Schuldzuschreibung war bei uns noch bis zur Wende zum 20. Jahrhundert allgemein üblich, wie Stauber (1979: 3) berichtet, obwohl bereits in der altägyptischen und alt-indischen Medizin sowie im Talmud Fertilitätsstörungen beim Mann beschrieben wurden und medizinische Schriften aus dem Jahr 1647 bezeugen, dass man bereits damals sehr detaillierte Kenntnisse über die eheliche Sterilität, verursacht durch den Ehemann, besaß (vgl. Diepgen 1963; Schieren 1961).

Die Mittel gegen Kinderlosigkeit in der Ehe zeigen, wie angstbesetzt man sich gegen die Kinderlosigkeit wehrte. Nach Condrau (1969) gibt es kaum eine andere „menschliche Unvollkommenheit", die derart mit abergläubischem Zauber und Magie verknüpft wurde: „Zauberriten, Zaubertränke, Wallfahrten, Kräuter, Badekuren und vieles mehr sollten Abhilfe schaffen" (vgl. hierzu auch Diepgen 1963: 171ff.; Loux 1980; Nave-Herz 1988a: 61ff.).

E. Heinke; R. Döpfner: Fertilitätsstörungen beim Mann

„Schon der Talmud nannte eine Behandlung gegen Infertilität: ‚Wer für den Beischlaf nicht kräftig ist, nehme 3 Quapik Mistsafran, zerreibe ihn, koche ihn mit Wein und trinke ihn.' ... St. Hildegard riet Männern, deren ‚Samen ohne zu befruchten zerfließen': ‚Er nehme Haselnußkerne, den Dritteil davon scharfen Mauerpfeffer und den vierten Teil vom Mauerpfeffer Zaunglockenkraut und ein wenig gewöhnlichen Pfeffer. Diese koche man mit der Leber eines jungen Bockes, der bereits sprungreif ist und gebe noch etwas rohes, fettes Schweinefleisch hinzu. Dieses Fleisch genieße man oft mit Brot, das man zuvor in die Kochbrühe tunkt, bis von dessen Saft der Same Zeugungskraft gewinnt, wenn es das gerechte Urteil Gottes erlaubt, daß dem so geschieht.'" (In: Handbuch der Haut- und Geschlechtskrankheiten, Berlin 1960, S. 15).

Die bewusst gewählte kinderlose Ehe ist also ein neuartiges gesellschaftliches Phänomen, zurückzuführen auf ein Bündel weiterer Veränderungsprozesse ideeller und materieller Art, insbesondere auch auf die Neue Frauenbewegung mit ihrer Proklamierung eines anderen Frauenbildes (vgl. Nave-Herz 1997a). Letztlich - keineswegs aber allein - hat die Verbreitung von

Antikonzeptiva und der höhere Grad an Zuverlässigkeit in der Empfängnisverhütung die Entscheidungsmöglichkeit für oder gegen Kinder bewusster werden lassen. Deshalb betont von Laer zu Recht: „Musste man sich früher relativ mühsam um empfängnisverhütende Mittel kümmern, wenn man keine Kinder wollte, so muss man sich heute meist bewusst dazu entscheiden, diese Mittel abzusetzen, wenn man Kinder will. Der Entscheidungsprozess läuft in der Regel jetzt umgekehrt" (zitiert in Beck-Gernsheim 1988). Doch insgesamt ist die bewusst geplante *lebenslange* Kinderlosigkeit von Ehepaaren in Deutschland sehr selten, zumeist wird die *befristete* gewählt (vgl. Kap. 3.3.2).

Die Diskriminierung kinderloser Ehepaare hat seit 1980 stetig abgenommen. Noch 1978 sprechen 90% der westdeutschen Bevölkerung den kinderlosen Ehepaaren eine soziale Einstellung ab und ca. 35% werfen ihnen Egoismus vor, wie demoskopische Umfragen aus jener Zeit zeigen (Allensbach 1978: 95). Doch ab 1980 nehmen sowohl die populärwissenschaftlichen Veröffentlichungen zu, die sich gegen eine Diskriminierung kinderloser Ehen wenden und stattdessen die „Kinderlosigkeit aus Verantwortung" verteidigen (z.B. Stolten/Ayck 1988: 154), als auch die empirischen Forschungsergebnisse, die zeigen, dass die kinderlosen Ehepaare kaum Diskriminierungen ihnen gegenüber registrieren (z.B. Ramu 1985: 120; Veevers 1983; Nave-Herz 1988). In einer demoskopischen Umfrage im Jahr 2001 (Noelle-Neumann/Köcher 2002) wurde die Frage gestellt, ob Frauen glücklicher wären mit Kindern als ohne (= 62% zu 5%; Männer: 53% zu 9%). Auf die weitere Frage: „Muss eine Frau Kinder haben, um als Frau anerkannt zu werden, oder sind kinderlose Frauen genauso anerkannt?" sahen 67% keine Unterschiede zwischen kinderlosen Frauen und Müttern, 13% betonten die Wichtigkeit der Kinder für gesellschaftliche Anerkennung und ein relativ hoher Prozentsatz (= 20%) konnte sich nicht für eine klare Antwort entscheiden, was eine ambivalente Einstellung widerspiegelt.

Insgesamt zeigen die bisher präsentierten Daten, dass die Selbstverständlichkeit der Verbindung von Ehe und Kindern an Unbedingtheit verloren hat.

Die Bindung der Reproduktionsfunktion an die Ehe wurde ferner - wie bereits einleitend betont - unterstützt durch die Diskriminierung lediger Mütter und überhaupt von Nichtehelichkeit. Auch hier sind historische Wandlungsprozesse in der öffentlichen Meinung zu konstatieren:

Das Ansehen lediger Mütter war in der Vergangenheit sehr gering; in bestimmten Zeiten und Regionen mussten sie sogar mit öffentlicher Bestrafung (Zuchthaus, körperlicher Züchtigung in der Öffentlichkeit u.a.m.) rechnen (Peiper 1966: 234). Die Härte der Sanktionsmaßnahmen war in verschiedenen Zeitepochen unterschiedlich (so erließ z.B. Friedrich der Große die Strafen bei nicht-ehelichen Geburten), sowie auch zwischen den einzelnen sozialen Schichten. In den Armutsschichten tolerierte man ledige

Mütter eher, und zwar sowohl diejenigen ohne Partner als auch jene, die mit einem Partner zusammen lebten, was wir heute als Nichteheliche Lebensgemeinschaft bezeichnen würden. Die Historiker betonen, dass die Diskriminierung von nichtehelichen Geburten zusammen mit dem hohen Heiratsalter in Nordwest- und Mitteleuropa eine staatliche Präventivmaßnahme gegen ein sonst mögliches zu hohes Bevölkerungswachstum und damit eine Vorbeugung gegen eine mögliche Verelendung breiter Bevölkerungsmassen war (vgl. auch die Darstellung der Heiratsverbote in Kap. 5.1).

Mit der Durchsetzung des bürgerlichen Familienideals wurde vor allem im Bürgertum ledige Vaterschaft und ledige Mutterschaft immer stärker „undenkbar". Vor allem die Frauen mussten bei Schwangerschaft im möglichst frühen Stadium schnell geheiratet werden, sonst erwartete die u.U. ledig bleibende Mutter ein fast ausweglos hartes Schicksal, wie es nicht nur in Goethes berühmtem „Faust", sondern in vielen Dramen und Romanen, wie in „Klara" (Hebbel), in „Rose Bernd" (Hauptmann) beschrieben worden ist.

René König hat darauf hingewiesen, dass es in „nahezu allen bekannten Gesellschaften eine Abneigung gegen ,uneheliche' Geburten (gäbe), weil sie eine ,Platzierung' des Kindes" (auf die Platzierungsfunktion wird später eingegangen) „im gegebenen Verwandtschaftssystem erschweren" (2002: 492). Und deshalb würden die Öffentlichkeit und die Familien auf - zumindest nachträgliche - Legitimierung durch Heirat entweder mit dem Kindesvater oder mit einem anderen Mann drängen. Die negative gesellschaftliche Sanktionierung richtete sich also weniger darauf, eine uneheliche Mutter zu *werden*, als darauf, eine solche zu *bleiben* (2002: 498f.). König versäumte es jedoch, seine Aussage auf patriarchalisch strukturierte Gesellschaften zu beschränken.

Erst Anfang des 20. Jahrhunderts bahnen sich langsame Veränderungen an, die sichtbaren Ausdruck z.B. in dem 1905 von H. Stöcker gegründeten „Bund für Mutterschutz und Sexualreform" fanden, der erstmals die „freie Ehe" proklamierte und sich für ledige Mütter einsetzte sowie für die Abschaffung des §218 eintrat. Dieser Verein war mit dem Zweck gegründet worden, „ledige Mütter und deren Kinder vor wirtschaftlicher und sittlicher Gefährdung zu bewahren und die herrschenden Vorurteile gegen sie zu beseitigen" (vgl. hierzu ausführlicher Nave-Herz 1997a).

Wurde also bis zum 20. Jahrhundert ledige Mutterschaft als individuell zu verantwortende Verfehlung geahndet, ließ man ihnen nunmehr eher Mitleid und deswegen Schutz und Unterstützung zuteil werden.

Dennoch dauerte es noch lange, bis Anfang der 1970er Jahre, dass das Bild der ledigen Mutter als „gefallenes Mädchen" - wie es lange Zeit zuvor tituliert wurde - verschwand. Noch in den 1960er/Anfang der 1970er Jahre gab es in der (alten) Bundesrepublik sog. „geheime Entbindungshäuser", die privat von einem Arzt geleitet wurden und in denen ledige Frauen aus ökonomisch besser gestellten Familien während ihrer Schwangerschaft Aufnahme fanden. Sie gaben später ihre Säuglinge zur Adoption frei und konnten dadurch ihr „sexuelles Fehlverhalten" gegenüber der nächsten Umwelt verheimlichen. Denn die Reproduktionsfunktion wurde nicht nur an die Ehe gebunden, sondern unterlag auch vor allem in besitzenden Schichten genauen sozialen Regulierungsvorschriften zur Sicherung des familialen Status. Hierauf wird in Kap. 5 ausführlich eingegangen.

Die rechtliche Diskriminierung lediger Mutterschaft wurde erstmalig 1970 verbessert (vgl. Limbach 1988; Limbach/Willutzki 2002). Vor allem den nichtehelichen Kindern wurde ein neuer Rechtsstatus zuteil. Sie galten nunmehr als verwandt mit dem biologischen Vater mit entsprechenden Rechtsfolgen (z.B. in Bezug auf Erbschaft). Auch aus den weiteren Gesetzesänderungen (z.B. 1998 durch das KindRG) wird deutlich, dass die Diskriminierung von Nichtehelichkeit, also die Bindung der biologischen Reproduktionsfunktion an die Ehe, vom Gesetzgeber fast[14] aufgelöst wurde (vgl. hierzu ausführlicher Barabas/Erler 2002: 173f.). Dass Gesetze gesellschaftlichen Wandel von sich aus nicht auslösen, sondern diesen lediglich aufnehmen und unterstützen können, haben Limbach 1988 und erneut Schütze (2003: 83ff.) im Hinblick auf das Scheidungsrecht und das neue Kindschaftsrecht von 1998 nachgewiesen.

Empirische Untersuchungen zeigen ebenfalls, dass die Nichtehelichkeit seit den 1980er Jahren immer stärker gesellschaftlich akzeptiert wird, und die Betroffenen heutzutage kaum noch über Diskriminierungen berichten (vgl. hierzu z.B. Napp-Peters 1985; Nave-Herz/Krüger 1992; Rupp 1998: 42ff.; Schneider et al. 2001: 156).

Insgesamt scheint also durch die „Entdiskriminierung" von Nichtehelichkeit sowie durch die der kinderlosen Ehe die Erwartung an die Ehe, die gesellschaftlich-biologische Reproduktionsfunktion zu garantieren, an allgemeiner Anerkennung verloren zu haben. Dagegen aber spricht, dass trotz des gezeigten Einstellungswandels die Erwartung, dass man beim Kinderwunsch heiraten sollte, in der (alten) Bundesrepublik, in Spanien, Polen, England, Österreich, Italien, Irland und den USA gilt (Bien 1996: 263; Meil Landwerlin 2002; Dyczewski 2002). Die weit überwiegende Mehrheit der Kinder (vor allem in der alten Bundesrepublik) werden ehelich geboren und zudem ca. 50% der nichtehelichen Geburten durch nachträgliche Eheschließung ihrer biologischen Eltern legitimiert (Alt 2001: 227ff.; Bach 2001: 215).

---

14 Dies gilt jedoch z.B. nicht in Bezug auf das Sorgerecht. Denn am 29.1.2003 hat das Bundesverfassungsgericht erneut bestätigt, dass unverheiratete Männer das Sorgerecht für die Kinder nur mit Zustimmung der Mutter bekommen können (AZ1BvL20/99 und 1BvR933/01).

In einer eigenen familienbiografischen Erhebung (Nave-Herz 1984), deren Ergebnis von anderen Forschern und Forscherinnen und von späteren eigenen Untersuchungen immer wieder bestätigt wurde (Burkart et al. 1989; Simm 1991; Vaskovics/Rupp 1995; Matthias-Bleck 1997; Lauterbach 1999a: 303), zeigte sich, dass heute in West-Deutschland eine Nichteheliche Lebensgemeinschaft in der Regel in eine Ehe überführt wird, sobald ein Kind geplant wird oder eine Schwangerschaft gegeben ist, also Ehen überwiegend im Hinblick auf Kinder geschlossen werden. Dieses westdeutsche Modell der „kindorientierten Ehegründung" - wie wir es nannten - setzte sich Mitte der 1970er Jahre durch und zeigt also, dass die Bindung der biologischen Reproduktionsfunktion an die Ehe weiterhin hoch ist (Ausnahmen zu dieser Regel hat es zu jeder Zeit gegeben). Es gilt im Übrigen nicht nur für die „alte" Bundesrepublik, sondern aufgrund empirischer Untersuchungen gleichfalls für Spanien, Polen, England und die USA.

Die Nichteheliche Lebensgemeinschaft hatte sich im Übrigen in Skandinavien (vor allem in Schweden) früher verbreitet als in West-Deutschland; aber auch hier galt, dass zwar nicht vor oder nach der Geburt von Kindern die Ehe geschlossen wurde, sondern nach fünf bis sieben Jahren, wenn die Kinder also älter waren; oder die Nichteheliche Lebensgemeinschaften lösten sich auf (Trost 1989). Dieses „schwedische Modell" galt und gilt auch für die neuen Bundesländer. Auf die Frage nach den verursachenden Bedingungen dieser Entscheidungs- und Verhaltenskontinuität auf der Individualebene wird später eingegangen. Diese - auf den ersten Blick erscheinende - Widersprüchlichkeit zwischen Entdiskriminierung von Nicht-Ehelichkeit und Beibehaltung der Bindung von Ehe und Reproduktionsfunktion ist zunächst makrosoziologisch erklärbar, und zwar mit Hilfe der bereits erwähnten These von René König. Er betonte, dass die abwertende Einstellung zur Nichtehelichkeit keine Frage der Moral, sondern der Sozialstruktur wäre, weil sie eine „Platzierung" des Kindes im gegebenen Verwandtschaftssystem erschwere (2002: 492ff.); und deshalb würden die Öffentlichkeit und die Familie auf - zumindest nachträgliche - Legitimierung durch Heirat entweder mit dem Kindesvater oder einem anderen Mann drängen.

Wenn, wie gezeigt, in der Zwischenzeit ein Einstellungswandel in vielen empirischen Untersuchungen zur Nichtehelichkeit festzustellen und der „Heiratszwang" mehr oder weniger fortgefallen ist, gilt insofern dennoch seine These. Denn gleichzeitig erfolgte ein weiterer sozialstruktureller Wandel, nämlich der Rollenwandel der Frau, die Erhöhung des Bildungsniveaus von Frauen, ihre ökonomische Selbstständigkeit und damit Unabhängigkeit von der Herkunftsfamilie. Das bedeutete eine Reduzierung des mit der Frauenrolle zuvor verbundenen abgeleiteten Status vom Manne; und dadurch wurde es möglich, die Platzierung des Kindes sozialstrukturell ebenso über die Mutter festzusetzen, was den Einstellungswandel in Bezug auf die nichtehelichen Geburten nach sich zog. Also, ich wiederhole die These René Königs: Die Einstellung zur Nichtehelichkeit ist keine Frage der Moral, sondern der Sozialstruktur; und das bedeutet, dass die gesellschaftliche Platzierungsfunktion des Kindes heutzutage ebenso durch die gesellschaftliche Stellung der Mutter garantiert werden kann. Insofern mögen zwar über Jahrhunderte lang Diskriminierungsprozesse zur Bindung der biologischen Reproduktionsfunktion an die Ehe beigetragen haben, aber unumstößlich notwendig sind sie nicht. Wie später in Kap. 4.2 gezeigt werden wird, sind es in unserer Gesellschaft vor allem weiterhin bestehende gesamtgesellschaftliche Rahmenbedingungen, die Frauen und Männer bei der Geburt eines Kindes die juristische Eheschließung wählen lassen, wenn auch nicht immer aufgrund bewusster rationaler Erwägungen und zum Teil auf traditionellem Handeln beruhend (vgl. die empirischen Untersuchungen von Matthias-Bleck 1997, Nave-Herz 1997b).

Wiederum ist es auch in diesem Zusammenhang wichtig zu unterscheiden zwischen Ehe und Familie. Die biologische Reproduktionsfunktion ist, wie gezeigt, nicht notwendigerweise an die Ehe gebunden, wenn diese Kopplung bei uns auch überwiegend gilt. Verweist die biologische Reproduktionsfunktion aber immer auf Familie?

Historisch gesehen, konnten (und haben) sich die Eltern bei einer nicht gewollten Schwangerschaft in der Ehe zuweilen oder die ledige Mutter bei einer nichtehelichen Geburt häufig für die Weggabe des Kindes zur Adoption oder in ein Heim entschlossen (vgl. hierzu ausführlicher Peiper 1966: 225; Nave-Herz 2003: 98f.), ohne gegen ein Tabu zu verstoßen. Inzwischen ist ein derartiges Verhalten in unserer Kultur fast „undenkbar" geworden und zwar aufgrund des während der letzten 50 Jahre sich langsam durchsetzenden und nunmehr allgemein anerkannten Prinzips der „verantworteten Elternschaft", d.h. dass man nur dann Kinder „in die Welt setzen" sollte, wenn man für diese selbst zu sorgen (ökonomisch und psychologisch) in der Lage ist (Kaufmann 1995: 42). Voraussetzung für die Ausprägung dieser Norm war die zuverlässigere Planbarkeit von Kindern aufgrund der Reproduktionsmedizin. „Diese Norm verantworteter Elternschaft ist heute so hochgradig internalisiert, dass sich nur wenige Frauen - zumeist unter erheblichen seelischen Belastungen - bereit finden, Schwangerschaften auszutragen und das Kind dann... freizugeben" (Kaufmann 1995: 42).

Insofern ist die biologische Reproduktionsfunktion zwar nicht mehr an die Ehe gebunden, aber sie verweist - heutzutage sogar enger als je zuvor - auf Familie.

Die *soziale* Reproduktionsfunktion der Ehe und Familie umfasst die physische und psychische Regeneration ihrer Mitglieder. Beide Dimensionen sind kaum trennbar, stellen also vornehmlich Aspektsetzungen dar. In früheren familiensoziologischen Einführungsbüchern (z.B. von Neidhardt 1975) wurde diese mit „familialer Haushaltsfunktion" benannt. Er begründet diese Bezeichnung: „Ist doch der Haushalt der Ort, an dem auf eine sehr ,diffuse' und höchst individuelle Weise Leistungen der verschiedensten Art aneinander abgegeben werden: Geld, Güter, Gefühle, Erfahrungen, Dienstleistungen etc. ... Symptomatisch für den Solidaritätscharakter der Familie ist überdies, dass die Räumlichkeiten und Gegenstände des Haushalts in überwiegender Zahl ‚allen gehören‘. Hier ist wie nirgendwo sonst ein Gruppenkommunismus verwirklicht und als ‚natürlich‘ akzeptiert" (Neidhardt 1975: 68).

Die Verbindung von sozialer Reproduktionsfunktion mit dem Haushalt trifft zweifellos für die vorindustriellen Familien mit oder ohne Produktionsfunktion sowie für spätere Familienformen bis hin für die Familien bis weit in das 20. Jahrhundert hinein zu. Wegen der vielfältigen hauswirtschaftlichen Tätigkeiten, die allein für das physische „Überleben" notwendig und dafür zentral waren, konnte es z.B. die Lebensform des Alleinlebens nicht geben, die heute für ca. ein Viertel der Bevölkerung gilt. Man lebte als unverheiratete Frau oder als lediger Mann in einer Familie, etwa in der Familie seiner Geschwister oder des Arbeitgebers oder man verblieb in der Herkunftsfamilie. Vermögende Personen leisteten sich für ihre Versorgung eine Dienerschaft, die bei ihnen wohnte und von denen sie versorgt wurden. Doch für die Gegenwart sind in dieser Hinsicht Veränderungen zu konstatieren, die vermutlich in Zukunft durch den technischen Wandel weiter verstärkt werden.

Die Haushaltstätigkeiten haben sich - trotz aller gestiegenen Hygienestandards - reduziert. Viele wurden (und werden in Zukunft vermutlich noch stärker) „ausgelagert", so dass die Kennzeichnung dieser familialen Leistung allein mit dem Wort „Haushalt" der gesellschaftlichen/technischen Entwicklung nicht mehr entspricht und in Zukunft noch weniger entsprechen wird, sowie eine falsche Wahrnehmung suggerieren könnte, nämlich dass der Haushalt allein das Ehe- und Familienleben bilden würde. Damit soll nicht der noch heute gegebene Umfang an hauswirtschaftlichen Arbeiten unterschätzt werden, insbesondere während der Familienphase mit Kleinkindern. Dennoch betonte Eichler bereits 1982 zu Recht, dass sich die hauswirtschaftlichen und die erzieherischen Tätigkeiten in den letzten Jahrzehnten in gegensätzliche Richtungen verändert haben: Während die Technisierung des Haushalts Zeit-Ersparnis gebracht habe, wäre die Sozialisationsaufgabe zeitintensiver geworden. Dieser Trend hat sich sogar in den letzten 20 Jahren fortgesetzt (hierauf wird in Kap. 4.1.6 eingegangen).

Mit der Bezeichnung „physische und psychische Reproduktionsfunktion" statt „Haushaltsfunktion" soll demzufolge stärker der Zweck hauswirtschaftlicher Arbeiten und nicht der „Ort" betont werden. Trotz schrumpfender Haushaltstätigkeiten bleibt nämlich die physische und psychische Regenerationsfunktion in der Verantwortung der Familie bzw. Ehe.

Beispielhaft sei hierfür die Zubereitung von Mahlzeiten genannt. Durch Fertig-, Halbfertigprodukte u.a.m. infolge der technischen und agrarwissenschaftlichen Entwicklung nimmt trotz der gestiegenen Ansprüche an gesunde Ernährung die Essenszubereitung heutzutage weniger Zeit in Anspruch als noch vor 20 Jahren. Dennoch bleibt, gleichgültig wie arbeits- und zeitaufwendig die Mahlzeitzubereitung ist, dass mit dem „gemeinsamen Essen" nicht nur der „Hunger gestillt" wird. Mahlzeiten sind in ein Bündel von sozialen Handlungen eingebettet: Informationsweitergabe, versuchte Einlösung bestimmter Erziehungsziele, Ausbildung und Weitergabe von Familienritualen u.a.m. und tragen somit zur familialen und ehelichen Stabilität der Binnenstruktur sowie zur Unterstützung der Gruppenidentität bei. Gemeinsame Mahlzeiten werden auch von den Familienmitgliedern als wichtige Familienaktivität gedeutet (Bertram 1992a: 24). Aus diesem Grund wird z.B. auch ein Handy-Anruf als Störung dieser gemeinsamen Familienzeit empfunden, von den Eltern oft nicht geduldet und von den Kindern zu vermeiden versucht (Feldhaus 2003c: 143). Nach Schulze „ist das gemeinsame Essen vielleicht die wichtigste Grundlage des Familienlebens, das der täglich sich fortsetzenden und erweiternden Interaktionsgeschichte aller Familienangehörigen, des Aufbaus und der Aufrechterhaltung eines Selbstbildes der Familie und der Definition eines umfassenden Weltbildes dient. Rückblickend auf die unterschiedlichen Aspekte der Familienkultur ist das gemeinsame Essen als Schlüsselritual eine Schnittstelle der Gesprächskultur, der Esskultur, der normativen Seite des Familienlebens, der Präferenz und des Selbstbezugs der Familie" (Schulze 1987: 34).

Dadurch dass der Ehe und Familie die physische und psychische Regeneration ihrer Mitglieder überantwortet wurde, hängen z.B. der Gesundheitszustand und die aktuelle Leistungsfähigkeit bzw. das Ausmaß von krankheitsbedingten Fehlzeiten in erheblichen Maße von den familialen Verhältnissen ab (vgl. Bien 1994b: 23; vgl. ausführlicher Schütz/Wiesner 2000: 193ff.). Bereits auf statistischer Ebene lassen sich Zusammenhänge zwischen Familienstand und Lebenserwartung signifikant nachweisen. So haben z.B. ledige und geschiedene Männer ein eindeutiges höheres Mortalitäts- und Krankheitsrisiko. Bei Männern und Frauen reduziert Verwitwung ihre Lebenserwartung (Schütz/Wiesner 2000; Brockmann/Klein 2002: 430ff.).

Die psychische Reproduktionsfunktion bezieht sich nicht nur auf die Ehe und die Kernfamilie, sondern auch auf die Mehrgenerationen-Familie (vgl. hierzu auch Rosenkranz/Schneider 1997: 137ff.). Die gegenseitige Solidarität und Fürsorge im Familienverband wird sowohl im öffentlichen Bereich (sogar gesetzlich) als auch von den Familienmitgliedern selbst erwartet. Viele empirische Untersuchungen zeigen, dass de facto zahlreiche materielle und immaterielle Transferleistungen zwischen den familialen Generationen „fließen", auch wenn sie in getrennten Haushalten leben. Die gängige „Isolierungsthese" über die Vereinsamung im Alter trifft nur für eine kleine Gruppe zu; die familialen Beziehungen sind intensiver als häufig in der Öffentlichkeit angenommen wird (vgl. z.B. zusammenfassend Wagner 2002; Szydlik 2000; und das Kap. 8.4 in diesem Band). Diese gegenseitige Solidarität in der heutigen multilokalen Mehrgenerationen-Familie darf jedoch nicht zu einem idyllischen verklärten Bild von Familie verleiten.

Zusammenfassend kann konstatiert werden, dass sowohl die Familie, die Kern- und die Mehrgenerationen-Familie, als auch die Ehe weiterhin die soziale Reproduktionsfunktion innehaben.

4.1.2 Die Sozialisationsfunktion

Obwohl es bisher keine allgemein anerkannte Definition von „Sozialisation" gibt, stimmen aber alle Autoren und Autorinnen darin überein, dass Sozialisation den Prozess eines Menschen zum Mitglied-Werden in einer Gesellschaft bezeichnet. Dieser ist nicht als ein passiver, sondern als ein aktiver und lebenslanger Auseinandersetzungsprozess des Individuums mit seiner personellen, materiellen und immateriellen Umwelt zu begreifen (vgl. hierzu ausführlicher Hurrelmann/Ulich 1991: 6f.). Erst durch den Sozialisationsprozess wird aus einem „biologischen" Lebewesen eine bewusste soziale Persönlichkeit (Hill/Kopp 2002: 249). Als „instinktreduziertes" Wesen wird der Mensch erst zum Menschen durch den Menschen, nämlich durch den Prozess der Vergesellschaftung. In der Sozialisationsforschung werden hierfür die Beispiele von Kindern genannt, die ohne Bezugspersonen entweder allein, z.B. der „wilde Junge von Aveyron" (vgl. Giddens 1999: 28) oder mit Wölfen aufwuchsen und keine menschlichen Charakteristika aufwiesen (z.B. Letztere konnten wie die Wölfe heulen). Diese „kulturelle Überformung des Menschen" nannte René König „die zweite sozial kulturelle Geburt des Menschen" (2002: 112ff.).

Die Sozialisation der frühen Kindheit wird als gesellschaftliche Leistung heutzutage in allen Industriestaaten der Familie zugeschrieben, und zwar von beiden Eltern erwartet und von ihnen in unterschiedlich zeitlichem Umfang in den einzelnen Staaten übernommen. Insbesondere bis zum dritten Lebensjahr überwiegt fast ausschließlich die Elternerziehung. Im Vorschulalter, zumeist ab dem vierten/fünften Lebensjahr, verbringen die Kinder einen Teil ihrer Zeit in institutionellen Betreuungsinstitutionen. In West-Deutschland ist ein besonders starker „kultureller Familismus" gegeben (vgl. Huinink 2002: 49), jedenfalls in dem Sinne, dass die gesellschaftliche Norm gilt, dass Kleinkinder von ihrer biologischen Mutter zu betreuen und für ihre Sozialisation beide Eltern notwendig sind. Dem Statement: „Wenn jemand sagt, ein Kind braucht ein Heim mit beiden, Vater und Mutter, um glücklich aufzuwachsen" stimmten 83% der bundesrepublikanischen Bevölkerung zu (Noelle-Neumann/ Köcher 2002: 123).

Die rechtliche Verantwortung für den Sozialisationsprozess der Kinder hatte in unserem Kulturbereich schon immer der Vater, sekundär die Mutter. Ab 1968 (Barabas/Erler 2002: 166) wurde diese in Deutschland den beiden Elternteilen gleichberechtigt durch Gesetz zugesprochen, und seit 1998 behalten auch im Falle der Ehescheidung beide das Sorgerecht für das Kind oder die Kinder (falls keine andere rechtliche Entscheidung gefällt wird); oder umgekehrt formuliert: Ihnen beiden wurde damit gemeinsam die Sorgepflicht überantwortet. In der Realität trägt jedoch der Elternteil die elterliche Verantwortung, mit dem das Kind bzw. die Kinder zusammen leben .

Aus diesen Rechtsvorschriften darf jedoch nicht geschlossen werden, dass die Sozialisationsfunktion immer von den Eltern oder von der Mutter während der Kleinkindphase wie heutzutage erwartet wurde. Bereits in Kap. 3.1 wurde gezeigt, dass die Kinder (auch Kleinstkinder) nicht ausschließlich von den eigenen Eltern betreut und erzogen wurden, sondern von Geschwistern, Großeltern, unverheirateten Verwandten oder Bediensteten. Erst im Zuge des Distanzierungsprozesses von den Herkunftsfamilien und zu familienfremden Personen, also im Zuge der Ausprägung des bürgerlichen Familienmodells (vgl. Kap. 3.2) wurde die Erbringung dieser Leistung als gesellschaftliche Erwartung an die Eltern, zunächst an die Mutter, heutzutage auch an den Vater gestellt.

In Deutschland ist formal-juristisch das Elternrecht ein pflichtgebundenes Recht. §6, Abs. 2 Grundgesetz besagt: „Pflege und Erziehung der Kinder sind das natürliche Recht und die zuvörderst ihnen obliegende Pflicht". Die Persönlichkeitsrechte der Kinder und das Prinzip des „Kindeswohls" sowie ihr Alter bestimmen Inhalt und Schranken der elterlichen Befugnis mit (vgl. hierzu ausführlicher Barabas/Erler 2002).

In den letzten Jahrzehnten haben sich zudem die Anforderungen an die familiale Sozialisationsleistung erhöht, und zwar durch den Leistungszuwachs anderer gesellschaftlicher Teilsysteme. Das Wissenschaftssystem, das Medizinsystem und das Bildungssystem waren gekennzeichnet durch einen Wissenszuwachs über bessere Bedingungen im Hinblick auf die Entwicklung und Erziehung von Kindern. Das Rechts- und das Sozialversicherungssystem sowie die Massenkommunikationsmittel unterstützten diesen Prozess bzw. spiegeln diesen Wandel wider. Auf juristischer Ebene setzten sich neue Erziehungsnormen und neue juristische Auslegungen durch. Der Umfang an pädagogischem und psychologischem Wissen stieg, gesundheitliche Vorsorgeuntersuchungen bis ins Schulalter der Kinder hinein wurden eingeführt und ein bewussteres Ernährungsverhalten setzte sich durch. Ob die einzelne Familie diesen neuen erhöhten Leistungsansprüchen entspricht, darum geht es in diesem makroperspektivischen Zusammenhang nicht.

Vor allem durch das Wissenschafts- und Bildungssystem wurde den Eltern seit Anfang der 1970er Jahre auch vermittelt, dass Begabtsein bzw. Nicht-Begabtsein nicht einfach als Schicksal zu definieren wäre, dass Sozialisationsdefizite ebenso auf elterliches Verhalten zurückzuführen sind, dass die Eltern die schulischen Leistungen ihrer Kinder zu unterstützen haben bis hin zur Hausaufgabenbetreuung u.a.m. (vgl. ausführlicher zu den Transferwirkungen von Schule und Elternhaus: Busch/Scholz 2002: 253ff.). Ferner erhöhten sich die Leistungsanforderungen an das familiale System durch die Ausdehnung des Bildungssystems infolge der Verlängerung aller Bildungs- und Ausbildungszeiten. Denn nicht nur für die Primärsozialisation, sondern auch für den weiteren Sozialisationsprozess im Jugendalter bleiben heutzutage in unserem Kulturbereich die Eltern „zuständig"; das verlangt ihre materielle und immaterielle Unterstützung. Weiterhin hat sich die Verweildauer der Jugendlichen im Elternhaus verlängert; man spricht in diesem Zusammenhang von einer gestiegenen „Familisierung" (Mitterauer 1989).

Die Übertragung der Sozialisationsfunktion an die Familie (vor allem in Bezug auf die Kleinkindphase), evtl. unter Zuhilfenahme außerfamilialer Unterstützung[15], gilt heutzutage für alle Industrienationen. Die sehr enge Zuschreibung der Sozialisationsfunktion an die Kernfamilie, was in Deutschland insbesondere für die Kleinkindphase gilt, findet diese Anerkennung nicht in anderen Kulturen, auch nicht in anderen europäischen Ländern. Hier ist die Sozialisationsfunktion nicht allein eine kernfamiliale, sondern eine allgemein familiale Aufgabe. So melden z.B. türkische Großeltern ihren Anspruch auf die - als sehr wichtig von ihnen erachtete - Sozialisations- und Betreuungsfunktion gegenüber den Eltern an und praktizieren diese bewusst. In Spanien und Polen z.B. wird die Betreuung der Kleinkinder als eine selbstverständliche Aufgabe bzw. soziale Norm der Großeltern, insbesondere der Großmutter, gesehen, gleichgültig ob die Mutter erwerbstätig ist oder nicht, wie demoskopische Umfragen belegen. In Südkorea übernehmen die Mütter, da sie selten erwerbstätig sind, diese Aufgabe selbst, aber mit Unterstützung der Großmütter. Dagegen ist die Verantwortung für die jüngsten Familienmitglieder durch die Großeltern in Deutschland für viele von ihnen eher zu einer Art Freizeitbeschäftigung geworden. Trotz der gestiegenen Erwerbstätigkeit von Müttern wird sie als regelmäßige ständige Aufgaben an den Wochentagen nur noch selten - zuweilen lediglich an einem bestimmten Tag - von den Großeltern übernommen (vgl. hierzu ausführlicher Nave-Herz 2002).

Mit steigendem Alter der Kinder wird in Deutschland und in stärkerem Maße in anderen europäischen Staaten die Sozialisationsfunktion von immer mehr Eltern für begrenzte Zeiten an private oder öffentliche Betreuungsinstitutionen delegiert. In den meisten Industriestaaten haben ab dem 5. Lebensjahr nicht mehr allein die Eltern die gesellschaftliche Leistungserfüllung der Sozialisationsfunktion inne, sondern sie wird ebenso von den verschiedensten schulischen Betreuungsinstitutionen erwartet. In Deutschland gilt dieser Sachverhalt erst ab dem 6. Lebensjahr.

---

15 Die stundenweise institutionelle Betreuung (z.B. durch Krippen, Kindertagesstätten) oder durch bezahltes Personal (z.B. durch „Tagesmütter") spricht nicht gegen die von der Gesellschaft im Zuge der funktionalen Differenzierung übertragene Alleinzuständigkeit für die Sozialisation der Kinder an die Familie.

Familien- und Schulbildung unterscheiden sich qualitativ. Während die Schulbildung vor allem spezifisches Wissen und bestimmte Fähigkeiten vermittelt, die im späteren Berufsleben benötigt werden, hängt von der Familie die moralische und emotionale Orientierung sowie die Lern- und Leistungsbereitschaft ab. Die familiale Sozialisation prägt die Arbeitsmotivation, Vertrauensbereitschaft, Fleiß, Neugier und Experimentierfreude, Ausdauer, Sprachkompetenz u.a.m.; zusammenfassend formuliert: die extra-funktionalen Fähigkeiten (vgl. Fünfter Familienbericht 1994; Wiss. Beirat für Familienfragen 2002: 17ff.).

Makroperspektivisch gesehen, brachte im Übrigen die Trennung des Erwerbs- vom Familienbereich die Abhängigkeit des Arbeitsbereiches vom Familienbereich mit sich. In der Literatur wird häufig nur die ebenfalls gegebene finanzielle Abhängigkeit der Familie vom Arbeitsbereich betont. Doch die Produktivität einer Volkswirtschaft wird durch die Qualität des Arbeitsvermögens der Produzierenden mitbestimmt, die man nicht nur über die formalen Bildungssysteme, sondern vor allem durch und in der Familie erwirbt. So betont Krüsselberg zurecht, dass „der Weg des Aufbaus von menschlichem Handlungspotential, von Humanvermögen, in der Familie beginnt. Dort nämlich wird die Befähigung junger Menschen zur Bewältigung des Alltagslebens vermittelt: Das setzt den Aufbau von sozialer Daseinskompetenz (Vitalvermögen) und von Fachkompetenz (Arbeitsvermögen) als Grundkomponenten des Humanvermögens voraus. Erst auf dieser Basis kann sich im gesellschaftlichen Raum Arbeit entfalten" (Krüsselberg 1997: 218; vgl. hierzu auch Krüsselberg/Reichmann 2002).

Die Leistungen, welche im Familienbereich erbracht werden, sind deshalb unverzichtbar nicht nur für den Arbeitsbereich, sondern für alle übrigen Gesellschaftsbereiche. Was aus der Sicht der Beteiligten als Privatsache erscheint, ist also von höchstem gesellschaftspolitischem und volkswirtschaftlichem Interesse.

4.1.3 Die Platzierungsfunktion

Unter sozialer Platzierung versteht man den Zuweisungsprozess einer Person zu einer gesellschaftlichen Position innerhalb der hierarchischen Struktur der Gesellschaft. Als Zuweisungskriterium galt - historisch gesehen - lange Zeit allein die Zugehörigkeit zur Herkunftsfamilie, m.a.W.: Die soziale Platzierung wurde „vererbt". Die gesellschaftliche Hierarchie und damit die Differenzen zwischen den sozialen Positionen waren formalrechtlich abgesichert, sie waren sogar äußerlich sichtbar, wie Kleider- und Hochzeitsvorschriften aus jener Zeit beweisen:

Kleiderordnung/Kiel: 1417

„Keine Frau darf gekrauste Tücher tragen und nicht mehr als zwei Mäntel haben, die mit Pelzwerk gefüttert sind, und darf auch keinerlei Geschmeide mit teurem Gestein und Perlen an allen ihren Kleidern tragen, wenn ihr Mann an die Stadt nicht mindestens 400 Mark Silber zu versteuern hat. Wenn eine Frau dessen überführt wird, so soll das der Stadt mit 10 Mark Silber gebessert werden. Dieselbe Strafe trifft den Übertreter der weiteren Bestimmungen:

Wenn der Mann der Stadt für mindestens 200 Mark Steuern zahlt, so darf seine Frau eine lötige (rein, ungemischt) Mark Silber an allen ihren Kleidern tragen. Die Jungfrauen sollen es in derselben Weise halten ...

Wenn der Mann der Stadt zwar Steuern zahlt, aber nicht für 100 Mark, so darf seine Frau keinerlei Geschmeide tragen. Insbesondere darf keine Bürgersfrau Pelzwerk oder Seide unten an ihren Kleidern tragen ...

Insbesondere wird befohlen, daß keine Dienstmagd oder Dienstbotin Spangen, Scharlachtuch oder irgendwelches vergoldetes Geschmeide trägt, welches mehr als 8 Schillinge wert ist. Wer dagegen verstößt, soll des Geschmeides sofort verlustig gehen und sein Dienstherr oder seine Dienstherrin sollen 3 Mark Silber Strafe zahlen oder den Dienstboten innerhalb von 3 Tagen aus dem Brote jagen ...

Hochzeitsordnung/Lübeck: 1582
(gekürzte Textwiedergabe)

Pastetenhochzeit:
Für Ratspersonen, Patriziern und Doctoren;
Zahl der Gäste: 160; Getränke: Wein.

Vornehme Hochzeit:
Für die vornehme Bürgerschaft;
Zahl der Gäste: 150; Zahl der Gerichte: 4; Getränke: Wein.

Hochzeiten der 4 großen Ämter (Zünfte):
Zahl der Gäste: 80; Zahl der Gerichte: 4; Getränke: Bier.

Hochzeiten der kleineren Ämter:
Zahl der Gäste: 40; Zahl der Gerichte: 4; Getränke: Bier, jedoch nur eine Sorte"

(K. M. Bolte, D. Kappe, F. Neidhardt: Soziale Ungleichheit, Opladen 1974, 3. Aufl., S. 5-6).

Im bürgerlichen Emanzipationskampf gegen das feudalistische System setzte sich das Prinzip immer stärker durch, die Vergabe von sozialen Rangplätzen in der Gesellschaft nicht nach Herkunft, sondern nach Leistung vorzunehmen. Klafki schreibt: „Für das gehobene, später in zunehmendem Maße auch das mittlere Bürgertum bedeutete die Forderung nach Durchsetzung des Leistungsprinzips in der Gesellschaft und im Schulwesen die Öffnung von gesellschaftlichen Handlungsfeldern, die ihm bis dahin weitgehend verschlossen waren; die Möglichkeit, etwa Offizier oder Jurist oder Beamter im kommunalen oder staatlichen Dienst zu werden, sollte nicht mehr von der adligen Herkunft, der Gunst städtischer Patrizier oder der jeweiligen Landesherrschaft abhängen, sondern von erwiesener, überprüfbarer Leistung, als deren erste Stufe die Schulleistung, der erfolgreiche Abschluss einer Schulbildung galt" (Klafki 1975: 76).

Die Selektion für die Vergabe von gesellschaftlichen Positionen erfolgt heute dem Prinzip nach zwar nur noch aufgrund der nachgewiesenen schulischen Leistung bzw. nach bestimmten Bildungsabschlüssen, doch an dem Leistungsbegriff und an der Selektion wurde vor ca. 30 Jahren erstmalig heftige Kritik geübt. Statistisch wurde belegt, dass in der Bundesrepublik Deutschland, die sich als Leistungsgesellschaft und als Gesellschaft mit gleichen sozialen Chancen versteht, dieser Anspruch durch die Wirkung bestimmter sozialer Mechanismen auf dem Schulsektor nicht eingelöst wird. Die zuvor allgemein anerkannte Annahme, dass die Schule die „primäre, entscheidende und nahezu einzige soziale Dirigierungsstelle für Rang, Stellung und Lebenschancen des Einzelnen in unserer Gesellschaft sei" (Schelsky 1962 : 18) wurde revidiert und unsere Schule - so z.B. von Rolff (erstmalig 1967) - als „zentrale Stabilisierungsstelle für die Privilegien der Ober- und Mittelschicht, die die soziale Schichtung reproduziert und Herrschaftsverhältnisse konserviert" bezeichnet. Vor allem, ausgelöst durch die Studentenbewegung, wurde in den 1970er Jahren „die schichtenspezifische Sozialisationsthese" aufgestellt. Diese besagt: Durch die Differenzen in den Sozialisationspraktiken, in den Einstellungsmustern in Bezug auf die Bedeutsamkeit von Bildung, durch die Verschiedenheit der Sprachcodes und schließlich durch die unterschiedlichen finanziellen Ressourcen zwischen den Familien werden die Kinder je nach Schicht favorisiert oder „diskriminiert" im Hinblick auf die in der Schule geforderten Leistungen. Durch die Wirkung dieser Mechanismen ist der Grundsatz der Chancengleichheit nur formal erfüllt, de facto ist soziale Mobilität durch die Schule nur sehr bedingt garantiert. Dieser von der gegenwärtigen Schule nicht gewünschte, aber ihr tatsächlich zugewachsene Sachverhalt steht - wie bereits betont - im Widerspruch zu den Zielen einer „offenen" Gesellschaft, nämlich soziale Positionen nicht mehr nach Herkunft, sondern nach Leistung zu verteilen.

Der Zusammenhang zwischen schulischer Leistung und Herkunftsfamilie ist auch, wie viele zwischenzeitlich durchgeführte empirische Untersuchungen zeigen, heute gegeben, trotz der inzwischen erfolgten „Bildungsexpansion" und unterschiedlichster Bildungsreformen (vgl. Loeber/Scholz 2003). Becker und Lauterbach haben zudem in einer dezidierten Analyse den Zusammenhang von Armut und prekärer Einkommenslage sowie der Höhe des Schulabschlusses in West- und Ost-Deutschland nachgewiesen (Becker/Lauterbach 2002: 159ff.). International betrachtet, ist - wie die „PISA-Studie" gezeigt hat - sogar in Deutschland im Vergleich zu 32 anderen

Staaten ein besonders enger Zusammenhang zwischen Schulleistung und Herkunftsfamilie festzustellen (PISA-Konsortium 2001; Wiss. Beirat für Familienfragen 2002). Dieser Sachverhalt wird auf viele Faktoren zurückgeführt. Vor allem aber ist zu betonen, dass die deutsche Halbtagsschule und die in den letzten Jahren zu beobachtende Rückverlagerung von schulischen Funktionen in den Familienbereich, nämlich in Form von Hausaufgaben und „Nachhilfe" (vgl. hierzu auch Busch/Scholz 2002: 260), die Kinder in Deutschland besonders stark auf das Elternhaus verweist.

Da ferner in der Bundesrepublik der schulische Abschluss gleichzeitig über die zukünftige berufliche und gesellschaftliche Position mitbestimmt, hat also nach wie vor - trotz des Prinzips der gleichen Chancen und der Selektion nach Leistung - die Familie ihre soziale Platzierungsfunktion weitgehend erhalten.

Kann der Ehe ebenso eine soziale Platzierungsfunktion zugeschrieben werden?

In einer patriarchalischen Gesellschaftsordnung, die für unseren Kulturbereich über Jahrhunderte hinweg Gültigkeit besaß, bestimmte der Ehemann bzw. Vater sowie die väterliche Herkunftsfamilie die soziale Position der Ehefrau sowie der Kinder. Die Eheschließung hatte zunächst innerhalb des gleichen sozialen Standes zu erfolgen; nur gewisse Differenzen in der sozialen Lage zwischen den Verlobten innerhalb des gleichen Standes waren u.U. möglich. Insgesamt überwog die Homogamieregel und somit änderte sich die soziale Platzierung der Ehefrau bei Heirat kaum, die zuvor zur sozialen Position ihres Vaters zugehörig galt.

Auch im bürgerlichen Ehe- und Familienideal blieb das Prinzip erhalten, dass der Ehemann/Vater die soziale Position der Ehe und Familie bestimmte; der Ehefrau kam nur ein vom Ehemann abgeleiteter Status zu. Diese Regelung fand lange Zeit ihren symbolischen Ausdruck in der Nachnamensgebung der Frau und der (ehelichen) Kinder.

Mit steigendem Ausbildungsniveau der Frauen und ihrer beruflichen Selbstständigkeit lösten sich zunächst nur die ledigen erwerbsfähigen Frauen in der sozialen Positionszuordnung von ihrer Herkunftsfamilie. Ihnen wurde ein selbstständiger sozialer Status aufgrund ihrer eigenen Berufsposition zuerkannt. Wenn sie heirateten und aus dem Erwerbsbereich ausschieden, verloren sie diesen jedoch. In der - alten - Bundesrepublik galt dieser Grundsatz der Aufgabe des Berufs bei Heirat, zumindest nach der Geburt des ersten Kindes, für die Mehrzahl der Frauen bis in die 1970er Jahre hinein; heutzutage sind ca. 47% der Frauen mit Kindern unter 6 Jahren Vollzeithausfrauen. Ihnen wird damit weiterhin eine eigene soziale Position aberkannt, zumindest jedenfalls versicherungsrechtlich. So gilt bei Unfall als Bemessungsgrundlage die Berufsposition des Ehemannes. Über die in der Öffentlichkeit gültigen Zuschreibungsmuster liegen keine empirischen Daten vor. Zu vermuten ist, dass die Höhe der Berufsposition ein maßgeblicher Faktor im Positionszuschreibungsprozess spielen wird und bei niedrigerem Berufsstatus der Ehefrau als des Ehemannes sie ein von ihm abgeleitetes Sozialprestige erhält, evtl. sogar unabhängig davon, ob sie selbst erwerbstätig ist oder nicht. Der Ehemann, dessen Berufsposition geringer ist als die seiner Frau, wird jedoch wohl kaum durch sie in der gesellschaftlichen Prestigeskala aufsteigen; eher sind - in diesen selten gegebenen Fällen (vgl. Kap. 5) - gesellschaftliche Unsicherheiten in der Positionszuordnung, vor allem auch bezüglich der Familie, zu erwarten.

Für Frauen, weniger für Männer, sind also somit noch immer zwei Positionszuschreibungsprozesse in unserer Gesellschaft möglich, die evtl. im Vergleich zur Herkunftsfamilie gleichzeitig Aufstiegswege sein können: (1.) durch die eigene Höhe des Ausbildungsniveaus und durch die eigene Berufsposition und (2.) durch Heirat.

4.1.4 Die Freizeitfunktion

Die technischen Entwicklungen und die Veränderungen der Arbeitsbedingungen, insbesondere die Trennung des Erwerbs- und Familienbereiches sowie die allgemeine Anerkennung des bürgerlichen Familienideals haben der Ehe und der Familie eine neue gesellschaftliche Funktion zugewiesen. Diese erscheint uns heute so selbstverständlich, dass wir gar nicht annehmen, dass sie nicht immer zu den Aufgaben der Kernfamilie zählte, nämlich das gemeinsame Verbringen der Freizeit. Ehe hierauf eingegangen wird, sollen zunächst kurz die Probleme des Begriffs „Freizeit" herausgestellt und der historische Wandel des quantitativen Verhältnisses von Erwerbsarbeit und Freizeit-Zeit skizziert werden.

In der Wissenschaft wird Freizeit entweder als philosophisch-anthropologische oder als empirische Kategorie definiert:

1. Freizeit als philosophisch-anthropologische Kategorie.
Hier wird unter Freizeit die Zeit verstanden, in der eine Person einem Minimum an ökonomischem, sozialem oder normativem Zwang unterliegt und ihr ein Maximum an individueller Wahl-, Entscheidungs- und Handlungsfreiheit gewährt wird, in der der Mensch der Fremdbestimmtheit am Arbeitsplatz entgehen und „zu sich selbst finden" kann, die Zeitspanne also, in der die Aufhebung der Entfremdung und die Chance der Selbstverwirklichung ermöglicht werden könnte. Doch gleichzeitig besteht die Gefahr, während der freien Zeit einer erneuten Fremdbestimmung oder Entfremdung zu unterliegen. So argumentiert z.B. Habermas, dass die freie Zeit immer mehr unter den Zwang der Arbeit gerate, indem eine Fortführung des Rhythmus während des Arbeitsvollzugs und die Art des Arbeitsvollzugs immer stärker die Freizeit bestimme (Habermas 1967: 28ff.).

2. Freizeit als empirische Kategorie.

Arbeitszeit und Freizeit werden in der empirischen Sozialforschung häufig als polare Begriffe benutzt bzw. Freizeit als „Restgröße" betrachtet, als Residualkategorie (Gesamtzeit - Arbeitszeit = Freizeit). Aber was zählt zur „Arbeitszeit", wenn man von arbeitsrechtlichen Bestimmungen absieht und Freizeit als „Frei-Sein" von Arbeit bestimmt? Ist dann der Weg zur Arbeit der Arbeits- oder Freizeit zuzuordnen? Wohin gehören Essens- und Schlafenszeiten? Ist das Hausaufgaben-Nachsehen für die Mutter Arbeitszeit, für den Vater nicht? Handelt es sich um eine Freizeitbeschäftigung, wenn der Maler seine eigene Wohnung tapeziert? usw. usw. An diesen kurzen Beispielen wird bereits sichtbar, dass die Operationalisierung von Arbeitszeit und arbeitsfreier Zeit sich als viel schwieriger erweist, als die Dichotomisierung der Begriffe zunächst vermuten lässt. Aus diesem Grunde zählen in den einzelnen empirischen Untersuchungen unterschiedliche Aktivitäten zum Freizeitverhalten. Insgesamt unterscheidet man zumindest zwischen Arbeitszeit, der Schlafenszeit, der Zeit für die Vorbereitung am Morgen und für den Weg von und zur Arbeitszeit usw. und den Freizeit-Zeiten, die „verhaltensbeliebig" genutzt werden können.

Auch in der Bevölkerung werden unterschiedliche Aktivitäten mit dem Wort „Freizeit" belegt. Was der Einzelne als Freizeitbeschäftigung für sich angibt, ist abhängig von der Frage seiner Selbstdefinition. Im folgenden Beitrag wird Freizeit auf die „verhaltensbeliebig zu gestaltende Zeit" angewandt.

Der Umfang der Freizeit war in unserem Kulturbereich - wie auch in anderen - immer ungleich innerhalb der Bevölkerung verteilt. Ferner zeigen alle historischen Unterlagen, dass vom späten Mittelalter an in allen Schichten eine allmählich steigende Tendenz der Arbeitszeit abzulesen ist, die ihren Höhepunkt im 19. Jahrhundert erreichte, dann aber bis heute in allen Berufsgruppen stark abgefallen ist. Rückblickend über mehrere Jahrhunderte lässt sich also sagen, dass die Arbeitszeit zunahm, bevor sie abnahm. So war im Mittelalter trotz einer täglichen Arbeitszeit von ca. 11-12 Stunden oder zuweilen sogar von 14-16 Stunden für die Handwerker und städtischen Arbeiter bei einer rechnerischen Verteilung der Arbeitszeit auf das ganze Jahr eine 45-Stunden-Woche gegeben. Der hohe Anteil der Freizeit am gesamten jährlichen Zeithaushalt während des Mittelalters ergab sich einerseits durch die hohe Zahl kirchlicher Feiertage, andererseits durch die Jahreszeiten und das Wetter. Erst die technische Erfindung des künstlichen Lichts (zunächst der Gas- und Petroleum-, schließlich der Karbidbeleuchtung, dann der Glühbirne) brachte die Unabhängigkeit von den Lichtverhältnissen der Jahreszeiten und der Witterungsverhältnisse für die breite Bevölkerung, für die Kerzen „Kostbarkeiten" darstellten. Auch die Erfindung der Uhr war Vorbedingung dafür, Zeitblöcke von Arbeitszeiten und Freizeit-Zeiten zu schaffen.

L. Mumford: Technics and Civilization

„Die Uhr, nicht die Dampfmaschine, ist die zentrale Maschine des modernen industriellen Zeitalters. Sie ist das wesentliche Merkmal jeder Entwicklungsphase und das Symbol der Maschine an sich: Selbst heute ist keine andere Maschine so allgemein verbreitet wie die Uhr ... Ihre Herrschaft ist streng und durchdringend: sie regiert über den Tag von dem Moment, wo der Mensch aufsteht, bis er zu Bett geht. Wenn man sich den Tag als ein Abstrakt der Zeitspanne vorstellt, erkennt man, dass wir im Winter ‚mit den Hühnern zu Bett gehen‘; wir erfinden Dochte, Kamine, Lampen, Gaslaternen, Glühbirnen, um sämtliche Stunden des Tages ausnützen zu können. Wenn man die Zeit nicht mehr als eine Sequenz von Erlebnissen, sondern als eine Summe von Stunden, Minuten und Sekunden versteht, entwickelt sich die Gewohnheit, Zeit zu addieren und zu sparen. Die Zeit wurde gewissermaßen zu einem umgrenzten Raum: sie ließ sich aufteilen, ausfüllen, man konnte sie sogar Dank der Erfindung von arbeitssparenden Geräten erweitern ... Die abstrakte Zeit wurde zum neuen Medium der Existenz. Selbst die organischen Funktionen richteten sich danach; man aß, nicht weil man Hunger hatte, sondern wenn die Uhr es gebot; man schlief, nicht wenn man müde war, sondern wenn die Uhr es gestattete ... Die Dank der Koordination und genaueren Gliederung der täglichen Ereignisse gewonnene mechanische Leistungsfähigkeit lässt sich nicht überschätzen: obwohl dieser Gewinn sich nicht in Pferdekräften messen lässt, braucht man sich nur vorzustellen, wie ohne die Gegenwart der Uhr unsere Gesellschaft auseinander fallen und schließlich zusammenbrechen würde. Das moderne industrielle Regime könnte viel eher auf Kohle, Eisen und Dampf als auf die Uhr verzichten" (zitiert in Clawson, M. (1972): Das Zeitbudget moderner Gesellschaften. In: Soziologie der Freizeit, hrsg. v. E. K. Scheuch/R. Meyersohn. Köln, S. 146/147).

Die höchsten Arbeitszeiten vom 19. Jahrhundert an betrafen vor allem die Industriearbeiterschaft und die Dienstboten (bis zu 17, sogar 18 Stunden täglich), die Lehrlinge und die Personen im kaufmännischen Gewerbe (ca. 16-17 Stunden) und im Handwerk (bis zu 15-16 Stunden). Ihre arbeitsfreie Zeit reichte kaum zur physischen und psychischen Regeneration aus, und der Umfang von Freizeit als verhaltensbeliebiger Zeit war sehr gering.

Eine gesetzliche Regelung der Arbeitszeit wurde zunächst nur für Kinder festgesetzt (1839) und Ende des 19. Jahrhunderts für Frauen. Im Laufe des 20. Jahrhunderts reduzierte sich die Arbeitszeit auch für Männer immer mehr, unterschiedlich je nach Berufsgruppe (vgl. hierzu ausführlicher Prahl 2002: 99ff.).

Freizeit wurde bis zum Ende des Zweiten Weltkrieges überwiegend in alters-, geschlechts- und berufsspezifischen Gruppierungen (je nach Anlass) verbracht. Sie diente der Integration des Einzelnen in die ihn umgebenden Gruppen (Hausgemeinschaft, Nachbarschaft, Kirchengemeinde, Gleichaltrigengruppe usw.), nicht dem Rückzug in einen - wie immer gearteten - privaten bzw. familialen Bereich (vgl. ausführlicher Nave-Herz/Nauck 1978; Nauck 1989a: 325ff.).

Die Konzentration des Verbringens von Freizeit mit Mitgliedern der Kernfamilie setzte verstärkt erst Ende der 1950er und in den 1960er Jahren ein, nämlich als Reaktion auf die gesellschaftlichen Krisen- und Umbruchzeiten, die eine besondere Familienbezogenheit und -betonung ausgelöst hatten. Ferner verbreitete sich in jener Zeit innerhalb aller Bevölkerungsgruppen in Deutschland das bürgerliche Familienideal als reale Lebensform immer stärker.

Auch in der DDR wurde die Freizeit möglichst im Familienbereich und für die Familie genutzt, nur war diese begrenzt: Durch den Hort, die Erwerbsarbeitszeiten der Eltern, die Auslagerung von Mittagsmahlzeiten u.a.m. Das häusliche Zusammensein war auf sehr wenige Stunden reduziert (nach Hinschingh auf ca. 2 Stunden; 1991: 118). An den Wochenenden musste zwar auch Freizeit formellen (öffentlichen) Gruppen gewidmet werden, aber die Samstage und Sonntage blieben überwiegend „Familientage". Seit der „Wende" nimmt die Familie im täglichen Zeitbudget einen weit höheren Stellenwert ein.

Wie empirische Erhebungen zeigen, wird heute die Freizeit in den alten und in den neuen Bundesländern überwiegend im Familienbereich verbracht, wobei zu unterscheiden ist, ob gemeinsame Freizeitaktivitäten unternommen werden oder ob Freizeitaktivitäten nur im Beisein von Familienmitgliedern oder ob im Wohnbereich, aber im eigenen Raum stattfinden.

Interessant ist, dass beide Formen der Freizeitgestaltung (gemeinsame und individuelle) zugenommen haben, dass sie also in keinem Substitutionsverhältnis stehen, sondern insgesamt zu einer stärkeren familienkonzentrierten Freizeitverwendung geführt haben (vgl. auch Nauck 1989a). Inwieweit die starke familien- bzw. ehepaarbezogene Freizeit Konfliktpotenziale in sich birgt (z.B. im Urlaub), ist empirisch eine offene Frage.

Ferner ist ein geschlechtsspezifischer Unterschied in der Konzentration der Freizeit auf den Familienbereich (vgl. Holz 2000) und ein lebenszyklischer Verlauf im Umgang an Freizeit feststellbar (vgl. hierzu Prahl 2002: 250ff.). In Bezug auf die familiale Freizeitverwendung unter Berücksichtigung der Familienphase hat Nauck (1989a: 338) die diesbezüglichen Ergebnisse zusammengefasst: In der Phase der Primärsozialisation sind die Freizeitaktivitäten individualistisch oder ehepaarbezogen (Phase der Paarzentrierung und Gruppenbildung). In der nächsten Phase werden viele Freizeitaktivitäten überwiegend mit allen Familienangehörigen gemeinsam unternommen (Phase der Familienzentrierung). Am Ende der dritten Phase, wenn die gruppenbezogene Freizeit abnimmt, steigen die Freizeitbeschäftigungen

zwischen einem Elternteil und den heranwachsenden Kindern an und erreichen hier ihre Maximalwerte (Phase der beginnenden Gruppenauflösung).

Aus der familienzentrierten Freizeitgestaltung darf aber nicht auf eine Isolierung der Kernfamilie geschlossen werden. Schon aus der Freizeitaktivi-
tät, andere zu besuchen, was sehr häufig mit der Familie zusammen unternommen wird, ist zu entnehmen, dass sehr wohl die Familie als Ganzes o-
der die Ehepartner zusammen Außenkontakte pflegen.

Wie stark die Freizeitgestaltung als familiale Funktion seit der zweiten
Hälfte des 20. Jahrhunderts gilt, wird an Bezeichnungen wie „Freizeit-
Familie" oder „Familie als zentrale Freizeit-Instanz" deutlich (vgl. hierzu
Nauck 1989a: 325).

Abb. 14: Carl Spitzweg (1808-1885): Sonntagsspaziergang.

4.1.5 Die Spannungsausgleichsfunktion

Die Spannungsausgleichsfunktion könnte unter die soziale Reproduktionsfunktion subsumiert werden. Aber da sie insbesondere die wichtige
„Schnittstelle" von Erwerbsarbeits- und Familienbereich betont und in der
bisherigen Literatur (vgl. Neidhardt 1975) gesondert ausgewiesen wird, soll
sie zunächst getrennt behandelt werden (vgl. hierzu dann 4.1.6 in diesem
Band).

Mit der Trennung von Arbeitsstätte und Familienbereich war gleichzeitig -
wie in Kap. 3.2 dargelegt - die Trennung psychischer Ebenen verknüpft:
Die Arbeitswelt wurde immer zweckrationaler, der Ehe und Familie wuchs
das „Monopol auf emotionale Belange" (Luhmann 1982) zu. Damit war
ferner der Anspruch an den privaten Bereich verbunden, Spannungen und

Konflikte am Arbeitsplatz „aufzufangen", evtl. sogar zu kompensieren. Der Ehe- und Familienbereich wurde zu einem „Gegenpol" zu unserer hochspezialisierten, -organisierten und -bürokratisierten Gesellschaft „erklärt", die ständig eine Vielzahl von Zwängen auf den Einzelmenschen ausübe und in der er immer nur als „Rollenträger" fungiere. Der Ehe- und Familienbereich soll ihm das Gefühl geben, als „ganze Person", in seiner persönlichen Eigenart, von anderen angenommen zu sein.

Zweifellos wird dieser Anspruch heutzutage im Alltag an die Ehe und Familie nicht nur gestellt, sondern sie besitzen auch de facto die Spannungsausgleichsfunktion im Sinne des „Auffangens" von beruflichen Konflikten und psychischen Belastungen am Arbeitsplatz. Soziologisch muss jedoch auf vier Sachverhalte hingewiesen werden:

1. In jeder Interaktion wird nie eine „ganze" Person angesprochen; es gibt keine „Rollenlosigkeit", wie man aus der Spannungsausgleichsfunktion - wie oben dargestellt - entnehmen könnte. Auch im privaten Bereich werden je nach Familien-Rolle (Ehemann/Vater, Ehefrau/Mutter, Kind/Schwester/ Bruder/Enkel) ganz bestimmte Erwartungen an den Interaktionspartner gestellt und die Erfüllung von bestimmtem Rollenverhalten gefordert. Dazu zählt z.B., dass ein Mann in seiner Vater-Rolle nicht Verhaltensweisen gegenüber seiner Ehefrau und den Kindern praktizieren kann, die von ihm in seiner Berufsrolle jedoch gefordert werden (z.B. sachliche, emotionslose Interaktionsstile), ohne nicht das „Familienklima" auf Dauer zu gefährden. In der Vater-Rolle dagegen kann er z.B. „herumalbern", eher Aggressionen nachgeben usw. Damit können Spannungen, resultierend aus der beruflichen Arbeit, im Familienbereich sehr wohl „abgebaut" werden, jedoch im Rahmen der familialen Rollendefinitionen. Die Vorstellung von der „Ganzheit der Person" ist eine Sehnsuchtserwartung; sie bildet nicht die soziale Realität ab. Im Übrigen scheinen viele Bürger und Bürgerinnen diese Einsicht zu besitzen. Denn auf die Frage, was ihnen ihre Familie bedeutet, kreuzten die Antwort „Der Ort, wo ich sein kann, wie ich bin" nur 68% der Frauen und 64% der Männer in einer repräsentativen demoskopischen Umfrage an (Noelle-Neumann/Köcher 2002: 111).

2. In den 1970er Jahren wurde in der Soziologie die Spannungsausgleichsfunktion als Variante der Frustrations-Aggressions-Hypothese definiert, d.h., man unterstellte eine automatische Weitergabe der erlittenen Frustrationen am Arbeitsplatz in Form von Aggressionen im Familienbereich.

Mit diesem einfachen Ablaufschema missversteht man jedoch die familiale Spannungsausgleichsfunktion, weil Ehe und Familie „relative closed systems" (Reuben Hill) sind und somit die jeweilige konkrete Ehe und Familie externe Einflüsse unterschiedlich, je nach ihrer Organisationsstruktur, ihren eigenen Zielvorstellungen, Erwartungen, Erfahrungen usw., verarbeitet.

3. Mit der „familialen Spannungsausgleichsfunktion" darf nicht die Vorstellung von Familie als einer Art „Sozialidylle" verbunden werden; und zwar nicht nur deshalb, weil nicht alle und jede Spannung durch die Ehe- und Familiensolidarität aufgefangen wird und aufgefangen werden kann, sondern weil Ehe und Familie auch selbstproduzierende Konfliktpotenziale besitzen (z.B. in Form von Geschlechter- und Generationen- sowie Rollen- und Autoritätskonflikten). Erwähnt sei in diesem Zusammenhang, dass - rein kriminalstatistisch gesehen - die Familie als der gefährlichste Ort in unserer Gesellschaft angesehen werden müsste: Überwiegend wird Mord, Totschlag, sexueller Missbrauch von Familienangehörigen gegenüber anderen Familienangehörigen begangen (!) (Polizeiliche Kriminalstatistik 2002: Tab. 92)

4. Die familiale Spannungsausgleichsfunktion hat eine gesellschaftsstabilisierende Wirkung. Von manchen Gegnern bzw. Gegnerinnen politischer Systeme wird sie deshalb als dysfunktional für gesellschaftlichen oder politischen Wandel bewertet, so z.B. von der 1968er Studentenbewegung oder den Regimegegnern in der DDR. Umgekehrt wird in totalitären Systemen der Ehe und Familie immer eine besondere Wertschätzung und politische Unterstützung zuteil (z.B. im Dritten Reich, in der UdSSR unter Stalin, in Kuba), auch wenn ihre Diktatoren selbst kein vorbildliches Ehe- und Familienleben führten bzw. führen.

Im Folgenden soll nunmehr explizit unter diesem makrosoziologischen Aspekt eine zusammenfassende Betrachtung der zuvor getrennt behandelten Funktionen von Ehe und Familie zu geben versucht werden.

4.1.6 Zusammenfassung

Wie im vorhergehenden Kapitel betont wurde, setzte sich in der zweiten Hälfte des 18. Jahrhunderts die funktionale Differenzierung von Ehe und Familie langsam durch, zunächst im wohlhabenden Bürgertum und mit zunehmender Industrialisierung auch in anderen sozialen Schichten. Die verursachenden Bedingungen dieses Wandels sind in der Literatur vielfach benannt worden. Erst in Folge ökonomischer und technischer Veränderungen, des Wandels der Produktionsverhältnisse sowie gesamtgesellschaftlicher Leitideen wurde die Familie zu einem System mit funktionaler Spezialisierung.

Wenn in vielen familiensoziologischen Veröffentlichungen die Frage nach dem Funktionsverlust oder dem Funktionswandel der Familie gestellt wird, so muss betont werden, dass die Art der Frageformulierung irreführend ist. Einerseits war die Familie nie für einige der Funktionen, die in diesem Zusammenhang genannt werden, verantwortlich, sondern die Verwandtschaft (z.B. für die Rechts-, Schutz- oder Kultfunktion). Das gilt auch heute noch in einigen Kulturen, z.B. in Bezug auf die Ahnenverehrung. Zum anderen wurden zwar Aufgaben, die zu bestimmten familialen Funktionen zählten, von anderen gesellschaftlichen Teilbereichen übernommen (dem Bildungssystem, dem Gesundheitssystem usw.), aber die Familie „verlor" deshalb diese Funktion nicht, sondern spezialisierte sich gleichzeitig auf bestimmte Dimensionen dieser Funktionen. Was die Sozialisationsfunktion anbetrifft, so wurde gezeigt, sind die Anforderungen an diese funktional spezialisierte Leistung während der letzten 30 Jahre durch die Leistungssteigerung anderer gesellschaftlicher Systeme sogar besonders stark angestiegen. Man kann deshalb höchstens von einem Wandel *innerhalb* der familialen Funktionen sprechen. Häufig wird ferner in diesem Zusammenhang insbesondere auf den „Verlust" der Produktionsfunktion hingewiesen. Deshalb sei nochmals betont, dass die Koppelung von Familie und Produktion nur für sehr wenige Familien galt. Für alle vorindustriellen Familien traf aber zu, dass sie Sorge für die physische Reproduktion ihrer Mitglieder zu tragen hatten; und diese Reproduktionsfunktion oblag allen Familien. Das gilt auch für die Gegenwart.

So wurde in diesem Kapitel gezeigt, dass von der heutigen Ehe und Familie weiterhin die Übernahme der biologischen und sozialen Reproduktionsfunktion erwartet wird. Mit dieser ist eng verbunden die Sozialisationsfunktion, die wiederum - wie gezeigt - die Platzierungsfunktion bewirkt, zumindest unterstützt. Die familiale Spannungsausgleichsfunktion betont schließlich einen besonderen Aspekt der sozialen Reproduktionsfunktion. Ob die einzelne Familie diese Funktionen tatsächlich erfüllt, das ist in diesem Zusammenhang nicht die Frage, weil es hier und im Folgenden nur um den Makroaspekt geht.

Diese in der Literatur getrennt genannten und in diesem Einführungsbuch ebenso einzeln dargestellten und zunächst sehr heterogen anmutenden Funktionen von Ehe und Familie lassen sich unter makro- bzw. systemtheoretischer Perspektive und damit unter dem Leistungsaspekt für andere gesellschaftliche Systeme zusammenfassen: dem System „Ehe" und „Familie" wurde die funktionale Spezialisierung, auf die alle übrigen gesellschaftlichen Teilsysteme angewiesen sind, zugeschrieben, nämlich:

– die Nachwuchssicherung (Geburt, Pflege und Erziehung von Kindern) und
– die psychische und physische Regeneration und Stabilisierung ihrer Mitglieder.

Systemtheoretisch formuliert: Als spezialisierte Leistung werden vom Ehe- und vom Familiensystem die Produktion und Stabilisierung der personellen Umwelten für alle übrigen Sozialsysteme erwartet, und diese Leistungen wurden ihnen mehr oder weniger exklusiv zugesprochen.

Diese familiale Leistung kann auch (vgl. Krüsselberg, Kap. 4.1.2 in diesem Band) mit „Bildung und Erhaltung von Humanvermögen" benannt werden,

102

eine Bezeichnung, die zunächst befremdlich erscheinen mag, weil heutzutage im Alltag Ehe und Familie durch das romantische Liebesideal und die emotionale Eltern-Kind-Beziehung gerade als zweckfrei definiert werden und - mit Habermas formuliert - den „Schein intensivierter Privatheit" erwecken.

Dennoch: Unter funktional-differenzierungstheoretischem Aspekt hat sich das System Familie im Laufe der Jahrhunderte auf diese Funktion (Bildung und Erhaltung von Humanvermögen) spezialisiert, auf die - um es noch einmal zu betonen - die anderen gesellschaftlichen Teilbereiche angewiesen sind.

Der aus der Ökonomie stammende Begriff „Humanvermögen" wurde zunächst in den 1970er Jahren von Bildungssoziologen in Bezug auf die Schulbildung übernommen und hier im „Humankapital-Konzept" im Hinblick auf die Rendite von Bildungsinvestition diskutiert (zur Unterscheidung der Begriffe „Humankapital" und „Humanvermögen" vgl. Krüsselberg 1997: 206ff.). Erst neuerdings wurde der Begriff des Humanvermögens von der Sachverständigenkommission des Fünften Familienberichtes auf die Leistungen des familialen Systems übertragen, um das Angewiesensein anderer gesellschaftlicher Teilbereiche auf das Familiensystem und vice versa zu betonen.

4.2 Die Nichteheliche Lebensgemeinschaft: ein funktionales Äquivalent der Ehe?

Aufgrund gesamtgesellschaftlicher Veränderungsprozesse gibt es seit Mitte der 1970er Jahre zwei - öffentlich anerkannte - Partnersysteme: die Ehe und die Nichteheliche Lebensgemeinschaft. Beiden wird die gleiche spezialisierte Leistung zugeschrieben: die Spezialisierung auf emotionale Bedürfnislagen. Unter einer „Nichtehelichen Lebensgemeinschaft" wird im Folgenden eine heterosexuelle Partnerschaft mit gemeinsamem Haushalt, aber ohne formale Eheschließung verstanden. Sie hat seit Anfang 1970 in vielen europäischen Staaten stetig zugenommen. In den letzten zehn Jahren hat sich ihre Zahl z.B. in Deutschland mehr als verdoppelt (vgl. Abb. 6). Dagegen ist diese Lebensform z.B. in Spanien noch unbekannt. Hier verbleiben die Jugendlichen bis zur Heirat im Elternhaus, um durch Sparen bei Eheschließung über eine eingerichtete Wohnung zu verfügen. Durch die starke Familienorientierung stellt ferner in diesem Land das Allein-Leben für junge Menschen keine attraktive Perspektive dar (Meil Landwerlin 2002: 119ff.).

Die Verbreitung von Nichtehelichen Lebensgemeinschaften in Deutschland und in anderen europäischen Staaten ist zurückzuführen auf gesamtgesellschaftliche materielle und normative Veränderungen sowie auf die Verlängerung der Ausbildungszeiten für immer mehr Jugendliche und auf ein Individualisierungsstreben im Jugendalter.

Vor allem aber nahmen die normativen Zwänge zur Eheschließung ab. So bedürfen die emotionellen sexuellen Beziehungen heute keiner öffentlich bekundeten Legitimation mehr durch die Eheschließung, und die materiellen und wohnungsmäßigen Bedingungen ermöglichen ein Zusammenleben, ohne verheiratet zu sein. Zudem hat die Ehe ihre zwingende Funktion als Versorgungsinstitution immer mehr eingebüßt. Damit hat sie ihren Monopolanspruch, nämlich das einzige soziale System mit Spezialisierung auf „emotionale Bedürfnislagen" (Luhmann 1982) zu sein, seit ca. 30 Jahren verloren. Nunmehr erfüllt auch die Nichteheliche Lebensgemeinschaft diese Funktion. Deshalb ist zu fragen, ob Ehe und Nichteheliche Lebensgemeinschaften heutzutage identische Systeme sind.

Die Vertreter des bedürfnistheoretischen Ansatzes postulierten als Erstes eine „Konkurrenzthese" zwischen Ehe und Nichtehelicher Lebensgemeinschaft. Sie gingen in Anlehnung an Maslow davon aus, dass es eine Bedürfnishierarchie gäbe und dass die zunehmende Differenzierung der Gesellschaft für die verschiedenen zu befriedigenden Bedürfnisse jeweils spezialisierte Subsysteme ausgebildet hätte. Durch einen Prozess des Wertewandels, der gekennzeichnet sei durch stärkere demokratische, emanzipatorische und individualistische Orientierungen, wäre zwar in der Präferenzordnung von Lebensbereichen die Familie gegenüber dem Beruf „aufgestiegen", aber gleichzeitig hätte sich auch die Attraktivität von neuen Lebensformen, vor allem in Nichtehelichen Lebensgemeinschaften mit ihrem geringeren gegenseitigen Verpflichtungscharakter, erhöht. Es wird konstatiert, dass sich die Wohlstandsgesellschaft der Gegenwart zu einer egozentrierten Gesellschaft entwickelt hätte, in der die Individuen zugunsten von Freiheit und Selbstverwirklichung Aversionen gegen langfristige „Commitments" hätten (Rossi 1987) und so die Nichteheliche Lebensgemeinschaft der Ehe vorgezogen würde. Empirische Untersuchungen zeigen de facto, dass diese Lebensform überwiegend gewählt wird, solange noch keine dauerhafte Partnerbeziehung angestrebt und ferner Kinder noch nicht gewünscht werden bzw. geplant sind oder man sich noch nicht in der Lage sieht, die Verantwortung für Kinder, z.B. auch aus ökonomischen Gründen, zu übernehmen (vgl. ausführlicher Nave-Herz 1997b; Matthias-Bleck 1997; hierauf wird später noch einmal zurückzukommen sein).

Andere Autoren erklären die heutige Pluralität von Lebensformen, und so auch die Zunahme von Nichtehelichen Paargemeinschaften, aus dem gestiegenen Traditionsverlust, aus der ökonomischen Wohlstandssteigerung, aus dem sozialstaatlichen Absicherungssystem, dem Wandel des Erwerbssystems sowie vor allem auch aus der höheren Bildungsbeteiligung von Frauen. Diese Autoren sprechen deshalb von einer verringerten Attraktivität von Ehe und Familie, weil für das moderne Wirtschaftssystem und Arbeitsleben mit seiner hohen Anforderung an Mobilität, Flexibilität, psychische und physische Arbeitskraft-Intensität u.a.m. die Lebensform der Nichtehelichen Lebensgemeinschaft adäquater wäre (Meyer 1992; Huinink 1995; Vaskovics/Rupp 1995). Auch Beck (1986: 191) hat als einer der Ersten betont: „Der Arbeitsmarkt bedingt Mobilität unter Absehung von den persönlichen Umständen, Ehe und Familie erfordern das Gegenteil. In dem zu Ende gedachten Marktmodell der Moderne wird die familien- und ehelose Gesellschaft unterstellt. Jeder muss selbständig, frei für die Erfordernisse des Marktes sein, um seine ökonomische Existenz zu sichern. Das Marktsubjekt ist in letzter Konsequenz das alleinlebende, nichtpartnerschafts-, ehe- oder familien-‚behinderte' Individuum. Entsprechend ist die durchgesetzte Marktgesellschaft auch eine kinderlose ‚und ehelose' Gesellschaft".

Andere Autoren heben hervor, dass die Familie durch die stattgefundene Teil-Kollektivierung ihrer Leistungen, nämlich durch das korporative Versicherungssystem, bei gleichzeitig beibehaltener Privatisierung der „gesellschaftlichen Reproduktionskosten" durch die Eltern immer mehr an „Attraktivität" (im Sinne rationaler Kosten/Nutzen-Erwägungen) gegenüber der Nichtehelichen Lebensgemeinschaft verloren hätte.

Die quantitative Zunahme der Nichtehelichen Lebensgemeinschaft wird häufig auch durch die gewachsene Wahlmöglichkeit zwischen verschiedenen privaten Lebensformen erklärt. Diese Entwicklung stände damit in der Tradition des Modernisierungsprozesses mit seinen Optionssteigerungen und der damit verbundenen Zunahme von rationalen Entscheidungen.

In der Literatur wird also die Zunahme der Nichtehelichen Lebensgemeinschaften vor allem als Folge eines Wertewandels, durch die Ausprägung bestimmter Bedürfnisdispositionen und der ökonomischen Wohlstandssteigerung sowie als Auswirkung des veränderten Bildungssystems (vor allem für Frauen) und als Anpassung an das Erwerbssystem (vgl. hierzu vor allem Meyer 1992a, 1993b) beschrieben.

Ohne diese Analyseergebnisse in Frage stellen zu wollen, wäre aber darüber hinaus zu prüfen, ob diese Argumentation den zu beobachtenden Wandel ausreichend erklärt. Denn das quantitative Anwachsen von Nichtehelichen Lebensgemeinschaften könnte auch gerade auf einer fehlenden Wahlmöglichkeit und damit auf einem „unfreiwilligen Verbleiben" in dieser Lebensform beruhen, und zwar deshalb, weil sich die subjektive Entscheidung zur Familiengründung erschwert hat.

Die heutige vermeintlich freie Gestaltungsmöglichkeit im Hinblick auf die Wahl von Lebensformen und Lebensweisen erweist sich nämlich in der sozialen Realität für viele Frauen im Hinblick auf die Mutterrolle wegen struktureller Zwänge als Fiktion. Mütter können im Hinblick auf die Entscheidung für die Familienphase nur zwischen Skylla und Charybdis wählen. Huinink (1990) hat gezeigt, dass die Familiengründung für viele Frauen

- wie er es bezeichnete - zu einem „riskanten Unternehmen" wurde; denn einerseits bringt die Aufgabe und Reduzierung der Erwerbstätigkeit Nachteile in der Erwerbsbiografie mit sich (z.B. im Hinblick auf die Rentenbiografie, Karriereverlauf usw.), und gleichzeitig verweisen die steigenden Ehescheidungszahlen auf eine unsichere Zukunft; andererseits bedeutet die Aufrechterhaltung der Erwerbstätigkeit die bekannte Doppelbelastung, die noch nicht durch neue Formen der innerfamilialen Arbeitsteilung oder durch ein hinreichendes und für die Betroffenen adäquates Kinderbetreuungssystem - jedenfalls in Deutschland - relativiert wurde (vgl. hierzu auch Huinink 2002: 71).

So können Frauen im Hinblick auf die Familiengründung gegenwärtig in ein Entscheidungsdilemma geraten, weil sich die Abwägung von Kosten und Nutzen im Hinblick auf die Mutter- und die Berufs-Rolle für viele erschwert hat; vor allem können - entscheidungstheoretisch formuliert - Konflikte entstehen durch fehlende subjektive Nutzeneindeutigkeit: Entweder, weil erstens manche Frauen sich über den langfristig zu erwartenden Nutzen beider Alternativen (Beruf/Familie) nicht sicher sind, oder zweitens Kosten und Nutzen sich bei beiden Alternativen die Waage halten oder drittens im Hinblick auf die Berufsrolle die Nutzenerwartung eindeutig, aber der zu erwartende Nutzen von Kindern nicht abschätzbar ist. Auch bei Männern scheint die fehlende subjektive Nutzen- und Kosteneindeutigkeit im Hinblick auf Kinder insbesondere durch den Normenkomplex der „verantworteten Elternschaft" zugenommen zu haben (Nave-Herz/Matthias-Bleck/Sander 1996).

Solche Entscheidungskonflikte können zur Folge haben, dass die Realisierung des Kinderwunsches hinausgeschoben wird und als Lebensform zunächst - oder weiterhin - die Nichteheliche Lebensgemeinschaft gewählt wird, vielfach in der Hoffnung, zu einem späteren Zeitpunkt den Konflikt lösen zu können.

Insofern korrespondieren auch bestimmte Lebensformen überwiegend mit bestimmten Lebensphasen. Schon die Unterschiede im Hinblick auf die statistischen Variablen „Alter" und „mit Kindern zusammenlebend" zwischen den Nichtehelichen Partnergemeinschaften und den Ehepaaren, deuten nicht nur auf ihre unterschiedlichen Lebenslagen hin, sondern zeigen, dass die Nichteheliche Lebensgemeinschaft - im Vergleich zur Ehe - als eine neue Form der Gestaltung des privaten Lebens während der Postadoleszenz zu bewerten und damit nicht mit der Ehe vergleichbar ist.

Für die weit überwiegende Mehrheit der Nichtehelichen Lebensgemeinschaften (aber nicht im gleichen Maße für die Verheirateten) gilt, dass beide Partner sich in einer Ausbildung befinden oder einer Vollzeiterwerbstätigkeit nachgehen, dass sie ledig und kinderlos sind. Das Verhältnis zwischen Nichtverheirateten mit Kindern und Verheirateten mit Kindern beträgt 5%

zu 95% (Schneider et al. 2000: 76; vgl. hierzu auch die Daten bei Lauterbach 1999b: 298).

Ehe und Nichteheliche Lebensgemeinschaften unterscheiden sich nämlich ferner zumeist im Gründungsanlass: eine emotionale Beziehung führt in der Regel zur Gründung einer Nichtehelichen Partnerschaft, dagegen die emotionale kindorientierte Beziehung zur Eheschließung.

Denn viele empirische Erhebungen zeigen (vgl. zusammenfassend Nave-Herz 2002 und Kap. 4.1.1 in diesem Band), dass heute in Deutschland eine Nichteheliche Lebensgemeinschaft in eine Ehe „überführt" wird, sobald ein Kind geplant wird oder eine Schwangerschaft gegeben ist, also überwiegend im Hinblick auf Kinder.

Doch dieses Ergebnis „der kindorientierten Eheschließung heute" - so nannten wir es bereits in unserer ersten Untersuchung (1984: 60) - bleibt seinerseits erklärungsbedürftig. In einer späteren Erhebung (vgl. ausführlicher Nave-Herz 1997b; Matthias-Bleck 1997) zeigten unsere Daten, dass sich Männer und Frauen im Zuge der neuen sicheren Planbarkeit von Kindern nur dann für Familie und damit für Kinder entscheiden, wenn sie dieser neuen Verantwortung auch tatsächlich meinen gerecht werden zu können. Unter „Verantwortung" wird hierbei sowohl die Übernahme und Sicherstellung der ökonomischen Kosten durch Kinder und die rechtliche Sicherheit als auch die psychische Zuwendung zum Kind einschließlich der zu erwartenden nötigen Zeitressourcen verstanden.

Die „kindorientierte Ehegründung" heute ist also zumeist gekoppelt mit dem Prinzip der „verantworteten Elternschaft" (Kaufmann 1995), weswegen ein Teil der jungen Ehepaare zumindest für die Kleinstkindphase das bürgerliche Ehekonzept wählt.

Diese Situation sah in der DDR etwas anders aus. Hier galt bis 1986 umgekehrt, dass man die Eheschließung bei der Geburt des Kindes zunächst vermied und die Nichteheliche Lebensgemeinschaft wählte, vielfach um die Vergünstigungen, die die sozialpolitischen Maßnahmen in der DDR allein stehenden Müttern boten, in Anspruch nehmen zu können (Gysi 1989: 267; Höhn et al. 1990: 151); Strohmeier spricht von einem unintendierten Effekt (2003: 113). Die sehr viel höheren Nichtehelichen-Quoten seit Mitte der 1970er Jahre in der DDR im Vergleich zur (alten) Bundesrepublik sind vor allem auf diesen Sachverhalt zurückzuführen. Doch nach 1986 fielen diese „Anreize" fort, aber die Quote der Nichtehelichen Lebensgemeinschaften nahm nicht ab. Dennoch waren, wie die Erhebung von Gysi zeigt, hier ebenso die Nichtehelichen Lebensgemeinschaften als „Durchgangsphase" zu charakterisieren: sie wurden entweder später aufgelöst oder es wurde die Ehe geschlossen (Gysi 1989: 267).

Die veränderte Rechts- und Wirtschaftssituation in Ostdeutschland hat zunächst zu Angleichungstendenzen auch im Hinblick auf die Nichtehelichen

Lebensgemeinschaften geführt, indem auch hier in stärkerem Maße die Geburt von Kindern zur Eheschließung führte. Dennoch ist der heutige Anteil, erfasst durch den DJI-Survey (Alt 2003), immer noch sehr viel höher als in der (alten) Bundesrepublik. Huinink/Konietzka vermuten als verursachende Bedingungen traditionelle Orientierungen, da es in der DDR eine starke Veralltäglichung nichtehelicher Elternschaft gab (2003: 91). Marbach verweist darüber hinaus auf die Möglichkeit der Antizipation späterer Ehescheidungskosten (2003: 185). Eventuell ist in den neuen Bundesländer stärker das „Schwedische Modell" (eine Eheschließung wird letztlich dennoch zwischen den leiblichen Eltern bis hin zum 7. Lebensjahr des Kindes gewählt) verbreitet, was empirisch durch Paneldaten überprüft werden müsste.[16]

Was sich ferner durch die Herausbildung der neuen Lebensform „Nichteheliche Lebensgemeinschaft" verändert hat, ist vor allem der Ablaufprozess bis zur Ehe- bzw. Familiengründung. Der früher gegebene Sinn- und Verweisungszusammenhang zwischen den einzelnen Entscheidungsakten bis zur Hochzeit ist kaum noch gegeben. Der Verweisungszusammenhang zeigte sich noch vor ca. 30 Jahren in einem rituellen Ablaufprozess: dass man nicht plausibel lieben und zugleich die Heiratsabsicht offen lassen konnte; die Liebeserklärung schloss den Heiratsantrag mehr oder weniger mit ein und die Verlobung folgte, die auf Heirat verwies und jene dann auf Kinder, also auf Familiengründung. Damals forderte das Eine das Andere und wenn einer, nachdem er ernsthaft A gesagt hatte, nicht auch B sagte, so entwertete er zwangsläufig A rückwirkend (Tyrell 1988: 154). Diese zwingenden Verknüpfungen gelten heute nicht mehr.

Aus diesen Gründen ist es auch falsch, wie häufig behauptet wird, dass Nichteheliche Lebensgemeinschaften eine neue Form der Verlobung seien, die noch bis Anfang der 1970er Jahre allgemein üblich war. Diese Deutung ist insofern unzutreffend, weil - wie betont - für die Verlobung der Verweisungszusammenhang gilt: Wenn Verlobung, dann Ehe. Die Auflösung des Eheversprechens ist zwar möglich, kann aber negative soziale und rechtliche Sanktionen nach sich ziehen. Dagegen weist die Nichteheliche Lebensgemeinschaft nicht über sich selbst hinaus und wird zumeist auch nicht mit der Absicht eingegangen, eine Dauerbeziehung zu begründen, wenn diese auch hieraus entstehen kann. Sie ist aber nicht unbedingt von Anfang an beabsichtigt. Bereits in der ersten für die Bundesrepublik Deutschland repräsentativen Befragung im Auftrag des BMJFG betonten 33% der interviewten Personen, dass sie ihren Partner, mit dem sie unverheiratet zusammenwohnten, heiraten wollten, 38% waren sich noch im Unklaren; 28% wollten zwar auch heiraten, aber nicht den Partner, mit dem sie zusammenlebten. Nur 2% waren echte Ehegegner, hier handelte es sich aber überwie-

---

16 Der DJI-Survey für Ost-Deutschland basiert in der 2. Welle auf einer Replikationsbefragung und hat insgesamt sehr gemischte Erhebungsverfahren gewählt.

gend um Ältere und Geschiedene (BMJFG 1985). Neue Untersuchungen zeigen ähnliche Tendenzen (vgl. Vaskovics/Rupp 1995; Matthias-Bleck 1997; Schneider et al. 1998: 84).

Der Unterschied zwischen Ehe und Nichtehelicher Lebensgemeinschaft besteht vor allem auch darin, dass die Letztere die emotionale Beziehung nicht der eigenen Einschätzung der Dauerhaftigkeit unterwirft und eine solche Absicht deshalb auch nicht öffentlich bekundet. Eine Zeremonie, wie sie mit der Eheschließung verbunden ist, fehlt. Aber Rituale dürfen für die Verfestigung von Beziehungen insofern nicht unterschätzt werden, da ihr Sinn gerade auch darin liegt, dem neuen System innerhalb des gesamten Sozialsystems seine Position zuzuweisen und damit Grenzen symbolisch neu gezogen werden. So werden - wie in Kap. 2.1 bereits betont - z.B. durch Eheschließung soziale Rollen neu definiert (aus der Mutter wird nunmehr auch die Schwiegermutter usw.).

Überhaupt gibt es zumeist keinen genauen Zeitpunkt, von dem man aus bestimmen könnte, ob nunmehr eine Nichteheliche Partnergemeinschaft gegeben ist oder nicht, weil der Systembildungsprozess überwiegend sukzessiv erfolgt (vgl. BMJFG 1985: 89; Vaskovics/Rupp 1995). So werden häufig z.B. zunächst nur ein paar persönliche Gegenstände in der Wohnung des Partners deponiert, dann hält man sich vornehmlich nur noch in einer Wohnung auf, bis man sich schließlich fragt, warum man zweimal Miete zahlt. Schließlich gibt man eine Wohnung auf; und damit ist letztlich dann äußerlich und öffentlich sichtbar eine Nichteheliche Lebensgemeinschaft gegeben. Doch dieser Zeitpunkt wird nicht öffentlich-rituell als Beginn eines gemeinsamen Lebens gefeiert, höchstens die Einweihung der neuen Wohnung. Das Zusammenziehen ist lediglich eine Konsequenz der bisherigen Beziehung; Absprachen über die zukünftige Gestaltung der Partnerschaft werden nur vage und selten getroffen (vgl. Vaskovics/Rupp 1995: 45; Burkart et al. 1989: 93ff.; Nave-Herz 1997b: 36ff.). Die Gründung einer Nichtehelichen Lebensgemeinschaft ist also die schlichte Konsequenz einer emotionalen sexuellen Beziehung und bedarf keiner rationalen Erwägung. Auch fehlt der Austausch von Geschenken, der als symbolischer Akt den Beginn einer Nichtehelichen Lebensgemeinschaft markieren würde, was für die Hochzeit weiterhin gilt. Hierdurch wird nochmals der informelle und prozessuale Charakter dieses neuen Systems besonders deutlich.

Die Gründung einer Nichtehelichen Lebensgemeinschaft ist also an der Gegenwart orientiert, die Eheschließung dagegen auf die Zukunft; analog der Differenz der beiden vorgelagerten rituellen Handlungen, der Liebeserklärung, die auf das „Hier und Jetzt" verweist, und dem Heiratsantrag, der das „Morgen" thematisiert.

Durch die Entkopplung der Liebeserklärung vom Heiratsantrag - entgegen dem bürgerlichen Ehemodell - bleibt also die Entscheidung, ob eine spätere Eheschließung erfolgen wird oder nicht, offen. Die empirischen Untersuchungsergebnisse zeigen, dass diesbezügliche Gespräche über eine mögliche Heirat aber weder bei Beginn der Nichtehelichen Partnerschaft, noch lange Zeit danach geführt, zuweilen sogar völlig vermieden werden (vgl. ausführlicher Nave-Herz 1997b: 37). Es scheint heutzutage schwer zu sein, eine Statusveränderung in intimen Beziehungen zu diskutieren sowie zu erreichen. Zumeist muss es Anlässe geben, am häufigsten der Wunsch nach einem Kind oder eine Schwangerschaft, die ein ernsthaftes Gespräch über eine mögliche Eheschließung auslösen und die Entscheidung zum Wandel einer Nichtehelichen Lebensgemeinschaft in eine Ehe mit ihrem gegenseitigen Verpflichtungscharakter bedingen. Die Eheschließung ist damit nicht nur zu einem „rîte de passage", sondern zu einem „rîte de confirmation", zu einer Bestätigung der Partnerbeziehung, geworden; und überwiegend wird der gegenseitige Verpflichtungscharakter, die Solidarität dem Anspruch nach auf Dauer eine Partnerschaft zu gründen - wie bereits betont - , um der Kinder willen öffentlich bekundet.

Es sei nochmals betont, dass die Nichteheliche Lebensgemeinschaft eine Veränderung zur Ehe erfahren kann, aber nicht muss; insofern können manche Nichtehelichen Lebensgemeinschaften nur im Nachhinein, also aus der Retrospektive, als Probeehe interpretiert werden. Rein statistisch könnte sie auch die erste Phase nach Eheschließung, als die Ehezeit ohne Kinder, gekennzeichnet werden; doch sie unterscheidet sich von dieser - wie gezeigt wurde - qualitativ.

Nach Lauterbach löst die Hälfte der Zusammenlebenden ihre Nichteheliche Lebensgemeinschaft wieder auf. Sie gehen in der Folge u.U. eine zweite, evtl. auch ein dritte ein, die dann zur Ehe führen kann; oder es wird anschließend als Lebensform das Alleinleben, eine Wohngemeinschaft u.a.m. gewählt. Eine über zehn Jahre bestehende Nichteheliche Lebensgemeinschaft ist sehr selten anzutreffen (Lauterbach 1999a: 294, 302; vgl. auch Trost 1989: 363ff.).

Von den relativ wenigen älteren über 45 Jahre alten Personen, die in einer Nichtehelichen Lebensgemeinschaft leben (noch nicht einmal 2%), wissen wir bisher weder den Grund für die Wahl dieser Lebensform, noch wie viele diese evtl. später in eine Ehe überführen und warum. Empirische Untersuchungen fehlen. Allein in einer qualitativen Studie über Eheschließung in höherem Alter (also nicht über Nichteheliche Lebensgemeinschaften) wird mit dem Rational Choice-Ansatz unter Berücksichtigung der Kategorien „cash" und „care" die Eheentscheidung begründet (Ostner/Kupka/Raabe 1995). Doch ist ihre Anzahl bisher, das sei nochmals betont, sehr gering, wenn sie auch in den letzten Jahren etwas angestiegen ist (Schneider et al. 2000: 76).

Wenn im vorigen Kapitel makroperspektivisch dargestellt wurde, dass im Zuge der funktionalen Spezialisierung unserer Gesellschaft dem System „Ehe" und „Familie" die „Bildung und Erhaltung von Humanvermögen" zugeschrieben wird, so kann im Hinblick auf die Nichteheliche Lebensgemeinschaft betont werden, dass von ihr nicht die Nachwuchssicherung, aber ebenso „die psychische und physische Regeneration und Stabilisierung ihrer Mitglieder" erwartet wird. Denn durch die Emotionalisierung und Intimisierung ihrer Binnenstruktur verspricht auch sie eine Kompensation zu den Anforderungen unserer hochdifferenzierten und komplexen Gesellschaftsstruktur. Hieraus wird ebenso erklärlich, warum diese Lebensform gerade im Lebensabschnitt der Postadoleszenz gewählt wird. Diese Lebensphase ist gekennzeichnet durch eine Vielzahl von neuen Erfahrungen, Ausbildungs- und beruflich bedingten Neueinstiegen, Unsicherheiten usw. und zum Teil daraus resultierend auch durch „Entwicklungsschübe". Hierdurch ist einerseits das Bedürfnis nach partnerschaftlicher Nähe besonders erwünscht, aber andererseits - wegen der noch „offenen Zukunft" - werden flexiblere und zeitlich unverbindlichere Partnerschaften, wie die Nichteheliche Lebensgemeinschaften, gewählt bzw. bevorzugt. Auch hierdurch wird erklärlich, warum überwiegend bestimmte Lebensformen mit bestimmten Lebensphasen korrespondieren (vgl. hierzu auch die sozialstatistische Analyse von Klein 1999: 122).

4.3 Die homosexuelle Partnerschaft: eine neue öffentlich anerkannte Lebensform

Wenn man den in den letzten Jahren abgelaufenen sozialen Wandlungsprozess im Hinblick auf eine gestiegene Pluralisierung von Lebensformen betrachtet, dann ist die homosexuelle Partnerschaft als rechtlich eingetragene Lebensgemeinschaft ebenso Ausdruck dieses Ausdifferenzierungsprozesses. Gleichgeschlechtliche Partner können sich in vielen europäischen Ländern[17] in ein Partnerschaftsregister eintragen lassen und aus ihrer Partnerschaft eheähnliche Ansprüche herleiten wie Ehepaare, so Unterhalt, Solidarität im Trennungsfall und ein ehegleiches Erbrecht. In Deutschland gibt es diese Möglichkeit für homosexuelle Paare seit dem 16.02.2001 (BGB1, 2001: 266). Erst durch eine Änderung des Strafgesetzbuches wurde es überhaupt gleichgeschlechtlichen Partnern möglich, „in einer öffentlich bekundeten sexuellen affektiv-emotionalen Beziehung" zusammen leben zu können. Dieser Zusatz ist notwendig: Denn das Zusammenleben von gleichgeschlechtlichen Partnern hat es in der Vergangenheit immer gegeben, nämlich in Haushalten, in denen z.B. eine Mutter mit ihren erwachsenen Töchtern oder Väter mit erwachsenen Söhnen oder unverheiratete, vermögende Schwestern, zumeist mit zusätzlichem Bedienungspersonal usw. zusammenlebten.

---

17 Dänemark war das erste Land, das 1989 ein diesbezügliches Gesetz verabschiedete. Es folgten Norwegen (1993), Schweden (1995), Niederlande und Frankreich (1999) (Informationen für die Frau 2003: 22).

Das öffentlich bekundete Zusammenleben und -wohnen von homosexuellen Paaren wurde erst - wie bereits betont - durch Änderungen der Gesetzeslage überhaupt möglich (in welchem Umfang es zuvor „heimlich" praktiziert wurde, ist nicht bekannt). Insofern wurde durch die Veränderung des Rechts überhaupt erst die Option geschaffen, eine solche Lebensform öffentlich sichtbar zu wählen.

Die - nun offen zu bekunden möglichen - homosexuellen Partnerschaften unterstützen bzw. entsprechen im Übrigen einem gesamtgesellschaftlichen Prozess, nämlich dem zur „paarzentrierten Gesellschaft". Denn rein statistisch überwiegen heutzutage die Haushalte mit zwei Personen, was an der - wie oben dargestellt - Verlängerung der nachelterlichen Phase und an der gestiegenen Zahl von Nichtehelichen Lebensgemeinschaften liegt. Wir leben also nicht, wie häufig behauptet, in einer Single-Gesellschaft, sondern in einer paarzentrierten Gesellschaft, und in dieser Hinsicht liegen die homosexuellen Partnerschaften im Trend des Modernisierungsprozesses.

Frankreich hat diesem Prozess zur paarzentrierten Gesellschaft rechtlich noch stärker entsprochen, weil in der PACTE-civile de solidarité von 1999 die Möglichkeit berücksichtigt wird, dass alle Partnerschaften, nicht nur homosexuelle Paare, sich registrieren lassen können, also auch heterosexuelle Lebensgemeinschaften und gleichgeschlechtliche, die ganz einfach nur in einer sozialen und emotionalen Gemeinschaft - ohne sexuelle Beziehung - leben, z.B. Geschwister, langjährige Freundinnen usw., die lediglich eine Wohn- und Solidaritätsgemeinschaft bilden. Dieser Solidaritätsvertrag wirkt sich auf das Miet- und Erbrecht, die Steuererklärung, gegenseitige Unterstützung, Haftung Dritter als Gemeinschaft u.a.m. aus.

Unter soziologischen Gesichtspunkten bleibt aber zu prüfen, ob die neuen eingetragenen Partnerschaften eine spezifische Lebensform darstellen oder unter die der Ehe oder Nichtehelichen Lebensgemeinschaft zu subsumieren sind.

Die Angaben über die Verbreitung von Homosexualität sind vor allem durch zwei statistische Faktoren ungenau: 1. durch die hohe Dunkelquote (noch immer versuchen viele ihre sexuelle Neigung zu verheimlichen oder sind sich dieser noch nicht sicher; vgl. Schneider et al. 1998: 97; Hark 2002: 51) und 2. durch die unterschiedlichen Definitionen von Homosexualität, die den Erhebungen zu Grunde liegen (Wird z.B. Bi-Sexualität als gesonderte Kategorie bewertet? Werden Schwule bzw. Lesben, die noch in einer bestehenden Ehe leben, miteinbezogen? usw.). Trotz dieser statistischen Ungenauigkeit wird in der Literatur für Deutschland ein Anteil von homosexuellen Männern im Alter von 18 bis 59 Jahren von 4% und ein Anteil von Frauen in derselben Gruppe von 2% angegeben (Schneider et al. 1998: 98). Von diesen lebt aber nur ein geringer Teil in einer Partnerschaft zusammen: 3% aller Schwulen und 5% aller Lesben (Vaskovics/Buba

2000). Insgesamt bilden diese zusammenwohnenden homosexuellen Paare also eine Minorität innerhalb einer gesellschaftlichen Minderheit.

Schneider et al. (2000) haben aufgrund von Mikrozensusdaten versucht, die quantitativen Anteile aller Partnerschaftsformen zu bestimmen. Nach dieser Berechnung sind von allen zusammenwohnenden - also von allen hetero- und homosexuellen - Partnerschaften in Deutschland weniger als 0,5% homosexuelle Partnerschaften, mehr männliche als weibliche (56% zu 44%; vgl. zu den statistischen Problemen der Mikrozensuserhebungen von homosexuellen Partnern Eggen 2002: 225ff.).

Der empirische Forschungsstand über Homosexuelle und homosexuelle Partnerschaften ist mehr als mager, abgesehen von medizinischen und psychologischen Forschungsergebnissen vor allem in Form von Fallstudien, und von Betroffenheitsberichten und Veröffentlichungen im Rahmen der homosexuellen Bewegungen. Die historische Forschung hat sich dagegen intensiver mit ihrer Verbreitung und dem Problem der Einstellung zur Homosexualität beschäftigt. Auf diese Forschungsergebnisse soll im Folgenden nur sehr kurz eingegangen werden.

Homosexualität galt jahrhundertelang in der europäischen Sexualmoral als widernatürlich, was zunächst von der christlichen Kirche verfochten wurde und sich dann in der allgemeinen Öffentlichkeit bis in das 20. Jahrhundert durchsetzte. Homosexualität wurde streng von der Heterosexualität, der „einzig normalen und erlaubten Praxis", geschieden, im Gegensatz zur klassischen Antike, die außerdem Bi-Sexualität kannte, und diese zum Teil auch tolerierte. Homosexualität wurde - wie Ariès betont (1984: 83) - „dem großen Arsenal der Perversionen zugeschlagen".

Ab dem 18./19. Jahrhundert setzte sich in der europäischen Öffentlichkeit und auch in der Kirche immer stärker die Interpretation von Homosexualität als physische Anomalie durch, die in dem Homosexuellen ein „Mann-Weib" sah, m.a.W.: ihn zu einem ‚verweiblichten Mann' machte. Ariès betont: „Das Opfer dieser Anomalie war zwar nicht verantwortlich für diesen Makel, gewiss, aber darum nicht weniger suspekt, erschien es doch aufgrund seiner Natur mehr als alles andere der Sünde ausgesetzt, fähiger auch, seinen Nächsten zu verführen und auf denselben Abweg zu ziehen" (1984: 84).

Schließlich übernahmen im 19. Jahrhundert die Mediziner die Deutung: Homosexualität entsprach nicht der normalen, gesunden Entwicklung, sondern wurde zu einer Krankheit und damit diagnostizierbar (man schrieb Homosexuellen eigene physiologische Merkmale zu) und hoffte auf die Entwicklung von Therapiekonzepten.

Mit der Entstehung der Sexualforschung, vor allem auch durch die Arbeiten von Hirschfeld (ab 1871) wird Homosexualität als angeborene Veranlagung diagnostiziert, die sich der Behandlung des Arztes entzöge: „Der Arzt kann, wenn auch nicht die Homosexualität, so doch den Homosexuellen behandeln"; gemeint ist: Er kann nur soziale und psychologische Beratungen anbieten (Hirschfeld /Neuausgabe 2001: 460).

In der breiten Öffentlichkeit wurden zwar durch Hirschfeld und andere Kollegen Diskussionen „angestoßen", aber keine grundsätzlichen Veränderungen erreicht (vgl. hierzu die detaillierte Darstellung in Kraushaar 1997). Es kann hier nicht die wissenschaftliche Diskussion, an der sich schließlich auch Psychiater und Psychologen beteiligten, nachgezeichnet werden (vgl. hierzu z.B. die ausführliche Darstellung über das 19. Jahrhundert von Hütter 1992). Schließlich wurde dieser kontrovers geführte wissenschaftliche Diskurs von der Gesetzgebung erst im Rahmen des Strafrechts-Entwurfes in Westdeutschland von 1962 berücksichtigt. Das 23. Strafrechtsänderungsgesetz veränderte die soziale Lage homosexueller Männer. Dennoch blieb die öffentliche Meinung über Homosexualität noch lange Zeit unverändert.

Erst die Studentenbewegung bereitete den Weg einer beginnenden öffentlichen Meinungsänderung, weil sich nunmehr die Homosexuellen selbst von ihrer bisher passiven Rolle lösten. Vor allem im Rahmen der Frauenbewegung betonten erstmals lesbische Frauen ihre sexuelle Orientierung als positiv, als Befreiungsmöglichkeit. In den 1970er Jahren entstanden die ersten Schwulengruppen, die aus der „Heimlichkeit" heraus in die Öffentlichkeit traten und das Recht forderten, offen so zu sein, wie sie sind. Die Homosexuellen behaupteten ihre Normalität. Sie „stellten sich gegen den Rest der Gesellschaft und forderten ihren Platz an der Sonne" (Ariès 1984: 85). Die rechtlichen Veränderungen ab 1969 und später markieren symbolisch die neue Phase in der Bedeutungszuschreibung von Homosexualität. Damit wurde eine Ausgangsbasis geschaffen, von der aus Homosexualität und homosexuelle Partnerschaft als eigenständige Lebensform überhaupt definierbar und lebbar wurde. Auf Ziel und Struktur dieser Lebensformen soll nunmehr kurz eingegangen werden.

Zunächst sei nochmals betont, dass die vorliegenden Veröffentlichungen sehr rar sind. Zumeist handelt es sich um Betroffenheitsliteratur oder um Schriften, herausgegeben von den verschiedenen homosexuellen Bewegungen. Die wenigen in Deutschland vorhandenen Untersuchungen sowie die ausländischen Forschungsergebnisse sind zudem häufig wegen ihrer zu kleinen und selektiven Stichprobe nicht verallgemeinerungsfähig. Dennoch ist übereinstimmend aus ihnen zu entnehmen, dass die homosexuelle Paarbeziehung nicht über sich selbst hinaus weist, sondern dass die sexuelle emotionale Beziehung im Mittelpunkt steht. Dieser Sachverhalt gilt auch für Nichteheliche Partnerschaften, nicht jedoch für die Ehe, wie im vorhergehenden Kapitel dargestellt wurde. Die Sinnzuschreibung der Nichtehelichen Lebensgemeinschaft ist im Vergleich zur Ehe auf die Partnerbeziehung konzentriert. Gleiches gilt für die homosexuelle Partnerschaft. Auch sie beruht auf einer affektiv-emotionalen Beziehung, die gegenseitige Fürsorge, Unterstützung usw. einschließt, aber nicht auf Gruppenbildung, auf Familie, also nicht über sich selbst hinausweist, von wenigen Ausnahmen abgesehen.

Homosexuelle Partnerschaften sind weitgehend kinderlos (Eggen 2002: 231) und wollen auch überwiegend keine Elternrolle übernehmen. Bei gleichgeschlechtlichen Paaren mit Kindern stammen diese zumeist aus einer früheren Ehe; überwiegend handelt es sich um lesbische Paare (vgl. ebenso Vaskovics/Buba 2000), bei dem sich beide Partnerinnen zwar als Erziehende und als verantwortlich für das Kind fühlen. Aber die nunmehr bestehende Familie wurde kaum durch einen gemeinsamen Kinderwunsch begründet. Ob evtl. eine bewusste Motivation zum Kind in Zukunft bei stärkerer Akzeptanz homosexueller Paare nachweisbar wird, ist jedenfalls gegenwärtig nicht zu diagnostizieren.

Nach Berechnungen von Eggen (2002: 228) leben ca. 5500 Kinder unter 15 Jahren in Deutschland in einer homosexuellen Familie (zum Familienbegriff vgl. Kap. 2.2).

Diese Kinder befinden sich im Übrigen in einer sehr schwierigen gesellschaftlichen Ausnahme- und gesellschaftlichen Randposition. Sie verlangt von ihnen enorme Bewältigungsstrategien. Vor allem müssen die Kinder den Vorurteilen entgegenwirken, selbst prädestiniert für Homosexualität zu sein, und viele von ihnen erfahren alle Vorurteile gegenüber Homosexualität „am eigenen Leibe". Im Übrigen ist die „Gefahr", selbst homosexuell zu werden, kaum gegeben, wie viele empirische amerikanische Untersuchungen zeigen (vgl. hierzu Stacey/Biblarz 2001: 159ff.).

Auf der Ebene der Binnenstruktur weisen homosexuelle Beziehungen Ähnlichkeiten mit Nichtehelichen Partnergemeinschaften auf: Die hauswirtschaftliche Aufgabenteilung folgt in beiden Lebensformen keinem traditionellen Muster. Ferner ist die Dauer der Paarbeziehung in homosexuellen wie in Nichtehelichen Lebensgemeinschaften kürzer als in ehelichen Beziehungen. Nur sehr vereinzelte Paare leben länger als zehn Jahre zusammen (vgl. zusammenfassend Peuckert 1996: 236ff.; Schneider et al. 1998: 99). Der Beginn einer homosexuellen Paarbeziehung in Verbindung mit einer Wohngemeinschaft wird - wie bei der Nichtehelichen Lebensgemeinschaft, aber im Gegensatz zur Eheschließung - nicht rituell gefeiert, sondern verläuft sukzessiv. Der Eintragungsakt könnte jedoch nunmehr - wie die Eheschließung - zu einem rîte de confirmation werden. Bislang fehlen Untersuchungen, die die Art und Bedeutungszuschreibung dieser Zeremonie empirisch erfasst haben.

Abb. 15: Todesanzeige aus der Frankfurter Rundschau
vom 22.08.2003 (Namen wurden verändert)

Ich sage allen danke, die mit mir Abschied nahmen von meinem Lebensgefährten

(Amadus) Kurt Thob
1926-2003

und sich in der Trauer mit mir verbunden fühlten und ihre Anteilnahme auf vielfältige Weise durch Wort, Schrift und Blumenspenden zum Ausdruck brachten.

August 2003   Heinz Fried

Von den bisher lediglich zusammenwohnenden, also nicht eingetragenen homosexuellen Paaren werden kaum rechtliche Vereinbarungen der gegenseitigen Verantwortung getroffen. Selbst bei einer hochselektiven Stichprobe gaben unter 10% der homosexuellen Befragten an, derartige Verträge abgeschlossen zu haben.

Zusammenfassend kann aus den vorliegenden präsentierten Daten geschlossen werden, dass homosexuelle Paare mehr Ähnlichkeiten mit den Nichtehelichen Lebensgemeinschaften aufweisen als mit den heutigen Ehen.

Dennoch gibt es auch gravierende Differenzen zwischen den Nichtehelichen Partnergemeinschaften und den homosexuellen Paaren:

Anders als in Nichtehelichen Lebensgemeinschaften ist es weit verbreitet, die Partnerschaft - selbst im Falle der Wohngemeinschaft - vor der eigenen Familie geheim zu halten, und zwar bei jedem Vierten der Befragten (vgl. Vaskovics/Buba 2000). Auch Hark betont in ihrer Untersuchung über jugendliche Homosexuelle: „Das Gebot zur Heimlichkeit zeigt sich auch in den vorgeblich positiven Äußerungen der heterosexuellen Mehrheit über Lesben und Schwule: ‚Ich habe nichts gegen Lesben und Schwule - solange sie mir nicht zu nahe treten, solange sie nicht öffentlich auftreten'. Oft genug wählen junge Lesben und Schwule deshalb zunächst selbst den Weg in die Anonymität als eine Form der Heimlichkeit, brechen Herkunftsverbindungen (Familie) und Freundschaften ab, um dann neue soziale Netze aufzubauen, mit deren Hilfe dann auch die Anknüpfung an die Herkunftsbindung wieder möglich wird" (Hark 2002: 51).

Ein weiterer Unterschied besteht im Hinblick auf die sexuelle Exklusivität; sie wird stärker in den Nichtehelichen Lebensgemeinschaften als in homosexuellen Partnerschaften gefordert. Vor allem in homosexuellen Männerpartnerschaften werden häufiger als in Nichtehelichen Lebensgemeinschaften „offene Beziehungen" postuliert, d.h. flüchtige sexuelle Kontakte nebenher eingegangen und toleriert (Bochow 1994; Peuckert 1996: 233).

Das Gefühl, diskriminiert zu werden, z.B. auf dem Wohnungsmarkt, am Arbeitsplatz, von der Familie, wird von homosexuellen Paaren in vielen Erhebungen als stark angegeben (vgl. zusammenfassend Peuckert 1996; Schneider et al. 1998; Bissels et al. 2001: 413) und wird auch durch Befragung von heterosexuellen Jugendlichen bestätigt. Diese gaben z.B. zu 15% im Alter von 12 bis 25 Jahren Vorbehalte gegenüber Homosexuellen an (Shell Jugendstudie 2002: 28). Auch die letzte Stufe der gesetzlichen Entwicklung, die den Homosexuellen eine eheähnliche Partnerschaft ermöglicht, findet in der gesamten Bevölkerung keine unumschränkte Zustimmung. Immerhin lehnen diese rechtliche Möglichkeit 35% in einer repräsentativen Erhebung ab:

Tab. 8: Frage: „Wie sehr sind Sie für oder gegen die rechtliche Anerkennung gleichgeschlechtlicher Partnerschaften? Ich meine, dass zwei Männer oder zwei Frauen zusammenleben? Bitte sagen Sie es mir nach dieser Liste hier:"

Sollen verheirateten Paaren rechtlich gleichgestellt werden:	24%
Sollen zwar mehr Rechte erhalten, aber verheirateten Paaren rechtlich nicht gleichgestellt werden:	36%
Sollen rechtlich nicht anerkannt werden:	18%
Sind grundsätzlich abzulehnen:	17%
Nichts davon:	5%
Summe:	100%

Quelle: Noelle-Neumann/Köcher 2002: 117

Um der Diskriminierung entgegenzuwirken, wurde nicht zuletzt von den Verbänden der Homosexuellen eine Gesetzesänderung gefordert, um - wie es wörtlich heißt -: „einen gesellschaftlichen Ruck gegen die Verachtung und Diskriminierung gleichgeschlechtlicher Lebensbeziehungen" zu erwirken. Doch alle Rechtssoziologen müssen dieser Hoffnung eine Absage erteilen. Gesetze wirken auf gesellschaftliches Bewusstsein nicht verändernd; gerade aus dem Familienrecht gibt es hierüber zahlreiche Belege. Diese Erfahrung haben auch die Frauen gemacht, denen bereits mit dem Grundgesetz in Deutschland gleiche Rechte und die soziale Gleichstellung in allen gesellschaftlichen Teilbereichen versprochen wurde. Aber erst die neue Frauenbewegung hat den ersten Anstoß zur gesellschaftlichen Veränderung vor allem auf der - zunächst notwendigen - Bewusstseinsebene bewirkt. Ferner wäre es interessant zu untersuchen, ob mit dem neuen Gesetz evtl. eine nicht-intendierte Folge verbunden ist. So könnten z.B. gerade durch den damit verbundenen Erbanspruch zwischen Eltern und Kindern und vor allem zwischen den Geschwistern Konflikte neu geschaffen und die Toleranzschwelle gegenüber Homosexualität in der betroffenen Familie bei Inanspruchnahme des Gesetzes abnehmen, wenn auch nicht im Hinblick auf den homosexuellen Sohn oder Tochter, so doch gegenüber einem Partner bzw. Partnerin. Empirische Untersuchungen müssen jedoch dieser Frage erst nachgehen.

Zusammenfassend bleibt festzuhalten, dass sich die homosexuellen Partnerschaften in Form der Wohngemeinschaft von den Nichtehelichen Lebensgemeinschaften in der Binnenstruktur und in ihren Außenbeziehungen stark unterscheiden; in der Sinnzuschreibung ihrer Lebensformen aber übereinstimmen. Insofern können sie als eine besondere Lebensform gelten. Ihre quantitative Verbreitung ist in Deutschland sehr gering. Makroperspektivisch wird dem homosexuellen Paar ebenso wie der Nichtehelichen Lebensgemeinschaft als spezialisierte Leistung „die psychische und physische Regeneration und Stabilisierung ihrer Mitglieder" zugeschrieben (im Falle des Vorhandenseins von Kindern gilt diese Erwartung ebenso).

Ob die Hoffnung derjenigen, die das Gesetz forderten, erfüllt wird, nämlich dass es die Zunahme von öffentlich bekundeten homosexuellen Partnerschaften unterstützt und so die Gesetzesänderung zum „Schrittmacher" wird, muss einerseits im Hinblick auf die Daten aus anderen europäischen Staaten, die viel früher als in Deutschland die Möglichkeit der Registrierung schufen, skeptisch eingeschätzt werden. Nach Eggen (2002: 231) sind sogar rückläufige Tendenzen im Zeitablauf nach der Registrierungsmöglichkeit in den Niederlanden, in Dänemark und in Schweden zu beobachten. Andererseits ermöglicht die rechtliche Änderung in Deutschland nunmehr den Homosexuellen eher, in der Öffentlichkeit zu ihrer sexuellen Identität zu stehen.

5. Gesellschaftliche Formen und Bedingungen der ehelichen Partnerwahl

Die eheliche Partnerwahl gilt in keiner Kultur als „reine" Privatsache. Sie wird entweder als Angelegenheit des gesamten Familienverbandes gesehen: Denn wegen der Bedeutung der Ehe mit ihrem Verweisungszusammenhang auf Kinder gilt sie als Garant für die Weitergabe der Familientradition, des Vermögens, für die Unterstützung der Familienmitglieder im Alter und im Falle von Krankheit und/oder für die Fortsetzung der Ahnenreihe. Oder: Wenn dem Staat Schutz-, Fürsorge- und Unterstützungsfunktion gegenüber seinen Bürgern zugewiesen wurde, unterliegt sie öffentlich-rechtlichen Regulierungen.

In unserem Kulturkreis hatten lange Zeit sowohl die Herkunftsfamilie (in den besitzenden Schichten) als auch der Staat Einfluss auf die eheliche Partnerwahl genommen. Hierauf soll zunächst kurz eingegangen werden, um dann zu zeigen, dass auch heute noch - trotz der Annahme einer völlig persönlichen Wahl des Partners - juristische Rahmenbedingungen und soziale Mechanismen den Personenkreis möglicher „Ehepartnerkandidaten" bzw. „Ehepartnerkandidatinnen" einschränken.

5.1 Formen der Ehepartnerwahl und Heiratsmarkt

Das in unserer Kultur heute gültige Modell der individuellen Partnerwahl gilt nicht in allen Gesellschaften. Arrangierte Eheschließungen, bei denen die Eltern die Partner ihrer Kinder auswählen (zuweilen lernen die Verlobten sich erst kurz vor der Hochzeit kennen), werden gegenwärtig überwiegend, jedoch nicht ausschließlich z.B. in Indien, Japan, China, Südkorea und der Türkei praktiziert (Nauck 2002b; Nave-Herz 2002a; Nauck/Suckow 2003). Dieses Partnerwahlmodell garantiert im Übrigen eine höhere Ehestabilität als die freie Partnerwahl. Denn zumeist haben die Eltern bei ihren Entscheidungen auch mögliche psychische Übereinstimmungen der Partner berücksichtigt. Sie können ferner nicht so gut später ihre eigene Wahl negativ bewerten und sind deshalb in Konfliktfällen eher gewillt, positiv zu vermitteln. Außerdem ist in arrangierten Ehen nicht die „romantische Liebe" mit ihren hohen Erwartungen an den Partner das mehr oder weniger ausschlaggebende Stabilitätsinstrument, sondern die Kinder und das Bewusstsein der Zugehörigkeit zum gesamten Familienverband.

Wie bereits betont, wird in manchen Kulturen, in denen heute arrangierte Ehen üblich sind, häufig gleichzeitig auch das „freie Partnerwahlmodell" praktiziert. So ist z.B. in den überdurchschnittlich hoch gebildeten Teilen der urbanen Bevölkerung in der Türkei die Liebesheirat quantitativ vorherrschend, wenn auch insgesamt der Anteil der arrangierten Ehen in der Türkei höher ist (Nauck 2001a: 43). Selbst manche türkische Familien in Deutschland halten an diesem traditionellen Partnerwahlmodell fest und bevorzugen für die Heirat Partnerinnen, die in der Türkei aufgewachsen sind und bis zur Eheschließung dort leben, was zur Fortsetzung von Migrationsprozessen führt (vgl. hierzu ausführlicher Toprak 2002; Straßburger 2003).

Gehen wir weit in die Geschichte unseres Kulturbereiches zurück, so gab es auch bei uns - jedenfalls in den Adelsfamilien und dort, wo Besitz und Vermögen zu vererben waren - arrangierte Ehen. Die Auswahl des Partners oblag der Familie. Die Verlobung war die Feier des Vertragsabschlusses zwischen den beiden Herkunftsfamilien vor Zeugen über die Regelung von Besitz- und Erbschaftsverhältnissen und die Festlegung der Mitgift bei Eheschließung der Tochter und des Sohnes. Die Zustimmung (Konsens) der Ehepartner war Voraussetzung. Die festliche Ausschmückung und Durchführung der Verlobung waren von regionalem Brauchtum bestimmt und von der sozialen Schicht der Brautleute abhängig (vgl. hierzu ausführlicher Nave-Herz 1997c).

Abb. 16: A. Anker (1831-1910): Die Trauung.

Sehr detailliert festgelegt waren die Eheverträge in den adligen Familien. Ein Beispiel: Der Ehevertrag zwischen dem 26-jährigen Prinzen Peter Friedrich Ludwig zu Oldenburg und der 16-jährigen Prinzessin Elisabeth Amalie Auguste von Württemberg-Mömpelgard bestimmte, dass die Braut als Heiratsgeld 20.000 Rheinische Gulden vom Vater erhielt, dazu eine komplette Aussteuer und „Kleinodien", die in einem Verzeichnis genau aufgelistet wurden. Der Bräutigam zahlte laut Vertrag der Braut 6.000 Reichstaler und verpflichtete sich, seiner Braut regelmäßig Juwelen zu schenken und jährlich 3.000 Reichstaler an die Braut zu zahlen. Diener,

Hofdame und das übrige Personal soll der Prinz entlohnen. Für den Fall des Ablebens des Prinzen darf die Braut im Oldenburger Land bleiben und soll fürstlich untergebracht und versorgt werden und ein Witwengeld von 8.000 Reichstalern erhalten. Doch dieser Fall trat nicht ein, denn die Herzogin starb wenige Tage nach der Totgeburt ihres dritten Kindes als 20-Jährige am 24. November 1785 (Staatsarchiv Oldenburg).

Ab Ende des 18. Jahrhunderts wurde im gehobenen Bürgertum die Verlobung zum Eheversprechen, das sich der Mann bei den Eltern der Braut einholte und dem die Frau nachträglich zustimmte. Sehr eindrucksvoll wird dieser Ablauf in den Lebenserinnerungen von Henriette Herz (1764-1847) berichtet:

Auszug aus: „Die Familie" I. Weber-Kellermann 1977, S. 62

„Ich war fünfzehn Jahre und sollte bei der Tante Nähen lernen. Wie sehr erstaunte es mich, als diese mir im Vertrauen sagte, ich sollte Braut werden. Mit wem?, fragte ich sie, und sie nannte mir den Mann; er war angehender praktischer Arzt. Ich hatte ihn einige Male bei meinem Vater und auch an seinem Fenster gesehen. Er wohnte in unserer Nähe, und ich mußte an seinem Haus vorübergehen, wenn ich mir Bücher aus der Leihbibliothek holte ... Ich freute mich kindisch dazu, Braut zu werden ... Mit Ungeduld erwartete ich den Tag der Verlobung, den mir die Tante im Vertrauen genannt ... Nach dem Essen sagte mir meine Mutter, daß ich am Abend mit dem Doktor H. verlobt würde und hielt mir eine lange Rede ... Die Gesellschaft versammelte sich, ich war in einem anderen Zimmer; es war damals nicht Sitte, daß die Braut in dem Zimmer, in welchem die Eltern und die Notarien waren, sich aufhielt, und erst, nachdem sie förmlich um ihre Einwilligung gefragt worden und der Ehekontrakt unterschrieben ist, kann sie zur Gesellschaft. In banger Erwartung saß ich geputzt da, glühend vor Angst."

Im Laufe der Zeit wurde die erweiterte Familie der Aufgabe der Partnerfindung immer mehr enthoben. Denn je mehr sich die romantische Liebe zum Eheideal und zum einzigen legitimen Heiratsgrund ideell durchsetzte, nahm die Vorherrschaft der Herkunftsfamilie über die Ehe - selbst im besitzenden Bürgertum - ab (König 1978: 50; vgl. Kap. 3.1 in diesem Band).

In den unteren Schichten nahmen die Eltern bis zu Beginn der Neuzeit häufig keinen Einfluss auf die Partnerwahl. Denn viele Jugendliche konnten nur örtlich weit entfernt von ihnen ihren Unterhalt durch Gesindedienste verdienen, so dass eine elterliche Mitsprache nicht möglich war. Weiterhin war in dieser Bevölkerungsgruppe die Lebenserwartung besonders niedrig, das Heiratsalter aus ökonomischen Gründen hoch, so dass vielfach die Eltern bei Eheschließung nicht mehr lebten (Mitterauer 1989: 187). Vor allem aber waren große Gruppen der unteren Schichten in der vorindustriellen Zeit jeglicher „Sorge" um eine Ehepartnerwahl enthoben. Denn es setzte sich rechtlich während dieser Zeit eine Differenzierung aller Arbeitsstellen in „Vollstellen" durch, die die Ernährung einer Familie gewährten, und in

Arbeitsplätze, die keine Eheschließung und Familiengründung gestatteten. Betroffen von diesen Regelungen war nicht nur die breite Schicht der armen Bevölkerung, sondern die Heiratsverbote bezogen sich auch auf alle Knechte, Gesellen, Dienstboten und auf das Gesinde. Eine Eheschließung war für Knechte und Gesellen nur dann möglich, wenn sie die Tochter eines Bauern oder Meisters heirateten und hierdurch in Besitz einer „Vollstelle" gelangten oder diese von ihrem Vater erbten (vgl. Mackenroth 1953: 422/431).

Auszug aus: „Die Familie in Deutschland" von F. Neidhardt 1975, S. 37

„So gab es 1616 in den Fürstentümern Ober- und Niederbayerns strenge Vorschriften, die die Heirat junger Dienstboten verboten und eine solche überhaupt nur für diejenigen erlaubten, welche ihre Nahrung ohne jede Beschwerden für andere Bürger erwerben konnten.
Im hessisch-darmstädtischen Gebiet wurde die Heiratserlaubnis (1740) vom vorherigen Dienst in der Miliz oder den Landbataillonen abhängig gemacht".

Auszug aus: „Bevölkerungslehre" von G. Mackenroth:. 1953, S. 427/431/439

„1770 und 1780: Die ‚Bettelmandate' verschärfen diese Bestimmungen noch: ohne obrigkeitliche Erlaubnis ‚kopulierte' Personen sollen des Landes verwiesen, die Geistlichen, die sie getraut haben, bestraft werden ...

1712: In Württemberg sollen arme Leute auf dem Lande ermahnt werden, ihre Kinder von unzeitigem Heiraten abzuhalten. Eheschließungen unbemittelter Leute sollen dadurch erschwert werden, daß man ihnen das Bauen neuer Tagelöhnerhäuser untersagt. Später wird die Heiratserlaubnis abhängig gemacht von der Fähigkeit, eine Familie zu ernähren ... Die Bevölkerungsweise übernimmt der gewerbliche Sektor ganz aus dem ländlichen ... Der Zunftmeister ist Inhaber der Vollstelle, er ist verheiratet und Familienvater, der ‚Junggeselle' ist Inhaber einer Nicht-Vollstelle, eines Arbeitsplatzes, der nicht tragfähig ist für die Familie, er wird daher bis zum Aufrücken in die Vollstelle" zur Ehelosigkeit verurteilt... „Es hieß: ‚erbe eine Stelle oder heirate eine Witwe. Wenn nicht, so hast du keine Vollstelle, bleibst Knecht oder Geselle und kannst nicht heiraten'".

Hauptgrund der Heiratsverbote waren die gemeindliche Verpflichtung, die ortsansässigen Armen materiell zu unterstützen, und die ökonomische Konkurrenzausscheidung mittels der Zunftordnung (vgl. ausführlicher Barabas/Erler 2002: 35ff.).

Das allgemeine Landrecht von 1794 schrieb zudem Heiratsverbote zwischen den Ständen und bestimmten Religionsgemeinschaften fest:

„§30: Mannpersonen von Adel können mit Weibspersonen aus dem Bauern- oder geringerem Bürgerstande keine Ehe zur rechten Hand[18] schließen ...

---

18 = eine vollgültige Ehe

§36: Ein Christ kann mit solchen Personen keine Heirath schließen, welche nach den Grundsätzen ihrer Religion, sich den christlichen Ehegesetzen zu unterwerfen, gehindert werden" (Hubbard 1987: 47).

Erst ab 1868/1871 wurde für alle Bevölkerungsgruppen in Deutschland die Eheschließung rechtlich und uneingeschränkt freigegeben (Barabas/Erler 2002: 35; Hubbard 1987: 48).[19] Ab dieser Zeit setzte sich die freie Partnerwahl in allen Schichten langsam durch.

Dieser Wandel war Folge des Individualisierungsprozesses der Ehe gegenüber der Herkunftsfamilie, die wiederum durch Veränderungen der Produktions- und der Einkommensverhältnisse, durch verbesserte ökonomische Bedingungen, Wandel von Leitideen und durch Veränderung von rechtlichen Bestimmungen bedingt war, Faktoren, die sich zudem gegenseitig beeinflussten.

Dennoch galt bis in die 1970er Jahre hinein, dass der Mann die Zustimmung der Braueltern einzuholen hatte. Heute nimmt die Herkunftsfamilie überhaupt keinen Einfluss mehr auf die Partnerwahl (jedenfalls keinen direkten und bewussten). Die Eltern werden nur noch von der getroffenen Partnerwahl und -entscheidung in Kenntnis gesetzt. Remberg zeigt in ihrer qualitativen Untersuchung, wie abwegig es den jungen Menschen heute erscheint, dass eine andere Person als sie selbst auf die Partnerwahl entscheidenden Einfluss hätte nehmen können (Remberg 1995: 62).

Bedeutet das heute gültige Prinzip der persönlichen bzw. freien Partnerwahl, dass jeder jeden in einer Gesellschaft heiraten kann? Das ist keineswegs der Fall; in jedem Staat - und so auch in Deutschland - unterliegt die Partnerwahl juristischen Beschränkungen. Die entsprechenden Paragraphen des Bürgerlichen Gesetzbuches für die Bundesrepublik seien im Folgenden in ihrem genauen Wortlaut wiedergegeben:

§1303:
1. Eine Ehe soll nicht vor Eintritt der Volljährigkeit eingegangen werden.
2. Das Familiengericht kann auf Antrag von dieser Vorschrift Befreiung erteilen, wenn der Antragsteller das 16. Lebensjahr vollendet hat und sein künftiger Ehegatte volljährig ist.
3. Widerspricht der gesetzliche Vertreter des Antragstellers oder ein sonstiger Inhaber der Personensorge dem Antrag, so darf das Familiengericht die Befreiung nur erteilen, wenn der Widerspruch nicht auf triftigen Gründen beruht.

---

19 1935 trat jedoch erneut ein Heiratsverbot während des „Dritten Reiches" in Kraft, nämlich durch §1 des Reichsgesetzblattes 1935 Nr. 100: „ (1) Eheschließungen zwischen Juden und Staatsangehörigen deutschen oder artverwandten Blutes sind verboten" (Hubbard 1987: 49).

4. Erteilt das Familiengericht die Befreiung nach Absatz (2), so bedarf der Antragsteller zur Eingehung der Ehe nicht mehr der Einwilligung des gesetzlichen Vertreters oder eines sonstigen Inhabers der Personensorge.

§1304
Wer geschäftsunfähig ist, kann eine Ehe nicht eingehen.

§1306
Eine Ehe darf nicht geschlossen werden, wenn zwischen einer der Personen, die die Ehe miteinander eingehen wollen, und einer dritten Person eine Ehe besteht.

§1307
Eine Ehe darf nicht geschlossen werden zwischen Verwandten in gerader Linie, so wie zwischen vollbürtigen und halbbürtigen Geschwistern. Dies gilt auch, wenn das Verwandtschaftsverhältnis durch Annahme als Kind erloschen ist.

§1308
(1) Eine Ehe soll nicht geschlossen werden zwischen Personen, deren Verwandtschaft im Sinne von §1307 durch Annahme als Kind begründet worden ist. Dies gilt nicht, wenn das Annahmeverhältnis aufgelöst worden ist.
(2) Das Familiengericht kann auf Antrag von dieser Vorschrift Befreiung erteilen, wenn zwischen dem Antragsteller und seinem zukünftigen Ehegatten durch die Annahme als Kind eine Verwandtschaft in der Seitenlinie begründet worden ist. Die Befreiung soll versagt werde, wenn wichtige Gründe der Eingehung entgegenstehen.

§1309
Wer hinsichtlich der Voraussetzungen der Eheschließung vorbehaltlich des Artikels 13 Abs. 2 des Einführungsgesetzes zum Bürgerlichen Gesetzbuch ausländischem Recht unterliegt, soll eine Ehe nicht eingehen, bevor er ein Zeugnis der Inneren Behörde seines Heimatstaates darüber beigebracht hat, das der Eheschließung nach dem Recht dieses Staates kein Ehehindernis entgegen steht ...

Aus diesen zitierten Paragraphen des BGBs vom 01.07.1998 geht hervor, dass der Gesetzgeber zunächst unterscheidet zwischen juristischen Eheverboten: a) die keine Befreiung zulassen und b) bei denen eine Befreiung möglich ist. Die §§1306 und 1309 schreiben die bei uns geltende Monogamieregel fest.

Weiterhin wird durch den §1303 das Heiratsalter festgelegt. Feste Altersgrenzen in Bezug auf die Eheschließung gab es bei uns schon immer, so weit wir die Gesetze in unserem Kulturbereich zurückverfolgen können. So sahen das kanonische, so wie das langobardische, das friesische und sächsische Recht, ferner auch der Schwabenspiegel als Altersgrenze für Eheschließungen bei

Mädchen das vollendete 12., bei Knaben das vollendete 14. Lebensjahr vor. Im Laufe der Geschichte stieg das gesetzliche Heiratsalter kontinuierlich an. Mit Einführung des BGBs 1900 wurde es für Männer sogar auf das 21. Lebensjahr festgesetzt, für Frauen galt das 16. (Hubbard 1987: 49).

Für die juristische Festschreibung des Heiratsalters sind nicht etwa biologische Gründe (= sexuelle Reife) ausschlaggebend. Was unsere eigene Kultur anbetrifft, war - historisch gesehen - gerade ein gegenläufiger Trend gegeben: Während das Heiratsalter im Laufe der Jahrhunderte anstieg, verschob sich im gleichen Zeitraum die sexuelle Reife in ein früheres Alter. Zuverlässig belegt haben die Mediziner die Akzeleration bei Mädchen. Ihre Daten zeigen, dass in den letzten 150 Jahren bei den jungen Frauen die Menarche ca. fünf Jahre früher einsetzt, und zwar heute bereits mit 12 Jahren (Kluge 2002: 19). Für die Jungen haben wir für die länger zurückliegenden Epochen nur den Bericht des Direktors der „Wiener Sängerknaben", aus dem man den immer früher eintretenden Stimmwechsel der Mitglieder des Knabenchors entnehmen kann:

Auszug aus: „Die Frühehe - Gefahr und Chancen" von U. Beer 1966: 482/483

„Während Joseph Haydn um 1750 noch mit 18 Jahren mutierte, kam Franz Schubert um 1813 bereits mit 16 Jahren in den Stimmbruch. Anton Bruckner musste um 1839 schon mit 15, Clemens Kraus um 1907 mit 14 und der gegenwärtige Direktor des Chors um 1933 gar schon mit 13 aus dem Chor ausscheiden. Heute setzt der Stimmbruch bald nach dem 12. Geburtstag ein und kündigt den wenige Monate später fällig werdenden Einbruch der sexuellen Reife an".

Eine Längsschnittuntersuchung beweist, dass weiterhin bei den Jungen während der letzten 20 Jahre eine Vorverlegung der sexuellen Reife von zwei Jahren gegeben war (Kluge 2002: 21).

Ein Blick auf andere Kulturen zeigt sogar ferner, dass dort zuweilen gar nicht erst die körperliche Reife für die Eheschließung abgewartet wurde. Besonders deutlich beweisen diesen Sachverhalt einige Sanskrit-Verse:

Auszug aus: „Das Weib in der Natur- und Völkerkunde, Bd. I von H. Ploß und M. Bartels 1897, Bd. I, S. 498-499

„In wessen Haus eine Tochter die Menses bekommt, ohne verheiratet zu sein, dessen Väter sinken zur Hölle, befänden sie sich auch in Folge ihrer Vorzüge im Himmel." Ein anderer besagt dasselbe in noch schärferem Ton: „Sowohl die Mutter als auch der Vater und auch der älteste Bruder, alle drei fahren zur Hölle, wenn sie ein Mädchen die Menses erleben lassen (ehe sie verheiratet ist)." An das Mädchen selbst wendet sich folgender Vers: „Wenn aber ein Mädchen mannbar ist, so ist es gestattet, nach eigenem Wunsche sich einem Gatten hinzugeben. Darum soll man sie, wie Manu, ... erklärt hat, das Mädchen verheiraten, solange es noch unreif ist".

Neben der juristischen Altersgrenze gibt es in jeder Gesellschaft sozial-normative Altersspannen für die Eheschließung, die sich je nach Kultur und Geschlecht auf unterschiedliche Altersgruppen beziehen.

Historisch und kulturvergleichend ist zu konstatieren, dass die Höhe des Heiratsalters von der gesellschaftlichen Bedeutungszuschreibung der Ehe, der Familienform und den ökonomischen Bedingungen abhängt. So ist ein niedriges Heiratsalter in Mehrgenerationen-Familien in Form der Abstammungsfamilie häufig gegeben, weil hier die Individualisierung der Ehe gegenüber der Herkunftsfamilie nicht bzw. kaum gegeben ist und damit auch nicht ihre ökonomische Selbstständigkeit gefordert wird. Das galt für die wohlhabenden bürgerlichen oder feudalen Familien in der vorindustriellen Zeit oder heutzutage für die ökonomisch besser gestellten Familien in der Türkei, in Südamerika usw. Bei relativer Autonomie der Kern- von der Herkunftsfamilie wird möglichst die wirtschaftliche Selbstständigkeit bei Eheschließung von der Herkunftsfamilie verlangt und hierdurch insbesondere die Höhe des Heiratsalters bestimmt.

So gelten in unserem Kulturkreis vor allem die Voraussetzungen des Ausbildungsabschlusses und der ökonomischen Selbstständigkeit bei Eheschließung, ohne dass diese Prinzipien - wie vor ca. 200 Jahren - noch juristisch festgeschrieben wären. Der frühere äußere Zwang, nämlich im „Besitz einer Vollstelle zu sein", wurde somit im Laufe der Zeit zu einer sozialen Verhaltenskonstanten habitualisiert und wird weiterhin, nunmehr aus eigenem „Antrieb", befolgt. Dieser Habitualisierungsprozess (Elias 1969), vom früheren Fremd- zum heutigen Selbstzwang, wird durch die Herkunftsfamilie und durch den Staat insofern unterstützt, weil sie die Eheschließung (gleiches gilt für die Familiengründung) als „Privatangelegenheit" des Paares etikettieren und damit die Eigenverantwortung für die ökonomische Sicherstellung der Ehe als unabdingbar angesehen wird. Das gilt nicht für Kulturen, in denen der Ehe für die Fortsetzung der Familie eine besondere Bedeutung zugesprochen wird und in denen deshalb ihr Unterhalt eine gesamtfamiliäre Selbstverständlichkeit ist.

Die zuvor wiedergegebenen §§1307 und 1308 des BGBs beziehen sich auf das sog. „Inzesttabu".

Dem Inzesttabu wurde vor allem in der Ethnologie und in der Familiensoziologie von Anfang an des Bestehens dieser Wissenschaftsdisziplinen immer eine besondere Aufmerksamkeit zuteil. Im Folgenden kann nur auf ausgewählte soziologische Begründungen des - fast in allen Gesellschaften bestehenden - Inzesttabus eingegangen werden. Zunächst sei jedoch betont, dass sich das Inzesttabu in den verschiedenen Kulturen und innerhalb einer Kultur auf unterschiedliche Personengruppen beziehen kann. Die blutsmäßige Abstammung setzt im Übrigen in keiner Gesellschaft allein die Inzestregeln fest. So fielen z.B. in unserem Kulturkreis im Mittelalter die Taufpaten, mit denen man nicht verwandt war, oder - wie die §§1306/1308 BGB zeigen - in unserer Zeit Adoptierte unter das Inzesttabu. In manchen Kulturen (wie z.B. in der Türkei) wird vor allem das Heiraten zwischen Cousinen und Cousins bevorzugt (vgl. Nauck 2002b).

Die historische Entstehung des Inzesttabus ist in vielen wissenschaftlichen Abhandlungen vor allem am Ende des 19. Jahrhunderts thematisiert worden, ohne aber bis heute seine Herkunft definitiv erklären zu können. Unverkennbar ist die enge Verbindung zwischen Inzesttabu und kultisch-religiösen wie magischen Vorstellungen des Menschen. Wenn zwar jene Verknüpfung in modernen Industriegesellschaften nicht mehr gilt, so ist dennoch die soziale Funktion des Inzesttabus ebenso in der Gegenwart von Bedeutung.

Aus der Fülle der Begründungen für das Vorhandensein des Inzesttabus in allen Kulturen sollen im Folgenden die alltagstheoretischen kritisch beleuchtet und vor allem die soziologischen, die auch für moderne Gesellschaften Gültigkeit besitzen, wiedergegeben werden. Es wurden also die psychologischen, tiefenpsychologischen Theorien oder ältere ethnologische nicht berücksichtigt, die Inzest in Zusammenhang z.B. mit dem Konzept des „Frauentausches"[20] oder des Totemismus thematisierten. Die folgenden unterschiedlichen Begründungen für das Inzestverbot schließen sich im Übrigen nicht unbedingt gegenseitig aus:

1. Die erbbiologische These
Durch das Inzesttabu würden bestimmte rezessive Erbleiden vermieden. Ohne Zweifel wissen wir heute, dass bei Heirat zwischen Blutsverwandten bestimmte medizinische Risiken bestehen. Doch diese Kenntnis besaßen viele Gesellschaften nicht, in denen dennoch durch Inzesttabu die Partnerwahl reguliert wurde. Darüber hinaus gibt es Kulturen, denen der Zusammenhang zwischen Sexualität und Zeugung nicht bekannt war (z.B. unter den Aborigines in Australien), die aber dennoch Inzesttabus beachteten. Ferner fallen unter das Gebot in vielen Gesellschaften nicht nur Blutsverwandte. Wie bereits betont, gilt dieser Sachverhalt auch für Deutschland. Die erbbiologische Erklärung besitzt also keine Allgemeingültigkeit.

2. Die soziobiologische Erklärung
Auch die Vertreter dieses Ansatzes (z.B. Wilson 1980; Shepher 1983) gehen davon aus, dass der Inzest tendenziell Nachkommen mit genetischen Defekten hervorbringen kann. Aber sie versuchen, die Entwicklungsgeschichte der Menschen miteinzubeziehen. So habe die natürliche Selektion Individuen begünstigt, die sexuelle Kontakte mit nahen Blutsverwandten

---

20 Angemerkt sei, dass in einigen gegenwärtigen Gesellschaften, wie z.B. in der Türkei, die Eheschließung von Kreuzcousinen bzw. -cousins aus ökonomischen Gründen praktiziert wird; diese kann jedoch nicht mit dem Ritual des Frauentausches gleichgesetzt werden.

vermieden haben. Durch die erbliche Weitergabe dieses Vermeidungsver-
haltens über Tausende von Generationen hinweg sei das Inzesttabu zu einer
kulturellen Universalie geworden. Dieses allen Kulturen gemeinsame Element sei daher ein in den Genen (den Einheiten der Erbinformation) ver-
wurzelter Instinkt.

Gegen diese Begründung sind die gleichen Einwände wie gegen die erbbiologische Argumentation zu erheben. Ferner brauchen „verwurzelte Instink-
te" keinerlei gesetzliche Regulierungen, weil diese bestimmtes Verhalten
determinieren würden (z.B. die über Jahrtausende entwickelte aufrechte
Gangart des Menschen bedarf keines Gesetzes). Gesetze beziehen sich nicht
auf biologische Tatbestände, sondern auf die Regelung von sozialem Verhalten, weil dieses gerade nicht festgelegt ist und somit abweichendes imp-
liziert.

3. Die sexuelle Neutralisierungstheorie

Diese von Westermarck (1891) und anderen Ethnologen aufgestellte These,
die auch heute noch in weiten Kreisen der Bevölkerung vertreten wird, besagt, dass durch das gemeinsame Aufwachsen der Geschwister als Kinder,
durch den alltäglichen Umgang von Geburt an mit den engsten Verwandten
eine „erotisch-sexuelle Gleichgültigkeit" gegenüber diesem Personenkreis
bestünde, der „Sexualreiz neutralisiert" würde. Darüber hinaus unterstellt
diese Theorie auch eine „angeborene Inzestscheu", einen angeborenen Wi-
derwillen gegen den Inzest. Diese zwar alte, aber auch heute in Form einer
Alltagstheorie aktuelle Begründung ist insofern in sich unlogisch, weil -
würde diese Theorie stimmen - ein Inzesttabu aufzustellen gar nicht notwendig wäre.

4. Die rollentheoretische Erklärung

Goode (1967) hat das Inzesttabu durch die Folgen von Inzest im Hinblick
auf den Familienverband zu erklären versucht. Rollenkonflikte in Folge von
Rollenpluralismus (vor allem durch die Unvereinbarkeit der Rollen) sowie
sexuelle Rivalität zwischen den Familienmitgliedern würden familiale Instabilität bedingen. Goode betont: „Die Rollen des Vaters in Beziehung zu
seiner Tochter und die des Liebhabers oder Bewerbers der gleichen Tochter
sind denkbar voneinander verschieden. Als Vater muss er für die Familie
als Ganzes sorgen, eine Rolle, die jedoch u.U. mit der seiner Tochter als
Geschlechtspartner zusammenstoßen kann. Wenn nun dieses Paar einen
Sohn bekäme, dann wäre die Mutter der Tochter zugleich ihre Schwester.
Der Vater wäre zugleich ihr Vater und Großvater, da ja der Vater auch der
Vater der Mutter ist. Auch hat der Sohn seine Mutter zur Schwester. Die
dadurch erreichte Verwirrung der Familienlinie liegt auf der Hand ... Eine
zweite bedeutende Funktion, die fast als eine Folge der ersten angesehen
werden kann, ist die Verhinderung und Verminderung der Geschlechter-
konkurrenz innerhalb der Kernfamilie. Bei allen Völkern ist die sexuelle

Rivalität außerordentlich stark, und die Tiefenpsychologen haben uns eingehend darüber unterrichtet, wie stark diese Kraft in der Kernfamilie ist" (Goode 1967: 57/58).

Der sexuellen „Konkurrenzthese" ist zuzustimmen, weniger der Folge des „Verwirrspieles" von familialen Rollen bei Inzest, weil Goode von Rollendefinitionen in jenen Familien ausgeht, in denen das Inzesttabu gilt. In einer fiktiven Gesellschaft, nämlich einer ohne Inzestregelung, könnten aber andere Rollenerwartungen gelten.

5. Die Kooperationsthese
Diese Theorie geht davon aus, dass das Inzestverbot letztendlich eine Exogamieregel darstellt. Einen Ehepartner außerhalb der Familie wählen zu müssen, bewirkt, dass die Familie keine völlig geschlossene Einheit bildet, sondern ihre Integration in weitere sozialstrukturelle Beziehungen und ihre Kooperation mit anderen gesellschaftlichen Gruppierungen garantiert wird.

Auszug aus „Jugend und Sexualität in primitiven Gesellschaften. Bd. III von M. Mead 1974, S. 89

„Auf meine Frage über Inzest erhielt ich keine der Antworten, die mir bei allen anderen primitiven Stämmen gegeben wurden: heftige Verurteilung, verbunden mit skandalösen Enthüllungen eines Falles von Blutschande in einem Nachbarhaus oder -dorf. Anstelle der nachdrücklichen Verurteilung und der Beschuldigungen sagte man mir nur: ‚Nein, wir schlafen nicht mit unseren Schwestern. Wir geben unsere Schwestern an andere Männer und bekommen dafür ihre Schwestern' ... Ihre Antworten lauteten übereinstimmend: ‚Was, du möchtest deine Schwester heiraten! Bist du denn nicht ganz richtig im Kopf? Möchtest du denn keinen Schwager? Siehst du denn nicht, dass du wenigstens zwei Schwager bekommst, wenn du die Schwester eines anderen Mannes heiratest und ein anderer Mann deine eigene Schwester bekommt? Mit wem willst du denn auf die Jagd oder in den Garten ziehen, und wen willst du besuchen?' Der Inzest wird also von den Arapesch nicht mit Entsetzen und Abscheu als eine Versuchung des Fleisches betrachtet, sondern als etwas, womit sich ein dummer Mensch die Freude verscherzt, durch Heirat die Zahl der Menschen, die er lieben und denen er vertrauen kann, zu vergrößern".

Diese Begründung, nämlich dass das Inzesttabu Zwang zur Exogamie bedeutet und damit diesem eine gesellschaftliche Integrationsfunktion zukäme, wurde bereits von Augustinus in seinem „Gottesstaat" betont und Ende des 19. Jahrhunderts von dem Anthropologen Tylor (1889) formuliert (vgl. auch Schelsky 1955: 89; Maisch 1968: 32). Unterstützt wird diese These ferner durch den Sachverhalt, dass in den dynastischen Familien, in denen die Geschwisterehe vorgeschrieben war (z.B. bei den Pharaonen, den Inka-Königen) diese Regel - umgekehrt - dem Zwecke der Absonderung und der Unterstützung der „Gottähnlichkeit" diente.

Als Zwischenergebnis bleibt festzuhalten: Trotz der Vorstellung von der unbeschränkten Ehepartnerwahl reduziert sich der Heiratsmarkt bereits infolge von Gesetzen um bestimmte Personengruppen.

In unserer Zeit und in unserem Kulturkreis verengt sich zudem der Heiratsmarkt durch das geltende Prinzip, „nur einen Partner für eine Eheschließung zu wählen, zu dem man eine emotionale Beziehung hat", weil durch dieses Partnerwahlkriterium wiederum bestimmte Personengruppen - vom Individuum her betrachtet - nicht in Betracht kommen. Internalisierte soziale Normen bedingen eine hohe Selektivität im Hinblick auf die Auslösung emotionaler Beziehungen. Das bezieht sich z.B. auf die Differenz in der Körpergröße und auf den Altersunterschied. Die Ehefrau ist überwiegend kleiner oder allerhöchstens gleich groß wie ihr Mann und durchschnittlich besteht eine Differenz von drei, maximal fünf Jahren zwischen den Ehepartnern (vgl. hierzu ausführlicher Tölke 1991: 131; Klein 1996: 346ff.; sehr selten ist die Ehefrau älter als der Ehemann). Diese beiden Selektionskriterien sind nicht biologisch bedingt. Häufig wird nämlich fälschlicherweise auf die frühere sexuelle Reife von Mädchen hingewiesen. Heutzutage ist aber bei beiden Geschlechtern der Beginn der sexuellen Reife altersmäßig fast gleich und liegt weit vor der Eheschließung (Kluge 2002: 19). Die Körperlänge der Männer ist zwar durchschnittlich höher als die der Frauen, doch bedeutet dieser Sachverhalt nicht, dass sich unbedingt auch auf der Individualebene dieser Unterschied in einem derart starken Maße abbilden müsste. Beide Selektionskriterien galten im Übrigen in der vorindustriellen Zeit nicht in dem Maße, weil öfter z.B. die verwitwete Meisterin den Gesellen heiratete (vgl. die zuvor beschriebenen Heiratsverbote). Sie setzten sich erst in der hochbürgerlichen Familie durch, als die Ausbildung der Söhne sich verlängerte, die ökonomische Selbstständigkeit bei Eheschließung verlangt wurde und diese für die Ehefrau ihre ökonomische Absicherung bedeutete und sie deshalb zur ökonomischen Entlastung ihrer Eltern möglichst im frühen Alter die Ehe eingehen sollte. Diese Familien waren zudem durch einen starken Patriarchalismus gekennzeichnet. Höheres Alter bedeutete damals auch zugleich, mehr Erfahrung und Achtung zu besitzen. Beide Selektionskriterien können also - soziologisch gesehen - als noch vorhandene und internalisierte Relikte der patriarchalischen Gesellschaftsordnung interpretiert werden[21]. Jedenfalls ist eine stringente wissenschaftliche Begründung nicht möglich.

Die Auslösung, vor allem die Kontinuität emotionaler Beziehungen, beruht ferner nicht nur auf gegenseitiger äußerer Attraktivität, sondern auf glei-

---

21 Das Aufsehen-Müssen zu einer Person wurde häufig zur Unterstützung der hierarchischen Ordnung genutzt, z.B. in früheren Schulen gab es Pulte nicht nur, damit der Lehrer alle Schulkinder beobachten konnte, sondern auch, weil er auf sie „herabsehen" konnte und sie zu ihm aufblicken mussten. Die in vielen Kulturen gegebene Erhöhung des Herrscherthrones hatte bzw. hat die gleiche Funktion.

chen Interessen, Einstellungen, gemeinsamen Freizeitaktivitäten u.a.m., also auf Faktoren, die stark schichtspezifisch bedingt sind bzw. mit dem kulturellen Milieu und dem Bildungsniveau korrelieren (Mühlfeld 1976: 142ff.; Wirth 1996: 371ff.; Klein 1997: 60; Blossfeld/Timm 1997; Teckenberg 2000: 229ff.). Klein hat außerdem darauf aufmerksam gemacht und empirisch-statistisch nachgewiesen, dass von den Heiratsmarktstrukturen ebenfalls Einfluss auf die Partnerwahl ausgehen kann, z.B. bei disproportionalem Bevölkerungsaufbau in Bezug auf das Bildungsniveau, das Alter, die Nationalität (Klein 2000b: 229ff.; ferner Noack 2000: 244ff.; 2001; Rüffer 2001: 104; Vetter 2001: 207ff.). Weiterhin unterstützen die möglichen Orte des Kennenlernens (Bildungsinstitutionen, Freundschaftskreise, Freizeitbereiche, Arbeitsplätze usw.) eine schichtenspezifische Partnerselektion. Dennoch warnen Klein/Lengerer davor, die Bildungseinrichtungen als „Orte des Kennenlernens" zu überschätzen. Jedenfalls gilt für Deutschland - anders als für die USA -, dass nur 20% der von ihnen untersuchten Paare unter 30 Jahren sich über den Schul- und Ausbildungsbereich kennen gelernt haben. Auch Freunde und Bekannte spielen bei der Partnerfindung eine große Rolle, während Verwandte eine nachrangige Bedeutung für die Partnerwahl haben (Klein/Lengerer 2001: 283). M.a.W.: Der gegenwärtig in unserer Kultur einzig anerkannte Eheschließungsgrund, die sog. romantische Liebe, die heutzutage dem Einzelnen die Freiheit, die Chance und die Legitimation geben würde, über seine sozialen Grenzen hinweg Personen anderer sozialer Zugehörigkeit zu heiraten, entpuppt sich also - unter soziologischen Gesichtspunkten - als neues Regulierungsinstrument zur Stabilisierung der gesellschaftlichen Schichten. Im nächsten Kapitel wird diesem Sachverhalt noch differenzierter nachgegangen und es werden auch kritische Einwände gegen diese These diskutiert.

Die allgemein verbreitete Vorstellung also eines für die Gegenwart gegebenen völlig freien Heiratsmarktes unterschätzt die noch heute bestehenden und wirksamen Selektionskriterien bei der Partnerwahl, wodurch die Gruppe von „potenziellen Ehepartnern" relativ stark begrenzt wird. Das freie Partnerwahl-Modell ist also ebenso wie das arrangierte durch - wenn auch andere - „Zwänge" gekennzeichnet, die jedoch nicht so offensichtlich und den Betroffenen häufig nicht bewusst sind.

5.2 Soziologische und psychologische Partnerwahltheorien

Das „Gesetz der Homogamie" (König 1969a: 238; 2002: 455), das am Schluss des vorigen Kapitels bereits kurz skizziert wurde, ist die älteste Partnerwahltheorie, die aufgrund des Befundes von soziodemografischen und anderen Ähnlichkeitsmerkmalen zwischen den Ehepartnern die gegenseitige Attraktivität und „Anziehungskraft" zu erklären versucht. Schon 1924 wies der italienische Statistiker und Demograf Savorgan bereits kulturvergleichend die hohe Korrelation zwischen Nationalität, Geburtsort und Konfession zwischen den Ehepartnern nach, was er als Index für Homogamie interpretierte (zit. bei König 1969a: 238; 2002: 456). Vor allem seit den 1940er Jahren bis heute wurde immer wieder die Homogamie zwischen den Partnern sowohl als notwendige „Ausgangsbedingung" der Partnerfindung, als auch für die spätere Stabilität der Ehebeziehung als entscheidender Faktor empirisch zu belegen versucht. Gleichzeitig wurde aber auch die außerordentliche Relativität dessen, was unter Homogenität zu verstehen sei, betont: Homogen in Bezug auf was?

Bossard hatte schon früh aufgrund empirischer Erhebungen die räumliche Nähe als Faktor der Ehepartnerwahl herausgearbeitet (1932; ebenso Davie/Reeve 1939; später Koller 1948; Hollingshead 1950; Kerckhoff 1956; Katz/Hill 1958). Doch mit dem gleichen oder benachbarten Wohnsitz können gleiche Konfession, gleiche soziale Schichtung, gleiche kulturelle Ausrichtung wie auch ethnische Herkunft korrelieren. Jedenfalls zeigten sich in späteren, aber auch in aktuellen Studien aus den USA und in Deutschland Ähnlichkeiten zwischen den Ehepartnern im Hinblick auf ihre soziale Schicht, ihr Bildungsniveau (nicht unbedingt im Vergleich zur Herkunftsfamilie), in der Konfessions- sowie in der ethnischen Zugehörigkeit, im Alter, in sozialnormativen Orientierungsmustern, in den Freizeitinteressen und in bestimmten Persönlichkeitsvariablen (Wirth 1996; Klein/Wunder 1996). Selbst die sozialstrukturellen Veränderungen zwischen Angestellten und Arbeitern haben aufgrund der Untersuchung von Wirth in Deutschland kaum Veränderungen im Hinblick auf die Homogamie-Regel gebracht. Sie schreibt wörtlich: „Ein Verschmelzen der Heiratskreise von der Arbeiterschaft und den Angestellten bzw. das Entstehen einer diffusen Mitte lässt sich nicht erkennen. Selbst wenn es in Hinblick auf den materiellen Wohlstand sicherlich zu einer Überlappung zwischen Arbeitern und Angestellten gekommen ist, scheint sich dies kaum auf die sozialen Verkehrskreise dieser Gruppen ausgewirkt zu haben. Die gesellschaftliche Entwicklung in den letzten Jahrzehnten scheint somit nahezu keinen Einfluss auf die klassenspezifische Partnerwahl gehabt zu haben" (Wirth 2000: 244).

König hatte bereits die Frage aufgeworfen, ob der Begriff der Homogamie nicht nur ein deskriptiver, kein explikativer wäre (2002: 458). Die Mehrzahl dieser Untersuchungen sind de facto vorwiegend statistischer Natur, indem sie allein den Schwerpunkt auf das Vorhandensein oder Nichtvorhandensein bestimmter Merkmale und Eigenschaften bzw. ihrer Kombinationen bei den Partnern legen.

Der Homogamiethese wurde die „Komplementaritätshypothese" („Gegensätze ziehen sich an") gegenübergestellt, die besagt, dass die Partner beim Anderen jeweils gerade diejenigen Eigenschaften suchen und schätzen, die sie selbst nicht besitzen (Reik 1985). Partnerwahl findet nach dieser Hypothese unter dem Aspekt der Ergänzung und Erweiterung eigener Möglichkeiten und Handlungsspielräume statt (Backmund 1993: 26). Winch spricht deshalb von der „Need-Complementary-Theory" (1958).

Die empirische Überprüfung dieser Theorie wirft eine Reihe von methodischen Problemen auf, weil die verschiedenen theoretisch postulierten Bedingungsfaktoren kaum bzw. nur ausschnitthaft operationalisierbar sind.

Winch hat als Erster bereits 1958 die Homogamie- und die Komplementaritätsthese miteinander verknüpft, als er die sozialselektive Partnerwahl („Assortative Mating") mit persönlicher Wahl kombinierte, was im Folgenden näher erklärt werden soll.

Die Wahl eines Partners hängt zunächst von der Verfügbarkeit potenzieller Partner ab; denn tatsächlich steht den meisten Menschen nur eine sehr begrenzte Menge von Personen zur Verfügung, aus der sie ihren potenziellen Partner oder die Partnerin auswählen können. Die Zahl wird durch Faktoren eingegrenzt, auf die die meisten Personen keinen oder nur geringen Einfluss haben. Die meisten Personen begegnen in dem Zeitraum, in dem sie eine enge Paarbeziehung suchen, nur einer relativ kleinen Anzahl von passenden Personen (Woll/Cozby 1987). Diese Gruppe der potenziellen „Kandidaten/Kandidatinnen" stellt keine Zufallsauswahl aus der gesamten Bevölkerung dar. Um eine andere Person als Partner in Betracht ziehen zu können, muss ein Minimum an Kontakt bestehen. Die Wahrscheinlichkeit, eine Beziehung zu einer anderen Person eingehen zu können, erhöht sich in dem Maße, in dem man Gelegenheit hat, mit ihr Kontakt aufzunehmen (Katz/Hill 1958).

Relativ viel Kontakt hat man im Allgemeinen mit Personen ähnlicher soziokultureller Merkmale (= Homogamiethese), die also in der gleichen Gegend wohnen wie man selbst, die gleiche Ausbildung absolvieren, den gleichen oder einen ähnlichen Beruf ausüben und die gleichen Hobbys haben. Die Menge der potenziellen Partner setzt sich also aus Personen zusammen, die einem im Hinblick auf solche soziodemografischen Merkmale ähnlich sind (zu diesen Merkmalen gehören - wie bereits betont - außerdem Ethnizität, Religion und Nationalität).

Winch vertritt also die Homogamiethese im Sinne der „Funktion der Gelegenheiten" und geht davon aus, dass als Folge fehlender Möglichkeiten, einen ungleichen Partner zu finden, sich zwangsläufig Homogamie einstellen muss. Da der Partner im sozialen Beziehungskreis gesucht wird und sich die Personen eines (Verkehrs-)Kreises weitgehend ähnlich sind, stellt sich automatisch Homogamie der Partner ein. Mit wachsender demografischer und sozialer Mobilität wären nach dieser These sinkende Homogamieraten verbunden. Winch führte hierfür den Begriff des „Field of Eligibles" in die Partnerwahldiskussion ein. M.a.W.: Aus einem Kreis von unzähligen Personen wird eine Vorauswahl nach dem Gesetz der Ähnlichkeit der soziokulturellen Merkmale und der Übereinstimmung von Wertvorstellungen getroffen. Aus dem so umrissenen Auswahlkreis (nochmals: „Field of Eligibles") erfolgt die endgültige Partnerwahl nach dem Komplementaritätsprinzip (Winch 1958: 14).

In jüngster Zeit wurden - anknüpfend an die dargestellten theoretischen Ausführungen von Winch - Stufen- und Filtermodelle im Hinblick auf den Partnerwahlprozess entwickelt.

So hat z.B. Jäckel (1980: 14) folgendes Stufenmodell formuliert: Auf der ersten Stufe, im Stadium des Kennenlernens, bewirken soziokulturelle Faktoren eine erste Begrenzung der Möglichkeiten der Partnerwahl. Ob es zu einem Kennenlernen kommt, ist im Wesentlichen von der Attraktivität des möglichen Partners abhängig.

In der zweiten Stufe sind nach vorliegenden Erkenntnissen die Faktoren „wahrgenommene" und „vermutete" Ähnlichkeit von Bedeutung (vgl. hierzu auch Trost 1967; Murstein 1986). Diese bewirken eine „Idealisierung des Partners" und eine „verklärte Betrachtung der Beziehung" sowie das Gefühl, „zusammenzupassen" (Jäckel 1980).

Auf der dritten Stufe setzt ein Angleichungsprozess ein, der von der Fähigkeit zur Kommunikation, zur Empathie und zur Anpassung bestimmt wird.

Werden diese drei Phasen erfolgreich durchlaufen, ist die Beziehung stabilisiert, d.h. die Rollenerwartungen und Rollenselbstdefinitionen der Partner stimmen überein. Jäckel (1980) spricht von einer stabilen Partnerbeziehung. Auf weitere Stufen-, Phasen- und Filter-Modelle einzugehen, ist nicht notwendig, da sie sich nur durch Variationen unterscheiden: Sie untersuchen alle, unter welchen Bedingungen es zu einer zunehmenden Vertrautheit und schließlich zur festen Paarbindung kommt. Ihre Themenstellungen sind eher psychologisch als soziologisch orientiert.

Kritisch zu Jäckels und anderen Stufenmodellen ist anzumerken, dass häufig der Faktor „Attraktivität" (= erste Stufe) nicht näher bzw. nur sehr vage beschrieben wird. „Attraktivität" könnte man aber unter austauschtheoretischer Perspektive konkreter fassen, indem man sich „Partnerwahl als Marktmodell" vorstellt. Wenn man nämlich davon ausgeht, dass in der Interaktion verschiedene Bedürfnisse erfüllt werden sollen (vgl. Winch 1958; Backmund 1993), dann erwarten die Partner gewissermaßen Leistungen voneinander. Es kommt zu einem Austausch der Ressourcen und Belohnungen, die die Individuen anbieten können (Foa/Foa 1980; Hirschman 1987; Klein 1991; Hill/Kopp 2001; 2002; Nauck 1989). Hierzu können sowohl Geld, sozialer Status und Einfluss als auch sozial-erwünschte Persönlichkeitsmerkmale gehören. Die Austauschtheoretiker gehen davon aus, dass je mehr Ressourcen einem Individuum zur Verfügung stehen, desto größer sein „Marktwert" bzw. seine „Attraktivität" sei.

In der ökonomischen Theorie von Becker (1991) umfassen die Austausch-prozesse auch den - zumeist ungleichen - Arbeitsmarktstatus der Partner. Becker postuliert, dass sich Paare zusammenfinden, um gemeinsam mög-lichst effizient Güter („commodities") besser miteinander zu produzieren, die man nicht direkt am Markt erwerben kann. Sie tun dies nur, wenn sie dadurch ein höheres „Nutzen-Niveau" ihrer Lebensgestaltung erreichen, als für den Fall, dass sie allein bleiben. Becker spricht in seiner familienöko-nomischen Theorie von „ressourcenpooling": Darunter versteht er die Zu-sammenlegung von Ressourcen beider Partner. „Ein derartiges Ressourcen-pooling kann für beide Partner Gewinn bringend sein. Das klassische Bei-spiel stellt etwa ein Paar dar, bei dem der eine Partner erwerbstätig ist und der andere sich auf Erziehungs- und Hausarbeit konzentriert. Partnerschaf-ten und Ehen werden hier als langfristige Vertragsgemeinschaften zur Pro-duktion von Dienstleistungen und Gütern verstanden, die auf dem freien Markt nicht - oder nur zu einem höheren Preis - erhältlich sind ... Zu diesen Gütern (gehören) vor allem auch Kinder" (Hill/Kopp 2001: 20). Der Bezie-hungsgewinn hinge auch davon ab, wie gut sich die Partner mate-riell/immateriell ergänzen würden. Ob sie sich in Bezug auf ein Merkmal ähnlich oder unähnlich sein sollten, hängt nach Becker von der Komple-mentarität bzw. Substituierbarkeit der Eigenschaften bei der gemeinsamen Produktion von „commodities" ab. Im Hinblick auf substitutive Merkmale sollten sich die Lebenspartner unähnlich sein („negative assortative ma-ting"), im Hinblick auf komplementäre Eigenschaften ähnlich („positive assortative mating"). Nach Becker sollten Lebenspartner z.B. ein unter-schiedliches marktrelevantes Humanvermögen (Marktproduktivität) mit in die Paarbeziehung einbringen, da dieses Merkmal als substitutiv betrachtet würde (vgl. hierzu Hill/Kopp 2001: 20ff. und 2002: 148ff.). Mit Beckers Modell der Partnerwahl lassen sich auch asymmetrische Partnerwahlen be-gründen. Teckenberg betont: „So kann Becker, ohne Rekurs auf bestimmte Heiratsnormen, auch die Tendenz zur Aufwärtsheirat (Hypergamie) von Frauen erklären, da sich eine niedrige sozioökonomische Stellung der Frau mit dem Nutzen von arbeitsteiliger Haushaltskooperation verbinden lässt" (Teckenberg 2000: 63). Der empirische Status der Theorie ist jedoch um-stritten. So ist noch nicht ausreichend geklärt, was alles als Ressourcen an-gesehen werden könnte und wie ihre individuell unterschiedlichen Wertig-keiten angemessen zu berücksichtigen sind.

Durch diese zuletzt dargestellten Theorien ist es gelungen, die Frage der gegenseitigen Partnerwahl und der nach dem prozessartigen Verlauf von Partnerbeziehungen größtenteils zu beantworten. Im Übrigen haben sich bei dieser Fragestellung produktive Ergänzungen mit psychologischen Theo-rien ergeben, die sich stärker auf Partnerwahlpräferenzen, Bindungsverhal-ten, Entstehung und Festigung von Liebe, Intimität u.a.m. konzentrieren (z.B. Amelang et al. 1991a; Amelang et al. 1991b; Kümmerling/Hassebrauck 2001; Luszyk 2001). Doch - so argumentiert Esser in Anlehnung an Popper -

die Psychologie konzentriert sich nur auf Einzelmenschen und deren Motive als Ursprung der gesellschaftlichen Vorstellungen; die Soziologie fragt gerade umgekehrt, „wie die Menschen und ihre Motive (immerfort) gesellschaftlich erzeugt würden" (Esser 2003b: 72). Soziologisch wäre es deshalb forschungsmäßig nunmehr äußerst notwendig zu untersuchen, ob und inwieweit Partnerwahl und Heiratsverhalten z.B. gesellschaftliche Probleme der In- bzw. Exklusion bedingen bzw. unterstützen, ob sie schicht- und ethnische Abgrenzungsprozesse bewirken, zumindest „symbolisieren" usw. Mit anderen Worten: ob und wie sie Segregationsprozesse in modernen Gesellschaften unterstützen bzw. aufheben können. Als Beispiel dieser Forschungsrichtung sei die Abhandlung von Nauck über Heiratsmärkte und Partnerwahlprozesse in der Türkei und Deutschland, einschließlich der Konsequenzen für den Heiratsmarkt von türkischen Migranten in Deutschland, angeführt (Nauck 2001a: 35ff.). Wenn in Europa der Anteil der binationalen Ehen zwar ansteigt, ist er gemessen an der hohen Migrationszahl gering; deshalb sollte dieser Forschungsthematik im Hinblick auf die Exklusionsproblematik in einzelnen europäischen Nationen und insbesondere auch in Deutschland mehr Aufmerksamkeit seitens der Soziologen und Soziologinnen gewidmet werden.

6. Die Ehe als Institution

„Was ist eine Institution?" So beginnt Esser sein Buch über Institutionen; und er fährt fort: „Ist die Abseitsregel eine Institution? Ist es ein Wochenmarkt? Die Schule? Eine Nervenheilanstalt? Ein Betrieb? Die Ehe? Eine eheliche Gemeinschaft? ... Die Soziologie ist gewiss nicht arm an zentral wichtigen, aber nach wie vor nicht eindeutig geklärten Konzepten. Der Begriff der Institution gehört auch dazu." (Esser 2000: 1). Im Folgenden wird deshalb zunächst einleitend kurz auf den Begriff „Institution" eingegangen, zumal gerade in der Soziologie Ehe/Familie als Institution bezeichnet werden. Es sind aber zwei Institutionen, die, wie in Kap. 7 gezeigt werden wird, sogar in Widerspruch oder Konkurrenz geraten können. Im Folgenden können in einem Einführungswerk dann nur einige aus der Fülle der mit dem Thema „Ehe als Institution" verknüpften Themenbereiche behandelt werden. Zunächst wird auf die juristischen, sozialen bzw. kulturellen Regelungen eingegangen, die mit dem Akt der Eheschließung verbunden sind. Da Institutionen ferner auch einen Sinnzusammenhang repräsentieren (Brühl 1978: 345), der in Bezug auf die Ehen unseres Kulturkreises (und darauf muss sich das folgende Kapitel beschränken) Stabilitäts-/Instabilitätsprobleme auslösen kann, soll kurz das eheliche Sinnkriterium „Liebe" thematisiert werden. Die weiteren Abschnitte beschäftigen sich mit den organisatorischen und regulativen Aspekten der Institution Ehe (= Arbeitsteilung, eheliche Macht- und Austauschprozesse) und abschließend werden die Formen ihrer Auflösung behandelt.

6.1 Einführung: Zum Begriff „Institution"

Im allgemeinen Sprachgebrauch bezeichnet „Institution" eine Einrichtung (Organisation, Behörde, Betrieb). In der Soziologie dagegen ist eine Institution - trotz unterschiedlicher Akzentsetzungen innerhalb einzelner konkreter Definitionen - ein Komplex „von sozialen Regeln mit Geltungsanspruch" (Esser 2000: 303). Die Regeln werden unterschiedlich legitimiert, z.B. durch Tradition, Brauchtum, Gesetz, Religion oder Macht. Ihre Absicherung erfolgt über Sanktionen, entweder durch extern zu erwartende oder - bei Internalisierung der Normen - durch Schuldkomplexe, Scham, neurotische und psychosomatische Störung u.a.m. Selbstverständlich sind Institutionen keine statischen Gegebenheiten, sondern einem fortlaufenden Prozess des Wandels unterworfen. Gerade zurzeit wird in manchen soziologischen Veröffentlichungen die De-Institutionalisierungsthese von Ehe und Familie vertreten. Aus dem zuvor Gesagten geht hervor, dass diese Aussage nicht in dem Sinne interpretiert werden darf, dass die Ehe keine Institution mehr wäre. Nur der Verbindlichkeitscharakter und die Vielzahl der Normen, die das „Regelsystem" Ehe betreffen, haben - so betonen die Autoren (z.B. Tyrell 1988) - abgenommen.

Nach Brühl (1978: 345) sind für die Institutionentheorie besonders der kulturanthropologische und der strukturell-funktionale Ansatz wichtig geworden. Der kulturanthropologische betrachtet die Institution vor allem als gesellschaftlichen Instinkt-Ersatz zur Stabilisierung des menschlichen Verhaltens. Die soziologisch orientierte Anthropologie (A. Gehlen, H. Plessner) verweist auf die Unentbehrlichkeit der Institution für menschliches Leben überhaupt und betont die Bedeutung der Institution sowohl als Instrument der Entlastung des Menschen vom Entscheidungsdruck wie als Quelle der Unterdrückung und Fremdbestimmung. Für die strukturell-funktionale Theorie sind Institutionen Komplexe von Normen-, Rollen- und Statusbeziehungen, welche durch allgemeine Ordnungs-, Herrschafts- und Sanktionsmechanismen zusammengehalten werden und für das Funktionieren des gesamten gesellschaftlichen Systems von strategisch-struktureller Bedeutung sind. Im Folgenden wird Ehe als Institution nicht unter dem zuletzt genannten Makro-Aspekt behandelt. Stattdessen wird in den folgenden Abschnitten versucht, einen Überblick über das juristische, kulturelle, organisatorische sowie macht- und herrschaftsgesteuerte eheliche Regelsystem zu geben. Zunächst ist deshalb darzustellen, was die Eheschließung, die juristisch einen Vertragsabschluss darstellt, soziologisch bedeutet.

6.2 Die soziologische Bedeutung der Eheschließung

In allen Kulturen werden mit dem Eheschließungsakt, der Hochzeit, neue Rechte und Pflichten erworben bzw. alte erfahren Veränderungen, Ergänzungen. Vor allem werden mit der Eheschließung die Beziehungen der beiden Herkunftsfamilien zueinander und die Stellung des Partners bzw. der Partnerin innerhalb der jeweils anderen Herkunftsfamilie sowie vor allem das neue Ehesystem im gesamten Familienverband „verortet". Gleichzeitig werden damit Verwandtschafts- und Erbschaftslinien neu strukturiert und Vermögensregelungen getroffen. Ferner verleiht der eheliche Status in den meisten Kulturen den Partnern - in mehr oder weniger starkem Maße - gegenseitige exklusive Rechte in sexueller Hinsicht. Durch die Eheschließung wird weiterhin die soziale Zugehörigkeit der künftigen Kinder „gesichert" (das schließt eine spätere Anfechtungsklage nicht aus, was das deutsche Recht vorsieht).

Der Status des Verheiratet-Seins wird in vielen Kulturen durch äußerlich sichtbare Symbole „markiert": durch bestimmte Kleidung bzw. Kleidungsstücke (vgl. die abgedruckte Kleiderordnung in Kap. 3), durch die Haartracht, durch das Tragen von speziellen Schmuckstücken[22], durch Farbzeichen auf der Stirn oder auf den Handflächen, durch Änderung der Anrede und/oder von Begrüßungsformen sowie durch andere kulturelle Rituale. Diese Statussymbole werden in den verschiedenen Kulturen unterschiedlich legitimiert, z.B. durch Brauchtum, Tradition, religiöse Überlieferungen, verschriftlichte Rechtsnormen. Ihnen können unterschiedliche Funktionen zugeschrieben werden: Symbol der Ausgrenzung aus dem Heiratsmarkt, Bekundung eines „höheren" Status', was lange Zeit vor allem auch in unserem Kulturkreis für Frauen galt.

Abb. 17: Heiratsanzeige in der Nordwest-Zeitung vom
17.05.2003 (Namen wurden verändert)

Wir haben am 15. Mai 2003 den "Bund fürs Leben" geschlossen!

Max Meier

Hilda Schulze

Im Inhalt und Umfang der sozialen (einschließlich der juristischen) Normen, die mit der Eheschließung verknüpft waren bzw. sind, gibt es zwischen den einzelnen Kulturen starke Unterschiede, auch in Bezug auf die Maßnahmen und die Intensität der negativen Sanktionen bei ihrer Nicht-Erfüllung. Aber überall ist die Eheschließung (Hochzeit) ein „rîte de passage", ein Übergangsritus, verbunden mit einem Fest, das zum Ziele hat, „das Individuum" - wie es Van Gennep formulierte - „aus einer genau definierten Situation in eine andere, ebenso genau definierte hinüber zu führen (Van Gennep 1909/1986: 15). Ausschmückung, Dauer und Ablauf dieses Festes sind von Kultur zu Kultur und innerhalb der Kulturen von dem sozialen Rang der Herkunftsfamilien oder des Brautpaares abhängig. Zuweilen können der Aufwand und die Kosten der Eheschließung sogar die ökonomischen Verhältnisse des Familienverbandes übersteigen (vgl. zur verschiedenen Ausgestaltung des Hochzeitsfestes in verschiedenen Kulturen Völger/v. Welck 1985).

Der Eheschließung vorgeschaltet ist zumeist die Verlobung, insbesondere bei arrangierten Ehen. Auch die Verlobung war (und: ist) insofern ein Übergangsritus, weil der Einzelne aus der Gruppe der Ledigen ohne Partner-

---

22 Der Ehering bzw. genauer: der Verlobungsring war bereits im alten Rom üblich. In Deutschland wird erstmalig der Verlobungsring im mittelalterlichen Epos „Rouodlieb" (2. Hälfte des 12. Jh.) erwähnt (Schmidt-Wiegand 1985: 270).

bindung in die Gruppe der „Gebundenen" (früher auch „Versprochenen" genannt) übernommen wird. Dieses zeremonielle Ereignis war bzw. ist in allen Kulturen ebenfalls in Größe und Art der Ausgestaltung des Festes vom Besitzstand der Familie abhängig und dient bzw. diente gleichzeitig der Bestätigung und der Demonstration des familialen Ranges.

In Deutschland wird die Verlobung nur noch selten öffentlich und in Form eines großen Festes gefeiert (vgl. ausführlicher Nave-Herz 1997b: 39ff.). Juristisch unterliegt die Verlobung weiterhin bestimmten Regelungen. So kann zwar laut §1297 BGB „Aus einem Verlöbnis ... nicht auf Eingehung der Ehe geklagt werden" und ebenso ist „das Versprechen einer Strafe für den Fall, dass die Eingehung der Ehe unterbleibt" nichtig, aber eine Ersatzpflicht bei Rücktritt ist in §1298 und §1299 BGB und die Rückgabe der Geschenke, die Zeichen des Verlöbnisses waren, in §1301 BGB festgeschrieben.

Wie eingangs dargestellt, ist der Eheschließungsakt ein rîte de passage. Aber in Deutschland - ebenso wie in anderen europäischen Staaten - hat sich die Intensität des Wechsels für die Betroffenen durch die Ausprägung des neuen Systemtyps Nichteheliche Lebensgemeinschaft abgeschwächt. Vor 30 Jahren markierte die Hochzeit in allen sozialen Schichten einen einschneidenden Übergang. Mit ihr waren, zumindest tendenziell, verbunden: die Loslösung von der Herkunftsfamilie, die Einrichtung eines eigenen Hausstandes und die wirtschaftliche Selbstverantwortung, der Beginn der engen Lebensgemeinschaft des Paares und die reproduktive Phase. Nichts davon ist heute notwendigerweise noch mit der Hochzeit als Zeitpunkt und als Ritual verbunden. Die Hochzeit scheint damit zunächst lediglich ein Übergang von einer informellen zur formellen Partnerschaft darzustellen. Aber mit ihr verbunden sind bislang noch weiterhin - wie bereits in Kap. 2.1 betont - neue soziale und juristisch abgesicherte Regelungen der Beziehung der beiden Verwandtschaftslinien und der Herkunftsfamilien; die Erbschaftslinien werden neu bestimmt, und die Herkunftsfamilien haben nunmehr zu akzeptieren, dass die erste Stelle in der Loyalitäts-Rangfolge - zumindest auf normativer Ebene - der Ehepartner ihres Kindes einnimmt (Harris 1973). Ferner entsteht ein neues Rollensystem mit gesellschaftlich genau festgelegten Rechten und Pflichten. Dem Ritus „Hochzeit" kommt damit noch weiterhin - sozialstrukturell gesehen - eine gewisse „Ordnungs- und Orientierungsfunktion" zu. Auf diese „integrative Funktion" von Riten für die Gesellschaft hat bereits Durkheim hingewiesen.

Exkurs: Die derzeitige und historische Entwicklung der Namensrechtsregelung in Deutschland

In vielen Staaten ist mit der Eheschließung das Tragen eines gemeinsamen Nachnamens verbunden, aber nicht in allen. Selbst in einigen überwiegend patriarchalisch strukturierten Gesellschaften gilt für die Frauen Namenskontinuität nach der Hochzeit (z.B. in Spanien, Korea), was aber schließlich heißt, dass sie den Namen ihres Vaters weitertragen. In anderen Staaten wiederum ist sogar völlige Namensfreiheit gegeben. Z.B. bleibt es in den USA im Prinzip einem jeden überlassen, welchen Namen er führt und ob er seinen Namen wechselt (Beispiel: Hillary Clinton trägt diesen Namen nicht seit ihrer Eheschließung, sondern erst seit der Präsidentschaft ihres Mannes). Dieses Prinzip der grundsätzlichen Namensfreiheit geht bereits auf das englische „Common Law" zurück. Auch die Frage, welchen Namen die Ehefrau nach der Eheschließung führe, unterliegt dem Grundsatz der dort geltenden Namensfreiheit, was bedeutet, dass jeder Mensch seinen Namen nach Belieben und ohne Grund ändern kann; dies gilt gleichermaßen für Nach- wie auch für Vornamen (Flessner 1993: 181). Interessant ist aber, dass in der Praxis überwiegend die patriarchalisch orientierte Namensgebung gewählt wird. Für die Schweiz gilt übrigens umgekehrt: Obwohl juristisch bis 1984 die Frau den Namen des Mannes erhielt, war es im Alltag üblich - also Rechtsgewohnheit -, dass sie und auch der Ehemann einen gemeinsamen Nachnamen, bestehend aus den beiden Geburtsnamen, führten. Seit 1984 ist nach Art. 160 des schweizerischen Familienrechts zwar weiterhin der Name des Mannes der Familienname, aber die Frau - und nur sie! - kann nunmehr mit ausdrücklicher Zustimmung des Gesetzgebers ihren Geburtsnamen voranstellen (Boschan 1972: 477; Bergmann/Ferid 1995).

Überblickt man die deutsche Namensrechtsgeschichte (vgl. hierzu ausführlicher Nave-Herz 1999b), so wird deutlich, dass sich in der Bestimmung des Nachnamens die Entwicklung der hochbürgerlichen patriarchalischen Familie und Familientradition widerspiegelt. Weil sie zum allgemeinen Leitbild aller Schichten wurde, breitete sich schließlich dieser Nachnamensgebrauch im Sinne eines Gewohnheitsrechts auf alle Bevölkerungsgruppen aus. Das juristisch codifizierte Namensrecht hat sich dieser Entwicklung in Deutschland erst relativ spät angepasst, was im Folgenden belegt werden soll.

Zu einer allgemeinen Norm wurden Familiennamen in Deutschland erst vor ca. 200 Jahren. Zuvor wurden Nachnamen - abgesehen vom Adel - nur vom vermögenden Bürgertum, speziell von Bank- und Kaufmannsfamilien, ausgewählt und getragen. Mit der Nachnamensführung war bei ihnen die Absicht verbunden, eine Identifizierung des Bank- oder Handelshauses auch über regionale Entfernungen hinweg zu ermöglichen. Der Nachname sollte - wie wir heute sagen würden - ein „Gütesiegel" und ein „Kreditbrief" sein; deshalb konnte den Familienmitgliedern, die den Namen „entehrten", der Name aberkannt werden. Namensänderungen waren ferner in jener Zeit jederzeit möglich.

Auf dem Lande wählte man die Hofnamen zum Nachnamen, weswegen hier sogar sehr lange Zeit auch die Möglichkeit der Übernahme des Frauennamens - wenn er Hofname war - durch den Ehemann gegeben war.

Bei Frauen war damals Namenskontinuität möglich. Sie behielten überwiegend bis ins 17. Jahrhundert hinein nach Verheiratung ihren Geburtsnamen bei (evtl. mit einem Zusatz verbunden, der auf den Namen des Hofes oder Familienbetriebes des Ehemannes verwies). Vor allem die allgemeine Ausprägung des bürgerlichen Familienideals verstärkte dann den Prozess des gemeinsamen Familiennamens. Damit bekam der Nachname in dieser Schicht die Funktion der Dokumentation der Familientradition. Selbstverständlich orientierte diese sich nur an der männlichen Linie, war Zeichen des damals in diesen Familien herrschenden Patriarchats.

Erste Rechtsregeln zur Führung von Nachnamen, denen nur teilweise Gesetzeskraft zukam (Brexel 1962: 53), wurden im ausgehenden 18. Jahrhundert und beginnendem 19. Jahrhundert aufgestellt, wobei nicht zuletzt militärische Zwecke, nämlich die Wehrpflicht, Anlass für die Verrechtlichung gewesen sein dürften (Schwenzer 1991: 390). Der Nachname bekam nunmehr auch eine Identifizierungs- und Ordnungsfunktion.

Allgemeine juristische Namensregelungen wurden dann im Allgemeinen Preußischen Landrecht 1794 aufgenommen. Obligatorisch wurde das Tragen von Nachnamen in ganz Deutschland vor allem durch die Einführung der standesamtlichen Trauung, also 1875. In diesem Zusammenhang wurde für Frauen der Namenswechsel bei Verheiratung juristisch verordnet. Auf die besonderen Vorschriften der Namensgebung für Juden kann hier nicht eingegangen werden, auch nicht auf alle „Etappen" der Veränderungen der Nachnamensregelungen nach dem 2. Weltkrieg. Hervorgehoben sei, dass 1958 in der (alten) Bundesrepublik das Namensrecht insofern verändert wurde, als erstmals mit dem §1355 BGB der Ehefrau die Möglichkeit geboten wurde, ihren Mädchennamen dem Ehenamen hinzuzufügen. In der DDR sah das Familiengesetzbuch von 1965 eine Wahlpflicht vor; man hatte sich entweder für den Namen der Frau oder den des Mannes als Ehenamen zu entscheiden. Die Führung eines Doppelnamens war nicht vorgesehen (Schwenzer 1991: 392; Struck 1991: 412).

Erst 1994 wurde in Deutschland mit dem Gesetz zur Neuordnung des Familiennamensrechts die Pflicht zum gemeinsamen Ehenamen aufgehoben. Jeder kann Nachnamenskontinuität trotz Eheschließung wählen. Außerdem können Begleitnamen durch Voranstellung oder Anfügen des Geburtsnamens von einem Ehepartner gewählt werden, doch beide Partner können aufgrund des Namensrechts nicht durch Zusammenfügung ihrer Geburtsnamen einen gemeinsamen Doppelnamen tragen.

Das neue Namensrecht (§1355 BGB) hat also Möglichkeiten für individuelle, weniger für paarorientierte Entscheidungen geschaffen. Denn Namensgleichheit ist nur durch Wahl des männlichen *oder* weiblichen Geburtsnamens möglich. Doppelnamen oder völlig neue Namenswahlen zur Dokumentation des neuen Lebensabschnittes „Ehe", mit dem eine neue Identitätsbildung verbunden ist (vgl. Kap. 6.4 in diesem Band), schließt das Gesetz weiterhin aus.

Fragen wir abschließend - wie einleitend betont -, ob dieses Gesetz handlungswirksame Konsequenzen zeitigte. Matthias-Bleck (2000) hat verschiedene Standesämter in Bezug auf die Namenswahl bei Eheschließung befragt und die Antworten zusammengetragen sowie eine qualitative Untersuchung über die Begründung der Nachnamenswahl bei Jungverheirateten durchgeführt. Diese explorativen Analysen belegen, dass trotz Wahlfreiheit in der Ehenamenswahl größtenteils an normativen Selbstverständlichkeiten und Traditionen festgehalten wird (Matthias-Bleck 2000), d.h. zu 90% übernimmt die Frau den Namen des Mannes. Für viele Befragte scheinen - im Sinne des rational-choice-Ansatzes - die Begründungskosten für den Erhalt beider Geburtsnamen oder das Tragen eines Doppelnamens für einen Partner höher als die Kosten des Verlustes der Namenskontinuität zu sein. Deshalb werden vermutlich vor allem qualifiziert ausgebildete und ökonomisch unabhängige Frauen, häufiger ihren Geburts- oder den Doppelnamen nach der Eheschließung wählen. Denn bei ihnen erfährt die Kosten-Nutzen-Bilanzierung eine andere Bewertung, weil das Identitätsargument durch die berufliche Position eine begründungsfähige Legitimation besitzt. Diesbezügliche empirische Belege fehlen aber bislang.

6.3 Der Sinnzusammenhang der Institution Ehe

Ehen in unserem Kulturkreis basieren dem Anspruch nach und durch empirische Untersuchungen belegt auf dem romantischen Liebesideal (Xu/Whyte 1990: 709ff.; Matthias-Bleck 1997; Hopf/Hartwig 2001). „Liebe" ist keine anthropologische Konstante, sondern entsteht, wie andere Emotionen auch, durch das Zusammenwirken biologischer, psychologischer, sozialer und kultureller Faktoren (vgl. hierzu ausführlicher Gerhards 1988: 190ff.). In der Soziologie hat sich - wie Lenz (2003: 252) ausführt - die konstruktivistische Emotionssoziologie als dominante Theorieperspektive durchgesetzt. „Die konstruktivistische Emotionssoziologie nimmt Abschied von dem Organismus-Modell und fasst Emotionen konsequent als soziokulturelle Phänomene auf. Emotionen, so wird argumentiert, lassen sich nicht losgelöst und unabhängig von den erkennenden und handelnden Subjekten betrachten" (Lenz 2003: 253). Sie sind also kulturell konstruiert und historisch wandelbar.

Durch unser Ideal der romantischen Liebe, das heute für die Ehen aller sozialen Schichten gilt, wurde die Partnerbeziehung zum Sinnkriterium von Ehe. Selbst der Kinderwunsch und die Kinder gelten als Symbol der Intensität dieser Beziehung. Die Dauerhaftigkeit der Ehe wurde damit von der

Partnerzufriedenheit und den individuellen Anspruchsmustern an den Partner bzw. an die Partnerin und überwiegend vom Bestand der emotionalen Beziehung zwischen den Ehepartnern abhängig (hierauf wird in Kap. 6.7.1 intensiver eingegangen; vgl. hierzu auch Reinprecht/Weiss 1998: 104).

Die Literatur über die Erforschung von Emotionen ist in den letzten Jahren geradezu sprunghaft angestiegen. Doch diese Veröffentlichungen konzentrieren sich nicht auf die Liebe in Ehen[23]. Denn auch für andere Zweierbeziehungen kann das Prinzip der romantischen Liebe gelten.

In der vorliegenden Literatur und in der Alltagssprache wird begrifflich im Übrigen häufig ganz allgemein von „Liebe" im Hinblick auf Ehe und Zweierbeziehungen gesprochen, obwohl dieses Wort auch auf emotionale Beziehungen zwischen Eltern und Kindern, auf das Verhältnis von Gott und Menschen usw. verwendet wird. Zur Kennzeichnung der besonderen Qualität der emotionalen Beziehungen zwischen den Ehepartnern wird deshalb im Folgenden die Bezeichnung „romantische Liebe" verwendet.

In Bezug auf die Genese und auf den Wandel des kulturellen Codes von romantischer Liebe sei z.B. auf Luhmann (1982), Daub (1996) und Lenz (2003) verwiesen. Romantische Liebe bedeutet heute eine Einheit von affektiver Zuneigung und sexueller Leidenschaft; die Liebenden glauben an die Dauerhaftigkeit ihres Gefühls; die Beziehung wird als einmalig, als exklusiv empfunden, was Treue zwangsläufig erscheinen lässt. Die romantische Liebe verleiht dem Individuum die Chance, in einer Einzigartigkeit erkannt und bestätigt zu werden (vgl. hierzu ausführlicher Lenz 2003; Luhmann 1982). Der romantischen Liebe ist das „Verliebtsein" vorgelagert, das zumeist noch ein einseitiger Gefühlszustand, evtl. den Beginn einer gegenseitigen Liebe bedeutet (Burkart/Koppetsch 2001: 440). Damit wird deutlich, dass Liebe einer prozesshaften Umgestaltung unterliegen kann. So wäre zwar romantische Liebe notwendig für die Bildung der Paarbeziehung, tauge aber nicht für den Alltag, behaupten einige Autoren (z.B. Giddens 1993). Als Nachfolgerin der romantischen Liebe wird von einigen Autoren die „partnerschaftliche Liebe" genannt. Diese garantiert eher Individualität, Freiheit in den Außenbeziehungen; überhaupt soll sie stärker den Bedürfnissen der Selbstverwirklichung des Individuums Rechnung tragen. Einseitige „Opferhaltungen", z.B. zum Zwecke der Aufrechterhaltung einer Ehe, sind mit partnerschaftlicher Liebe nicht mehr vereinbar, werden nicht mehr erwartet und auch nicht positiv „vermerkt", sondern als Unterdrückung interpretiert (Gerhards 1988: 249).

Ob es sich im Hinblick auf die partnerschaftliche Liebe um einen zeitgeschichtlichen Wandel des kulturellen Codes oder um Phasen der „Liebes-

---

23 Insbesondere anregend und umfassend ist in diesem Zusammenhang das Buch von Lenz (2003), und Hahn/Burkart (Hg./1998) zu nennen, ebenso Daub (1996), Bauman (2003).

entwicklung" in der Paarbeziehung handelt, wird in der Literatur unterschiedlich interpretiert. Ohne auf diese Differenzen eingehen zu müssen, kann betont werden, dass der Begriff „partnerschaftliche Liebe" ein bestimmtes Liebesideal beschreibt, das bei uns heute hohe Anerkennung genießt, das aber dennoch auch romantische Liebe einschließen kann. Ferner bedeutet „partnerschaftliche Liebe" mit dem Anspruch auf Selbstverwirklichung nicht die Aufgabe der gegenseitigen Verpflichtung, Fürsorge, Solidarität u.a.m., diese könnten eventuell sogar im Eheverlauf die Basis bilden (Weiss 1995: 121). Liebe ist aus vielen emotionalen Facetten zusammengesetzt und besteht sowohl aus Leidenschaftlichkeit als auch aus Kameradschaft. Empirische Forschungen zeigen eine geschlechtsspezifische Ausprägung der Liebesauffassung: Die Betonung von intensivem Gefühlsengagement - die romantische Komponente von Liebe - findet sich wesentlich häufiger bei Frauen. Bei Männern dagegen herrscht eher gefühlsmäßige Distanz und „Liebe als Spiel" vor (Reinprecht/Weiss 1998: 90). Burkart/Koppetsch vertreten die These, dass auch heute die romantische Liebe alltagstauglich sei und dass ohne dieses Fundament von Liebe/Sexualität keine Paarbeziehung überleben könne: „Es gibt kein besseres Bindemittel" (2001: 441). Für sie stellen Liebe und Partnerschaft konkurrierende Prinzipien dar; der Code der Liebe und der Code der Partnerschaft sind unterschiedliche Formen des Austauschs und der Gegenseitigkeit: „Der Austausch zwischen Liebenden entspricht eher einem Gabentausch, das partnerschaftliche Geben und Nehmen eher einem Austausch äquivalenter Leistungen" (Koppetsch 1998: 111; ähnlich Burkart 1998: 15). Dennoch postulieren auch sie einen prozesshaften Verlauf der Paarbeziehungen: Die Liebe eines Paares durchläuft „gewisse Transformationen. Sie kann im Alltag mit Intimität verschmelzen. Damit ist eine gegenseitige exklusive Vertrautheit in einer sehr privaten Lebenswelt gemeint. In der und um die gemeinsame Körperzone wird eine ‚Behausung' geschaffen, ein höchst privates Territorium des Paares ... Intimität lässt sich zwar von Sexualität im engeren Sinn unterscheiden; es gibt intensive Intimität ohne Sexualität ... Aber die Grenze zur Sexualität ist durchlässig. Intimität ist eine Modulation der Liebe, in der das Feuer der Leidenschaft schwächer geworden ist, weil Fremdheit und Geheimnisse weitgehend verschwunden sind, zugunsten von Vertrautheit und Geborgenheit" (Burkart/Koppetsch 2001: 437).

Das Ehepaar Walster hatte bereits 1978 herausgestellt:

> Es gibt „two different forms of love: passionate love and compassionate love. Passionate love is a wildly emotional state, a confusion of feelings: tenderness and sexuality, elation and pain, anxiety and relief, altruism and jealousy. Passionate love is a state of intense absorption in the other person. Compassionate love, on the other hand, is a lower-key emotion - friendly affection and deep attachment to someone.

While it would seem that these two types of love are the opposite, they are better seen as complementary to one another. Passionate love, the more emotional form, provides the initial attraction between individuals and is the band that keeps the relationship together; compassionate love grows over time. When the fires of passionate love begin to die down, it is the deeper, less emotional compassionate love that becomes the basis for the more enduring permanent relationship. If compassionate love has not developed, the death of passion can signal the end of the relationship." (zitiert in: Gelles 1995: 821)

Schließen könnte man aus dieser Beschreibung - wie auch aus anderen psychologischen Phasenverlaufsmodellen und aus dem Postulat der partnerschaftlichen Liebe -, dass diese gleichfalls auf eheliche Beziehungen zutreffen. Aber diese Forschungsarbeit müsste erst geleistet werden. Eine Ehe-Soziologie ist bisher noch nicht geschrieben worden (vgl. auch Lenz 2003: 9). In der psychologischen Forschung wurde die eheliche Dyade bereits stärker berücksichtigt; vor allem wurden die Fragen nach den Dimensionen von romantischer Liebe, nach Liebestypen, unterschiedlichen Liebesphasen und -formen sowie nach der ehelichen Qualität und Zufriedenheit, differenziert nach Ehedauer, untersucht. So sind z.B. für die Beständigkeit der Ehe und für die Qualität der Ehebeziehung ein Bündel von Faktoren „verantwortlich", die sich wiederum häufig gegenseitig bedingen, z.B. der Grad der Zuneigung, Persönlichkeitsvariablen (wie Humor, Versöhnungsfähigkeit), ein Wir-Gefühl, Anerkennung des Partners, gemeinsamer Freundeskreis, Unterstützung durch die Herkunftsfamilien und durch Verwandte u.a.m. (vgl. Amelang et al. 1991; Kraft/Witte 1992: 257ff.; Gelles 1995: 237; Lösel/Bender 2003; Gottman/Levenson 2000; Schneewind/Gerhard 2002). Vor allem aber besitzt das „emotionale Band" (Turner 1970; Skolnick 1981) zwischen den Ehepartnern eine besondere Bedeutung: „Eine emotionale Bindung kommt in dem festen Glauben zum Ausdruck, sich auf den anderen verlassen zu können, im Gefühl des Geborgenseins und Wohlergehens im Zusammensein oder im bloßen Wissen um die Existenz des anderen, in der Vorstellung, gebraucht zu werden und den Partner bzw. die Partnerin zu brauchen, oder auch in der Sehnsucht nach Zweisamkeit. Eine hohe positive Emotionalität füreinander ermöglicht es einem Paar, über eine lange Dauer zusammen zu bleiben und gemeinsam auch schwierige Phasen zu bewältigen" (Lenz 2003: 111). Dazu zählen „stressgeladene" Zeiten, z.B. durch ökonomische Belastungen, durch Berufsprobleme, durch Untreue eines Partners (trotz des Exklusivanspruchs und des ehelichen Treuegebotes) u.a.m. Hierauf wird im Abschnitt 6.7.1 über die verursachenden Bedingungen von Ehescheidungen noch einmal eingegangen.

Das „emotionale Band" ist jedoch nicht frei von zeitweiligen gefühlsmäßigen Ambivalenzen, worauf schon Freud hingewiesen hat. Ambivalenz ist bei Freud definiert als die Richtung entgegengesetzter, zärtlicher und feindseliger Gefühle gegen dieselbe Person. In der psychoanalytischen Theorie wird betont, dass jedes intime Gefühlsverhältnis zwischen zwei Personen von längerer Dauer - so auch die Ehebeziehung - einen Bodensatz von ablehnenden feindseligen Gefühlen enthält, der nur in Folge von Verdrängung der Wahrnehmung den Betroffenen entgeht. Coser, aufbauend auf Freud und Simmel, schreibt: „Je enger die Beziehung und je größer das affektive Engagement, desto stärker auch die Tendenz, feindliche Gefühle eher zu unterdrücken als sie zu äußern. Während in Sekundärbeziehungen, wie etwa bei Geschäftspartnern, feindliche Gefühle relativ frei geäußert werden können, ist dies in Primärbeziehungen nicht immer der Fall, wohl dadurch, dass die Partner völlig hineingezogen sind, die Manifestation solcher Gefühle zur Gefahr für die Beziehung werden kann. In solchen Fällen werden die feindlichen Gefühle oft angestaut und sind dadurch umso intensiver" (Coser 1965: 75).

Auch Coser geht nicht explizit auf die ehelichen Beziehungen ein; dennoch sind seine Ausführungen auf Liebesbeziehungen in der Ehe übertragbar. Ein Gespräch, also die Versprachlichung der Emotionen, könnte diesem Faktum der Ambivalenz u.U. entgegenwirken (vgl. hierzu Gerhards 1988).

Auf weitere psychologische Untersuchungsergebnisse kann im Rahmen eines soziologischen Einführungswerkes nicht eingegangen werden, zumal sie sich überwiegend nur auf die „Anfangsphase", also die voreheliche Beziehung, auf Stabilitätsprobleme oder -prozesse und Zufriedenheitsmessungen u.a.m. von Paaren allgemein beziehen. Die wenigen soziologischen Abhandlungen analysieren bestimmte Aspekte bzw. unter ausgewählten wissenschaftstheoretischen Paradigmen das Phänomen „Liebe" allgemein bzw. makroperspektivisch, z.B. als Regulativ von Paarbeziehungen, Liebe als System, Liebe als Form höchstpersönlicher Kommunikation, die Relevanz der romantischen Liebe für die Individuen der modernen Gesellschaft und damit für die Moderne usw. Verwiesen sei vor allem auf die diesbezüglichen Abhandlungen von Luhmann (1982), Giddens (1993), Corsten (1995), Burkart/Koppetsch (2001) und Baumann (2003). Eine auf die verschiedensten Dimensionen der *ehelichen* Liebe konzentrierte soziologische Analyse steht noch aus.

Selbst aus der Familiensoziologie - so argumentiert Burkart zu Recht - wurde bisher das Thema „eheliche Liebe" verbannt. Das ist umso erstaunlicher, da Liebe heute als legitimer Heiratsgrund gilt, aber „in der Forschung fast immer so getan wird, als hätten Ehe und Familie nichts mit Liebe zu tun" (Burkart 1998: 27). Allein in Bezug auf die Ehepartnerwahlprozesse (vgl. Kap. 5 in diesem Band) wird das Phänomen „Liebe" auch von Familiensoziologen und Familiensoziologinnen intensiv thematisiert, und zwar sowohl mikroperspektivisch, nämlich im Hinblick auf den Prozess des Kennenlernens bis zur Partnerbindung, als auch makroperspektivisch, indem der romantischen Liebe die Funktion eines Stabilisierungsinstruments für die soziale Schichtung zugeschrieben wird.

Vor allem fehlen empirische soziologische Untersuchungen, die der Differenz zwischen Liebesideal und Liebesrealität in ehelichen Beziehungen nachgehen. Denn gerade in Bezug auf die romantische Liebe ist nicht mit einer Deckung dieser beiden Perspektiven zu rechnen.[24] Mehrere empirische Untersuchungen besitzen wir in Bezug auf das Auseinanderklaffen zwischen dem Prinzip der Exklusivität, Einzigartigkeit des Partners bzw. der Partnerin und dem Treuegebot. Hierauf soll abschließend kurz eingegangen werden.

Exkurs: Eheliche und außereheliche sexuelle Beziehungen

Durch die in den 1950er Jahren berühmt gewordenen Kinsey-Berichte, die zum Bestseller wurden und ein jahrelang bevorzugtes Thema aller Tageszeitungen abgaben, wurde der Umfang außerehelicher sexueller Beziehungen öffentlich, was in der Wissenschaft lange bekannt war (Schelsky 1955: 7). Diese empirischen Untersuchungen (Kinsey et al. 1948/1954) wiesen ferner die hohe Variabilität sexuellen Verhaltens innerhalb der US-amerikanischen Bevölkerung nach. Bisher hatten ethnologische Studien nur die Vielfältigkeit in der Einstellung zur Sexualität und in den sexuellen Praktiken *zwischen den Kulturen* beschrieben.

R.J. Gelles: Contemporary Families

„A Cross-Cultural Look at Sex"

„Marital and sexual scripts vary from group to group within a society and across cultures. In many cultures, sexual pleasure is defined by men as a man's right but not a woman's. In some societies, such as the Kerali of New Guinea, male homosexual relations are expected prior to marriage; in other societies, male homosexuality prior to marriage is strictly forbidden. Even the right to sexual pleasure varies from society to society. In some societies, such as the United States today, sexual pleasure is pursued as moral and correct. In other societies, such as Victorian England, it was condemned, while in others, such as the Lepchas of India, sexual pleasure is morally and emotionally neutral" (London 1995, S. 205).

Eine repräsentative Befragung für Österreich zeigt, dass auch heute außereheliche Beziehungen, sog. „Seitensprünge", nicht gerade selten sind: 29% der Männer und 14% der Frauen bekannten sich hierzu (Reinprecht/Weiss 1998: 100/104). Das Prinzip Treue hat also auch heute noch eine unterschiedlich starke Verbindlichkeit zwischen den Geschlechtern - trotz der

---

24 Über Abhängigkeitsformphänomene in Liebesbeziehungen wird in der qualitativen Studie von Hopf/Hartwig (2001) berichtet; das Prinzip der „romantischen Liebe" schließt Abhängigkeitsverhältnisse ein, nicht jedoch das „partnerschaftliche". Auf diesbezügliche Fragen von Machtungleichheiten wird in Kap. 6.5 eingegangen.

Abnahme von Abhängigkeit der Ehefrau von ihrem Ehemann. Auch andere Untersuchungen zeigen derartige Geschlechterdifferenzen (Lawson/Samson 1988; Stanley 1995). Als verursachende Bedingungen für außereheliche Beziehungen gelten: Gelegenheit, Neugierde, Abwechslungswunsch, keine feste religiöse Bindung, Unzufriedenheit mit der Ehe usw. (Gelles 1995: 224; ähnlich Reinprecht/Weiss 1998).

In einer eigenen qualitativen empirischen Untersuchung stellten wir geschlechtsspezifische Unterschiede und Differenzen in der Einstellung zur ehelichen Sexualität zwischen unterschiedlichen Frauengenerationen fest: Wie in anderen Erhebungen zeigten unsere Daten auch, dass die Erfüllung sexueller Bedürfnisse für Männer eine zentrale Erwartung an die Ehe ist. Darüber hinaus stellten wir jedoch fest, dass für Frauen die sexuelle Partnerbeziehung sich im Zeitverlauf verändert hat. So gingen die befragten älteren Frauen bei der Schilderung der sexuellen Partnerbeziehung kaum auf eigene sexuelle Bedürfnisse und Forderungen ein. Eine Frau berichtete uns sogar, dass sie, abgesehen von der Erfüllung ihres Kinderwunsches, sehr wohl auf die sexuelle Beziehung hätte verzichten können. Die eheliche Sexualbeziehung wurde insbesondere von den älteren Frauen in unserem Sample - auch als sie jünger gewesen waren - als Pflicht für sich selbst und als Recht für den Mann definiert. Sexualität scheint bei ihnen ferner eher die Funktion gehabt zu haben, Zugehörigkeit und Zusammengehörigkeit zum Partner zu beweisen. Dieser Sachverhalt sah aber bei einigen der befragten jüngeren Frauen ganz anders aus. Die sexuelle Beziehung scheint für diese zu einer bewusst gewollten Selbsterfahrung geworden zu sein, die sie entweder gemeinsam mit dem Ehemann oder - wenn dieses nicht gelingt - mit einem anderen Partner außerhalb der Ehe erleben wollen. Gleichzeitig stellten wir fest, dass sich einige der jüngeren Frauen - im Vergleich zu den älteren - als sexuell fordernd beschreiben. Die Erfüllung sexueller Ansprüche scheint zu einer zentralen Erwartung an den Ehepartner geworden zu sein. Weil die sexuelle Partnerbeziehung diesen jüngeren Frauen sehr wichtig geworden ist, können sie unbefriedigende sexuelle Beziehungen mit dem Ehepartner weniger denn je ertragen. Sie sind deshalb sogar bereit, den Anspruch auf sexuelle Treue, der für die Mehrzahl der befragten Frauen mit der Eheschließung zunächst verbunden war, aufzugeben. Dabei verfolgen sie mit dieser außerehelichen Beziehung nur dieses Ziel der sexuellen Erfüllung und wollen also keineswegs ihre Ehe hierdurch in Frage stellen. Allerdings sieht für ihren Ehemann - sobald er davon erfährt - diese Angelegenheit etwas anders aus. Doch zu betonen ist, dass der Aufnahme einer außerehelichen sexuellen Beziehung durch diese Frauen in allen Fällen das Gefühl einer generellen Unzufriedenheit mit ihrem Ehepartner vorweggeht; m.a.W.: Wenn die Ehe insgesamt als unbefriedigend erlebt wird, dann nimmt die Bereitschaft dieser Frauen ab, zusätzlich auch noch auf die Realisierung ihrer sexuellen Ansprüche zu verzichten (1989b: 36).

6.4 Die Ehe als identitätsbildende Institution

Die heutige Ehe ist durch die Emotionalisierung, Intimisierung und Exklusivität ihrer Binnenstruktur eine bedeutende, selbstverständlich nicht alleinige, aber eine der bedeutsamsten identitätsbildenden und -erhaltenden Institutionen. Diese These soll im Folgenden in Anlehnung an Berger und Kellner (1965) und durch Erweiterung ihrer Ausführungen belegt werden.

Gehen wir von dem von Habermas (1968), Geulen (1977) u.a. erweiterten Konzept der Persönlichkeitsentwicklung des symbolischen Interaktionismus aus, so ist die in den Interaktionen artikulierte Ich-Identität das Resultat eines dialektischen Ausbalancierungs- und Verarbeitungsprozesses von sozialer und personaler Identität; diese Ich-Identität fließt wiederum als ein Bestimmungsfaktor in die personale Identität. In diesem Prozess wird der Sprache eine besondere Bedeutung zugemessen und - darauf wiesen Berger und Kellner (1965: 235) hin - insbesondere auch dem ehelichen Gespräch. Denn in der Ehe - in Folge ihres Exklusivcharakters - erfolgt die Reduktion der Komplexität der subjektiv erlebten gesellschaftlichen Realität mittels Gespräch. Mit dem Wort „Gespräch" werden in diesem Zusammenhang keine qualitativen Forderungen verknüpft, sondern es soll darunter lediglich das verbale Mitteilen von Geschehenem, Gesehenem usw. verstanden werden. Ferner kann vor der Ehe und außerhalb dieser Gemeinschaft Erfahrenes und Wahrgenommenes im ehelichen Gespräch re-definiert werden (vgl. Berger/Kellner 1965: 228ff.) und formt durch Bericht und eventuelle Gegenrede eine neue Konzeption der Wirklichkeit, die als Erinnerung gespeichert wird. Häufig wird der Partner auch erst im Gespräch zu einer Bewertung und Beurteilung von geschilderten Situationen oder von Personen „gezwungen". Ist die Stellungnahme aber erst einmal in Worte gefasst, trägt sie zur Stabilisierung von Einstellungen, auch zukünftigen, bei. Ich gehe in dieser Analyse weder davon aus, dass Wahrnehmung und Sprache identisch sind, noch davon, dass beide Prozesse völlig getrennt verlaufen, sondern ich schließe mich der Sapir-Whorfschen These an, dass Wahrnehmung durch Sprache vorstrukturiert wird. Aber: Je genauer ich das von mir Wahrgenommene einer anderen Person beschreiben will, desto stärker muss ich von zunächst globalen, vielleicht sogar diffusen Sprachelementen abgehen und differenziertere Sprachmuster wählen, die dann aber eher eine subjektive Stellungnahme implizieren. Diese kann mir u.U. auch erst durch die Wahl bestimmter Begriffe selbst bewusst werden, zu der ich mich in Folge des Gesprächs nunmehr „bekenne". Das Gespräch bzw. der Bericht kann somit auch mich selbst verändern.

Man mag einwenden, dass die Mehrzahl der zwischen Ehepartnern geführten Gespräche, gemessen an ihrem Informations- und Reflexionsniveau, mehr oder weniger leer sind. Doch empirische und psychoanalytische Untersuchungen zeigen, dass mit manifest trivialen Themen häufig latente Botschaften ausgetauscht werden, die keinesfalls trivial sind (Scheuch

1969: 785; Rattner/Danzer 2001: 70ff.). Zudem dienen die häufig einge-schliffenen Verfahren der sprachlichen Realitätsdeutung und Realitätsbe-wältigung der Vergewisserung des ehelichen Selbstverständnisses und ge-ben oder bestätigen den Orientierungsrahmen für Einstellungen und Hand-lungen zur Außenwelt. Damit wird gerade an trivialen Inhalten, verbunden mit paarsprachlichen Mustern, deutlich, dass das eheliche Gespräch auch noch andere Funktionen hat als die bisher aufgezeigte der eigenen Identi-tätsfindung, nämlich die der Bekundung von Solidarität und ihrer gegensei-tigen Vergewisserung, der Erhaltung und Verstärkung der emotionalen Be-ziehungen und der Festigung der Gruppenidentität. Aber ebenso gilt umge-kehrt: Das Gespräch kann die beabsichtigte Reduktion der Beziehungen kenntlich machen und damit die beginnende Gruppenauflösung.

Dass die Kommunikation in der heutigen Ehe eine große Bedeutung für die Partner besitzt, geht aus zahlreichen Untersuchungen hervor, was ein relativ neuer Tatbestand und auf die Exklusivität und Emotionalität der ehelichen Binnenstruktur zurückzuführen ist (Nave-Herz/Nauck 1978: 55ff.; Gerhards 1988). Rattner und Danzer weisen darauf hin: „Martin Buber hat in seiner ‚Dialogischen Philosophie‘ sehr nachdrücklich betont, dass die Person grundsätzlich ein ‚Du-sagendes Ich‘ ist. Die Personalität bedarf dringend des personalen Gegenübers, mit dem sie mehr oder minder konstant im dia-logischen Austausch lebt‘ (2001: 73).

Es sei nochmals das bisher Gesagte - kurz pointiert - zusammengefasst: Der Einzelne ist heute durch die Exklusivität der ehelichen Beziehungen in sei-nem Gespräch am stärksten auf den Ehepartner verwiesen bzw. es gilt ein selbstverstärkender Effekt; denn auch umgekehrt gilt gleichzeitig: Dem ehelichen Gespräch kommt aufgrund der Exklusivität der ehelichen Bezie-hungen eine besondere Bedeutung zu. Seine Gegenwart ermöglicht ihm die Reduktion der gesellschaftlichen Komplexität mittels Gespräch. Dieses „zwingt“ ihn zumeist zu Stellungnahmen über Wahrgenommenes. Ambiva-lenz in der Einstellung und Beurteilung kann sich dadurch zu „Gewissheit“ verwandeln, Möglichkeiten zu Faktizitäten (Berger/Kellner 1965: 230). Die Konstruktion der Wirklichkeit erhält durch die Gegenwart des Partners schärfere Konturen und ihre besondere Form. Stimmen beide Partner in der Interpretation der Realität überein (oder glauben es zumindest), löst dies ein Gefühl der „objektiven Richtigkeit“, der Bestätigung und damit von Sicher-heit aus und trägt zur Stabilisierung von Einstellungen, aber auch zur Festi-gung der Gruppenidentität bei. Wahrgenommene Nichtübereinstimmungen bieten zumindest die Chance zur Überprüfung der eigenen subjektiven In-terpretation.

Aber nicht nur auf der kognitiven und Wahrnehmungsebene besitzt der E-hepartner besondere Bedeutung, sondern ebenso auf der Handlungsebene. Denn der Identitätsbildungs-Prozess in der Ehe wird in seinem Verlauf fer-ner bestimmt durch die - bewusste oder unbewusste, beabsichtigte oder unbeabsichtigte, notwendige oder freiwillige - Berücksichtigung des anderen bei Handlungsentwürfen und -strategien, und zwar in jeder „Alltäglichkeit". Welche Bedeutung im Prozess der Identitätsbildung der Ehepartner im Vergleich zu anderen Personen oder Gruppen einnimmt, ist abhängig von seiner Biografie, von den Motiven und Bedingungen der Partnerwahl, dem Grad an Exklusivität der ehelichen Beziehungen, von Persönlichkeitsvariablen u.a.m.

Vertreterinnen der neuen Frauenbewegung haben gezeigt, wie schwer es in der Vergangenheit für Frauen war, durch den Verlauf ihres Sozialisationsprozesses und durch das ihnen gesellschaftlich zugemutete Verwiesensein auf und Zugeordnetsein zum Manne, zu einer Identitätsbildung zu kommen (vgl. de Beauvoir 1966). Das hat sich in den letzten 30 bis 40 Jahren verändert, und zwar durch das gestiegene Bildungsniveau und die Berufsorientierung der Frauen. Die Ehe ist trotz ihrer Paarzentrierung und ihrer identitätsbildenden Wirkung im Hinblick auf die einzelnen Ehepartner durch ein zwischenmenschliches Verhältnis von „Verbundenheit und Getrenntheit" gekennzeichnet. Die damit verbundenen Probleme der individuellen Ausbalancierung sind - gemessen an der Fülle der aktuellen Ratgeberliteratur - typisch für moderne Gesellschaften.

6.5 Innereheliche Alltagsorganisation

Der Begriff „Alltag" besitzt im deutschen Sprachraum eine lange Tradition. In der Wissenschaft wird er seit Mitte des 19. Jahrhunderts zur Beschreibung von Alltagsleben verwandt, ohne ihn aber als wissenschaftliche Kategorie zu hinterfragen. Auch Engels und Marx weisen ihm noch keinen besonderen Stellenwert zu, obwohl sie faktisch als Erste den proletarischen Alltag beschrieben haben. Ebenfalls verwendet Weber diesen Begriff, zumeist verbunden mit einer Geringschätzung des Gegenstandes (Seyfarth 1979). Erst im Rahmen der Phänomenologie erlangte der Begriff „Alltag" durch Husserl und Heidegger erstmals eine gewisse wissenschaftliche Dignität. Im weiteren Verlauf waren es vor allem Schütz - in Weiterentwicklung des phänomenologischen Ansatzes - und Lefebvre - im Rahmen der marxistischen Theorie -, die den Begriff des Alltags weiterentwickelten und ihm großen Einfluss in der Diskussion um Alltagsphänomene verschafften, einerseits im Rahmen des symbolischen Interaktionismus, andererseits innerhalb politischer Gruppierungen der Neuen Linken (Joas 1978). Damit wurde von Anfang an bis heute der Begriff „Alltag" je nach wissenschaftstheoretischer Position mit unterschiedlichen Inhalten und unterschiedlichen Bewertungen verknüpft. Elias hat dagegen in seinem Aufsatz „Zum Begriff Alltag" darauf hingewiesen: für alle Positionen gelte (auch wenn dies ihre Vertreter nicht explizit betonen), dass sie den Begriff des Alltags „in der Regel mit einer Spitze gegen etwas oder auch mit einer Parteinahme für etwas" gebrauchten, „was nicht Alltag ist ... ohne diesen Gegenbegriff kann man im Grunde nie recht verstehen, worauf sich die jeweiligen Darstellungen über Alltag beziehen" (1978: 25/26). So wird „Alltag" in der Polarität zu „Festtag/Feiertag" gesehen, als Ereignisbereich des täglichen Lebens mit gewohnheitsmäßigen, immerwiederkehrenden Handlungen im Gegensatz zu den mit außergewöhnlichen, nicht routinisierten gekennzeichnet.

Übertragen auf den ehelichen Alltag beziehen sich seine routinierten Handlungen vor allem auf die Haushaltsführung; m.a.W.: Die Haushaltstätigkeiten sind zentraler Gegenstand der innerehelichen Alltagsorganisation. Deshalb konzentrieren sich die folgenden Ausführungen auf diese. In der Soziologie wird im Hinblick auf diesen Sachverhalt von „innerfamilialer Arbeitsteilung" gesprochen, eine irreführende Bezeichnung. Denn sie suggeriert eine bewusste Aufteilung der anfallenden Haushaltstätigkeiten zwischen allen Familienmitgliedern, also auch im Hinblick auf die Kinder. Diese leisten jedoch nachweislich heutzutage so gut wie keine Mithilfe im Haushalt, räumen sogar häufig nicht einmal ihr eigenes Zimmer auf (vgl. hierzu ausführlicher Nave-Herz 2002a: 52ff.). Rechtlich gesehen sind sie jedoch zur Mitarbeit durch §1619 BGB verpflichtet: „Das Kind ist, solange es dem elterlichen Hausstand angehört und von den Eltern erzogen oder unterhalten wird, verpflichtet, in einer seinen Kräften und seiner Lebensstellung entsprechenden Weise, den Eltern in ihrem Hauswesen und Geschäfte Dienste zu leisten."

Auch in Bezug auf die Aufgabenteilung in der Ehe ist zunächst auf die rechtlichen Vorgaben hinzuweisen. Bis zum 30.06.1977 galt der §1356 BGB in folgendem Wortlaut: „Die Frau führt den Haushalt in eigener Verantwortung. Sie ist berechtigt, erwerbstätig zu sein, so weit dies mit ihren Pflichten in Ehe und Familie zu vereinen ist." Dagegen gilt heute: „Die Ehegatten regeln die Haushaltsführung im gegenseitigen Einvernehmen. Ist die Haushaltsführung einem der Ehegatten überlassen, so leitet dieser den Haushalt in eigener Verantwortung." Die Veränderung des §1356 BGB bedeutet, dass der Gesetzgeber nicht mehr am alleinigen Leitbild der Hausfrauenehe festhält, sondern auch eine partnerschaftliche Aufgabenteilung - vor allem bei Erwerbstätigkeit beider Ehepartner - fordert, ohne aber auf die Art der Ausgestaltung explizit einzugehen.

Nun warnt die rechtssoziologische Forschung davor zu glauben, dass Rechtsnormen das gesellschaftliche Denken und Handeln beeinflussen könnten oder sogar in der Lage wären, in intime Beziehungen konstruktiv einzugreifen. Zwar können Ehepflichten eingeklagt, aber nicht mit Hilfe der Vollstreckungsbehörden durchgesetzt werden (Limbach 1988: 11). So kann der Ehemann z.B. nicht durch den Gerichtsvollzieher zur Mitarbeit in Haushaltsangelegenheiten gezwungen werden. Gesetze sind also zuweilen lediglich Ausdruck dessen, was als Recht angesehen bzw. als soziale Veränderung anerkannt wird (vgl. ausführlicher Schäfers 1993: 195ff.).

In der Praxis scheint das in §1356 BGB gesetzlich geforderte „gegenseitige Einvernehmen" nicht ganz so gut „zu klappen". Jedenfalls zeigen die verschiedensten empirischen Erhebungen, dass die Frauen keineswegs mit der Art und dem Umfang der Unterstützungsleistungen ihrer Ehemänner zufrieden sind.

Die sog. „Time-Available-Hypothese", die besagt, dass der Umfang der Übernahme von hauswirtschaftlichen Arbeiten durch die Ehepartner abhängig ist von dem zeitlichen Umfang ihrer Erwerbstätigkeit, wurde durch keine Erhebung bestätigt. Gewisse abgeschwächte Unterschiede im Umfang der Beteiligung an den Haushaltstätigkeiten zwischen den Geschlechtern lassen sich je nach Lebensphase und Lebensform feststellen, z.B. bei kinderlosen und in älteren Ehen (vgl. hierzu z.B. Künzler 1993; Blossfeld/Drobnic 2001; Künzler/Walter 2002: 95ff.; Noelle-Neumann/Köcher 2002:120).[25]

Eine starke Partizipation von Männern an der Hausarbeit konnte nur bei Schichtarbeiterinnen festgestellt werden, jedenfalls dann, wenn ihre Arbeitszeit mit der des Ehemannes nicht übereinstimmte. Der Zusammenhang zwischen innerehelicher Arbeitsteilung und Schichtarbeit der Frauen lässt die Vermutung zu, dass das Faktum der häuslichen Abwesenheit der Ehefrau bei häuslicher Anwesenheit des Mannes Veränderungen traditioneller Muster erzwingt: Einerseits, weil während ihrer Abwesenheit den Ehemännern die Verantwortung für den Haushalt automatisch zufällt, zum anderen, weil keine Frau da ist, die man fragen kann, die einspringt, wenn etwas nicht klappt, die die Arbeit viel lieber schnell selbst ausführt, als sie drei Mal erklären oder ihre Notwendigkeit begründen zu müssen, wodurch sie aber ihren Mann zu einer - wie es in der psychologischen Forschung heißt - „erlernten Hilflosigkeit" erzieht. Als problematische Verbündete tritt im Übrigen bei der innerehelichen Arbeitsteilung noch die sog. romantische Liebe auf den Plan, denn die emotionale Beziehung zum Ehemann könnte mit eine der verursachenden Bedingungen für allzu schnelle Hilfsbereitschaft sein.

Insgesamt gilt also weiterhin die geschlechtsspezifische Arbeitsteilung in den Ehen der Bundesrepublik Deutschland, selbst bei Erwerbstätigkeit der Ehefrau, doch nicht nur in der Bundesrepublik. Die Daten von 14 west- und osteuropäischen Staaten im Rahmen eines internationalen Forschungsprojektes über familiale Veränderungsprozesse seit dem Zweiten Weltkrieg (Boh et al. 1989) zeigen in Bezug auf die Beteiligung der Ehepartner an der Hausarbeit, dass überall, in West- und Ost-, in Nord- und Südeuropa, eine ungleiche Verteilung der Hausarbeit in den Ehen gegeben ist. Zwischen den einzelnen Ländern sind allein graduelle Unterschiede vorhanden, und zwar

---

25 vgl. im Hinblick auf die Vereinbarkeitsproblematik von Familie und Beruf bei erwerbstätigen Müttern zusammenfassend Keiser 1997; Sommerkorn 1988; Sommerkorn/Liebsch 2002; sowie Kap. 7.2 in diesem Band.

nicht etwa im Sinne eines Ost-/West- oder Nord-/Südgefälles. So ist z.B. die Mithilfe des Ehemannes in Norwegen höher als in Finnland, in Jugoslawien höher als in Russland usw. Interessant ist ferner, dass den Teilzeit arbeitenden Frauen überall am seltensten Unterstützung bei der Hausarbeit durch ihre Ehemänner zuteil wird; diese Frauengruppe ist also arbeitsmäßig überall am stärksten belastet (Nave-Herz 1989: 159f.). Dennoch sind gerade die Frauen Befürworter der Teilzeitarbeit, sowohl in west-, als auch in osteuropäischen Staaten, die diese Erwerbsarbeitsform für sich wünschen und fordern.

Wenn - wie betont - noch immer kaum Veränderungen auf der Verhaltensebene in Bezug auf die Hausarbeit festzustellen sind, so sollte doch der bereits vollzogene normative Einstellungswandel zu eben diesem Verhalten nicht unterschätzt werden. Aus mehreren Erhebungen geht hervor, dass Ehemänner heute zuweilen unaufgefordert die bei ihnen noch gegebene Ungleichverteilung der Hausarbeit begründen, im Übrigen vornehmlich durch persönliche Entschuldigungen, z.B. fehlendes Geschick, eigene Unfähigkeit, Zeitmangel o.a.m. (Krüger 1984). Dass der Einzelne versucht, individualisierte Begründungen oder überhaupt Begründungen zu formulieren, zeigt, dass traditionelle Regeln nicht mehr tragen, dass sich also zunehmend - zumindest auf normativer Ebene - das partnerschaftliche innereheliche Organisationsmodell bereits durchgesetzt hat. Eine notwendige, wenngleich noch nicht ausreichende Bedingung für eine zukünftige Veränderung! Auch umgekehrt gilt im Hinblick auf die Frauen - wie jedenfalls eine qualitative Untersuchung über die Aufgabenteilung in nichtehelichen Partnerschaften zeigt - : „dass die jungen Frauen sich bewusst sind, dass die von ihnen gelebte Aufgabenteilung ‚unmodern‘ und somit der Interviewerin gegenüber erklärungsbedürftig ist. Verweise auf die bei der Hausarbeit empfundene ‚Befriedigung, dass alles blitzt und glänzt‘ oder die geringere eigene berufliche Belastung, das eigene größere Talent zur Hausarbeit sollen zeigen, dass es die eigene, bewusste und eigentlich auch ganz rationale, nicht die vom Partner aufgezwungene Entscheidung ist, mit dieser Rollenaufteilung zu leben" (Hartwig 2001b: 45).

Eine Begründung für diese - international vorfindbare - geschlechtstypische Arbeitsteilung können die vorliegenden Untersuchungsergebnisse nicht geben. Aber der Tatbestand der überall vorhandenen ungleichen Verteilung der Aufgaben in der Ehe zeigt, dass das jeweilige Wirtschafts-, Berufs- und Familienpolitiksystem des Landes weniger Einfluss auf die immer noch vorhandene geschlechtsspezifische Verteilung von Aufgaben in der Ehe zu haben scheint als der historisch-kulturelle Faktor, die Tradition.

H. Schelsky: Soziologie der Sexualität

„Gerade die Arbeits- und Produktionsformen, bei denen die körperliche Verfassung stets eine wichtige Rolle spielt, ... müsste in allen Kulturen annähernd oder wenigstens in den Grundzügen zu einer gleichartigen Verteilung der Arbeitsweisen auf die Geschlechter geführt haben. Ein Überblick über das vorhandene ethnologische Material, wie ihn etwa Goldenweiser gibt, zeigt dagegen sehr bald, dass, wenn überhaupt, nur sehr wenige und keineswegs produktionsgrundsätzliche Beschäftigungen ausschließlich von dem einen oder dem anderen Geschlecht praktiziert werden. So trägt in einigen Kulturen die Frau die Last des Ackerbaus - vielfach mit der ideologischen Begründung, dass sie ,von Natur aus' dazu bestimmt sei, da sie als Gebärerin allein etwas wachsen lassen könne - während bei den europäischen und asiatischen Kulturvölkern die Verhältnisse meist umgekehrt liegen. Selbst in den gemeinhin als eigentümlich männlich angesehenen Beschäftigungen der Jagd oder der Kriegsführung oder umgekehrt der als spezifisch weiblich betrachteten des Kochens und der Haushaltsführung gibt es genügend sozial bedingte Ausnahmen: Unter den Tasmaniern wird die schwierige Seehundsjagd durch Frauen betrieben, ,sie schwammen hinaus zu den Seehundsfelsen, beschlichen die Tiere und erschlugen sie mit Keulen; die Tasmanierfrauen jagten auch das Opossum, wobei sie große Bäume erklettern mussten'. In der Völkerkunde berühmt ist die sehr kriegerische und grausame Leibgarde des Königs von Dahomey, die aus Frauen bestand; umgekehrt finden wir bei Atheneäos, einem griechischen Schriftsteller des 3. Jahrhunderts, den Ausruf: ,Wer hat je von einer Frau gehört, die kocht!' ... Bei dem Südseestamm der Tschambuli (ist) die Frau der selbstbewusste, dominierende, sachliche, organisierende und verwaltende Teil, der die Güterherstellung und den Handel betreibt und auch im Erotischen die Initiative ergreift, während der Mann den abhängigen, scheuen, gefühlsbetonten, koketten, tratsch- und zanksüchtigen und sich ästhetischen Beschäftigungen zuwendenden Partner darstellt ... Zu fragen (wäre), weshalb in einer Kultur gerade diese, in einer anderen Kultur gerade jene Züge als männlich oder weiblich ausgelesen und institutionalisiert worden sind ... Letzten Endes ist die konkrete Gestalt der jeweiligen Rolle der Geschlechter immer nur zu verstehen aus dem geschichtlichen Zusammenhang des einzigartigen Werdens eines bestimmten Kulturgefüges und einer bestimmten Gesellschaftsverfassung. Die Rolle der Geschlechter wie die sozialen Formen der Geschlechtlichkeit überhaupt sind also zutiefst historische Erscheinungen und in geschichtlichen Wandlungen und Entscheidungen einer Gesellschaft mit unterworfen" (Hamburg 1955, S. 19-23).

Die innereheliche Alltagsorganisation wird auch deshalb in den letzten Jahren immer stärker zum Problem, da - wie Hochschild (2002) jedenfalls für die USA nachgewiesen hat - eine schleichende Ausweitung der Arbeitszeit zu erkennen ist, vor allem im mittleren und höheren Management. Die Verschiebung des Zeithaushalts zugunsten des Berufs und zu Ungunsten der „Privatzeit" (vgl. für Deutschland, insbesondere für hoch qualifizierte Angestellte, Wagner 2000) erfolgt dabei überwiegend mit Einverständnis der Arbeitenden durch die Entwicklung einer neuen Unternehmenskultur, die die herkömmliche Kontrolle durch Motivierung des Arbeitenden durch seine Anerkennung und Wertschätzung am Arbeitsplatz ersetzt und auf eine

Umgebung des „Sich-Wohlfühlens" Wert legt. Gleichzeitig wartet zu Hause ebenfalls Arbeit, die aber mit keiner Anerkennung verbunden ist.

Hinzu kommt, dass auch im privaten Bereich die Ehepartner durch die neuen Informations- und Kommunikationstechniken beruflich erreichbarer geworden sind und damit die Trennung von Erwerbsbereich und Privatheit jedenfalls für bestimmte Berufe und Berufspositionen - immer „fließender" wird (vgl. Feldhaus 2003a/b; Logemann 2003a; Logemann/Feldhaus 2002). Auch hierdurch wird die „Work-Life-Balance" (Hochschild 2002) und damit die innereheliche Alltagsorganisation erschwert.

Sollte ein Ehepartner - evtl. wegen dieser doppelten Belastung von Erwerbsarbeit und Hausarbeit - sich entschließen, seinen Beruf aufzukündigen, kann ihn der andere Ehepartner daran nicht hindern. Der Verzicht auf eine Erwerbstätigkeit oder die Aufnahme eines Berufes sind - gemäß eines Gerichtsbeschlusses - in Deutschland höchstpersönliche Entscheidungen. Barabas und Erler erläutern diese Rechtsauslegung des §1356 BGB mit folgendem Beispiel: „Kann eine Studienrätin, die entschieden die Nase von anderer Leute Gören voll hat, ihren Ehemann mit der Mitteilung überraschen, ab morgen bin ich Hausfrau? Ja, selbstverständlich! ... Rollenänderungen in der Ehe sind auch einseitig möglich. Ob eine Ehe dann noch gedeihlich fortzuführen ist, wenn die Ehefrau urplötzlich des Abends mit einem Hausmann konfrontiert ist, der des Morgens noch mit einer Aktentasche in das Büro marschierte, steht auf einem anderen Blatt" (Barabas/Erler 2002: 94f.).

6.6 Eheliche Machtstrukturen

Die Bezeichnung der heutigen ehelichen Beziehung mit „Machtstrukturen" klingt wegen des Prinzips der romantischen Liebe und der Partnerschaft in der modernen Ehe befremdlich. Dennoch entspricht diese Kennzeichnung der sozialen Realität.

Eher dagegen gehört es heutzutage zum Alltagswissen, dass es in manchen Ehen trotz des romantischen Liebesideals zu Gewalthandlungen kommen kann, ein Resultat der seit ca. 20 Jahren geführten diesbezüglichen Diskussion in den Massenmedien.

Im folgenden Kapitel soll zunächst auf die beiden genannten Begriffe eingegangen werden, weil sie in der Alltagssprache häufig nicht klar genug gegen einander abgegrenzt werden und weil ferner unterschiedliche Formen im Hinblick auf Macht und Gewalt zu unterscheiden sind. Anschließend werden die bisher entwickelten theoretischen Paradigmen zur Beschreibung und Erklärung zunächst ehelicher Machtverhältnisse und dann des Phänomens „Gewalt in der Ehe" dargestellt und - so weit vorhanden - anhand empirischer Forschungsergebnisse überprüft.

6.6.1 Zum Begriff „Macht" und „Gewalt"

In der Soziologie hat sich die Weber'sche Definition von Macht durchgesetzt: „Macht bedeutet jede Chance innerhalb einer sozialen Beziehung den eigenen Willen durchzusetzen, gleichviel worauf diese Chance beruht" (1922/1956: 28). Die Durchsetzungsmöglichkeiten sind vielfältig und reichen vom Zwang über materielle Belohnungen bis hin zur Überredung oder Überzeugung, über gewohnheitsmäßige oder traditionelle, nicht reflektierte Anerkennung des Anderen in seiner Position des „Mächtigeren" u.a.m.

Zu unterscheiden ist zwischen faktischen oder interaktionistischen und normativen Machtstrukturen. Sie können, müssen aber nicht übereinstimmen. So ist z.B. eine patriarchalisch geführte Ehe heute nicht mehr normativ abgesichert; die hauswirtschaftlichen Aufgaben sind nach §1352 einvernehmlich zu regeln und ebenso ist heutzutage in der allgemeinen Öffentlichkeit das Prinzip der egalitären ehelichen Arbeitsteilung anerkannt, de facto kann ein Ehemann jedoch jegliche Mithilfe verweigern. Warum? Nur auf diese Frage nach der faktischen Macht und auf die soziologischen Theorien, die diese zu erklären versuchen, konzentriert sich das folgende Kapitel.

Gewalt ist eine unter anderen Formen der Machtausübung. Man unterscheidet zwischen psychischer, physischer und sexueller sowie zwischen personeller und struktureller Gewalt. Während strukturelle Gewalt durch das gesellschaftliche System und durch ungleiche Machtstrukturen und Besitzverhältnisse bedingt ist, bezieht sich personelle Gewalt auf die direkte individuelle Handlung einer Person gegenüber einer anderen, die mit der Intention ausgeführt wird, eine Schädigung oder Verletzung zu bewirken und damit seinen Willen durchzusetzen oder Vergeltung zu üben. Gewaltanwendungen können auch ganz allgemein die Abreaktion von Aggressionen beinhalten. Insofern setzt Gewalt nicht immer den Nichtgehorsam des Machtunterworfenen voraus und ist die Anwendung physischer Gewalt nicht immer, wie Luhmann (1975: 9) behauptet, „die Substituierung eigenen Handelns für unerreichbares Handeln anderer". Das folgende Kapitel bezieht sich allein auf die personelle und physische Gewaltanwendung.

Stärker wurde bisher in der Wissenschaft das Thema der familialen als das der ehelichen Gewalt behandelt (vgl. Schneewind 2002: 143). Über eheliche Machtstrukturen, bezogen auf die Bundesrepublik, sind die empirischen Untersuchungen ebenfalls rar. Die Zahl der theoretischen Abhandlungen dagegen kaum noch überschaubar. Von den unterschiedlichen wissenschaftlichen Paradigmen, die eheliche Machtstrukturen erklären, werden im Folgenden des Umfanges wegen nur die in der Familiensoziologie am meisten diskutierten berücksichtigt.

6.6.2 Soziologische Theorien ehelicher Machtstrukturen

Trotz des in unserem Kulturkreis geltenden ehelichen Ideals von Partnerschaft und egalitären Beziehungsmustern zeigen ältere sowie neuere empirische Erhebungen Über- und Unterordnungsverhältnisse in den heutigen Ehen, also Machtstrukturen, und keineswegs eine Gleichrangigkeit zwischen Ehepartnern. Sie zeigen ferner, dass diese nicht immer auf einseitigem Zwang beruhen, sondern zuweilen bewusst toleriert werden oder sogar gewollt sind. Ferner sind Unterschiede zwischen den Schichten in Bezug auf das Phänomen „eheliche Machtstrukturen" feststellbar: „In den Unterschichten ist der Wunsch nach einem Mann, der die letzten Entscheidungen fällt, erheblich ausgeprägter als in den mittleren und oberen Schichten. Geht man nicht von Personen, sondern von Ehepaaren aus, so zeigt sich, dass der Anteil der Ehepaare, die übereinstimmend einen Ehemann wünschen, der die letzte Entscheidung trifft, kontinuierlich steigt, wenn man von der Oberschicht zur Unterschicht geht (12,7% zu 49,4%). Freilich ist andererseits gerade der Zwiespalt von Männern und Frauen in diesem Punkt besonders hoch. Möglicherweise deutet dieser Zwiespalt den aus der Literatur bekannten Tatbestand an, dass gerade in den Oberschichten zwar die faktische Macht des Mannes in der Familie groß ist, aber gleichzeitig hohe Egalitäts- und Harmonienormen bestehen: Eben weil der Mann über die wichtigsten Ressourcen verfügt, soll er seine Macht nicht zeigen, sie jedenfalls nicht ausspielen. Er hat es gewissermaßen nicht nötig, autoritär aufzutreten. Er kann das Ideal der ‚Ritterlichkeit' befolgen" (Hahn 1982: 111; vgl. hierzu auch Rodman 1970: 121ff.).

Dass noch immer eine allgemeine Überlegenheit des Mannes in Deutschland akzeptiert und gewünscht wird, geht aus mehreren anderen - aber alles älteren und die (alte) Bundesrepublik betreffenden - Untersuchungen hervor. Zu diesem Themenbereich wären dringend neuere Untersuchungen notwendig. Auf eine in jüngster Zeit durchgeführte qualitative Untersuchung, die die Abhängigkeitsbeziehungen junger Frauen (Friseurinnen, Verkäuferinnen und Verwaltungsangestellte) analysiert, wird später eingegangen (Hopf/Hartwig 2001).

In Bezug auf die innereheliche Aufgabenteilung dagegen gibt es eine Reihe von neueren Untersuchungen, über die bereits in Kap. 6.5 berichtet wurde und die ebenso die noch gegebene Ungleichheit zu Ungunsten der Frauen belegen.

Der am intensivsten diskutierte familiensoziologische Ansatz, der die „eheliche Macht" zu erklären versucht, ist die „Ressourcen-Theorie". Sie geht davon aus, dass die Person in der Ehe die größte Macht besitzt, die viele und vor allem die wichtigsten Entscheidungen für die Ehe treffen kann. Diese Entscheidungsmacht eines Partners ist abhängig von den Ressourcen (Einkommen, Vermögen, Berufsprestige, Schulbildung), die er in die Ehe einbringt (Blood/Wolfe 1960). De facto zeigen viele (aber ältere) Untersuchungen, dass auch in Deutschland geschlechtsspezifische Entscheidungs-strukturen in der Ehe gegeben sind. Über größere Anschaffungen (z.B. Auto, Rasenmäher), über den weiteren Bekanntenkreis, über die finanzielle Kapitalanlage entscheiden die Ehemänner, die Ehefrauen haben höchstens eine beratende Funktion inne. Sie sind demgegenüber allein zuständig für die Entscheidungen über Ausgaben des täglichen Bedarfs und für Erziehungsfragen. Da die Ehen über das Einkommen des Mannes finanziell abgesichert sind und dieser zumeist über den höheren sozialen Status verfügt und die Erwerbstätigkeiten der Ehefrau höchstens einen geringen Zusatzverdienst gewährt, wurde hieraus die höhere Entscheidungskompetenz des Ehemannes und damit die ungleichen ehelichen Machtstrukturen erklärt. Dabei gehen die Vertreter und Vertreterinnen der Ressourcen-Theorie aber nicht davon aus, dass die Macht genau der Relation der Ressourcen zwischen den Ehepartnern entsprechen würde, folglich also bei gleichen Ressourcen (z.B. gleichem Bildungsstatus oder Einkommen) ebenso Machtgleichheit bestünde (vgl. hierzu ausführlicher Nauck 1989b: 45ff.). Entsprechend zeigen auch Untersuchungen, dass in Ehen, in denen die Ehefrau ein dem Ehemann fast gleiches Einkommen erzielt, ihre Entscheidungskompetenz zwar größer ist, aber keineswegs ihrem Ressourcenbeitrag entspricht. Bei Ehemännern in höherem Alter nach Aufgabe der Berufstätigkeit nimmt ihre Entscheidungsmacht ab, aber das „Machtgefälle" zu ihrer Ehepartnerin verkleinert sich nicht im gleich starken Maße (Held 1978: 109ff.).

Weiterhin müsste nach dieser Theorie durch den zeitgeschichtlichen Wandel seit der Entstehung der Ressourcen-Theorie eine Veränderung in den Entscheidungskompetenzen zwischen den Ehepartnern nachzuweisen sein. Denn die weit überwiegende Mehrzahl der Ehefrauen verfügt heutzutage über ein eigenes Einkommen, wenn auch noch über ein geringeres als ihr Ehemann. Doch neuere Erhebungen sind mit den älteren kaum vergleichbar, weil diese, methodisch zu Recht, die Entscheidungsmacht nicht mehr als bipolares Konzept definieren. Sie berücksichtigen eine dritte Antwortkategorie („gemeinsam/abwechselnd") und die Differenzierung nach männlichen und weiblichen Befragten. Die Ergebnisse zeigen relativ hohe Werte in Bezug auf gemeinsame Entscheidungen (Eckert et al. 1989:154/155). Interessant sind in der folgenden Tabelle die Werte für die unterschiedlichen Wahrnehmungen von Entscheidungskompetenzen zwischen den Geschlechtern.

Wenn also auch einige empirische Erhebungen die Ressourcen-Theorie zu bestätigen scheinen (vgl. hierzu ausführlicher Nauck 1989b), sind dennoch eine Reihe von Einwänden gegen dieses theoretische Konzept zu erheben:

Zunächst ist durch die Beurteilung der Bedeutsamkeit von Ressourcen (Geld, Prestige usw.) erkennbar, dass sie auf das „traditionelle" (= bürgerliche) Familienmodell „zugeschnitten" sind. Die externen Ressourcen, die vor allem der Ehemann erbringen kann, eine Folge der Polarisierung der Geschlechtsrollen in familiale Außen- und Innen-Zuständigkeit, werden von ihren Vertretern als hochwertiger eingestuft. Zu Recht kritisiert deshalb Gelles: „Women are by definition thought to be powerless" (1995: 219).

Tab. 9: Entscheidungsstrukturen in der Ehe

		Frau	Mann	gemeinsam/ abwechselnd	jeder für sich	total	n
alltägliche Ausgaben	Frauen	52,6	1,1	36,9	9,4	100	4442
	Männer	27,1	7,9	51,6	13,4	100	3381
Kleidungs- kauf	Frauen	36,3	0,8	41,9	21,0	100	4459
	Männer	19,7	5,8	48,3	26,2	100	3411
größere An- schaffungen	Frauen	5,1	1,7	89,3	3,9	100	4400
	Männer	1,4	6,5	87,3	4,9	100	3334
Freizeit- aktivitäten	Frauen	4,6	1,6	84,8	9,1	100	4399
	Männer	1,9	4,1	84,8	9,3	100	3397
Wohnungs suche/Orts- wechsel	Frauen	6,8	2,5	88,9	2,2	100	2226
	Männer	1,8	7,6	87,4	3,2	100	1738
Schulwahl	Frauen	10,5	1,0	87,5	1,1	100	2312
	Männer	4,3	2,5	92,0	1,2	100	1592
eigene beruf- liche Verän- derungen	Frauen	24,4	1,7	49,2	24,8	100	3269
	Männer	0,6	27,6	47,2	24,6	100	2671

Quelle: Keddi/Seidenspinner, Opladen 1991: 171

Ferner besitzt die Ressourcentheorie nur in bestimmten Gesellschaften eine gewisse Erklärungskraft, nämlich in den Industriestaaten, in denen der Grundsatz der Gleichheit zwischen den Geschlechtern gilt, wenn er auch nicht immer in der Realität umgesetzt wird. Dagegen konnte die Ressourcen-Theorie in anderen Kulturen nicht bestätigt werden. Nach Rodman ist der Geltungsbereich dieser Theorie auf Gesellschaften in historischen Übergangsphasen begrenzt und in einen allgemeinen modernisierungstheoretischen Kontext eingebettet (Rodman 1970: 121ff.). So gilt sie in patriarchalischen Gesellschaften nicht, da die patriarchalischen Normen die Wirkung von Ressourcen eingrenzen (Held 1978: 112). Ferner ist in den Kulturen, in denen ein strukturelles Tauschverhältnis gilt, die gegenseitige Abhängigkeit zwischen den Geschlechtern relativ groß, auch wenn der Ehemann im Außenbereich als alleiniger Vertreter fungiert und ihm mehr Freiheit in sexueller Hinsicht zugestanden wird (was in manchen Ehen von der Ehefrau sogar als eine Entlastung für sie angesehen wird). Harris beschreibt sehr anschaulich die ehelichen Machtstrukturen in patriarchalischen Gesellschaften.

„Je bescheidener die materiellen Umstände in der Gesamtgesellschaft sind, desto eher wird die Frau aufgrund der Unterschiede zwischen den Geschlechtern von der effektiven Teilnahme an den Aufgaben der ökonomischen Versorgung fern gehalten, und desto stärker ist sie wegen der ärmlichen Lebensumstände und der großen Kinderzahl an ihre häuslichen Aufgaben gebunden. Niedriger ökonomischer Standard schließt dann also männliche Autorität und segregierte eheliche Rollen ein. ‚Das ganze Gewicht der Tradition verstärkt noch die Stellung des Ehemannes als des Herrn der Familie, des Hauses und all dessen, was beiden Ehegatten gehört. Die Frau hat zu gehorchen und ihrem Mann zu dienen ... Tatsächlich ist das aber nur der äußere Anschein dieser Beziehung, und er gilt nur außerhalb der Haustür. Im Haus selbst finden wir bestätigt, dass die Praxis nicht die Tochter der Theorie ist'. In seiner Untersuchung einer spanischen Stadt, der wir dieses Zitat entnommen haben, beschreibt Lisón-Tolsana weiter, was sich hinter der Tür abspielt. ‚Da die Gedanken des Mannes sich angespannt auf höhere Dinge richten', gibt er sich nicht ‚mit kleinlichen Sorgen und alltäglichen häuslichen Dingen' ab. Folglich ‚ist das Haus das unbestrittene Reich der Frau'. Der Mann weiß in seinem eigenen Haus nicht im geringsten Bescheid; er kann nicht einmal das Hemd wechseln, wenn seine Frau ihm nicht ein frisches bereitgelegt hat - er weiß nicht, wo sie die Hemden aufbewahrt, und sie trägt die Schlüssel zu allen Schränken bei sich. Er kann nicht kochen, seine Frau kauft die Anzüge für ihn, sie hat die Aufsicht über das Geld - sie sammelt nämlich die Löhne von Mann und Söhnen ein.

Die Frau hat gerade in solchen Gesellschaften eine beträchtliche Machtstellung inne, in denen normativ der Mann als der unumschränkt Herrschende betrachtet wird. Die Spanier sagen ‚Der Mann befiehlt in seinem Haus - wenn seine Frau nicht da ist.' Die Deutschen, die von jeher den Ehemann mit der höchsten Autorität ausstatten, sagen: ‚Der Mann denkt, die Frau lenkt'" (Freiburg i. Br. 1973, S. 209/210).

Weiterhin ist kritisch gegen die Ressourcen-Theorie einzuwenden, dass sie die Macht auf Entscheidungs-Macht reduziert, eine zu zentralisierte Machtstruktur unterstellt und dadurch die Komplexität, die Mehrdimensionalität von Machtbeziehungen und vor allem ihre Dynamik nicht mit erfasst. Nauck betont insbesondere: Es „fällt auf, dass wesentliche Größen im Machtprozess, wie Kosten, Wahrscheinlichkeitserwartungen und Alternativen unberücksichtigt gelassen werden; entsprechend ist ihre Reichweite auf Phänomene begrenzt, bei denen diese Größe vernachlässigbar oder (zumindest) immer konstant sind. Dies ist aber beispielsweise nur dann der Fall, wenn die Ehe eine Zwangsinstitution ist (d.h. Alternativen unwahrscheinlich sind), wenn Kosten der Machtausübung gering sind (z.B. weil eheliche Machtprozesse externen Kontrollen entzogen sind) und wenn entsprechend die Wahrscheinlichkeitserwartung der Durchsetzung groß ist." (Nauck 1989b: 58).

Im Hinblick auf die Kritik an den ressourcentheoretischen Grundannahmen wurde dieses Paradigma durch die Austausch-Theorie erweitert. Sie bezieht nicht mehr nur externe, vor allem materielle, Werte in die Machtbeziehung zwischen den Ehepartnern ein sondern auch immaterielle (Attraktivität eines Partners[26], Gefühle der Geborgenheit, sexuelle Befriedigung usw.). Sie erklärt eheliche Macht folgendermaßen: „Diejenige Person ist die machtlosere, die am stärksten bei Auflösung der Ehe verliert". Eine erweiterte Variante der Austauschtheorie ist die Werterwartungstheorie. Sie besagt, dass die zuvor genannten materiellen und immateriellen „Tauschobjekte" auch lediglich potenzielle Optionen sein können, d.h.: man *erwartet* die Einlösung dieser Bedürfnisse oder diesen materiellen Gewinn vom Partner. Damit wird in die Bilanzierung *erwarteter* „Gewinn" oder *erwarteter* „Verlust" miteinbezogen. (vgl. ausführlicher Nauck 1989b).

Diese theoretischen Ansätze verbinden also strukturelle und interaktionistische Machtstrukturen in der Ehe. Mit ihnen können Verschiebungen von Machtbalancen während des Eheverlaufs berücksichtigt werden. Insgesamt aber zeigen sie, wie schwierig die Identifizierung von Machtfaktoren und damit die empirische Überprüfbarkeit dieser theoretischen Ansätze ist, weil subjektive Prioritätensetzungen berücksichtigt werden müssen, die abhängig sind von biografischen Vorerfahrungen, von aktuellen externen Belastungen, vom Alter, vom Geschlecht, vom Einfluss der Herkunftsfamilie, von Freunden und Verwandten u.a.m.

Weiterhin können Machtprozesse auch von bewussten Handlungsstrategien eines Partners beeinflusst werden, z.B. durch Verhinderung von Entscheidungen oder durch Nachgeben zum Zwecke eines anderen Vorteils. Mit Hilfe derartiger „Balance-Strategien" kann „der Machtunterlegene in einer Beziehung versuchen, die Machtausübung durch den Machtüberlegenen in der Partnerschaft zu beschränken, und auf diese Weise ein Machtgleichgewicht herstellen" (Silzer 2001: 76). Balancestrategien könnten geschlechtsspezifische Unterschiede aufweisen (Lenz 2003: 103). Diesbezügliche empirische repräsentative Erhebungen fehlen. Aus der qualitativen Untersuchung von Hopf wird deutlich, dass die befragten Frauen (Frisörinnen, Verkäuferinnen und Verwaltungsangestellte) häufig wegen ihres Harmoniebedürfnisses versuchen, Konflikte gar nicht erst entstehen zu lassen, oder sie wissen durch bestimmte Balancestrategien die Entscheidung zu ihren Gunsten zu wenden. Dennoch zeigt die Erhebung, dass die Abhängigkeit dieser Frauen von ihrem Partner bestehen bleibt; und die Zweiseitigkeit in ungleichen Machtstrukturen wird in diesen Interviews offenbar.

Wie einleitend betont, können hier nicht alle Varianten innerhalb der Ressourcen-, Austausch- und Werterwartungstheorie wiedergegeben werden.

---

26 z.B. ist die Zurschaustellung der Ehefrau für die Männer der Elite wichtig (Burkart/Koppetsch 2001: 447).

Trotz ihrer unterschiedlichen Akzentsetzungen entsprechen sie aber alle dem skizzierten Denkmodell: Macht in der Ehe ist ein Ausbalancieren von eigenen und vom Ehepartner gegebenen oder zu erwartenden Ressourcen in struktureller und interaktionistischer Form, wobei in unterschiedlichem Maße für die ehelichen Machtstrukturen auch externe Faktoren und der gesamtgesellschaftliche Kontext (= Rahmenbedingungen), die Ehephase sowie Persönlichkeitsvariablen und -bedürfnisse und Handlungsstrategien mit einbezogen werden (vgl. hierzu ausführlicher Held 1978; Fries 1986; Nauck 1989b: 45ff.; Lenz 2003).

6.6.3 Gewalt in der Ehe

Gewalt war jahrhundertelang ein anerkanntes, auch gesetzlich zugelassenes Mittel der Machtausübung seitens des Ehemannes gegenüber seiner Ehefrau.

Cherubino de Siena/Mönch: Regole della vita matrimoniale

„Wenn deine Frau Unrecht tut so eile nicht sofort mit Beschimpfungen und Schlägen hinzu; zunächst, erkläre ihr mit Liebe und Geduld ihr Unrecht und lehre sie, es nicht wieder zu tun, um Gott nicht zu mißfallen, ihrer Seele nicht zu schaden und dir und sich selbst nicht Schande einzubringen ... (wenn jedoch) die sanften Worte keinen Erfolg bringen, dann beschimpfe sie, bedrohe sie und schüchtere sie ein. Und wenn auch das nicht hilft, so nimm einen Stock und schlage sie fest ... aber nicht im Zorn, sondern aus Sorge um ihre Seele, so daß die Prügel dir zur Tugend und ihr zum Guten gereichen" (15. Jahrh. zit. in Benard/Schlaffer, Die ganz gewöhnliche Gewalt in der Ehe. Hamburg 1978, S. 19)

Die Anwendung physischer Gewalt in der Ehe war noch bis Ende des 18. Jahrhunderts legitim. Im Allgemeinen Preußischen Landrecht von 1794 war das „Recht der mäßigenden Züchtigung" des Ehemannes gegenüber seiner Ehefrau festgeschrieben. Wenn dieses auch 1812 per Edikt gestrichen wurde, so nahm man - nach Honig (1988: 191) - die rechtliche Veränderung kaum zur Kenntnis, so dass das Züchtigungsrecht erst mit Einführung des Bürgerlichen Gesetzbuches im Jahr 1900 als abgeschafft gelten kann. Gewalt in sexueller Hinsicht, also Vergewaltigung in der Ehe, wurde erst 1997 durch Veränderung des §§177 StGB strafbar; denn zuvor galt *nur*: „Wer eine Frau mit Gewalt durch Drohung mit gegenwärtiger Gefahr für Leib und Leben zum außerehelichen Beischlaf mit ihm oder einem Dritten nötigt, wird mit Freiheitsstrafe nicht unter zwei Jahren bestraft." Dieser Text wurde durch Veränderung des Wortes „Frau" in „Person" und durch Streichung der Einschränkung „außerehelich" semantisch kaum verändert, aber inhaltlich bedeutsam. Ferner betont der Gesetzgeber nunmehr (vgl. Barabas/Erler 2002: 90), dass auch in der Ehe „das Recht auf sexuelle Selbstbestimmung unteilbar" und „Sexualpraktiken, die besonders erniedrigend" sind und ohne Einverständnis des Ehepartners bzw. -partnerin erfolgen, den Tatbestand der Vergewaltigung erfüllen.

Trotz der gesetzlichen Veränderungen gibt es weiterhin Gewalt in der Ehe. Was sich im Laufe der Geschichte jedoch gravierend verändert hat, ist die *Einstellung* zur Gewaltanwendung, vor allem auch in Bezug auf die Anwendung physischer Gewalt in der Ehe.

Durch die Emotionalisierung und Intimisierung der familialen Binnenstruktur wurde die Ehe und Familie zu einer kleinen geschlossenen Einheit, die auch von der Außenwelt, von den Nachbarn, der erweiterten Familie in ihrer Privatheit respektiert wurde und wird. Es prägte sich ein Idealbild der Ehe heraus, das gerade mit den Attributen „gewaltfrei" und „liebevoll" verbunden wurde. Ehe und Familie galten (und gelten) nunmehr als Orte des Geborgenseins, des Schutzes, der Liebe, des Angenommenseins, sollten also nichts mit Gewalt zu tun haben. Der normative Anspruch auf harmonische eheliche Beziehungen wurde so hoch, dass eine andere Vorstellung geradezu tabuisiert wurde. Gewaltanwendungen galten deshalb lange Zeit als nicht existent bzw. als „sehr seltene" Ausnahmen, die nur in bestimmten, ohnehin gesellschaftlich nicht anerkannten Familien, „Randfamilien" oder „Unterschichtfamilien" vorkamen. Inzwischen wissen wir, dass der Tatbestand von Gewalt in der Ehe nicht auf eine soziale Schicht zu begrenzen ist, dass in höheren Schichten allerdings die Möglichkeit der Verheimlichung größer ist, vor allem dann, wenn man in einem Einfamilienhaus wohnt, über eigenes Geld verfügt, fortreisen kann, um sich zeitweilig, oder für immer dem Partner/der Partnerin zu entziehen. Leider stehen genauere differenziertere quantitative Daten wegen der hohen Dunkelziffer nicht zur Verfügung. Denn die Kriminalstatistik stellt für diesen Sachverhalt nur eine „Anzeigestatistik" dar. Allgemeine und sehr unterschiedliche Angaben sind aus Retrospektiv-Untersuchungen über Gewalt in Partnerschaften zu entnehmen: So haben nach einer repräsentativen Erhebung (Wahl 1990) 9% aller Männer und 6% aller Frauen schon einmal Gewalt gegenüber ihrem Partner bzw. ihrer Partnerin angewendet. In einer weiteren Untersuchung berichtet dagegen jeder dritte Mann und jede vierte Frau, dass sie mit einem Partner zusammenleben, der sie schon einmal misshandelt hat (Habermehl 1989: 195). Diese Kluft zwischen eigener Anwendung und erlebter Erfahrung von Partnergewalt zeigt, wie schwierig es ist, dieses „sensible" Thema empirisch fundiert zu erfassen. Über sexuelle Gewalt in Partnerschaft gibt es für Deutschland keine repräsentative Dunkelfeldstudie (Schneewind 2002: 145).

Auf die Frage nach den verursachenden Bedingungen im Hinblick auf die Ausübung von Gewalt in der Ehe sind endogene und exogene Faktoren sowie bestimmte individuelle Eigenschaften der Partner zu nennen, die zumeist nur, wenn sie kumulativ gegeben sind, Gewalt auslösen. Als eher endogene Fakten werden in der Literatur genannt: die selbst erfahrene Gewalt;

sie erhöht das Risiko der Gewaltbereitschaft (Schneewind 2002) und ferner ein beeinträchtigtes Selbstwertgefühl. Außerdem prädestinieren Suchtabhängigkeiten, bestimmte Depressionen und andere psychische Leiden zur Gewaltausübung in Konfliktfällen. Insbesondere Verlustängste und Besitzstreben, verbunden mit Alkohol als Spannungsreduktionsmittel sind häufig auslösende Momente von Gewaltanwendung. Also nicht *Sicherheit* in der sozialen Beziehung, sondern die *Unsicherheit* kann Spannungen, Aggressionen und Gewaltanwendungen bewirken. Manche Männer greifen nach Mitteln, die sie in ihrer Kindheit bereits im Sandkasten wählten: sie kämpfen physisch um den Besitz. Auch lang anhaltende Spannungen und Konflikte zwischen den Ehepartnern kurz vor der Scheidung oder Trennung können zur Anwendung physischer Gewalt eskalieren. In einer Studie über verursachende Bedingungen von Ehescheidungen gaben 29% der Frauen und sogar 13% der Männer an, dass ihr Partner bzw. ihre Partnerin gegen Ende der Ehe Gewalt angewendet hätten (Nave-Herz et al. 1990: 122). Diese Daten zeigen ferner, dass - anders als bei sexueller Partnergewalt - die Frauen nicht nur Opfer sondern auch Täterinnen sind, ein Befund, der auch aus US-amerikanischen Untersuchungen bekannt ist. Dabei ist allerdings zu bedenken, dass bei gewalthaften Auseinandersetzungen zwischen Partnern die Frauen schwerere Verletzungen davontragen (Schneewind 2002: 144).

Als exogene Bedingungen werden in der Literatur genannt: eine angespannte finanzielle Lage, Stress am Arbeitsplatz, Verlust des Arbeitsplatzes, psychische Überforderungen.

Neben den bisher beschriebenen interaktionistischen Ansätzen gibt es zudem strukturelle Theorien zur Erklärung des ehelichen Gewaltphänomens. So hat Wahl (1990) in seiner These von der „Modernisierungsfalle" dargestellt, dass auch durch die Struktur der modernen Ehe Gewaltpotenziale entstehen können: Er bezeichnet das Gesellschafts- und Weltbild des Fortschritts, die Verheißungen des selbstbewussten, autonomen Individuums und der liebesbegründeten Ehe als Mythen der Moderne. Diese gesellschaftlich anerkannten Ziele konfrontiert er mit realen gesellschaftlichen Modernisierungen, um damit aufzuzeigen, welche Konsequenzen das Ergebnis dieser Konfrontation für die individuelle und eheliche Lebenswirklichkeit hat. Mangelnde Anerkennung, beruflicher Misserfolg, nicht geglückte Aufstiegshoffnungen können die Selbstachtung dermaßen beeinträchtigen, dass sich die Aggressionen gegen die eigene Person richten, in psychosomatischen Reaktionen, Depressionen oder suizidalen Impulsen, aber auch im sog. „stummen Leid". Anderseits kann frustriertes Warten auf Unterstützung von außen, z.B. durch den Ehepartner, der helfen soll, ein bestimmtes Selbstbild zu verwirklichen oder überhaupt erst zu entwickeln, zu aggressiven Handlungen im Sinne der Identifikation mit dem Aggressor, also zu Verhaltensweisen führen, deren Folgen andere betreffen: Fragwürdige Bestätigung wird in Form stellvertretender Machtdemonstration bei Schwächeren, den Ehepartnerinnen gesucht, anderen Menschen werden in neurotisierende Strategien zur

Kompensation eigener Selbstbilddefekte eingebunden, Enttäuschung mündet in Aggression (vgl. hierzu auch Rothe 1994).

Letztlich ist es also die Summe aus psychischen Variablen, bestimmten endogenen sowie exogenen ehelichen Bedingungen die das Gewaltrisiko bedingen, vor allem wenn diese kumulativ auftreten, ferner ein chronisches Sich-überfordert-Fühlen, häufig verbunden mit überhöhten Erwartungen an die Ehe. Gewalt ist nicht - wie früher häufig angenommen - allein auf „abweichende" Persönlichkeitsvariablen zurückzuführen.

Eheliche Gewaltanwendung ist heutzutage ferner durch die erklärte Exklusivität und Privatheit der Ehe sowie durch die moderne Wohnweise weniger kontrollierbar als noch vor 40 oder 50 Jahren und kann deshalb eher in exzessive Formen münden, wohingegen in früheren Zeiten Nachbarn, die Herkunftsfamilie, sonstige Verwandte und Freunde bei tätlichen Auseinandersetzungen frühzeitiger Einhalt boten.

6.7 Auflösung der Ehe

6.7.1 Ehescheidung/Trennung

In allen Kulturen gibt es die Möglichkeit der Eheauflösung durch Partnertrennung. Sie stellt - soziologisch formuliert - eine „Ventilinstitution" dar, um unerträgliche Spannungen in einer Partnerschaft, die bis zur gegenseitigen Zerstörung der Partner führen könnten, zu reduzieren. Die Formen der Auflösung sind sozialhistorisch und kulturell unterschiedlich. Die Ehescheidung ist der rituelle und formal/rechtlich und somit an bestimmte öffentliche Vorschriften gebundene Vorgang der Eheauflösung. Dieser damit verbundene Statuswechsel (rîte de passage) vom „Verheiratet-" zum „Geschieden-Sein" bringt für die Betroffenen vielfältige Veränderungen in ihrer realen Lebenssituation mit sich. Sie stellt den letzten Akt eines sukzessiv erfolgten Kündigungsprozesses des Ehevertrages dar, der drei „Kündigungsphasen" umfassen kann (nicht: muss): a) Die Aufkündigung der ehelichen Gemeinschaft (= Trennung von Tisch und Bett), b) die Aufkündigung der Haushaltsgemeinschaft und c) die Ehescheidung.

Die Zahl der Ehescheidungen ist seit Ende des 19. Jahrhunderts in allen Industrienationen stetig gestiegen. Den „Spitzenplatz" nehmen Russland und die USA ein. Die niedrigsten Scheidungsraten weisen Georgien (0,4), Bosnien/Herzegowina (0,4), die Türkei (0,5) und El Salvador (0,5) auf (vgl. die Tab. 5).

Im Hinblick auf die im Statistischen Jahrbuch für das Ausland aufgeführten 71 Staaten nimmt Deutschland den 17. Rang in der Scheidungshäufigkeit ein (vgl. Tab. 5). Heute endet mehr als jede 3. Ehe in der Bundesrepublik durch Scheidung. Man kann denselben Tatbestand aber auch mit anderen

Worten formulieren: 63% aller Ehen enden nicht durch Scheidung (vgl. BMFSFJ 2003: 81).

Wie in anderen Industrienationen gilt auch für Deutschland der stetige Anstieg von Ehescheidungen in den letzten 100 Jahren, wenn hier der Anstieg auch nicht kontinuierlich sondern in Sprüngen und mit Schwankungen erfolgte (vgl. Abb. 8). Diese stetig anhaltende und immer stärker steigende Tendenz von Ehescheidungen in der Bundesrepublik Deutschland ist nicht auf demografische Veränderungen, z.B. auf eine unterschiedliche quantitative Besetzung der Alterjahrgänge oder auf unterschiedlich hohe Eheschließungsquoten, zurückzuführen. Dennoch muss einschränkend betont werden, dass derartige Zeitvergleiche auf Querschnittsdaten beruhen, bezogen zumeist auf die Einwohner eines Landes oder auf die Zahl der Eheschließungen. Aber nur Längsschnittdaten, also die statistische Analyse von Eheschließungskohorten, können die Zunahme von Ehescheidungen exakt erfassen. Dennoch bleibt, dass insgesamt seit Ende des 19. Jahrhunderts eine zunehmende Instabilität der Ehen statistisch zu beobachten ist.

Die Scheidungsforschung bezieht sich entweder auf dieses Phänomen, die Zunahme von Ehescheidungen im Zeitverlauf, oder auf eine Analyse der heutigen verursachenden Bedingungen von Ehescheidungen sowie auf die Untersuchung von Ehescheidungsfolgen, vor allem auch im Hinblick auf die Kinder. Der folgende Beitrag beschränkt sich auf die Frage, welche Faktoren gegenwärtig die Instabilität von Ehen bedingen. Damit werden aber gleichzeitig auch die Begründungen für das gestiegene Ehescheidungsrisiko im Zeitablauf deutlich.

Eine Reihe von Untersuchungen haben bestimmte Sozialvariablen zu identifizieren versucht, die das Ehescheidungsrisiko erhöhen. So ist z.B. eine Korrelation zwischen dem Heiratsalter oder der Kinderzahl, der Konfession, der sozialen Schicht und dem „Instabilitätsrisiko" feststellbar. Konkret: Je geringer das Heiratsalter, desto höher ist die Wahrscheinlichkeit der Ehescheidung; oder: Je höher die soziale Schicht ist, desto geringer ist das Ehescheidungsrisiko. Die Scheidungsquoten von katholischen Ehepartnern sind geringer im Vergleich zu evangelischen oder nicht konfessionell gebundenen. Ehen von Partnern mit mittlerem Bildungsniveau sind am stabilsten und als besonders instabil erweisen sich - statistisch gesehen - jene Ehen, in denen Frauen höher qualifiziert sind als Männer. Ferner sind die Ehen mit erwerbstätiger Ehefrau instabiler. Am seltensten treten Scheidungen bei Hauseigentümern auf usw. Rein statistisch könnte man also überspitzt prognostizieren: Die höchste Wahrscheinlichkeit einer Ehescheidung ist bei jenen Paaren gegeben, die kinderlos, evangelisch oder nicht konfessionell gebunden sind, zudem in einem frühen Alter geheiratet haben, in denen die Ehefrau erwerbstätig ist, über ein höheres Bildungsniveau als der Ehemann verfügt, die in der Großstadt und nicht in einem eigenen Haus wohnen.

Derartige einfache Korrelationsberechnungen stellen jedoch keine ausreichenden Analysen zur Aufdeckung von Ursachen von Ehescheidungen dar. Zum einen kann es sich hierbei um typische Scheinkorrelationen handeln, weil weitere Faktoren nicht erfasst und monokausale Erklärungen unterstellt werden. Zum anderen ist die Aussagekraft derartiger Korrelationen insofern beschränkt, da nicht feststeht, welchen empirischen Sachverhalt die einzelnen Variablen im Grunde genommen messen. Beispielsweise kann der statistisch gegebene Zusammenhang zwischen der höheren Kinderzahl und dem niedrigeren Ehescheidungsrisiko auf eine sozialstrukturelle Benachteiligung kinderreicher Familien zurückzuführen sein, bei denen eine Ehescheidung aus finanziellen Gründen nicht möglich ist. Er kann aber ebenso auf Persönlichkeitsvariablen basieren, auf einer hohen Familienorientierung oder religiösen Bindung, weswegen ebenso die Auflösung einer Ehe nur im äußersten Fall erwogen würde.

Gleiches gilt für den statistischen Sachverhalt, dass das Ehescheidungsrisiko für Zweit-Ehen größer als für Erst-Ehen ist, was auf Selektions- und auf Sozialisationseffekte zurückführbar ist. Aber auf welche? Das Gebot der Unauflöslichkeit der Ehe könnte bei bestimmten Personen weniger an normativer Kraft besitzen oder die vorhandene Erfahrung der Scheidung und der damit verbundenen emotionalen und finanziellen Trennungskosten reduziert die Ängste vor dem Aufwand und den Folgen einer zweiten Scheidung. Außer sozialstatistischen Analysen über Zweit- und Dritt-Ehescheidungen (vgl. z.B. Heekerens 1988) gibt es für Deutschland keine soziologischen empirischen Untersuchungen.

Die vorliegenden empirischen Erhebungen über die verursachenden Bedingungen von Ehescheidungen konzentrieren sich zumeist entweder stärker auf die Mikro- oder die Makro-Ebene.

Vor allem in den USA versuchte man schon seit Mitte der 1970er und 1980er Jahre mit Hilfe mikroanalytischer Ansätze, vor allem zunächst basierend auf austauschtheoretischen Konzepten, das Ehescheidungsrisiko zu bestimmen (vgl. ausführlicher Nye 1979: 1ff.).

Ihre Vertreter fragen insbesondere danach, was „Ehepartner zusammenhält" und konzentrieren sich demzufolge stärker in ihren Forschungsarbeiten auf das Phänomen der Stabilität der ehelichen Beziehungen, die sie in Abhängigkeit von der ehelichen Beziehungsqualität definieren. Diese ist abhängig von den sozialen und persönlichen Ressourcen, den Alternativen zur bestehenden Ehe, den externen Barrieren. Bei Ehescheidungen spielen darüber hinaus noch die bereits geleisteten „Investitionskosten" in die Ehebeziehung und die zu erwartenden Trennungskosten eine Rolle. Auf die Ergebnisse der Austauschtheorie und auf diesbezügliche kritische Einwände wurde bereits in Kapitel 6.6 eingegangen.

Nach Wagner und Weiß (2003) wurde in Deutschland in Bezug auf die Untersuchungen von Eheauflösungsprozessen vor allem auf die Theorie der Haushaltsökonomie zurückgegriffen, die auf die Arbeiten von G.S. Becker zurückgeht: Die mikroökonomische Theorie der Ehescheidung nimmt an, dass Personen ihren Ehe- und Familienhaushalt so organisieren, dass der Ertrag an „commodities" maximiert wird. Sofern der gemeinsame Nutzen aus der Ehe unterhalb des erwarteten Nutzens der Alternative liegt, wird eine Ehe geschieden. Der Ehegewinn als eine zentrale Determinante der Ehe-Stabilität wird u.a. durch die Form der Arbeitsteilung, die Investition in ehe-spezifisches Kapital und den „Partner-Match" bedingt. „Partner-Match" bezieht sich darauf, dass in der ökonomischen Theorie die Ehe als Produktionsstätte für materielle und immaterielle Nutzenmaximierung definiert ist, und diese von dem erfolgreichen Zusammenwirken der Ehepartner abhängt. Je höher die Nutzenmaximierung, desto zufriedener wären die Ehepartner, und umgekehrt gilt ebenso: Je niedriger der Nutzen, desto unzufriedener werden die Ehepartner, was im Hinblick auf das Ehescheidungsrisiko relevant ist. Da aber bei Ehe-Entscheidung bestimmte Eigenschaften des Partners noch unbekannt sein können und erst im Laufe der Ehe die „Passung" im Hinblick auf die eheliche Nutzenmaximierung zu erkennen ist, können später niedrigere „Produktivitätsraten" die Folge sein, weil kein optimales Matching gegeben ist. Dann könnten Alternativen ins Kalkül gezogen werden, vorausgesetzt sie sind nicht mit hohen Suchkosten verbunden und versprechen deutlich einen höheren „Gewinn". Wagner (2003) betont aufgrund seiner Meta-Analyse über die Ehescheidungsforschung, dass bisher nur einzelne Konstrukte oder Hypothesen, die Bestandteile der mikroökonomischen Theorie sind, empirisch operationalisiert und überprüft worden seien. Die Validisierung bzw. Verifizierung dieser Theorie stehen generell aber noch aus.

Mit unseren eigenen Untersuchungsergebnissen (Nave-Herz et al. 1990) haben wir in stärkerem Maße die gesamtgesellschaftlichen Wandlungsprozesse (Wertewandel, Funktionswandel der Ehe, Rollenveränderungen der Frau) für das gestiegene Ehescheidungsrisiko als Faktoren identifiziert, die Instabilität moderner Ehen bedingen. So paradox es klingen mag, die Erhebung zeigt, dass die Zunahme der Ehescheidungen nicht die Folge eines wachsenden Bedeutungsverlustes ist; nicht die Zuschreibung der „Sinnlosigkeit" von Ehen hat das Ehescheidungsrisiko erhöht und lässt Ehepartner heute ihren Ehe-Entschluss eher revidieren, vielmehr ist der Anstieg der Ehescheidungen gerade Folge ihrer hohen psychischen Bedeutung und Wichtigkeit für den Einzelnen, sodass die Partner unharmonische eheliche Beziehungen heute weniger als früher ertragen können und sie deshalb ihre Ehe schneller auflösen, zuweilen in der Hoffnung auf eine spätere bessere Partnerschaft.

Wenn eine Hauptursache für Ehescheidung die gestiegenen Ansprüche an die Qualität der Partnerbeziehung ist, so wird gleichzeitig sichtbar, dass diese nun zum Mittelpunkt der Ehe geworden sind. Der institutionelle Charakter der Ehe hat also im Zeitablauf de facto abgenommen. Je stärker aber dieser in den Hintergrund tritt und allein die Beziehungsebene und damit Emotionen und Affekte für den Erhalt der Ehe bedeutsam werden, desto eher können Enttäuschungen über den Partner die Auflösung der Ehe begünstigen, da keine weiteren wesentlichen Funktionen der Ehe die aufgetretene Deprivation kompensieren können.

Hinzu kommt, dass exogene Belastungen Verstärkereffekte bei bereits vorhandenen ehelichen Spannungen besitzen können. So wirken z.B. physische und psychische Arbeitsbelastungen, Arbeitslosigkeit, lange Arbeitszeiten, finanzielle Schwierigkeiten, Alkoholmissbrauch und/oder andere Suchtprobleme eines Partners, Konflikte mit Schwiegereltern bei fehlender Parteinahme des Partners/der Partnerin als Stressoren im Auflösungsprozess; d.h. bei bereits vorhandenen ehelichen Konflikten verstärken die genannten Faktoren das Ehescheidungsrisiko, sind selbst aber nicht allein verursachend für eine Ehescheidung. Bei Nicht-Vorhandensein von Spannungen können sie umgekehrt die Gruppenidentität stärken. M.a.W.: Derselbe Tatbestand, z.B. Arbeitslosigkeit, kann in den einzelnen Familien diametral unterschiedlich verarbeitet werden: er kann eheliche Auflösungstendenzen oder die Ehestabilität verstärken.

Neben dem Wandel in den Bedürfnissen in Bezug auf die Ehe kommt hinzu, dass die Abnahme traditioneller Vorgaben die Möglichkeit - insbesondere für erwerbstätige Frauen - erhöht hat, überhaupt die eigenen Ansprüche an die Ehe bzw. an den Partner artikulieren zu können. Daraus folgt, dass heute weniger Ehen auf zwanghafter Kohäsion beruhen, weil die ökonomische Abhängigkeit der Frauen von ihren Ehemännern und die Diskriminierung von Geschiedenen abgenommen haben.

Mit der „Mannheimer Scheidungsstudie" wurde dieser Sachverhalt insbesondere belegt und darüber hinaus noch ein weiterer Faktor, die Möglichkeit von Alternativen, herausgestellt. So betont Esser aufgrund seiner Datenanalyse: „Die Ergebnisse können auch zu verstehen helfen, warum die Stabilität von Ehen in den jüngeren Kohorten in einer derart dramatischen Weise abgesunken ist: Ehen, die in Schwierigkeiten kamen, wurden in den ältern Kohorten nicht einfach aufgegeben, schlicht weil es damals einfach kaum alternative Opportunitäten gab, während neuerdings die verheirateten Paare sich nahezu unmittelbar dann trennen, wenn die ersten Krisen und die ersten (auch kleineren) Probleme auftauchten. Das Scheidungsgeschehen selbst sorgt für diesen sich offensichtlich auch selbstverstärkenden Prozess: Mit der Scheidung von Ehen gibt es auf dem Heiratsmarkt für Wiederverheiratungen mit einem Mal Alternativen, die es zuvor nicht gab. Und die schiere Verfügbarkeit von Alternativen führt dazu, eine Ehe, die nicht mehr besonders gut ist, in einem anderem Licht zu sehen, die andernfalls noch über der Fiktion einer ‚guten' Ehe gerahmt worden wäre." (2001: 127)

Esser hat einen weiteren wichtigen Faktor im Hinblick auf das Ehescheidungsrisiko herausgearbeitet. Mit seinem theoretischen Modell der „Frame-Selection" hat er die folgenden z.T. vereinzelt gestesteten Konstrukte in einem übergreifenden Zusammenhang interpretiert und anhand der Daten der Mannheimer Ehescheidungsstudie verifiziert. Es sind: der Ehegewinn, der Wert der Alternativen, die Opportunitäten zum Finden (einer besseren Alternative), die (Such-)Kosten und speziell die (mehr oder weniger) ‚fraglose' Orientierung an einem ‚mentalen Modell' der Unauflöslichkeit der Ehe, sei es als Institution allgemein oder als die jeweilige besondere Paarbeziehung sowie die Bedeutung der Netzwerke. Ohne hier auf Details eingehen zu können (vgl. hierzu Esser 2001; 2002), sei das Resultat wörtlich wiedergegeben: „Die Ergebnisse bestätigen zwei alte Vermutungen der Familiensoziologie: Die eheliche (In-)Stabilität ist erstens zwar durchaus auch eine Folge der Ehegewinne und des Vergleichs von alternativen Opportunitäten und der Suchkosten dafür, aber sehr viel stärker davon abhängig, das es einen orientierenden Rahmen gibt, der die Beziehung entweder als ‚Institution' oder als spezielle Paarbeziehung, als eine fraglos gültige und unantastbare Angelegenheit ‚definiert'. Zweitens sind derartige feste Rahmungen daran gebunden, das sie in alltäglichen Interaktionen immer wieder neu bestätigt und symbolisch ‚konstruiert' werden. Das geschieht insbesondere mit der Einbettung der Paarbeziehung in einander überlappende und dichte Netzwerke, die, sozusagen als Nebeneffekte, die Ehe zusätzlich auch noch als ehespezifisches (Beziehungs-)Kapital stabilisieren, wenn der Rahmen längst verfallen ist." (2003a: 137)

Es ist evident, dass sich alle genannten und dargestellten Theorien und Scheidungsergebnisse absolut nicht ausschließen, sondern sich gegenseitig ergänzen.

Aus dem Anstieg der Zahl der Ehescheidungen darf ferner nicht auf eine schnelle unüberlegte Partnertrennung geschlossen werden, sondern die Entscheidung ist als ein wechselhafter, psychisch für beide Partner hochbelastender Prozess zu begreifen, in dem sich der Wunsch zur Trennung mit dem des Zusammenlebens immer wieder ablöst - der von allen Betroffenen ein hohes Maß an psychischen Kosten abverlangt (vgl. auch Weiß 1975; Wallerstein/Blakeslee 1989).

Der Trennungsverlauf vieler Ehen ist nicht mehr durch den unbedingten und strikten Verweisungszusammenhang, „wenn Trennung, dann Scheidung", gekennzeichnet: So haben sich vor der endgültigen Ehescheidung 30% der Geschiedenen bereits mehrmals getrennt, von diesen sogar 62% zweimal und 22% drei- und mehrmals. Aber auch von der Kontrollgruppe der Verheirateten gaben 10% eine temporäre Trennung an (Nave-Herz et al. 1990).

Wenn also in der Literatur als Charakteristikum des Modernisierungsprozesses die heute umfassenderen Revisionsmöglichkeiten von individuellen

Entscheidungen genannt werden (Nunner-Winkler 1987), dann ist hinzuzufügen, dass ebenso die Revision der Revision zugenommen hat. Früher dagegen - jedenfalls in der hochbürgerlichen Familie - war die Ehe-Entscheidung kaum revidierbar. Die Entscheidung, eine Ehe aufzulösen, war so gut wie irreversibel, wie Fontane in seiner „Effi Briest" es verdeutlicht hat, wenn auch an einem extremen Beispiel: Nur weil Instetten sich seinem Freund anvertraut hatte, war die „Untreue" seiner Frau „öffentlich" geworden und die Ehescheidung (und das Duell) zwingend. Er begründet: „Ich ging zu ihnen und schrieb ihnen einen Zettel, und damit war das Spiel aus meiner Hand. Von dem Augenblicke an hatte mein Unglück ... einen halben Mitwisser, und nach den ersten Worten, die wir gewechselt, hat es einen ganzen. Und weil dieser Mitwisser da ist, kann ich nicht mehr zurück." (1952: 769)

Der Prozess der Eheauflösung kann zudem auch durch die Art des Umganges mit Konflikten seitens der Ehepartner bestimmt werden. Offenes Austragen, und zwar in sprachlicher Form, kann zur Stabilität einer Ehe eher beitragen als ihre Unterdrückung. Denn das Austragen von Konflikten kann auch die Chance bedeuten, spezifische psychische Probleme des Partners frühzeitig zu erkennen oder ihn evtl. in einer neuen Entwicklungsphase wahrzunehmen. Der Konflikt kann also Auslöser sein für ein anschließendes sachlicheres Gespräch, in dem eine gemeinsame neue Basis gesucht wird. Schließlich ist heutzutage das Individuum durch die Dynamik der verschiedensten gesellschaftlichen Teilbereiche, vor allem auch an seinem Arbeitsplatz, durch Medien usw., immer neuen Erfahrungen und verschiedensten Einflüssen ausgesetzt, wodurch die Sozialisationsprozesse der Partner konfligieren können, wenn der entsprechende Austausch fehlt. Selbstverständlich muss es sich - im Sinne Cosers (1965) - um echte Konflikte handeln. ‚Echter Konflikt' ist nach ihm ein Mittel, um ein Ziel zu erreichen, und es bestehen zumeist funktionale Alternativen in den Mitteln. Ein unechter Konflikt dagegen ist allein ein Mittel zum Abbau von Aggressionen.

Man kann aus diesen Überlegungen aber auch den „Umkehrschluss" ziehen: Eine Ehe ohne (sichtbare) Konflikte, die in der Alltagsvorstellung als ideale Ehe gilt, muss nicht immer auf harmonischen Beziehungen beruhen, sondern fehlende Konflikte können im Gegenteil Zeichen von Instabilität sein. Der Konflikt wird vermieden, weil man die unter Umständen destruktive Stimmung für die Partnerbeziehung vermeiden will und man wird erst nach Jahren gewahr, dass man - wie es alltagssprachlich formuliert wird - „sich auseinander gelebt hat". Dahrendorf hat zudem darauf hingewiesen, dass Konflikte Kooperationen voraussetzten. Insofern könnte auch die Frage gestellt werden, ob deshalb in diesen Ehen kein Konflikt aufkommt, weil bereits überhaupt keine Kooperation mehr gegeben ist.

Jedenfalls wird hierdurch deutlich, dass das Ideal, das wir in Bezug auf die ehelichen Beziehungen heutzutage anerkennen (= es sollte möglichst keine

Konflikte in einer Ehe geben), nicht unbedingt als ein Zeichen einer „guten" Ehe gelten kann, sondern evtl. sogar umgekehrt als Zeichen ihrer Gefährdung wegen - von den Partnern nicht wahrgenommenen - unterschiedlichen Entwicklungsverläufen und/oder wegen fehlender Kooperation und damit u.U. mangelnden Gemeinsamkeiten.

6.7.2 Verwitwung

Obwohl bereits Durkheim (1897) in seiner Arbeit über den Selbstmord Verwitwung als Krise mit erhöhter Selbstmordgefahr kennzeichnete, fand das Faktum Verwitwung im deutschen Sprachraum nur als sozialhistorisches, ethnologisches, rechtliches, theologisches und psychologisches Thema Beachtung, in der familiensoziologischen Forschung blieb das Problem fast ganz ausgeklammert. Zwar sind in den letzten Jahren eine Reihe von empirischen Erhebungen im Rahmen der Alterssoziologie durchgeführt worden, aber sie beziehen sich zumeist nicht explizit auf Verwitwete; ihnen wird - wenn überhaupt - nur ein kurzes Kapitel gewidmet. Sie untersuchen die sozialen Situationen von alten Menschen, die Beziehungen zu ihren Kindern, die Funktionalität ihrer Wohnungen, ihr Freizeitverhalten, ihre Lebenszufriedenheit und die Möglichkeit und Grenzen einer Prävention im Hinblick auf die Pflegebedürftigkeit im Alter (vgl. hierzu z.B. den Dritten und Vierten Bericht zur Lage der älteren Generation/BMFSFJ 2001; 2002).

Diese Forschungen wurden aufgrund der stetig steigenden Lebenserwartung bei gleichzeitiger Reduktion der Geburtenzahlen und den damit verbundenen sozialpolitischen Problemen ausgelöst, die sich in Zukunft noch verstärken werden. Eine siebzigjährige Frau hat heutzutage in Deutschland eine Lebenserwartung von weiteren 15 Jahren; in Frankreich, Italien sowie in der Schweiz sogar von ca. 17 Jahren und in Japan von 18 Jahren. Für siebzigjährige Männer gilt eine Lebenserwartung in Deutschland von weiteren 12 Jahren, von 13 Jahren in Frankreich, Schweden, Schweiz, Italien, Kuba, Israel, Australien sowie in Neuseeland und in Japan von 14 Jahren (Stat. Jahrbuch 2002 für das Ausland: 203-206).

Nach der Bevölkerungsmodellrechnung des Statistischen Amtes der Europäischen Gemeinschaft (EUROSTAT) wird im Jahre 2020 voraussichtlich mehr als ein Viertel aller Einwohner Deutschlands älter als 60 Jahre sein. Zwar hat es in der Menschheitsgeschichte schon immer einzelne Menschen gegeben, die sehr alt wurden, aber erst in den Industrienationen (an erster Stelle steht Japan) erreichen mehr als die Hälfte aller Menschen das 70. Lebensjahr. Die Menschen werden alt und immer älter, weil die menschliche Kultur Umweltbedingungen schafft, die ein Älterwerden ermöglichen. Der Altersprozess ist kein rein biologischer Ablauf, sondern wird auch kulturhistorisch determiniert. Eine besondere Bedeutung nehmen in diesem Prozess vor allem das Gesundheits- und auch das Bildungsverhalten sowie die medizinische Versorgung ein. Sozialpolitisch wird insbesondere die Zunahme der „Hochbetagten" diskutiert, obwohl keinesfalls von einem Automatismus des Zusammenhangs zwischen hoher Lebenserwartung und zunehmender Pflegebedürftigkeit gesprochen werden kann. Die Variabilität in den sozialen Lagen, im Gesundheitszustand und im Zufriedenheitsgrad ist innerhalb der Gruppe der älteren Menschen sehr hoch.

Mit steigendem Alter erhöht sich das Risiko der Verwitwung. Von allen 65- bis 70-Jährigen sind bereits 16% verwitwet (GeroStat - Deutsches Zentrum für Altersfragen 2001). Der Anteil der verwitweten Frauen ist weit höher als der der Männer: 80% zu 40% (Vierter Bericht zur Lage der älteren Generation in der Bundesrepublik Deutschland/BMFSFJ 2002: 95). Ihre höhere Zahl im Vergleich zu den verwitweten Männern ergibt sich aus dem Altersabstand der Ehepartner und der längeren Lebenswahrscheinlichkeit der Frauen gegenüber den Männern. Eine Frau, die heute 60 Jahre alt ist, kann im Durchschnitt damit rechnen, noch weitere 23 Jahre zu leben, ein 60-jähriger Mann 19 Jahre (Dritter Bericht zur Lage der älteren Generation/BMFSFJ 2001: 14). Wie in Kap. 3 bereits erwähnt wurde, ist diese Differenz auf biologische und verhaltensbedingte Ursachen zurückzuführen. In allen Industrienationen ist es ein „typisches Frauenschicksal", die letzten sieben bis zehn Jahre des Lebens ohne Ehepartner zu leben.

Abb. 18: Familienstand der Bevölkerung 2001 in Deutschland

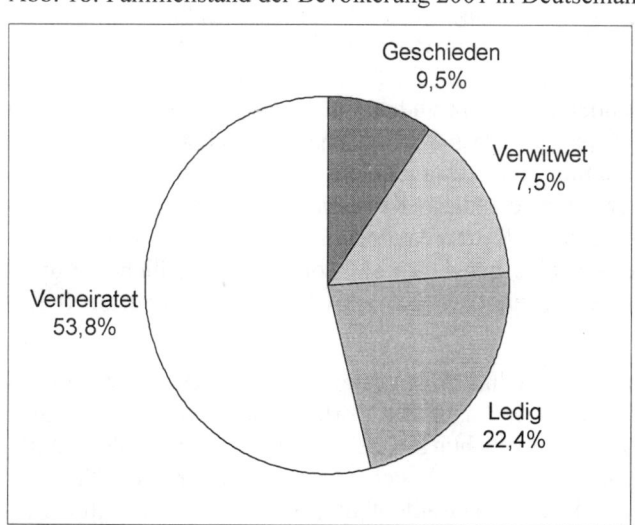

Quelle: Errechnet aus: Statistisches Jahrbuch 2002: 63.

Mehr Ehen werden im Übrigen in Deutschland durch Tod eines Partners als durch Scheidung gelöst und der Anteil der Verwitweten ist größer als der der Geschiedenen:

Der Partnerverlust durch Tod unterscheidet sich von den anderen Formen des Partnerverlustes, wenn auch die Betroffenen bei ungewollter Scheidung oder Trennung ähnliche Gefühle beschreiben, wie das Unvermögen, die Wirklichkeit zu akzeptieren oder die Wut und das überwältigende Gefühl, etwas Unwiederbringliches verloren zu haben. Der Unterschied zwischen der Eheauflösung durch Verwitwung und der durch Scheidung/Trennung liegt in der Endgültigkeit der Situation, in der Hoffnungslosigkeit auf eine Rückkehr oder auf eine Wiederherstellung der früheren Beziehung in gleicher, ähnlicher oder sogar veränderter Form. Zudem steht der Idealisierung des verstorbenen Partners die Realität nicht entgegen.

Wie die „Stressful-Event-Forschung" zeigt, ist der Statuswechsel durch Verwitwung für die Betroffenen außerordentlich belastend. Charakteristisch für den Trauerprozess bei Verwitwung ist nicht eine langanhaltende Depression, sondern es sind die sporadisch auftretenden „Anfälle", das Auftreten von Angst, Panik, Verlustschmerz, Sehnsucht, verbunden mit Weinkrämpfen. Sie erreichen gewöhnlich zwischen dem 5. und 14. Tag nach dem Tod des Partners ihren Kulminationspunkt, werden im Laufe der Zeit seltener und treten dann nur noch bei besonderen Anlässen auf. Insgesamt wird für den Anpassungsprozess an den neuen Status, also für den Zeitraum von dem Entstehen der skizzierten Symptome bis zu ihrem völligen Verschwinden, in der Literatur eine Zeitspanne von einem bis zu drei Jahren angegeben. Nach diesem Stadium werden einige Personen als aktiver, zufriedener, andere als passiver, ängstlicher, einige als „der" oder „die Alte" im Vergleich zu der Zeit vor dem Partnerverlust beschrieben oder kennzeichnen sich selbst so (Parks 1978; Dießenbacher 1985; Buchebner-Ferstl 2002). Shamgar-Handelman betont zudem: „Die implizite Annahme in der wissenschaftlichen Literatur - dass Witwenschaft eine Gegebenheit ist, die nur die ‚Familiensituation' der Person beeinflusst - wird der Kettenreaktion von Lebensveränderungen, die diese Krise in Bewegung setzt, nicht gerecht. Es ist schwierig, diese Kettenreaktion zu verfolgen, da zahlreiche beschleunigende Faktoren eine ganze Anzahl von unterschiedlichen Konsequenzen in vielen Lebensbereichen bei verwitweten Personen auslösen." (1989: 430)

Ein Teil der Betroffenen scheint diesen Anpassungsprozess nicht bewältigen zu können. Jedenfalls sind nach den vorliegenden - vornehmlich aber anglo-amerikanischen - Untersuchungen bei verwitweten Personen, verglichen mit einer Kontrollgruppe, die Lebenserwartungen geringer, die Arztbesuche häufiger, die Krankenhausaufenthalte wahrscheinlicher, ihre Einweisungsquote in psychiatrische Institutionen höher und die Selbstmordquote - vornehmlich bei Witwern - größer. Buchebener-Ferstl (2002) führt die bessere Trauerbewältigung bei den Frauen auf ihre ausgeprägteren Sozialkontakte zurück (vgl. hierzu auch Holstein 2002: 64ff.). Auch in Statistiken der Bundesrepublik ist bei Verwitweten gegenüber den Verheirateten vor allem im ersten halben Jahr nach dem Verlust des Partners das Mortalitätsrisiko sowie insbesondere bei über 75järigen Männern die Suizidgefahr groß (Vierter Bericht zur Lage der älteren Generation/BMFSFJ 2002: 127).

Bemerkenswert ist weiterhin, dass die skizzierten Symptome kurz nach dem Partnerverlust und während der Anpassungsphase auftreten, unabhängig von dem Ausbildungsniveau der Partner, der Berufsposition, von der Tatsache, ob man berufstätig ist oder nicht, dem Alter, der Ehedauer, ja selbst davon, ob der Partner schon seit langem von dem tödlichen Ausgang der Krankheit wusste. Lediglich die Intensität, u.U. Zeitpunkt sowie Dauer und Art der Verbreitung wird von diesen Faktoren beeinflusst. Leider stellen fast alle diese Berichte lediglich Deskriptionen von Verhaltens- und Körperfunktionsstörungen dar. Warum bei Partnerverlust bei jedem Betroffenen stressgeladene Symptome auftreten, bleibt in der Literatur bisher unbeantwortet oder zumindest unbefriedigend analysiert.

Soziologisch gesehen, ist dieser Konflikt durch die heutige Sinnzuschreibung an die Ehe zum großen Teil strukturell bedingt. Zunächst ist zu betonen, dass Partnerverlust immer, auch in der vorindustriellen Ehe wegen ökonomischer Probleme, Erbschaftsfragen sowie durch die Nichtbesetzung der sozialen Rolle/Position eine „Krise" bedeuten konnte. Auch heute sind zumeist mit Verwitwung materielle und soziale Belastungen, eine Reduktion des Einkommens[27] und des Freundeskreises verbunden (Vierter Bericht zur Lage der älteren Generation in der Bundesrepublik Deutschland/BMFSFJ 2002: 95; Wagner 2002: 242). Darüber hinaus bedeutet in der gegenwärtigen Gesellschaft Partnerverlust eine Reduzierung des Lebenssinns und der Handlungsbezogenheit auf den Partner bzw. die Partnerin, beides eine Folge des identitätsbildenden Charakters der modernen Ehe (vgl. Kap. 6.4 in diesem Band).

Zudem kann Partnerverlust das Infragestellen des alltäglichen Orientierungsrahmens bedeuten. Alltägliche gemeinsame Gewohnheiten, die sich heute aufgrund der höheren Lebenswahrscheinlichkeit über längere Zeiträume herausprägen und stabilisieren können, werden durch den Tod des Partners/der Partnerin plötzlich „aufgekündigt". Zu Recht schreibt Mitterauer: „Das Familienleben ist mehr nach innen gerichtet. Langfristige Gemeinsamkeit eines gleich bleibenden Personenkreises führt zur Ausbildung einer stärker gesonderten Sphäre. Gemeinsame Erlebnisse und Erinnerungen verbinden und prägen. Aus der Dauerhaftigkeit des Zusammenlebens kommt es zu spezifischen Gewohnheiten, Einstellungen und Reaktionen. Gewisse Verhaltensweisen werden in der Familie ritualisiert. Diese Individualisierung kann bis zur Entwicklung eines besonderen Sprechstils reichen" (1977: 85). Die Ausprägung dieser Gemeinsamkeiten setzt nicht etwa eine konfliktfreie oder gar harmonische Atmosphäre voraus. In der psycho-

---

27 Ob dieser Sachverhalt für Frauen in Deutschland gilt, wird unterschiedlich beurteilt (Vierter Bericht zur Lage der älteren Generation in der Bundesrepublik Deutschland/BMFSFJ 2002; Motel/Wagner 1993). In den USA besteht demgegenüber für Frauen ein signifikant höheres Risiko, nach Verwitwung unter die Armutsgrenze zu fallen (Holstein 2002: 63).

analytischen Literatur sind eine Fülle von Beispielen zu finden, die zeigen, wie stark ritualisierte Handlungen gerade auch in gestörten Ehebeziehungen ausgeprägt werden (Richter 1970; Laing/Esterson 1975). So ist es nicht erstaunlich, dass die Anpassung an das Alleinleben erschwert ist, „wenn die vorangegangene Beziehung als konfliktreich interpretiert (‚kognitiv repräsentiert') wird. Es scheint, als könne man gerade dann den verstorbenen Partner nicht ‚loslassen'. Nicht selten werden negative Erinnerungen an den Partner durch Idealisierung und Verklärung überdeckt." (Walter 1995: 156)

Beim Partnerverlust durch Tod kommt hinzu, dass in unserem Kulturbereich - vor allem in der amerikanischen, aber auch in unserer Gesellschaft - Gespräche über den Tod, das Sterben oder die Trauer in der Öffentlichkeit Tabuisierungen unterliegen. Ob diese Kommunikationshemmungen auf Angstbesetzung oder auf fehlender Relevanz dieses Problembereiches bei den Gesprächspartnern beruhen, wird in der Literatur kontrovers diskutiert. Insgesamt gilt Trauer als „Privatangelegenheit", was „im stillen Kämmerlein ... mit sich selbst abzumachen" sei (Hahn 1968). Dadurch wird der überlebende Partner - zumal der ohne Kinder alleinwohnende - zur Gesprächslosigkeit verdammt, zu einem Zeitpunkt gerade, in dem er das Bedürfnis hat, das Erlebte mittels Gespräch zu verarbeiten, wie aus der zitierten Untersuchung von Hahn und vielen anderen hervorgeht.

Ferner bedeutet Verwitwung - ebenso wie Eheschließung und Ehescheidung - einen rîte de passage, der aber bei uns kaum mehr öffentlich markiert wird. Die Trauerriten haben bei uns im Laufe der Zeit so stark abgenommen, dass - nach einer Untersuchung von Hahn (1968: 135) - nunmehr nur noch negative Regeln bei uns gelten, d.h. mehr oder weniger feststeht, was nicht mit Trauer vereinbar ist. Die fehlenden Handlungsanweisungen und der zugebilligte eigene Ermessensspielraum lösen jedoch häufig Rollenunsicherheit aus, wie aus den Untersuchungen von Holl (1975: 175ff.) z.B. in Bezug auf das Tragen von Trauerkleidung hervorgeht. Denn mit der „Reduktion institutioneller Verankerung des Trauerverhaltens verliert der Trauernde auch weitestgehend den Schutz, den die Institutionen aufgrund ihrer Entlastungsfunktion (Gehlen) den Handelnden bieten" (Hahn 1968: 134). Rollenunsicherheit aufgrund fehlender Verhaltensregeln ist also die Folge.

Zusammenfassend sei also betont: Der Verlustschmerz, das Wissen um die Endgültigkeit der Situation, die Rollenunsicherheit in dieser ersten Phase, die Verdammung zur Sprachlosigkeit und damit die Erschwerung der Verarbeitung komplexer Sinnstrukturen mittels Gespräch, die Unterbrechung gewohnter routinierter Handlungen und das Fehlen eines Sinnbezuges bedingen die Stressphase nach Partnerverlust und lassen Verwitwung zum kritischen Lebensereignis werden.

7. Familiale Rollen

Das Wort „Rolle", das wir aus der Umgangssprache kennen, hat in der Soziologie eine völlig andere Bedeutung, deshalb muss im folgenden Abschnitt sehr ausführlich auf diesen soziologischen Fachterminus eingegangen werden. Begriffe - und so auch der der sozialen Rolle - sind Instrumente, dazu bestimmt, relevante Aspekte der Realität herauszugreifen, die untersucht werden sollen. Begriffe zeichnen keine Welt nach, sondern sie tragen zur Gliederung der Welt bei. Hinter diesen einfachen Sätzen verbergen sich vielfältige Probleme und umfangreiche wissenschaftliche Diskussionen, nämlich über das Verhältnis von Begriff und Gegenstand, von Denken und Sprache usf., worauf hier nicht eingegangen werden kann. Begriffe als solches können weder falsch noch als richtig gedacht werden, sie sind angemessen oder nicht. Im letzteren Fall sind sie als Instrumente unangebracht. Der Begriff der „sozialen Rolle", wie er zunächst von Dahrendorf festgelegt wurde, hat innerhalb der Soziologie eine langanhaltende Diskussion ausgelöst. Nur die wichtigsten Probleme, die mit dem Begriff der sozialen Rolle verbunden sind und die zum richtigen Verständnis und Gebrauch dieses Wortes beitragen, können im Folgenden herausgestellt werden. Seine Notwendigkeit für bestimmte soziologische Analysen wurde nicht bestritten, wenn mit Rollenanalysen selbstverständlich auch nur Ausschnitte aus der Vielfältigkeit sozialer Realität beschrieben werden können. Deshalb bedarf die rollenanalytische Beschreibung unbedingt der Ergänzung durch eine Interaktionsanalyse. Im folgenden Kapitel sollen mit dem Begriff der sozialen Rolle als Analyse-Instrument die typifizierten Erwartungen an die einzelnen verschiedenen familialen Rollen in unserer Gesellschaft erfasst und benannt werden. In Kap. 8 folgt eine Analyse der Beziehungen zwischen den familialen Rollenträgern, einschließlich der materiellen und immateriellen Transferleistungen innerhalb der heutigen multi-lokalen Mehrgenerationen-Familie.

7.1 Einführung: Zum Begriff der „sozialen Rolle"

Das Wort „Rolle" kommt vom lateinischen „rotula" und bedeutet „das kleine Rad" oder „runder Klotz". In der Antike benutzte man es für jene hölzernen Rollen, um die man Pergamentbögen wickelte, damit sie nicht brachen oder zerbröckelten. Das Wort „Rolle" bezog sich zunächst also auf eine Schriftrolle, die amtliche Nachrichten und Protokolle enthielt. In Griechenland und in Rom sowie bei uns ab dem 16./17. Jahrhundert mit der Entstehung der modernen Bühne lasen die Schauspieler ihre Texte von Papierrollen ab, und von da an wird nunmehr jeder „Bühnencharakter" zur „Rolle" (Claessens 1968: 15). Zunächst wurde auch in den Sozialwissenschaften eine Analogie zwischen Rollenträger (= Inhaber einer Rolle) und Schauspieler aufgestellt. Am deutlichsten ist dies bei Newcomb (1950) erkennbar. Er vergleicht die „Rolle" mit einem Anzug: Innerhalb einer gewissen Grenze kann der Käufer hinsichtlich Machart und Material wählen wie der Schauspieler, in Ton, Gestik usw. Auch diese Sichtweise wird heute mit dem Begriff der sozialen Rolle nicht mehr assoziiert. Als Terminus Technicus führte Linton den Begriff 1936 mit seinem Buch „The Study of Man" in die sozialwissenschaftliche Theorie ein.

Obwohl in der Soziologie und in anderen wissenschaftlichen Disziplinen (z.B. in der Psychologie, der Pädagogik) der Begriff der sozialen Rolle noch immer unterschiedlich umschrieben wird, so geht man in der Regel in der Soziologie von der Definition von Dahrendorf aus: Soziale Rollen sind „Bündel von Erwartungen, die sich in einer gegebenen Gesellschaft an das Verhalten der Träger von Positionen knüpfen" (Dahrendorf 1961: 22). Rollen sind damit Richtschnuren des Verhaltens, denn durch das Vorhandensein von Rollen weiß der Einzelne, nämlich der Inhaber der Rolle (= der Rollenträger), was von ihm erwartet wird und was er von anderen zu erwarten hat. Interaktionen werden durch sie vorstrukturiert und berechenbar. Sie stellen damit ein gewisses Sicherheitssystem für Interaktionen dar. Das Berufs-Ratespiel z.B. basiert letztlich ja nur darauf, dass es für Berufsrollenträger - gleiches gilt für andere Rollen (z.B. für Geschlechts- und Altersrollen) - ein bestimmtes gleichmäßiges und ähnliches Verhalten gibt. Ferner beziehen sich die Rollenerwartungen häufig außerdem auch auf bestimmte Einstellungen. So hat z.B. in unserer Gesellschaft die Mutter nicht nur ihre Kinder zu versorgen, sondern Liebe zu ihnen zu empfinden.

Wenn also soziale Rollen „Bündel von Erwartungen" sind, so wäre nunmehr zu fragen, warum sich die Rollenträger diesen Erwartungen entsprechend verhalten. Dahrendorf führte deshalb den Begriff der „Bezugsgruppe" (reference group) ein, worunter er solche Gruppen bzw. die Rollen-Sender versteht, die auf das Verhalten des Rollenträgers einwirken können und die den Rollenträger positiv oder negativ zu sanktionieren vermögen, was nach Dahrendorf konformes Verhalten bedingt. Die Sanktionsmöglichkeiten sind sehr unterschiedlich und reichen in einer Gesellschaft vom Freiheitsentzug bis hin zum Auslachen, Schulterzucken, Kopfschütteln usw. An dem Rollenbegriff, wie er von Dahrendorf definiert wurde, ist immer wieder Kritik geübt worden und deshalb sind folgende Anmerkungen bei seiner Verwendung mit zu bedenken:

Zunächst sei vermerkt, dass ein Begriff noch keine Theorie ausmacht. Popitz betont zurecht: „Im Rahmen soziologischer Theorien (im engeren Sinne) hat der Rollenbegriff keine größere und keine geringere Bedeutung als irgendwelche anderen Begriffe, die bestimmte Aussageelemente abgrenzen. Er kann dazu dienen, das Explorandum zu formulieren (z.B.: Wie ist ein Wandel der familiären Rollenstruktur im Sinne der Gleichberechtigung zu erklären?), er kann die Anfangsbedingungen fixieren, und er kann schließlich in die These selbst eingesetzt werden. Irgendeinen erklärenden Wert selbst hat der Rollenbegriff nicht" (1972: 39).

Ferner ist seit Einführung des Rollenbegriffes immer wieder auf das Problem von Rolle und Selbst (= dem „eigentlichen Menschen"), von Individuum und Gesellschaft, hingewiesen worden, wobei diese Diskussion fälschlicherweise eine Trennungsmöglichkeit von Rolle und Selbst unterstellt. Doch eine Trennung von „Mensch" (oder „Selbst") und „Rolle" ist in der Realität insofern unsinnig, als der Sozialisationsprozess nichts anderes für den Einzelnen darstellt als das Erlernen von Rollen. Das bedeutet, dass wir auf die Übernahme von sozialen Rollen vorbereitet werden und das wiederum besagt, dass wir bereits viele der geforderten Rollenerwartungen internalisiert haben und als eigene Verhaltensmaxime bewerten, ehe wir die entsprechende Rolle übernehmen. Konformitätsverhalten ist also nicht nur das Resultat von Sanktionen - wie es Dahrendorf beschrieb -, sondern auch der fraglosen Anerkennung von Normen und/oder ihrer Internalisierung im Laufe des Sozialisationsprozesses.

Ferner ist seine These, dass konformes Verhalten durch Sanktionen erzeugt würde durch den Hinweis erweitert worden, dass deren Wirkung eine bestimmte Bedürfnisstruktur beim Rollenträger voraussetzt, worauf Dahrendorf nicht eingegangen ist. Ein bestimmtes Lob muss als solches positive, eine negative Sanktion zumindest unangenehme Gefühle beim abweichend Handelnden auslösen.

Zudem ist in konkreten Handlungssituationen zu berücksichtigen, dass Rollenerwartungen stets interpretationsbedürftig sind. Wenn z.B. vom Lehrer „Gerechtigkeit" gefordert wird, so kann nicht nur mit diesem Begriff recht unterschiedliches bezeichnet werden, sondern das „gerechte" Verhalten von Lehrern kann auch sehr unterschiedlich aussehen. Diese Interpretationsbedürftigkeit von Rollenerwartungen läßt Raum für das Ausbalancieren unterschiedlicher Erwartungen und für individuelle Gestaltungsmöglichkeiten, die abhängen vom bisherigen individuellen Sozialisationsprozess, den Erfahrungen aus der derzeitigen sozialen und materiellen Lage des Rollenträgers, seiner physischen Konstitution usw. von Bedingungen also, die sich wiederum gegenseitig beeinflussen. Dennoch bleibt, dass soziale Rollenerwartungen handlungsleitende Wissensbestände der Akteure darstellen.

Gegen das Konzept der sozialen Rolle wird zuweilen eingewandt, dass es „sich gegen eine Historisierung" sperrt (Kudera 2002: 152). Doch gerade Rollenanalysen können bestimmte Aspekte von sozialem Wandel bzw. des kulturellen Systems einer Gesellschaft durch das Aufzeigen der Veränderung von Rollenerwartungen beschreiben.

In der Soziologie wird darüber hinaus der Begriff der sozialen Rolle - unabhängig von den eben erörterten Fragestellungen - als analytisches Instrument benutzt. Mit seiner Hilfe wird dem Soziologen bzw. der Soziologin nämlich die Möglichkeit gegeben, das vielfältige gesellschaftliche Geschehen überhaupt erst zu erfassen und vor allem zu beschreiben. Denn Einstellungs- und Verhaltensmuster werden durch Entindividualisierung zu „Rollen" herausgehoben und stilisiert, d.h. es werden typifizierte Erwartungen formuliert. In dieser Form sind die Rollen in der Realität kaum vorfindbar, sondern zumeist nur annäherungsweise verwirklicht. Die Rollendefinitionen werden entweder gewonnen aufgrund von empirischen Erhebungen der Rollenerwartungen der Bezugsgruppen sowie der Rollenträger, oder sie werden in Form von Nominaldefinitionen als heuristische Konstrukte in die Analyse eingeführt und empirisch überprüft. Im folgenden Kapitel wird nach den - empirisch belegten - Rollendefinitionen und damit nach den Erwartungen an die einzelnen familialen Rollen in unserer Gesellschaft gefragt.

7.2 Die Vater- und die Mutterrolle in der modernen Familie

Auch für diese sozialen Rollen gilt, dass sie aus zwei umfassenden Begriffen ableitbar sind, aus sozialer Normierung und sozialer Differenzierung. Genauer: aus einer bestimmten Verknüpfung beider Begriffe. Durch die sozialen Rollen „Vater" und „Mutter", einem zunächst biologischen Tatbestand, erfährt jede Gesellschaft eine soziale Differenzierung, die normativ abgesichert ist. Die biologischen Unterschiede werden überall zum Anlass der Rechtfertigung dieser Rollendifferenzierung und zur Legitimation von geschlechtsspezifischen Unterschieden genommen, die jedoch zwischen den einzelnen Kulturen sehr unterschiedlich definiert werden (vgl. Kap. 6.5 in diesem Band).

Dieser soziale Differenzierungsprozess aufgrund biologischer Unterschiede wird im Übrigen bei uns sofort nach der Geburt verwaltungsmäßig festgeschrieben, indem nicht nur vom Arzt bzw. der Hebamme das Geschlecht schriftlich und amtlich festgehalten, sondern die Vornamenswahl beim Amtsgericht bekundet werden muss.

Wählen die Eltern einen Vornamen, aus dem das Geschlecht nicht einwandfrei erkennbar ist, z.B. Helge, muss ein zweiter, eindeutiger Vorname hinzugefügt werden.

Wenn also auch heute noch sofort nach der Geburt durch einen Etikettierungsprozess die Geschlechterdifferenz juristisch bekundet wird, so hat aber das sog. Ergänzungstheorem, seine biologisch begründete Legitimation in weiten Kreisen an Anerkennung verloren. Hat damit auch die Differenzierung bzw. Trennschärfe der Vater- und der Mutterrolle abgenommen?

In Kap. 3.3.2 wurde dargestellt, dass die Rolle des Vaters und die der Mutter in der vorindustriellen Zeit - trotz ihrer gegebenen Arbeitsteilung - nicht in derartigem Maße wie im späteren Bürgertum differierten. Denn an beide Rollen wurde an *erster* Stelle die Erwartung gestellt, für die Existenzsicherung aller Familienmitglieder zu sorgen. Das Rechtssystem und das Brauchtum wiesen dem Vater in Deutschland in allen Familienangelegenheiten die letzte Entscheidung zu, nicht, wie in anderen Kulturen, dem Großvater. Für die laufende aktive Fürsorge und Erziehung der Säuglinge und Kleinkinder war er nicht zuständig. Selbst im späteren Alter der Kinder erlernten viele nicht - wie häufig angenommen - das Handwerk oder die Landwirtschaft von ihrem eigenen Vater, sondern sie wurden im Alter von 12 bis 14 Jahren außer Haus gegeben. In allen Schichten war in der vorindustriellen Zeit ferner nicht die Mutter die Hauptbetreuungsperson ihrer Kinder; es waren immer viele verschiedene Personen an der Erziehung beteiligt.

Erst im Zuge der Ausprägung des Typs der Kernfamilie, wie sie später von Parsons (1964) und von Goode (1967) beschrieben wurde (vgl. Abb. 4), setzte sich nicht nur die eindeutige interne und externe Aufgabenteilung, sondern auch die sehr spezifischen Interaktionsmuster zwischen den Eheleuten sowie zwischen dem Vater und Mutter zu den Kindern durch. Die Rolle des Vaters definierten sie als instrumentell, die der Mutter als expressiv.

Dieses Modell fand erst im letzten Jahrhundert, vor allem in den 1950er/1960er Jahren, in der Realität seine stärkste Entsprechung, was aber nicht bedeutet, dass es die weit überwiegend dominante Lebensform war (Bertram 2003). Seit den 1970er Jahren sind nunmehr zeitgeschichtliche Veränderungen des Ehe- und Familiensystems und damit der Vater- und der Mutterrolle zu konstatieren. Dieser Wandel ist wiederum Folge der Veränderung anderer gesellschaftlicher Teilbereiche, vor allem des Arbeits- und Bildungssystems, der Technisierung des Haushalts sowie des allgemeinen Normen- und Wertewandels.

In den letzten Jahren sind eine Reihe von soziologischen Untersuchungen über Väter in der Bundesrepublik durchgeführt worden, vor allem über das faktische Verhalten von jungen Vätern heute im Vergleich zu früheren Vätergenerationen. Ältere Untersuchungen hatten bereits anhand unterschiedlicher Eheschließungs- und damit an verschiedenen Geburtskohorten von Männern gezeigt, dass sich das väterliche Verhalten in der zweiten Hälfte des 20. Jahrhunderts stark verändert hat (Nave-Herz 1984). Heute ist allgemein bekannt, dass Säuglinge und Kleinkinder eine viel stärkere Aufmerksamkeit durch ihre Väter als noch vor 30 Jahren erfahren, auch wenn die Mutter weiterhin die Hauptverantwortliche bleibt. Aus vielen empirischen Untersuchungen wird vor allem die heutige affektive Beziehung zwischen dem Vater und den Kindern deutlich. Das zeigt, dass ein Entdifferenzierungsprozess zwischen den beiden Elternrollen begonnen hat; oder umgekehrt formuliert: mit der Mutterrolle ist heutzutage nicht mehr das Monopol auf expressives Verhalten in Pflege- und Betreuungssituationen verknüpft. Ferner löste sich das Mutter-Kind-System als mehr oder weniger geschlossenes System gegenüber der Vater-Rolle bzw. dem Ehesystem mehr und mehr auf (vgl. Kap. 3.2 in diesem Band). Wenn dieses heute eventuell in einigen Familien noch vorfindbar ist, fehlt ihm nunmehr aber die gesellschaftliche Legitimität.

Eine Veränderung auf der affektiven Beziehungsebene ist jedoch noch nicht mit einem Rollenwandel gleichzusetzen, zumal weiterhin primär die gleichen typifizierten Rollenerwartungen an die Vater-Rolle gestellt werden. An erster Stelle stand immer seit Ausprägung des bürgerlichen Familienmodells die Verpflichtung des Vaters, für die materielle Sicherstellung der Familie zu sorgen. Diesen Sachverhalt stellten unter anderem Scharmann/Scharmann (1979), später Metz-Göckel (1988) und für die Gegenwart Fthenakis und Minsel (2001) fest. Sekundär wird nunmehr zwar auch seine Rolle als Erzieher betont; dennoch bleibt, dass die Berufsrolle vor der Vater-Rolle dominiert und weiterhin in unserer Gesellschaft einen hohen Grad an Verbindlichkeit besitzt (Fthenakis/Minsel 2001). Wenn also zwar der Entdifferenzierungsprozess zumindest im Hinblick auf einige Rollensegmente begonnen hat, so kann man dennoch nicht von einem grundsätzlichen Wandel der Vater-Rolle sprechen, da letztlich der Prozess der Aufhebung der Polarität zwischen der Vater- und Mutterrolle noch nicht abgeschlossen ist.

Hinzu kommt, dass im Vergleich zur Vater-Rolle keine Veränderungen in Bezug auf die Reziprozitätsrolle, nämlich der Mutter-Rolle, zu konstatieren sind. Einerseits ist die Mehrzahl der Mütter erwerbstätig, andererseits gilt weiterhin in der öffentlichen Vorstellung, vor allem in West-Deutschland, diese als nicht vereinbar mit einer Erwerbstätigkeit, zumindest im Säuglings- und Kleinkindalter (vgl. hierzu ausführlicher Sommerkorn/Liebsch 2002: 122). Das gilt in diesem Ausmaß nicht für andere europäische Staaten, z.B. Schweden, Frankreich, und auch nicht für die neuen Bundesländer. Im Osten gehen die Menschen weit häufiger als im Westen davon aus, dass ein Kleinkind nicht darunter leidet, wenn seine Mutter einer außerhäuslichen Berufstätigkeit nachgeht und sich nicht auf den Haushalt konzentriert, sondern dass dieses mütterliche Verhalten sogar für ein Kind förderlich sein kann (vgl. Braun/Nowossadeck 1992: 134).

Zahlreiche Forschungsergebnisse haben inzwischen belegt, dass eine eindimensionale Betrachtungsweise die Folgen der Erwerbstätigkeit der Mutter im Hinblick auf den höchst komplexen Sozialisationsprozess nicht erfassen kann. Erwerbstätigkeit der Mutter sagt per se nichts über Risiken oder Chancen für den Entwicklungsprozess ihres Kindes aus. Relevant sind vielmehr: Der Grund der Erwerbstätigkeit der Mutter, ihre Einstellung zur Berufsarbeit, die Arbeitsbedingungen und -zeiten, die Einstellung des Ehemannes zur Erwerbstätigkeit seiner Frau, die Qualität der Ersatzbetreuung, die Einstellung der Betreuerin oder der Betreuerinnen zur ihrer Tätigkeit usw. Viele Bedingungen also, die sich gegenseitig kompensieren und verstärken können, bestimmen die kindliche Entwicklung und nicht ein einzelner Faktor. Und gleiches gilt im Hinblick auf die Mütter als „Ganztags-Hausfrau". Auch hier ist zu berücksichtigen: die mütterliche Zufriedenheit und die Einstellung der Mutter zur Hausfrauenrolle, die Einstellung des Mannes zur Nicht-Erwerbstätigkeit seiner Frau, evtl. ökonomische Belastungen u.a.m. (vgl. zusammenfassend Lehr 1974; Nave-Herz 1992; Hoffmann 2002). Insgesamt kommt es vor allem darauf an, ob die betreffende Mutter freiwillig oder unfreiwillig zu Hause bleibt und ob sie tatsächlich den Wunsch hat, arbeiten zu gehen oder lieber bei ihren Kindern bleiben würde. Im ersten Fall kann es zu ausgesprochenen Vorwurfshaltungen gegenüber dem Kind kommen; im zweiten Fall könnte die Mutter-Kind-Beziehung mit Schuldgefühlen belastet werden (Holtappels/Zimmermann 1990: 158). Im Jugendalter der Kinder kommt noch ihre Einstellung zur Erwerbstätigkeit ihrer Mutter hinzu und größtenteils bejahen sie diese, noch stärker die Kinder in den neuen als in den (alten) Bundesländern (vgl. Altermann-Köster et al. 1992: 46).

Dennoch gibt es - analog dem Label „neue Väter" - keines, das „neue Mütter" heißt. Hierdurch sind Konflikte vorprogrammiert, da soziale Rollen - wenn sie komplementär definiert wurden und werden - den Wandel von beiden Rollendefinitionen bedingen. Ein Problem- und Konfliktbereich ist in diesem Zusammenhang die innerfamiliale Arbeitsteilung, auf die im Kapitel 6.5 eingegangen wurde (vgl. hierzu auch Stauder 2000).

Zu betonen ist, dass auch in anderen Kulturen, z.B. in jenen, in denen die Rolle des Vaters durch die patriarchalische und durch die konfuzianische Weltanschauung normativ stark reguliert und abgesichert war bzw. ist, ebenso soziale Wandlungsprozesse empirisch belegt sind. Aber diese Veränderungen verlaufen in eine andere Richtung. So werden z.B. in Korea, in Japan sowie in Taiwan die Erwartungen an die Vaterrolle heutzutage viel ausschließlicher im Hinblick auf die Ernährer-Funktion für die Familie definiert als noch vor 30 Jahren und die Mutter in ihrer Rolle als Hausfrau und Mutter gilt heute als Alleinverantwortliche für alle Erziehungs-, Fürsorge- und Hilfsfunktionen in der Familie und für die Schulleistung ihrer Kinder. Normalerweise gibt die Frau nach der Geburt eines Kindes vorübergehend oder ganz ihre Berufstätigkeit auf, um sich dem Kind zu widmen. Sie verwaltet überdies in der Regel auch heute noch (wie dies traditionell üblich war) die Haushaltmittel (Trommsdorff 1997: 48). In einer repräsentativen kulturvergleichenden Umfrage bejahten das Statement, dass die Kindererziehung Sache der Frau wäre, 60% der Väter in Japan, 75% in Korea, aber nur 43% in den USA (Masako Ejima 1999: 171). Auch Jugendliche vertreten überwiegend die Meinung, der Mann solle arbeiten und die Frau im Hause bleiben (vgl. Somucho Seishonen Taisaku Honbu 1989). Als verursachend für diesen Wandel wird die Entwicklung zur Industriegesellschaft mit ihren hohen Arbeitszeiten genannt (in Japan werden außerdem durch bestimmte Feierabendrituale, wie regelmäßige Teilnahme an gemeinsamen Restaurantbesuchen, die Familienzeiten reduziert; Masako Ejima 1999: 164). Aus einer koreanischen Erhebung geht hervor, dass 60% aller Schüler ihren Vater weniger als 30 Minuten täglich sehen (Yeong-Su Tscheong 1999).

Hinzu kommen die hohen Bildungsinvestitionskosten für die Kinder und die beengten Wohnverhältnisse in Japan und Korea, eine Folge zunehmender Urbanisierung. Yeong-Su Tscheong resümiert: „Der japanischen Situation vergleichbar sind (die koreanischen) Eintrittsprüfungen für weiterführende Schulen von besonderer Bedeutung. Und bekanntlich sind schon hier die Konkurrenzsituationen erheblich. Die Mutter, die die häusliche und erzieherische Betreuung der Kinder übernommen hat, ist auch für die Vorbereitung ihrer Kinder auf solche Situationen zuständig. Und das heißt, dass sie möglichst jede Störung zu vermeiden trachtet. Manchmal werden deshalb Väter von der Familie gezwungen, möglichst spät nach Hause zu kommen, um nicht die Kinder beim Lernen zu stören. Viele koreanische Väter sollen dies keineswegs als eine Zumutung betrachten, sondern eine solche Forderung als selbstverständlich ansehen. Man könnte sagen, diese Väter sind bereits so weit von ihrer Familie entfremdet, dass sie weder die Art noch den Umfang dieser Entfremdung zu erkennen in der Lage sind." (Yeong-Su Tscheong 1999: 196)

Generell wird deutlich, dass die familialen Rollen von der jeweiligen kulturspezifischen Sozialstruktur bestimmt werden (insbesondere von dem jeweiligen Erwerbsarbeitssystem) sowie von den ökonomischen Ansprüchen der Familie (z.B. den hohen Bildungsinvestitionskosten in Japan und in anderen Staaten), aber dass die herrschende gesellschaftliche Geschlechterordnung letztlich für die spezifische Ausprägung der Rollenerwartungen verantwortlich ist.

7.3 Die soziale Rolle der „Großeltern"

Im Gegensatz zu den vielen psychologischen Studien über Großelternschaft gibt es kaum diesbezügliche soziologische Untersuchungen (vgl. hierzu die Literaturzusammenfassung in: Wilk 1993; Herlyn et al. 1998:15ff.; Sommer-Himmel 2001).

Dieses soziologische Forschungsdefizit ist umso erstaunlicher, da in Kap. 3 bereits betont wurde, dass - historisch gesehen - noch nie in Deutschland so viele Kinder ihre Großeltern wegen der gestiegenen Lebenserwartung erlebt haben wie heute. Konkrete Zahlen hat Lauterbach errechnet: Von den Kindern, die zwischen 1941 und 1946 geboren wurden, hatten im Alter von 10 Jahren bereits 13% noch alle vier Großeltern, von den 1981 geborenen im gleichen Alter sogar 36%. Am seltensten werden die Großväter väterlicher-seits miterlebt, eher die der mütterlichen Linie, eine Folge des immer noch gültigen Altersabstandes der Ehepartner (vgl. ausführlicher Lauterbach 1994; 1995; 2000; Szydlik 2000: 85ff.). Zurecht betonen Herlyn und ihre Mitarbeiterinnen: „Waren früher Großeltern die knappe Ressource, sind heute Enkel knapp." (Herlyn et al. 1998: 13)

Fthenakis betont, dass bezüglich der Großelternschaft noch ein starkes theo-retisches Defizit besteht (Fthenakis 1998: 165). Aus sozio-biologischer Sicht wird die Bedeutung der Großmutter, vor allem ihre Funktion nach Eintritt der Menopause, mit der nunmehr besseren Möglichkeit begründet, ihren Kindern und Enkelkindern effektiv zu helfen, um den eigenen Erfolg bei der Reproduktion ihrer Nachkommen zu steigern (Hawkes et al. 1998). Wenn diese Autoren ihre Vermutung auf die Funktion der Großmutter al-lein beschränken, so könnte man diese aber ebenso auf den Großvater aus-dehnen. Denn in diesem Zusammenhang wird zu wenig beachtet, dass auch die Zeugungsfähigkeit von Männern mit ihrem Alter abnimmt. Fabe und Wikler schreiben: „Men, too, have a reproductive time clock, though it ticks more slowly than a woman's. They are exposed to the same potentially damaging environmental influences, and men over fifty produce fewer the same reproductive potential as a man in his twenties." (1979: 281)

In psychologischen Studien wird ferner mit bindungstheoretischen oder mit psychoanalytischen und anderen Ansätzen gearbeitet. Weiterhin werden Großelterntypologien in Bezug auf Verhaltensstile, Selbstkonzepte usw. entworfen (vgl. zusammenfassend Schwob 1988; Wilk 1993; Fthenakis 1998; Herlyn et al. 1998). In der Soziologie sind bisher von ihren Autoren und Autorinnen entsprechend ihrer Fragestellungen, nämlich nach der sub-jektiven Bedeutung der Großeltern für ihre Enkel und umgekehrt, nach der Kontakthäufigkeit, Art der Beziehungen und den materiellen Transferleis-tungen zwischen den einzelnen familialen Generationen vor allem aus-tauschtheoretische Konzepte getestet und Netzwerk- sowie Lebensstilanaly-sen durchgeführt worden; hierüber wird in Kap. 8.4 berichtet. Entsprechend dem theoretischen Ansatz des Gesamtkapitels wird im Folgenden wiederum zunächst als theoretisches Konzept die Rollenanalyse und die systemtheore-tische Perspektive gewählt. Diese Ergebnisse werden in den anschließenden Kapiteln mit Hilfe von Forschungsergebnissen, basierend auf individualisti-schen Ansätzen, ergänzt.

Mit einigen Klischeevorstellungen bzw. Mythen über die historische Rolle der Großeltern und speziell auch des Großvaters, haben sich sowohl die So-ziologie als auch die historische Familienforschung beschäftigt; hierüber wurde bereits in Kapitel 3.1 berichtet. In diesem Zusammenhang wurde er-wähnt, dass mit der Hof- und Betriebsübergabe der Verlust von vielen Rechten verbunden war (auch von Pflichten). Vor allem hielt unsere Ge-sellschaft keine neuen klar definierten sozialen Rollen für die ältere Generation nach diesem Statusübergang bereit. Es muss in diesem Zusammenhang nochmals betont werden: Wegen des damals gültigen vorherrschenden European Marriage Pattern und der geringen Lebenswahrscheinlichkeit war der Anteil an Großeltern an der Gesamtbevölkerung in Westeuropa sehr gering. In vielen anderen Kulturen gab es dagegen die bei uns fehlende bzw. unklare Rollendefinition für Großväter und Großmütter nicht. Vor allem in jenen Gesellschaften, in denen die patriarchalisch strukturierte Abstammungsfamilie vorherrschte (und: vorherrscht), wie z.B. in der Türkei und in Korea, wird dem Großvater (und nicht dem Vater) die Entscheidungsgewalt über seine Enkel (zumindest eine nicht zu eliminierende Beratungsfunktion) bis ins hohe Alter, letztlich bis zu seinem Tode, zugeschrieben und der Großmutter weiterhin die Anweisungsbefugnis bezüglich der weiblichen Abstammungslinie; die Söhne haben ihr gegenüber Loyalität zu bezeugen.

Kornhaber und Woodward (1985) begründen die unklare soziale Position der Großeltern in unserem Kulturbereich damit, dass ihnen in unserer Gesellschaft - wie schon in der vorindustriellen Zeit durch die Hof- und Betriebsübergabe an die Kinder - keine gesellschaftliche Funktion zugeschrieben wird und sie damit „rollenlos" wären. Dieser Sachverhalt kann Unsicherheit nach sich ziehen, aber auch freie Handlungsspielräume für die Betroffenen bedeuten. Darauf kann zurückzuführen sein, dass psychologische Forschungsergebnisse eine große Verhaltensvariabilität zwischen den Großeltern, vor allem auch zwischen den Großvätern zeigen: So erleben einige bewusst positiv ihre Enkel und umsorgen sie, nunmehr befreit von beruflichen Verpflichtungen, die den intensiven Umgang früher mit den eigenen Kindern verhinderten. Andere, zwar wenige, nehmen ihre Enkel kaum zur Kenntnis (Herlyn 1998: 158; Wilk 1993; Sommer-Himmel 2001).

Dennoch kann der These über die „Funktionslosigkeit der Großeltern", wie sie Kornhaber und Woodward formuliert haben, nicht zugestimmt werden. Die Verhaltensvariabilität kann nämlich auch auf Interpretationsspielräume, die soziale Rollen zulassen, oder auf Rollenpluralität zurückführbar sein.

In Kap. 4 wurde dargestellt, wie und aufgrund welcher verursachenden Bedingungen die Familie im Laufe der Geschichte zu einem System mit funktionaler Spezialisierung wurde. Unter systemtheoretischer Perspektive wird von der Familie heute als spezialisierte Leistung die Produktion und Stabilisierung der personellen Umwelten für alle übrigen sozialen Systeme erwartet, und die Leistung ihr mehr oder weniger exklusiv zugesprochen; konkret: Die Nachwuchssicherung (Geburt, Pflege und Erziehung von Kindern) und die physische und psychische Regeneration und Stabilisierung ihrer Mitglieder. Diese funktionale Spezialisierung von Familie beschränkt sich aber nicht auf die Kernfamilie, sondern auf Familie allgemein, also auch auf die Mehr-Generationen-Familie, und aus dieser Funktion sind die familialen Rollendefinitionen ableitbar.

So spiegeln sich in der Mutter- und Vaterrolle, wie sie im vorigen Abschnitt beschrieben wurden, lediglich die gesamtgesellschaftlich zu erbringende Leistungserwartung an die Familie in konkreter „Anweisung" an die Familienmitglieder wider. Die Erfüllung dieser Rollenerwartungen an alle familialen Rollenträger garantiert erst die Gesamtleistung, die von der Familie erwartet wird. In diese spezialisierte Leistungserbringung sind auch die Großeltern einbezogen. So wird von ihnen ebenfalls die Funktion der physischen und psychischen Regeneration und Stabilisierung der Familienmitglieder erwartet.

Die vorhandenen Untersuchungen belegen diesen Sachverhalt: An die Großeltern wird von der Öffentlichkeit allgemein, aber auch von ihren Kindern und Enkeln eine Unterstützungsfunktion im Hinblick auf die funktionale spezialisierte Leistungserfüllung durch die Familie herangetragen. Solange sie dazu physisch, psychisch und ökonomisch in der Lage sind, gilt allgemein die Erwartung an die Unterstützung ihrer Kinder im Erwachsenenalter, vor allem in Bezug auf die Sozialisation der Enkel. Sie schreiben sich selbst diese Aufgabe zu, ohne aber die volle Verantwortung den Eltern abzunehmen. Sie sehen ihre Rolle als ergänzend und kompensierend im Hinblick auf den Erziehungsauftrag der Eltern. Die Eltern und Enkelkinder definieren die Großelternrolle gleichermaßen (vgl. Schwob 1988; Sommer-Himmel 2001). Mögliche Konflikte, emotionale Ambivalenzen in den konkreten Interaktionen und ihren Inhalten und dem Umfang werden in Kap. 8.4.2 behandelt.

De facto zeigen viele psychologische Erhebungen den sozialisierenden Einfluss von Großeltern auf ihre Enkel, wobei selbstverständlich der Grad von weiteren Variablen beeinflusst wird: von dem Alter der Enkel, der Kontakthäufigkeit mit ihnen, dem Verhältnis zu den Eltern, von bestimmten Persönlichkeitsvariablen u.a.m. (Sommer-Himmel 2001a: 112/117f.). Vor allem haben die Großeltern neben den Eltern eine erhebliche Bedeutung für die Entwicklung von Wertvorstellungen, zumindest im Hinblick auf Pflicht, Leistung und Kooperation (Bertram 1994: 132).

Abb. 19: Geburtsanzeige aus der Nordwest-Zeitung
vom 16.8. 2003 (Die Namen wurden verändert).

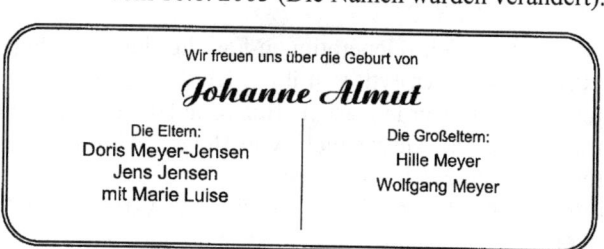

Insbesondere in Notfällen, z.B. in Bezug auf die Betreuung der Enkel, bei finanziellen Engpässen ihrer erwachsenen Kinder und für alle Arten von Krisensituationen sind überwiegend die Großeltern „zuständig". In ihrem

Selbstkonzept stimmen die Großeltern mit diesen von ihnen erwarteten Funktionen überein (Bien 1994; Marx 1996; Herlyn et al. 1998) und definieren zum Teil explizit ihre Rolle als „Ersatz-Eltern" (Marx 1996; Sommer-Himmel 2001: 112). Ecarius bezeichnet sie sogar aufgrund ihrer qualitativen Untersuchung als „zentrale Erziehungspersonen neben den Eltern" (2002a: 267).

Sie betont zudem die geschlechtstypische Aufteilung in der „Erzieherrolle": „die Großväter übernehmen zwar auch die Pflege und Erziehung der EnkelInnen, aber sie übergeben diese Aufgabe eher den Großmüttern. Wichtig ist ihnen, und das betonen sie, dass sie versuchen, Familientraditionen weiterzugeben und berufliche Interessen bei den Enkeln und Enkelinnen zu wecken. Ihnen liegt die berufliche Ausbildung am Herzen." (Ecarius 2002a: 267)

Rollenanalytisch könnte dieser Sachverhalt als das Innehaben einer „doppelten Eltern-Rolle" formuliert werden, eine direkte im Hinblick auf ihre Kinder und eine latente in Bezug auf die Enkel.

Juristisch gesehen sind in unserem BGB die Großeltern nicht existent. Denn dort sind weder Rechte noch Pflichten gegenüber Enkeln, sondern nur zwischen Eltern und Kindern geregelt. Auf der Grundlage des Prinzips des „Kinderwohls" können jedoch Großeltern die Zulassung der Beziehung zu den Eltern (mit Beweispflicht) gerichtlich einklagen und umgekehrt die Eltern die Unterlassung dieser Verbindung. So z.B. hat das OLB Hamm in einem Beschluss vom 24.9.2002 entschieden: „Ein Umgang mit den Großeltern des verstorbenen Kindesvaters sei dem Kindeswohl regelmäßig dienlich, wenn in der Vergangenheit intensive Beziehungen bestanden haben, das Kind den Umgang will und die Großeltern sich nicht störend in die Erziehung der Mutter einmischen" (Zschr. für das gesamte Familienrecht 2003, H. 3: 953ff.). Die Großeltern-Rolle könnte somit als Eltern-Rolle minderen Rechts definiert werden, gepaart mit weniger Verantwortung für die Enkel und mit reduzierteren Kontakten zu ihnen im Vergleich zu den Eltern, aber dennoch als Unterstützungsträger im Hinblick auf die funktionale spezialisierte Leistung der Familie.

Ob in der einzelnen konkreten Mehr-Generationen-Familie die Großeltern sich selbst in dieser Rolle sehen oder evtl. von ihren Kindern an der Übernahme dieser Position gehindert werden, ist in Bezug auf den in diesem Abschnitt gewählten theoretischen Ansatz nicht von Belang. Um aber die soziale Realität möglichst angemessen zu erfassen, sollen diese Erwartungen an die Großelternrolle, die „in den Köpfen der diesem System zugehörigen Personen verankert" (Kudera 2002: 151) sind und somit auch handlungsrelevant sein könnten, in Kap. 8 durch interaktionistische Untersuchungsergebnisse ergänzt werden.

7.4 Die soziale Rolle des Kindes in der Familie

„Kinder" sind - soziologisch definiert - zunächst eine soziale Kategorie, d.h. sie besitzen ein bestimmtes gleiches Merkmal (Alter), von dem man auf bestimmte Eigenschaften schließen kann, auf einen biologischen und psychischen Entwicklungsstand, bestimmtes Verhalten, Kleidung u.a.m. bei aller Variabilität zwischen den einzelnen Kindern innerhalb und zwischen den Kulturen. Ebenso sind - soziologisch gesehen - „Kinder" soziale Rollenträger, da an sie bestimmte Erwartungen seitens der verschiedensten Bezugsgruppen gestellt werden, die ebenso kulturspezifisch variieren. Durch die Wortkombination „Kinder in der Familie" wird der Begriff zu einem relationalen, weil er auf das Vorhandensein von Eltern oder eines Elternteils verweist. Damit sind „Kinder in der Familie" nicht nur Personen im Kindesalter, sondern auch Jugendliche, Erwachsene, evtl. sogar ältere Menschen. Gemäß den verschiedenen Altersgruppen sind auch die Rollenerwartungen an Kinder in der Familie unterschiedlich.

Von den erwachsenen Kindern wird in unserer und in anderen Gesellschaften sowie seitens der Familienmitglieder die Erfüllung der Normen der Loyalität und Solidarität ihren Eltern gegenüber erwartet. Auf die Frage: „Wenn Sie einmal in eine schwierige Lage geraten und auf Hilfe angewiesen sind, können Sie dann auf die Hilfe von Familienangehörigen bauen, oder sind Sie sich da nicht so sicher?" bejahten 80% das Statement „Kann auf Hilfe bauen". Im Übrigen beantworteten diese Frage 1994 mit einem klaren „Ja" nur 77% (Noelle-Neumann/Köcher 2002: 108). Vor allem wird die Unterstützung der alten Eltern seitens ihrer Kinder zwar in den verschiedensten Formen erwartet, aber insbesondere im Falle ihrer Pflegebedürftigkeit. Diese Rollenerwartungen gegenüber ihren alten Eltern lösen erwachsene Kinder in der Bundesrepublik weit überwiegend ein, trotz aller häufig geäußerten Bedenken. Hierüber wird in Kap. 8.4 berichtet.

Wie ist aber die soziale Rolle der jüngsten und jüngeren Familienmitglieder heutzutage definiert? Zur Beantwortung dieser Frage ist es wiederum notwendig, einen Blick zurück in die Geschichte, in die vorindustrielle Zeit, zu werfen (Peiper 1966; Johansen 1978). Denn die Rollenerwartungen an die Kinder haben sich im Laufe der Geschichte in unserem Kulturbereich tiefgreifend verändert, und zwar bei allen relevanten Bezugsgruppen.

Kinder galten bis ins 19. Jahrhundert hinein als „kleine Erwachsene" und ihnen wurde ein instrumenteller Wert und eine materielle Funktion zugeschrieben. Es wurde von ihnen erwartet, dass sie frühzeitig zum materiellen Unterhalt der Familie beitrugen, dass sie ihre Eltern, evtl. ihre Geschwister im Falle von Krankheit oder im Alter unterstützten und - wenn vorhanden - den elterlichen Handels-, Handwerks- oder landwirtschaftlichen Betrieb übernahmen, abhängig von der Erbfolge. Ferner hatten sie mit ihren Fähigkeiten dem Feudalherrn und der Kirche zur Verfügung zu stehen. Die Definitionsmacht, nämlich die Erwartungen an die Rolle des Kindes zu formulieren, besaßen bis zur Neuzeit nur drei Instanzen: die Kirche, der Staat und (letztlich) die Väter.

De facto wurden Kinder mit vier/fünf Jahren an die Arbeit gewöhnt. Ab dem sechsten Lebensjahr wurden sie in der Landwirtschaft eingesetzt: zum Viehhüten, Holz- und Beerensammeln, zum Wassertragen, in der Hauswirtschaft und zum Kinderhüten. Ab dem 13. Lebensjahr hatten sie spätestens für ihren eigenen Lebensunterhalt und zumeist zusätzlich für den der Familie zu sorgen. In der Regel verließen sie ferner in jener Zeit das Elternhaus in sehr frühen Jahren; sie gingen „in Dienste" oder in die Lehre bzw. in andere Haushalte.

Die Kinderarbeit nahm insbesondere in der Zeit der Heimindustrie und im 19. Jahrhundert in Form der Fabrikarbeit sowie ihr Einsatz in den Berg- und Hüttenwerken zu. Die Arbeitsbedingungen waren schlecht, die Tätigkeiten monoton und z.T. gefährlich. Aus einem Bericht eines Prüfungsausschusses von 1833 geht hervor, dass die Kinder selten mit fünf, häufig aber mit sechs und sehr häufig mit sieben, meist mit acht bis neun Jahren zu arbeiten begannen, dass ihre tägliche Arbeitszeit oft 14-16 Stunden dauerte (Peiper 1966: 372; Neumann 1993: 197).

Erst langsam, beginnend in den höheren Schichten ab dem 18. Jahrhundert, setzte sich - wie Ariès (1975), Shorter (1977) u.a. detailliert nachgewiesen haben - die Auffassung durch, Kindern sei eine eigene Phase zuzubilligen und sie seien nicht als „kleine Erwachsene" zu betrachten. Ihnen seien ferner eigene besondere soziale Rechte zuzubilligen. Viele verursachende Bedingungen materieller und immaterieller Art bewirkten diesen Prozess, die sich z.T. gegenseitig beeinflussten. Wie bereits in Kap. 3 erwähnt, wurden 1839 auch die ersten Beschäftigungsverbote für Kinder unter neun Jahren in Fabriken, Bergwerk- und Hüttenwerken erlassen. Denn die militärischen Rekrutierungsstellen, die wegen des schlechten Gesundheitszustandes der Jugendlichen ihr „Soll" nicht mehr erfüllen konnten, setzten sich für ein gesetzliches Verbot von Kinderarbeit ein (Prahl 2002).

Mit der Herausbildung der bürgerlichen Gesellschaft und mit damit verbundener Trennung von Öffentlichkeit und Privatheit und der zunehmenden Intimisierung und Emotionalisierung der familialen Binnenstruktur änderten sich die Rollenerwartungen an die Kinder sowohl gesamtgesellschaftlich als auch vor allem im Familienbereich. Mit Kindern wurden immer weniger materielle Erwartungen verbunden, sondern immaterielle Werte. Dieser Funktionswandel begann - wie bereits betont - im wohlhabenden Bürgertum und setzte sich sehr langsam erst im 20. Jahrhundert in allen Schichten (auch auf dem Lande) durch.

Nach Boli-Bennett und Meyer (1978: 797ff.) ist seit 1870 eine Vermehrung von Gesetzen, Erlassen usw. zum Schutze der Kinder festzustellen. Von Pädagogen wird immer häufiger der Respekt vor dem Kind als verletzlichem Wesen gefordert. Doch es dauerte noch lange, bis diese Auffassung allgemeine Anerkennung fand.

Nach Fend (2001) hat in der 2. Hälfte des 20. Jahrhunderts schließlich ein Individualisierungsschub stattgefunden. Diese Entwicklung findet auf gesamtgesellschaftlicher Ebene ihre Entsprechung in der rechtspolitischen Diskussion um die Erweiterung der subjektiven Rechte von Kindern und in der Durchsetzung des Postulats des „Kinderwohls" in der juristischen Praxis.

Diesen Funktionswandel von Kindern in der Familie[28] - und den damit abzuleitenden Rollenwandel - wissenschaftlich herausgearbeitet zu haben, ist das Verdienst der interkulturell vergleichenden „Value-of-Children-Forschung". Ihr erkenntnisleitendes Interesse war jedoch weit umfassender und zielte darauf ab, das weltweit unterschiedliche generative Verhalten von Eltern zu erklären. Ihre Autoren und Autorinnen gingen von austauschtheoretischen und familienökonomischen Prämissen aus und stellten die These auf, dass die Kinderzahl in der Familie im Zusammenhang mit den Nutzenerwartungen an Kinder seitens ihrer Eltern stehen würde.

Tatsächlich konnten drei unabhängige Dimensionen elterlicher Nutzenerwartungen herausgestellt werden:

— ökonomisch-utilitaristischer Nutzen (frühe Beiträge der Kinder zum Familienhaushalt durch Mithilfe oder Kinderarbeit; Hilfe und materielle Unterstützung im Alter),
— psychologischer Nutzen (Stärkung der innerfamilialen Beziehungen; expressive Stimulation; Freude, Kinder aufwachsen zu sehen),
— sozial-normativer Nutzen (Statusgewinn; Kompetenz in der Elternrolle; Weiterführung des Familiennamens).

Alle Erhebungen im Rahmen der „Value-of-Children-Studies" (vgl. ausführlicher Nauck 1989b; 2001b; Nauck/Kohlmann 1999) haben aufgezeigt, dass die sinkende Kinderzahl in der Familie nicht primär auf ökonomische Gründe oder gar auf eine mangelnde Zuneigung zu Kindern zurückzuführen ist, sondern auf einen Funktionswandel von Kindern in der Familie. Sie kamen zu dem gleichen Ergebnis: Je niedriger der technische Industrialisierungsgrad eines Landes ist, umso eher werden materielle und sozialnormative Werte mit Kindern verknüpft. Umgekehrt gilt ebenso: Je höher der technische Industrialisierungsgrad eines Landes ist, desto stärker werden mit Kindern allein immaterielle Werte verbunden. Doch nicht der technische Entwicklungsstand ist als entscheidender Faktor zu sehen, sondern das Faktum, dass es in diesen Staaten kein oder nur ein unzulängliches Versicherungssystem gegen Lebensrisiken und für das Alter gibt.

---

28 Es geht in diesem Kapitel nicht um die Rolle des Kindes in der Gesamtgesellschaft; der Qualifizierungsaspekt durch Familie und Schule wurde in Kap. 4.1 behandelt.

Diese interkulturellen Befunde zeichnen zweifellos auch die historische Entwicklung des Funktionswandels von Kindern in unserem eigenen Kulturbereich nach. Wie betont, waren Kinder früher vor allem Träger materieller Güter und wurden - nicht wie heute - ausschließlich um ihrer selbst willen und/oder zur eigenen psychischen Bereicherung gewünscht und geplant.

Noch in den Nachkriegsfamilien war die Mithilfe von Kindern im Haushalt eine Selbstverständlichkeit (vgl. Thurnwald 1948). In späteren Untersuchungen zeigt sich, dass deren Umfang abnahm, aber dennoch wurde diese Rollenerwartung an die Kinder gestellt. Vor allem hatten sie Geschwister oder andere kleinere Kinder zu betreuen (Wurzbacher 1951; Baumert 1954). Neuere Untersuchungen zeigen dagegen, dass bei Kindern die Mithilfe im Haushalt nur noch einen geringen Anteil innerhalb ihrer gesamten Zeitverwendung einnimmt. Vor allem aber hat diese Kinderarbeit nicht mehr die Funktion der Arbeitsentlastung der Mutter, sondern sie dient als Beschäftigung und/oder als Spiel und damit allein pädagogischen Zielen (Kuhnt/Speil 1986). Selbst im Jugendalter werden sie kaum noch zur Mithilfe herangezogen, und wenn, dann eher die Mädchen. Dagegen ist das „Jobben" bereits unter Schulkindern weit verbreitet. Aber ihr Verdienst erhöht im Gegensatz zur früheren Kinderarbeit nicht das Familienbudget, sondern ihr Taschengeld (Ingenhorst 1998: 56f.). Der Unterschied zu den Kindern und Jugendlichen in den sog. „Gastarbeiterfamilien" ist jedoch in diesem Zusammenhang zu betonen.

In einer empirischen Untersuchung von 1985 wird besonders der Rollenwandel der Kinder in der Bundesrepublik deutlich. Lüscher und Stein betonen, wie „der Umgang mit Kindern gleichermaßen von selbst zu einem wichtigen und oftmals zum wichtigsten Bezugspunkt der Orientierung der Mütter und Väter" geworden ist, so sehr, dass das Kind gewissermaßen zu einem selbstständigen Träger für die Sinngebung der Erfahrung der Eltern wurde und „der Umgang mit dem Kind an sich eine Art ‚Wert' darstellt" (Lüscher/Stein 1985: 65ff.). Gleiches gilt für die Großeltern (Wilk 1993: 207; Fthenakis 1998: 164; Herlyn et al. 1998: 158ff.; Sommer-Himmel 2001a: 114; Sommer-Himmel 2001b: 248ff.). Schütze hat die Erwartungen an die Kinder seitens ihrer Eltern seit dem Zweiten Weltkrieg detailliert nachgezeichnet und dargestellt, wie heutzutage die Eltern ihren Kindern die soziale Rolle der primären „Lebenserfüllung", der „Sinnstiftung" der persönlichen „Glückserwartung" zuschreiben (1988: 104; 2002: 77). Auch für die Bürger in der DDR hatte in genauso entschiedenem Maße wie für die „alten Bundesbürger" die Erwartung seitens der Eltern an die Kinder Gültigkeit, ihnen in ihrem Leben „Sinn und Glück" zu geben (Gysi 1990: 116). Aber nicht nur die Eltern und Großeltern stellen diese Erwartungen an die eigenen Kinder bzw. Enkel, sondern in der Bevölkerung allgemein gilt die Rollenerwartung der sinnstiftenden Funktion von Kindern für die Familie. Sie ist nur etwas geringer bei Kinderlosen und Ledigen ausgeprägt (Bertram 1991a: 445ff.; 1992a: 219; Bien 1996: 259).

8.Familie als Interaktionssystem

Eine Interaktionsanalyse bezieht sich auf die Beschreibung und Erklärung von sozialen Beziehungen zwischen Personen, hier: den Familienmitgliedern, und ihren wechselseitigen Beeinflussungen. Entsprechend dem hier zugrunde liegenden Familienbegriff geht es in diesem Kapitel um die Interaktionen zwischen den Eltern und ihren Kindern in allen Altersphasen, also auch um die Beziehungen zwischen den erwachsenen Kindern und ihren alten Eltern, jedoch nicht um eheliche Interaktionen (vgl. hierzu Kap. 6). Vor allem die psychologischen Forschungsergebnisse zu diesem Themenbereich haben in den letzten Jahren enorm zugenommen. Sie haben gezeigt, mit welchen Problemen und Chancen der Persönlichkeitsbereicherung der Übergang zur Elternschaft verbunden ist; welche Bedeutung den Eltern für die Identitätsentwicklung ihrer Kinder zukommt; aufgrund welcher familialen Bedingungen welche Folgen bei Vaterabwesenheit, Arbeitslosigkeit, Alkoholabhängigkeit der Eltern u.a.m. zu erwarten sind. Alle diese sozial- und entwicklungspsychologischen Fragestellungen können in einem soziologischen Einführungsbuch nicht berücksichtigt werden. Im Folgenden wird nur auf psychologische Forschungsergebnisse zurückgegriffen, die dazu beitragen, das Besondere unserer gegenwärtigen familialen Interaktionsbeziehungen und ihre gesellschaftliche Bedingtheit zu erklären. So sind elterliche Erziehungsziele und ihr Erziehungsverhalten historisch wandelbar und kulturabhängig. Zur Veranschaulichung dieser These sollen die derzeitig anerkannten Erziehungsziele und -mittel konfrontiert werden mit früheren, um anschließend zu zeigen, warum in der Geschichte und heute nicht die gleichen, sondern unterschiedliche Erziehungsmethoden Gültigkeit besaßen bzw. besitzen können. Neben diesen Interaktionsbeziehungen, die sich aus der Sozialisationsfunktion der Familie ableiten, gibt es vielfältige andere. Die weiteren Abschnitte konzentrieren sich dann auf die Analyse der familiensoziologisch relevanten Themen, nämlich der Geschwisterbeziehungen, der familialen Gewalt und der immateriellen und materiellen Transferleistungen in der heutigen Mehrgenerationen-Familie.

8.1 Elterliche Erziehungsziele und elterliches Erziehungsverhalten

In erster Linie sind Eltern für ihre Kinder Interaktions- und Kommunikationspartner. Von Eltern hören sie die ersten Worte und aus der Sprache in der Familie übernehmen sie, worüber man sprechen, wie genau man Dinge, Sachverhalte und Gefühle unterscheiden und mit welchem Ausdrucksrepertoire man sich verständlich machen kann. An den Reaktionen der Eltern nehmen sie wahr, welches Handeln willkommen ist und welches nicht. Die familiale Sozialisation (zum Begriff vgl. Kap. 4.1.2) läuft also vornehmlich nichtintentional ab. Fähigkeiten, Einstellungen und Fertigkeiten werden im Familienbereich größtenteils nebenher erlernt. Wie dieser Prozess abläuft, damit beschäftigt sich z.B. der symbolische Interaktionismus, der vor allem in der Soziologie starke Akzeptanz gefunden hat. Er geht von drei Prämissen aus: (1.) Menschen handeln aufgrund von „Bedeutungen", die sie den „Dingen" zuschreiben, (2.) Die Bedeutung wird durch soziale Interaktion vermittelt bzw. erlernt und (3.) Die Bedeutung kann in einem interaktiven Prozess verfestigt, aber auch verändert werden. In der Psychologie werden die verschiedensten Sozialisationstheorien - mehr oder weniger - gleichrangig nebeneinander vertreten: die verschiedenen Varianten der Lerntheorie, der kognitiven, der psychoanalytischen u.a.m. bis hin zur konstruktivistischen Sozialisationsforschung, auf die nicht eingegangen werden kann.

Abb. 20: Sven Joseph   Abb. 21: Suzanne Szaz

Beide Fotos in: H. Reich, Das Kind und sein Vater. München 1963, 4. Aufl., S.16/52

Trotz unterschiedlicher Favorisierung von sozialisationstheoretischen Ansätzen ist man sich in der Forschung einig, dass neben anderen Faktoren ausschlaggebend für einen gelungenen Sozialisationsprozess sind: die häusliche Atmosphäre, dass das Kind das Gefühl des Angenommenseins hat und das psychische sowie soziale Anregungspotential, das die Eltern ihren Kindern bieten bzw. bieten können. Dagegen lässt sich aus einer Alleinerzieherschaft oder Stiefelternschaft allein keine Prognose für die Entwicklung des Kindes oder für bestimmte erzieherische Probleme stellen (vgl. hierzu ausführlicher Nave-Herz 2002). Den Sozialisationsprozess problematisch beeinflussen können: eine angespannte und schlechte ökonomische Situation der Familie, Stresssituationen der Eltern, z.B. durch Arbeitslosigkeit,

Arbeitszeiten, Ehekonflikte, vor allem vor und kurz nach der Ehescheidung, elterliches Desinteresse und fehlende Zuwendung, doch ebenso ein überfürsorgliches oder überforderndes elterliches Verhalten (vgl. hierzu ausführlicher Schneewind 1995a,b; 1999; Petzold 1999; Becker/Lauterbach 2002; Busch/Scholz 2002).

Tab. 10: Frage: „Wir haben einmal eine Liste zusammengestellt mit den verschiedenen Forderungen, was man Kindern für ihr späteres Leben alles mit auf den Weg geben soll, was Kinder im Elternhaus lernen sollen. Was davon halten Sie für besonders wichtig?" (Zahlen in Prozent)

Dezember 2001	Bevölk.	Westdeutschland				Ostdeutschland	
	insg.	1967	1977	1991	2001	1991	2001
Auszug aus den Vorgaben							
Höflichkeit und gutes Benehmen	86	85	76	70	88	85	88
Ehrlich sein	82	–	–	81	81	79	86
Ihre Arbeit ordentlich und gewissenhaft tun	81	76	70	67	78	75	85
Sich durchsetzen, sich nicht so leicht unterkriegen lassen	73	59	68	67	68	74	81
Andersdenkende achten, tolerant sein	70	59	64	67	70	55	74
Menschenkenntnis, sich die richtigen Freunde und Freundinnen aussuchen	69	53	60	60	70	51	65
Sparsam mit Geld umgehen	66	75	69	56	64	63	76
Gesunde Lebensweise	62	58	57	60	60	68	72
Technisches Verständnis, mit der modernen Technik umgehen können	46	29	24	32	44	27	52
Sich in eine Ordnung einfügen, sich anpassen	45	61	51	39	45	29	42
Freude an Büchern haben, gern lesen	37	36	28	–	36	–	42
Interesse für Politik, Verständnis für politische Zusammenhänge	29	30	29	40	32	30	19
Bescheiden und zurückhaltend sein	26	37	28	24	24	26	33
An Kunst Gefallen finden	22	21	17	18	20	21	29
Festen Glauben, feste religiöse Bindung	20	39	24	26	22	17	11

Quelle: Noelle-Neumann/Köcher 2002: 132.

Neben der unbeabsichtigten, die auch funktionale Erziehung benannt wird, tritt die intentionale, wobei diese begriffliche Trennung analytischen Zwecken dient, da im familialen Alltag diese Dimensionen kaum trennbar sind.

Die intentionale Erziehung basiert auf - von den Eltern beabsichtigten - Sozialisationszielen[29].

Die jüngste demoskopische Umfrage des Allensbacher Instituts hat die elterlichen Erziehungsziele in ihren Fragenkatalog aufgenommen (Tab. 10).

Mit derartigen demoskopischen Umfragen sind jedoch ein Reihe von methodischen Fragen verbunden: ob durch Umfragen überhaupt Präferenz-Rangfolgen gewonnen werden können, wie stabil derartige Antworten sind, ob Zeitreihendaten valide vergleichbar sind usf., auf die hier nicht weiter eingegangen werden kann. Ferner kann man selbstverständlich von der Bekundung bestimmter Erziehungsziele nicht gleich auf ein entsprechendes Erziehungsverhalten schließen, wenn beide Dimensionen auch in einem gewissen Verhältnis zueinander stehen mögen.

Nordwest Zeitung vom 5.5.2003

„Einen elf Jahre alten Autofahrer hat die Polizei des österreichischen Bundeslandes Salzburg am Wochenende gestoppt. Die Mutter saß auf der Rückbank, teilte die Behörde mit. Sie habe den Wunsch ihres Sohnes nicht abschlagen können, das Fahrzeug zu lenken, begründete die Frau ihr Verhalten."

Wenn deshalb die Aussagen derartiger Surveyerhebungen beschränkt sind, so spiegeln sie dennoch „im Groben" die aktuelle Meinung der Bevölkerung wider. Interessant sind die relativ großen Veränderungen zwischen 1977/1991 und 2001 in Bezug auf „Sparsam mit Geld umgehen", „Technisches Verständnis" und „Interesse für Politik" sowie die bevorzugten Verhaltensmuster. In ihnen spiegelt sich die in dieser Zeitspanne veränderte ökonomische und politische Lage, die Arbeitsmarktsituation sowie die technische Entwicklung wider.

Auch andere empirische Untersuchungen, durchgeführt mit den unterschiedlichsten wissenschaftstheoretischen Ansätzen und Erhebungsmethoden, weisen alle in die gleiche Richtung, nämlich dass heutzutage Eltern ihre Kinder hauptsächlich zu Selbständigkeit, Ehrlichkeit und Sauberkeit erziehen wollen und Gehorsamkeit und Bescheidenheit seltener als noch vor 40 Jahren genannt werden (vgl. ausführlicher Klages 1984; Hofer 1992: 141; Schütze 2002: 71ff.).

Ein historischer Vergleich zeigt nicht nur die Veränderungen der Erziehungsziele, sondern einen tief greifenden Wandel in den Erziehungsmethoden.

Bekannt ist, dass als Erziehungsmethode die Prügelstrafe lange Zeit, noch bis ins 20. Jahrhundert vorherrschte, und zwar in allen Schichten. Sie war den Eltern als Züchtigungsmittel sogar gesetzlich bis Ende des 20. Jahrhun-

---

29 In der Soziologie sind im Gegensatz zur Erziehungswissenschaft bzw. Pädagogik Erziehung und Sozialisation synonyme Begriffe.

derts erlaubt, solange nicht der Straftatbestand der Misshandlung erfüllt wurde (Münning 1992: 233ff.; Barabas/Erler 2002).

E.M. Johannsen: Betrogene Kinder - Eine Sozialgeschichte der Kindheit

„Lange Zeiten hindurch wurden Kinder regelmäßig auch vorbeugend, gezüchtigt. Selbst ein humanistischer Pädagoge wie J.L. Vives (1499-1540) wiederholte noch: ‚Nimm niemals die Rute vom Rücken eines Knaben weg; vor allem Töchter sollen keinerlei Zärtlichkeit erfahren. Denn Zärtlichkeit schadet Söhnen, aber Töchter zerstört sie völlig.' Königliche Kinder wurden nach den gleichen Maximen geschlagen. Z.B. wurde Louis XIII., der Vater des Sonnenkönigs nach dem 25. Lebensmonat regelmäßig jeden Morgen mit einer Peitsche geschlagen, oft auf die nackte Haut. Sein Vater, der ‚allerchristlichste König von Frankreich', Henri IV., schrieb an eine der Gouvernanten: ‚Ich muss mich beschweren: Sie haben nicht bestätigt, dass sie meinen Sohn gepeitscht haben. Ich wünsche und befehle ihnen, ihn jedes Mal zu peitschen, wenn er ungehorsam ist oder sich schlecht benimmt; denn ich weiß genau, dass es nichts in der Welt gibt, das besser für ihn sein könnte als das. Ich weiß es aus Erfahrung, da ich selbst davon Nutzen gehabt habe; denn als ich in seinem Alter war, wurde ich oft gepeitscht. Darum wünsche ich, dass sie ihn peitschen und ihn begreifen machen warum.' Es sei betont, dass Henri IV. keineswegs als ein grausamer oder unbeherrschter Bösewicht gesehen wurde - im Gegenteil, er galt als sehr freundlich und leutselig. Er befolgte allein die in seiner Zeit üblichen Erziehungspraktiken, wie sie von fast allen Pädagogen und kirchlicherseits vertreten wurden, und wiederholte, was er in der eigenen Kindheit erduldet hatte, gegenüber seinem Kind" (Frankfurt/Main 1978, S. 120-121).

Folgende - heute nicht mehr übliche - Erziehungsmethoden waren ebenfalls bis ins 20. Jahrhundert alltäglich, nämlich das Einschließen in dem Keller oder in andere Räume, das Tauchen in eiskaltes Wasser (z.B. bei Bettnässen) und vor allem das Angstmachen durch Hinweise auf die Bestrafung durch außerirdische Wesen, auf Gespenster, den Schwarzen Mann, auf Kobolde, den Teufel, die Hexen, den Kinderfresser oder auf den Knochenmann. Die Kinderarbeit, die einerseits ökonomisch in den unteren sozialen Schichten bedingt war, galt andererseits allgemein auch als Erziehungsmittel; und so wurden selbst in den besitzenden Schichten die Kinder in früherem Alter zum Arbeiten angehalten.

Wieso konnte es diese - für uns heute kaum vorstellbaren - Erziehungsmethoden und vor allem auch die harte Kinderarbeit vor allem im 18. und 19. Jahrhundert so lange geben?

„Besonders verpönt war es im Hause des Großvaters, unbeschäftigt zu sitzen, und bis zur greisen Großmutter hinauf ... wurde streng darauf gehalten, sich zu beschäftigen, Müßiggang sei aller Laster Anfang. Als einst meine Mutter, noch als kleines Mädchen, nur einige Minuten still saß, rief ihre Großmutter ihr zu: „Aber Mädchen, du thust ja nichts!" Auf ihre Antwort, „ich habe nichts zu thun", antwortet die Großmutter ärgerlich: „Ach was! Wenn ein Mädchen nicht weiß, was sie thun soll, schneidet sie sich ein Loch in die Schürze und flickt es wieder zu ... Von der frühesten Jugend an mußte meine Mutter wie angefesselt sitzen und stricken oder in der Wirtschaft helfen und ihre Brüder abwarten. Bei alledem fehlte es nie an Vorwürfen und Schlägen" (Leipzig 1874, S. 5/70).

Zunächst sei darauf hingewiesen, dass ab dem 17. Jahrhundert die merkantilistische Wirtschaftsordnung mit ihrer Forderung nach größtmöglicher Nützlichkeit und Produktivität anerkannt und damit der Grundsatz galt, auf die billigsten Arbeitskräfte zurückzugreifen, und somit auch auf die Kinder. Ferner fehlte mit Beginn der Industrialisierung jeglicher Zusammenschluss von Arbeitern (Gewerkschaften), sodass jeder als Einzelanbieter auf dem Arbeitsmarkt auftrat. Die Eltern waren zudem auch auf den Verdienst der Kinder angewiesen. Ebenso ist als verursachende Bedingung in diesem Zusammenhang die damalige Laissez-Faire-Haltung des Staates zu nennen. Vor allem aber wies die protestantische Ethik der Arbeit - vor allem auch der Kinderarbeit - einen besonderen Wert zu. Sie wurde als erzieherisch wertvoll, als Möglichkeit zur Vorbeugung vor „dummen Gedanken" und Kriminalität u.a.m. erachtet. Mit den damaligen Erziehungspraktiken sollte vor allem Einordnung und Gehorsam erreicht werden. Gleichzeitig war neben anderen Mitteln die körperliche Züchtigung lange Zeit ein Bestandteil der öffentlichen Strafjustiz (vgl. Foucault 1994). Vor allem auch in den Schulen war sie bis Mitte des 20. Jahrhunderts ein anerkanntes Erziehungsinstrument.

Legitimiert wurden derartige Erziehungsmaßnahmen durch das bis Ende des 19./Anfang des 20. Jahrhunderts geltende Menschenbild, das unterstellte, dass Kinder „von Natur aus" erst geformt, d.h. dass die Natur „gebändigt" werden müsste. Es ist zu bedenken, dass in der vorindustriellen Zeit ein anderes Bild von der Natur vorherrschend war. Die Menschen waren damals der Natur stärker ausgesetzt und die Naturkräfte griffen ständig in das menschliche Leben ein durch Gewitter, Überschwemmungen, Trockenheit, Seuchen u.a.m. In *unserem* Kulturkreis versuchte man, Wege zu finden, die „Natur" zu beherrschen.

Ferner glaubte man, dass bestimmtes Verhalten dadurch entstünde, dass böse Geister von dem Kind Besitz ergriffen hätten und diese „ausgetrieben" (im wahrsten Sinne des Wortes) werden müssten. Man wollte ihre „Seele retten". Insofern wollten die Eltern - zumindest dem Anspruch nach - mit den damaligen Erziehungsmethoden dem Wohle des Kindes dienen.

Obwohl körperliche Züchtigung durch die Erziehungswissenschaft keine Legitimation mehr erfuhr, setzte sich eine starke Ablehnung gegenüber dieser elterlichen Erziehungsmethode in der Öffentlichkeit erst langsam und relativ spät (seit den 1970er Jahren) durch. Erst die Diskussion über die anti-autoritäre Erziehung löste einen allgemeinen öffentlichen Umdenkungsprozess aus. Die Forderung nach „anti-autoritärer Erziehung" ging von anderen anthropologischen Grundannahmen aus, nämlich dass Erziehung nicht durch Unterdrückung zu erfolgen hätte, sondern dass - das von Natur aus - Vorhandene zu fördern und zu unterstützen sei. Wenn auch die anti-autoritäre Erziehung zwischenzeitlich an Bedeutung verloren hat, so bewirkte sie (verbunden mit anderen verursachenden Bedingungen) dennoch einen allgemeinen Wandel in der Auffassung vom elterlichen Erziehungsverhalten.

Abb. 22: Ludwig Richter (1803-1884): Unterricht in einer sächsischen Dorfschule.

Um es noch einmal zu betonen: Die allgemein anerkannten Erziehungsmethoden sind also - in starkem Maße - von dem jeweils allgemein anerkannten Menschenbild geprägt, das durch bestimmte anthropologische Grundannahmen legitimiert wird, die wissenschaftlich nicht begründbar sind und nicht bewiesen werden können. Gleichzeitig ist auf deren Funktionalität in Bezug auf die Gesamtgesellschaft zu verweisen. Deshalb wird später auf die Kulturabhängigkeit von Erziehungsmethoden noch ausführlicher eingegangen, da alle genannten verursachenden Bedingungen (anthropologische Grundannahmen, Menschenbild, das ökonomische, sozialpolitische und kulturelle System, die gesellschaftlichen Funktionen von Kindern und die anerkannten Erziehungsziele und -methoden) in einer engen Beziehung stehen.

G. Trommsdorff: Kindheit im Kulturvergleich

„In Japan z.B. werden Kinder traditionell als göttliche Wesen gesehen, die keine bösen Handlungen begehen können. Auch werden dort Kinder als Teil der Mutter, also keineswegs als eigenständige Wesen gesehen. In anderen Kulturen hingegen, insbesondere im anglo-amerikanischen Kulturraum, werden Kinder als selbstständige Wesen verstanden, deren Selbstständigkeit im weiteren Entwicklungsverlauf zu fördern ist. Dagegen bestand offenbar in der ehemaligen DDR (wiewohl auch in anderen marxistisch-leninistischen Gesellschaften) die Vorstellung, dass Kinder durch ‚richtige‘ Erziehung zu Mitgliedern der Gesellschaft gemacht werden müssen. Dieses tabula-rasa-Modell widerspricht dem im anglo-amerikanischen Kulturraum vertretenen Entwicklungsmodell, dass das Kind durch eigene Aktivität an seiner Entwicklung mitwirkt, und dass die Selbstständigkeit des Kindes höchst wünschenswert sei" (Neuwied 1993, S. 58).

Heute bejahen - wie die repräsentative Umfrage vom Allensbacher Institut zeigt - das Statement „Schläge gehören auch zur Erziehung, das hat noch keinem Kind geschadet" nur noch 15%; 1971 waren es noch 44% (Noelle-Neumann/Koecher 2002: 133). Doch von verbaler Ablehnung ist nicht gleich auf entsprechendes Handeln zu schließen; und so gaben in einer Untersuchung von Engfer et al. (1983) und Engfer (1991) 10% der befragten Mütter und 8% der Väter selbst an, ihre Kinder unter Zuhilfenahme von Gegenständen schwer gezüchtigt zu haben. Aber auch umgekehrt gilt: 90% betonen, keine körperlichen Strafen zur Durchsetzung ihrer elterlichen Vorstellungen anzuwenden (vgl. auch Schütze 2002; Schneewind 2002), selbst wenn man bedenken muss, dass evtl. durch sozial erwünschtes Antwortverhalten der Anteil etwas zu hoch sein könnte.

Wenn die Eltern heute sehr viel seltener ihre Interessen gegenüber dem Kind mittels ihrer körperlichen Überlegenheit durchzusetzen versuchen, greifen sie nunmehr auf ihre Sprachkompetenz zurück. Noch nie in der Geschichte wurde Sprache als Erziehungsmittel in allen sozialen Schichten derart genutzt wie heute, wenn auch gewisse Unterschiede im Anwendungsgrad zwischen den einzelnen Familien zu vermuten sind. Ihren Niederschlag findet die Versprachlichung der Erziehung in der sog. „kindorientierten Pädagogik". Diese setzt - wie Teichert ausführt - stärker „auf zähe Verhandlungsarbeit in Form von Erklärungen und Diskussionen als auf Ge- und Verbote. Diese neuen Erziehungspraktiken verlangen demnach sehr viel Zeit und Energie" (Teichert 1990: 18) und kognitive Kompetenz. Diese Entwicklung hat de Swaan (1982) mit den kurzen Worten m.E. treffend charakterisiert: Der Wandel verlief „vom Befehls- zum Verhandlungshaushalt".

Schütze betont aufgrund ihrer Sekundäranalyse: „In den 90er Jahren jedenfalls ist die ‚Verhandlungskultur‘ bei der großen Mehrheit üblich geworden und zwar unterschiedslos in Ost und West, auf dem Lande und in der Stadt. Lediglich ein niedriger sozialer Status erweist sich, wie bei allen anderen Dimensionen - außer dem Strafverhalten - als Prädiktor für eher ‚klassisches' Erziehungsverhalten. Dies trifft auch für die kindlichen Durchsetzungsstrategien zu, die Kinder aus den unteren Schichten geben öfter an, heimlich oder explizit ihre Interessen gegen den Willen der Eltern durchzusetzen. Insgesamt aber verlassen sich offenbar über 2/3 aller Kinder auf ihr Verhandlungsgeschick, wobei mit steigendem Alter auch die ‚illegitimen' Verhandlungsmuster öfter eingesetzt werden." (2002: 86)

Bei Nicht-Befolgen von Normen setzen die Eltern heutzutage am häufigsten als Strafmittel das Fernsehverbot ein, ferner Taschengeldentzug und Hausarrest (Büchner et al. 1996: 176). Ferner wird die Erziehungsmethode des „Liebesentzugs" praktiziert, die erst „einsetzbar" wurde durch die Ausprägung der emotionalen familialen Binnenstruktur.

Die Erziehungspraktik der „Verhandlungsstrategie" beginnt in der Kleinkindphase und wird deutlich fortgesetzt im Jugendalter.

In den letzten Jahren mehren sich die kritischen Einwände gegen dieses erziehungswissenschaftliche Konzept der „kindorientierten Pädagogik" (vgl. z.B. Bois-Reymond 1995; Thiersch 1980; Ecarius 2002a). Es wird vor allem auf das ungleiche Machtverhältnis zwischen Eltern und Kindern hingewiesen, weswegen den „Verhandlungen" asymmetrische Ausgangsbedingungen zugrunde liegen würden. Hinzu kommt aber, dass ebenso die Verhandlungsstrategie mit unterschiedlichen kognitiven Kompetenzen geführt wird und die Gefahr besteht, dass Eltern ihre Vorstellungen durch Manipulation mit Sprache und weniger aufgrund von Einsichten seitens des Kindes durchsetzen. Die „kindorientierte Pädagogik" könnte damit in den Verdacht der ideologischen Verschleierung von altersspezifischen und sozialen Unterschieden geraten, trotz ihrer entwicklungsfördernden Seite für Kinder, indem sie den Spracherwerb fördert und die Artikulation von eigenen Bedürfnissen unterstützt usw. Vor allem aber werden den Kindern durch dieses Erziehungskonzept in sehr frühem Alter Entscheidungen zugemutet, häufig sogar trotz ihrer inhaltlichen Unkenntnis über die zur Wahl stehenden Alternativen.

Wenn Ecarius zurecht betont, dass diese Erziehungsmethode die Ausbildung von Selbstkontrolle, ein höheres Maß an Eigensteuerung, sowie die Anerkennung der Bedürfnisse und Interessen der anderen unterstützt, erscheint sie dagegen ab dem Schulkindalter und des frühen Jugendalters als gesellschaftlich funktional. Denn in diesen Altersphasen müssen Kinder in unserem Kulturbereich „lernen ihr Leben schulisch zu meistern und im Freizeitbereich obliegt ihnen die Aufgabe zu lernen, zwischen vielen Angeboten das Richtige auszuwählen. Freundschaften sind ständig zu aktivieren und zu erneuern. Keine sozialen Normierungen und tradierte Verhaltensweisen regeln den interaktiven Umgang und garantieren automatisch soziale Eingebundenheit." (2002a: 269)

Evtl. ist auf diese Erziehungsmethode die positive Beziehung zwischen Eltern und ihren jugendlichen Kindern zurückzuführen. Oswald schreibt in einer Sekundäranalyse über das Eltern-Kind-Verhältnis im Zeitvergleich zusammenfassend: „Ein seit Jahrzehnten in unterschiedlichen westlichen Ländern stabiles Ergebnis soziologischer Jugendbefragungen besteht darin, dass die überwiegende Mehrheit der Jugendlichen angibt, ein gutes Verhältnis zu ihren Eltern zu haben ... Emotional dominiert die Mutter, sie ist vor dem Vater die bevorzugte Vertrauensperson, die hilft, Konflikte löst, tröstet." (1989: 368ff.; ebenso IES 1996: 84) Ferner zeigen mehrere Untersuchungen, dass es den früher als typisch bzw. „normal" gegoltenen Generationskonflikt - von Ausnahmen abgesehen - heute nicht mehr zu geben scheint, zumindest aus der Sicht der Jugendlichen (vgl. z.B. Emnid-Jugendstudie 1975; 1986; Schmid-Tannenwald/Urdze 1983; Shell-Studie 1992; 2002).

In anderen Kulturen bevorzugen die Eltern, vornehmlich die Mütter, als Erziehungsmittel stärker als bei uns non-verbale Interaktionen, und zwar vor allem Körperkontakte mit ihren Kindern, verbunden mit Zärtlichkeit. Ein konkretes Beispiel sei zur Veranschaulichung genannt: Ein Kleinkind, das in Japan mit den Schuhen auf den Sitz in einem öffentlichen Verkehrsmittel steigt, wird von seiner Mutter liebevoll in den Arm genommen und hingesetzt, häufig ohne ein Wort zu sprechen. Wie würde eine deutsche Mutter reagieren (wenn sie überhaupt reagiert, evtl. aufgrund der Blicke anderer)?

Die Qualität der Mutter-Kind-Beziehung in Japan und ebenso in Korea sowie in anderen asiatischen Staaten ist also in starkem Maße durch körperliche Nähe gekennzeichnet, z.B. durch das ständige Tragen des Kindes auf dem Rücken, durch das gemeinsame Schlafen in den ersten Lebensmonaten. Das gilt gleichermaßen für die Enkel-Großmutter-Beziehung, die ebenso in diesen Kulturen sehr intensiv ist. Dieses elterliche Verhalten entspricht dem stärker als in unserer Kultur ausgeprägten Gemeinschaftsgefühl und Familiensinn, der anders als bei uns eine lebenslange und harmonische Beziehung aufgrund der religiösen Tradition vorschreibt (vgl. hierzu auch Kap. 8.4 in diesem Band).

Durch diese kulturellen Werthaltungen, die ihrerseits - um es noch einmal zu betonen - auf religiöse Traditionen verweisen, wird sogar das gleiche Erziehungsverhalten unterschiedlich von den Betroffenen, den Kindern und Jugendlichen gedeutet, wie empirische Untersuchungen belegen: Sie ergaben, „dass deutsche Jugendliche Gehorsamsforderungen ihrer Eltern als willkürliche Eingriffe in die eigene Entscheidungsfreiheit und Selbstständigkeit erleben; japanische Jugendliche hingegen erleben Gehorsamsforderung als Zuwendung ihrer Eltern ... Das Ausbleiben elterlicher Gehorsamsforderung wird sogar als ein Mangel an Zuwendung, als eine unerwünschte Isolierung und Bedrohung der Interdependenz, erlebt." (Trommsdorf 1997:

51) Zum gleichen Ergebnis kamen kulturvergleichende Studien in Bezug auf koreanische und indonesische Jugendliche (Pettengill/Ruhna 1985; Trommsdorf 2001: 46).

In Ländern mit konfuzianischer Tradition und entsprechendem sozial orientierten Kontext kann also z.B. Autonomie wie bei uns kein wünschenswertes Erziehungsziel sein, wohingegen in unserem individualistischen Kulturkontext der Unabhängigkeit des Individuums ein hoher Wert beigemessen wird (Trommsdorf 2001: 47; Yoo 2002: 49ff.), ein Erbe unserer christlichen, vornehmlich protestantischen Tradition.

Die sich hiermit ergebenden neuen Fragestellungen, z.B. nach dem Zusammenhang zwischen den einleitend dargestellten anthropologischen Grundannahmen und dem jeweilig anerkannten „Menschenbild" in einer Kultur, den religiösen Traditionen, dem ökonomischen System und der Richtung von sozialem Wandel, müssen hier unbeantwortet bleiben. Denn die diesbezügliche wissenschaftliche Diskussion ist noch nicht abgeschlossen; sie wird z.Z. kontrovers und z.T. spekulativ geführt (vgl. z.B. einerseits Georgas 1997; andererseits Trommsdorf 1997: 59). Fest steht, dass alle genannten Faktoren Einfluss auf die elterlichen Erziehungsziele und auf das elterliche Erziehungsverhalten besitzen, doch ihre gegenseitigen Wirkungsweisen sind noch ungeklärt und damit ihre Gewichtung in diesen Interdependenzprozessen. Selbst umstritten ist noch, welche der genannten Faktoren die abhängigen, die intervenierenden oder unabhängigen sind.

8.2 Gewalt in der Familie

In Kapitel 6.6.1 wurden bereits der Begriff „Gewalt" und die verschiedenen Formen der Gewaltanwendung dargestellt. Familiale Gewalt bezieht sich nicht nur auf die gewaltsamen Handlungen von Eltern gegenüber ihren Kindern, sondern ebenso von Jugendlichen gegenüber ihren Eltern, von erwachsenen Kindern gegenüber ihren alten Eltern und auf die Gewaltanwendung zwischen Geschwistern.

Den quantitativen Umfang von Gewaltanwendungen in der Familie bestimmen zu wollen, ist kaum möglich. Selbst die Kriminalstatistik, die die rechtlich verurteilten Personen ausweist, ist kaum aussagefähig, da die Dunkelziffern in Bezug auf Gewaltphänomene in der Familie hoch sind. So wollen andere Familienmitglieder, z.B. die Mütter in Bezug auf die sexuelle Gewalt ihrer Ehemänner gegenüber ihren Töchtern, den Tatbestand zumeist gar nicht wahrhaben und verdrängen Verdachtsmomente. Sie werden schließlich, wenn ein Ausweichen nicht mehr möglich ist, Veränderungen treffen, aber den Sachverhalt nicht „öffentlich" machen. „Verheimlichungen" innerhalb der Familie und nach außen lassen Gewaltphänomene in vielen Familien als nicht existent erscheinen und damit werden diese auch statistisch „ausgeblendet". Das gilt insbesondere für Gewalthandlungen gegenüber den alten Familienmitgliedern.

Ferner weist die Kriminalitätsstatistik einen sog. Schicht-Bias auf: In gehobenen Schichten können Misshandlungen bereits durch die Wohnweise eher „vertuscht" oder aber „umgedeutet" werden. Dagegen zeigen Fallstudien aus psychologischen Praxen, dass das Problem „Gewalt in der Familie" nicht nur auf eine bestimmte soziale Schicht begrenzt ist (vgl. auch Kap. 6.6.3 in diesem Band).

Empirische Untersuchungen über familiale Gewaltphänomene haben besondere Erhebungsprobleme zu beachten: Zum einen werden familiale Ereignisse in der Regel als Privatangelegenheit betrachtet, sodass Befragte - und zwar sowohl Täter wie Opfer - sich scheuen, über möglicherweise peinliche oder entwürdigende Zustände zu berichten. Zum Zweiten werden Begriffe, wie Misshandlung, selbst das Wort „Gewalt", mit unterschiedlichen Assoziationen verknüpft, sodass Reliabilitätsprobleme nur durch Fragestellungen oder Statements, die Gewaltanwendungen konkret beschreiben, eingeschränkt werden können. Aufgrund der aufgezeigten methodischen Probleme wird der Umfang von Gewaltanwendungen in der Familie, basierend auf den Angaben in der Kriminalstatistik und auf manchen empirischen Erhebungen, systematisch unterschätzt, was bei den folgenden quantitativen Angaben in diesem Kapitel mitbedacht werden muss.

75% der durch Gerichte verurteilten Kindesmisshandlungen werden von einem Elternteil oder einem nahen Verwandten durchgeführt. Wenn also Kinder Gewalt erfahren, dann mit größerer Wahrscheinlichkeit im Familienbereich als in öffentlichen Räumen (Amelang/Krüger 1989; Engfer 1991).

Neben den unmittelbaren körperlichen Folgen, die bei Vernachlässigung und psychischer Misshandlung sowie bei sexuellem Missbrauch von Kindern auftreten können, gibt es eine Reihe psychischer Schäden, die im Zusammenhang mit vorangegangenen Gewalterfahrungen stehen können: Misshandelte und geschlagene Kinder leiden häufiger unter Ängstlichkeit, Schuldgefühlen, Minderwertigkeitskomplexen, Kontakt- und Schulschwierigkeiten, Depressionen, Isolation, psychosomatischen Erkrankungen, Misstrauen gegenüber anderen. Psychotherapeutische Erfahrungen zeigen außerdem einen engen Zusammenhang zwischen Gewalterlebnissen in der Kindheit und aggressiven Verhaltensweisen von Jugendlichen und Erwachsenen (Buskotte 1992: 72; Schneewind 2002).

Offenbar lernen Kinder am Modell ihrer Eltern, Gewalt als Konfliktlösungstechnik zur Durchsetzung eigener Wünsche - trotz vielfacher Ermahnungen und Drohungen - gegenüber den nächststehenden Menschen anzuwenden. Spezifische - zumeist anhaltende - Verhaltensweisen der Kinder (z.B. Quengeleien, Unruhe, Lärm u.a.m.) oder ungewöhnliche Eigenschaften lösen bei Eltern zuweilen aggressive Reaktionen aus. Ferner erhöhen angeborene Missbildungen und von der Norm abweichendes Aussehen das Risiko für das Kind, misshandelt zu werden. Ferner wird auf die Unfähigkeit der Familie, grundlegende Regeln sozialen Verhaltens einzuüben, für Gewaltausübung verantwortlich gemacht. Weiterhin beurteilen Eltern ihre Kinder häufig nur nach Leistungen, insbesondere nach Schulleistungen, und teilen Zuneigung entsprechend aus oder versagen sie und reduzieren somit das Selbstwertgefühl ihrer Kinder. Aber gerade ein beeinträchtigtes Selbstwertgefühl wird wesentlich für Gewaltbereitschaft bei Kindern und Jugendlichen verantwortlich gemacht (vgl. hierzu ausführlicher Buskotte 1992; Honig 1988; Nave-Herz 2002; Schneewind 2002).

Gewalttätigkeiten zwischen den Geschwistern werden im häuslichen Bereich seitens der Eltern zwar beklagt, aber zumeist gleichzeitig als harmlos, bei Jungen als Übungsmöglichkeit zur Entwicklung von Männlichkeit, als naturgegebene Rivalität und Vorübung für spätere berufliche Konkurrenz beschrieben (vgl. Rothe 1994), ohne zu bedenken, dass hierdurch Gewaltanwendung als Konfliktlösungsstrategie frühzeitig erlernt wird.

Abb. 23: Walter Schnell: Raufbuben

Die Gewaltanwendung von Kindern und Jugendlichen gegenüber ihren Eltern gehört zu den stärksten gesellschaftlichen Tabus. Mütter und Väter verleugnen zumeist - zumindest über lange Zeit - diesen Sachverhalt, weil sie auf diese aggressiven Verhaltensweisen ihrer Kinder mit Schuldgefühlen, nämlich in ihrer Elternrolle versagt zu haben, reagieren. Amerikanische Forscher berichten, dass 18% von allen heranwachsenden Jungen und Mädchen körperliche Gewalt, die von Faustschlägen bis zur Waffennutzung reicht, ihren Eltern gegenüber angewandt haben (Strauss et al. 1980) und dass die Zahl der Mütter in den Frauenhäusern zunimmt, die vor ihren körperlich aggressiven Söhnen Hilfe suchen. In der Bundesrepublik gehört das Problem „Gewalt der Kinder gegen ihre Eltern" oder „Geschwistergewalt" zu den bisher völlig unerforschten Themen (vgl. Schwind/Baumann 1990: 164).

In den letzten Jahren haben sich in den USA verstärkt Studien dem Thema „Gewalt im Alter" gewidmet; in Deutschland gibt es bislang nur wenige und ältere Untersuchungen zu Gewalt gegenüber älteren Menschen im häuslichen Bereich. Die diesbezüglichen quantitativen Ausmaße werden unterschiedlich in den Veröffentlichungen angegeben: Nach englischen und US-amerikanischen Studien werden 4-5% der Alten, die in Familien leben, von Gewaltakten betroffen (Sowarka et al. 2001). Nach der Studie des kriminologischen Forschungsinstituts Niedersachsen (Wetzels/Greve 1996) werden etwa 7% (in absoluten Zahlen: 600.000) ältere Menschen in Deutschland jährlich Opfer familialer Gewalt. In einer Erhebung von Brendebach und Hirsch (1999) sind es 11%.

In erster Linie sind die Gewalt-Ausübenden nahe stehende Familienmitglieder, die täglichen Kontakt zum alten Menschen haben. Häufig bestehen zwischen den Opfern und Tätern wechselseitige Abhängigkeiten. In vielen Fällen sind die Täter vom Opfer finanziell und emotional abhängig und kompensieren das Gefühl der eigenen Machtlosigkeit mit Gewaltverhalten. Zumeist befinden sich ferner „Opfer" und „Täter" in einer ausweglosen Situation von Überforderung, sozialer Isolation und einer durch Pflege belasteten Krise (BMFSFJ 2002: 135; Carell 1999).

In Kap. 4.1.5 wurde bereits darauf hingewiesen, dass aufgrund der Kriminalstatistik, zumindest was Mord, Totschlag und den sexuellen Missbrauch von Familienangehörigen anbetrifft, die Ehe und nicht der öffentliche Raum der gefährlichste Ort in unserer Gesellschaft ist. Die Angaben in diesem Kapitel scheinen diese These zu bestätigen. Denn auch die Gewalthandlungen zwischen den familialen Generationen werden weit überwiegend im häuslichen Bereich ausgeübt und alle Familienmitglieder (Kinder, Jugendliche, Erwachsene und Alte) können als „Opfer" und als „Täter" hiervon betroffen sein. Im übernächsten Kapitel soll jedoch geprüft werden, ob neben dieser „dunklen" Seite der Familie ihr auch eine fürsorgliche gegenüber ihren Mitgliedern zukommt.

8.3 Geschwisterbeziehungen

Die Abnahme der Geburtenzahl pro Familie hat dazu geführt, dass viele und viel mehr Kinder als früher heute keine Geschwister oder nur eine Schwester oder einen Bruder besitzen. Dieser statistische Trend darf aber nicht dahingehend interpretiert werden, als würde die Mehrzahl der Kinder heute geschwisterlos aufwachsen.

Vor allem die höhere Anzahl von Kindern und damit von Geschwistern in der Familie hat abgenommen. Differenziert nach dem Einkommen ist festzustellen, dass eine höhere Kinderzahl und sehr geringes Einkommen bzw. ökonomische Deprivation korrelieren. Aber gleichzeitig ist ein geringer Trend zu mehr Kindern und damit zu einer größeren Geschwisterzahl in unserer Gesellschaft wie in den USA bei sehr gut Verdienenden festzustellen (WiSta 1997: 50). Da Kinder eine starke finanzielle Belastung bedeuten, können - wenn auch wenige - ökonomisch sehr gut gestellte Erwachsene sich Kinder ohne Einbuße des Lebensstandards „leisten" (nicht nur eins, sondern drei und mehr); damit könnten Kinder geradezu zu einem „Status-symbol" werden.

Abb. 24: Ledige Kinder in Deutschland nach Zahl der Geschwister - im Haushalt zusammen lebend.

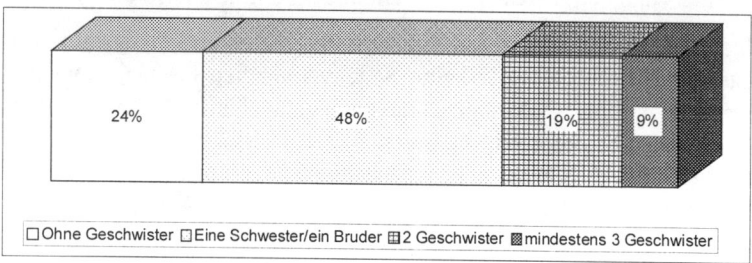

Quelle: Zusammengestellt aus den Angaben des Statistischen Bundesamtes: Ergebnisse des Mikrozensus 2002, Wiesbaden 2003: 34

Die geringe Kinderzahl und damit Geschwisterzahl in der Familie wird in der Familiensoziologie mit dem Funktionswandel von Kindern (vgl. Kap. 7.4 in diesem Band), mit der gestiegenen Leistungserwartung an die Eltern und dem Prinzip der verantworteten Elternschaft (vgl. Kap. 4.1.6) sowie aus den höheren „opportunity costs" erklärt.

In dieser letztgenannten Theorie, der „new home economics", wird der zunehmenden Frauenerwerbstätigkeit und dem dadurch erzieltem Einkommen eine bestimmende Größe zugewiesen. Ein Ansteigen der Frauenlöhne im Verhältnis zu den Löhnen der Männer würde die relativen Kosten einer Aufgabe der Erwerbstätigkeit durch die Geburt von Kindern vergrößern und hätte aus ökonomischen Gründen Geburtenbeschränkung als Effekt zur Folge (Becker 1974; Ermisch 1980). Obwohl sich dafür Belege finden lassen, reicht der statistische Beweis insofern nicht aus, weil beide Trendverläufe in keinem ursächlichen Verhältnis miteinander zu stehen brauchen.

Vor allem in der Bundesrepublik Deutschland kann auch die mangelnde Anpassung des Familienbereichs (mit ihrem gültigen Mutter-Ideal und den fehlenden Infrastruktureinrichtungen) an das veränderte Bildungs- und ökonomische System nicht nur den Anstieg von Kinderlosigkeit (wie in Kap. 4.1.1 dargestellt), sondern zudem die Beschränkung der Kinderzahl in der Familie bedingen.

Diese individuellen Entscheidungen über die Kinderzahl in der eigenen Familie ziehen weitreichende gesellschaftliche Folgen nach sich, die selbstverständlich nicht für die Eltern selbst, für ihren Entscheidungsprozess, von Belang und von ihnen nicht intendiert sind. Huinink schreibt zurecht: „Eine

Ehe und Familie gründet und hat man nicht um der Gesellschaft willen - Personen und Paare tun das für sich, aus einer sehr persönlichen Motivation heraus." (Huinink 2003: 3) Dennoch sind diese subjektiven Entscheidungsprozesse von hoher gesamtgesellschaftlicher Relevanz im Hinblick auf alle gesellschaftlichen Teilbereiche. Aber ferner ziehen sie außerdem nicht-intendierte Folgen für das Familiensystem und Rückwirkungen auf die familiale Sozialisationsfunktion nach sich. Im Folgenden sollen die familialen Systemveränderungen aufgrund der individuellen Entscheidungen für eine geringe Kinder- und damit Geschwisterzahl in der Familie analysiert werden.

Das Fehlen von Geschwistern hat zunächst für die zweite Generation zur Folge, dass immer mehr Kinder keine Seitenverwandten besitzen. Die Abnahme der horizontalen Verwandtschaftslinie geht allerdings - wie bereits erwähnt - mit der Zunahme der vertikalen einher. Der Geburtenrückgang hat ferner bewirkt, dass es häufig an nachbarlichen Spielgruppen für die Kinder mangelt, das bedeutet, dass es nunmehr notwendig wird, Kinder überhaupt erst miteinander in Kontakt zu bringen. Spielen kann sich nicht mehr spontan in geschwisterlichen und/oder nachbarschaftlichen Spielgruppen vollziehen, sondern es müssen bereits in frühen Jahren die Kinder in Krabbel- und Kinderkreise und mit steigendem Alter in zweckrationale Gruppen (Schwimm-, Mutter-Kind-Gymnastik-, Musik- und sonstige Kurse) gebracht werden. Zu vermuten ist, dass der Partizipationsgrad an derartigen Kursen mit der sozialen Schicht, vor allem mit dem Bildungsniveau der Mutter, korrelieren wird; genaue Daten fehlen uns jedoch hierüber (über die Auswirkungen dieser neuen Entwicklung vgl. ausführlicher Nave-Herz 2002).

In der Familiensoziologie hat das Thema der Geschwisterbeziehung keine Tradition, obwohl bereits Simmel (1917) sich mit dieser Frage beschäftigt hatte. Bereits 1969 (Neuausgabe 2002) hatte René König in seinem Handbuchartikel „Soziologie der Familie" bedauert, dass die Familiensoziologie sich in dieser Hinsicht noch in einer ausgesprochen „misslichen Situation" befinde, da die Geschwisterbeziehungsforschung „noch in den Kinderschuhen steckt": „Insbesondere bleibt es dabei auch noch weitgehend unklar, was an den genannten Beziehungen von allgemeiner Bedeutung für die menschliche Familie überhaupt und was von sehr spezifischen kulturellen Situationen abhängig ist" (König 2002: 475). Leider hat sich an dieser Forschungssituation bisher kaum etwas verändert.

Dieser Sachverhalt ist vor allem deshalb erstaunlich, weil im Lebenslauf die Geschwisterbeziehung gegenüber anderen, auch im Vergleich zu ehepartnerschaftlichen, die längste ist. Von den heutigen 95-Jährigen und Älteren haben noch 15% Geschwister, von 70- bis 74-Jährigen die Hälfte (BMFSFJ 2002: 122). Empirische Untersuchungen gerade auch über die Bedeutung der Geschwisterbeziehung im Alter fehlen völlig.

In der Soziologie wurden bisher lediglich innerhalb der Netzwerkforschung die Interaktionsdichte und Unterstützungsleistungen zwischen Verwandten thematisiert, zu denen die Geschwister zählen. Doch wird in diesen nicht explizit die horizontale Linie, die Geschwisterebene, gesondert analysiert (vgl. Wagner 2002: 237). Dieses Forschungsthema hat also die Soziologie weitestgehend der Psychologie überlassen, was aus den diesbezüglichen soziologischen Handbuchartikeln ersichtlich wird, in denen überwiegend entwicklungspsychologische Forschungsergebnisse präsentiert und familienzyklische, gekoppelt mit gruppendynamischen Themen behandelt werden, z.B. die Bedeutung der Geburt des zweiten für das erste Kind (Schütze 1989: 311ff.; Schmidt-Denter 1993a: 337ff.). Ferner wird in soziologischen Abhandlungen auf die psychologische Geschwisterkonstellations-Forschung Bezug genommen (vgl. Hill/Kopp 2002: 258-260).

Die Geschwisterkonstellations-Forschung misst vor allem dem Rang in der Geschwister-Reihenfolge eine sozialisierende Bedeutung bei und auch dem Fehlen von Geschwistern (vgl. Thoman 1989). Dieser Forschungsrichtung hat man zurecht vorgeworfen, dass ihre Sichtweise zu monokausal wäre, die Unterschiedlichkeit nach dem Altersabstand der Geschwister zu wenig beachtet würde, dass sie ferner Kompensationsmöglichkeiten (z.B. durch Spielgruppen) nicht einbeziehen und die Stärke des geschwisterlichen Einflusses auf den Sozialisationsprozess überbetonen würde.

In jüngster Zeit wurde versucht, die Geschwisterbeziehungen unter soziobiologischen Aspekt zu analysieren: Sulloway (1999) geht z.B. von folgenden Thesen aus: Ein ganz wesentlicher Grund für die Unterschiede zwischen Geschwistern liegt in ihrer Konkurrenz um den Zugang zu den familialen Ressourcen. Der Streit darum, insbesondere um die elterliche Liebe, führe zu Rivalitäten. In der Natur hätten wiederkehrende Konflikte Anpassung zur Folge. Kinder erbten zwar keine speziellen Gene, die sie zu Erstgeborenen oder Spätgeborenen werden lassen. Doch die Gene, die sie erbten, würden ihnen helfen, die Konkurrenz um die elterliche Zuwendung zu bestehen. Durch die familiäre Umwelt sei festgelegt, wie diese Konkurrenz zum Ausdruck kommen werde. Er schreibt wörtlich: „Strategien, die Erstgeborene entwickeln, werden durch Gegenstrategien der Spätgeborenen beantwortet. Es kommt zu einem regelrechten evolutionären Rüstungswettlauf in der Familie. Im Hinblick auf das Primat des Geschwisterkampfs stimmt sogar die Bibel mit der Evolutionstheorie überein: Der erste in der Bibel erwähnte Mord - der von Kain an seinem jüngeren Bruder Abel - ist ein Brudermord ... Es liegt in der Stellung von Erstgeborenen, dass sie sich stärker mit Macht und Autorität identifizieren. Erstgeborene kommen als Erste in die Familie, und sie nutzen ihre überlegene Größe und Stärke, um diese besondere Stellung zu verteidigen. Sie sind bestimmender, sozial dominanter, ehrgeiziger, eifersüchtiger auf ihren Status bedacht und gleichzeitig defensiver als ihre jüngeren Geschwister. Diese wiederum neigen aufgrund ihrer untergeordneten Position im Familiensystem dazu, den status quo in Frage zu stellen und unter bestimmten Bedingungen auch eine ‚revolutionäre Persönlichkeit' zu entwickeln. Im Namen der Revolution haben sich später Geborene wiederholt den altehrwürdigen Grundannahmen ihrer Zeit entgegen gestellt. Die kühnen Forscher, die Bilderstürmer und die Häretiker, die wir aus der Geschichte kennen, kommen aus ihren Reihen." (Sulloway 1999: 14)

Geschwistergemeinschaften können zwar auch gekennzeichnet sein, wie Sulloway es beschreibt, durch Neid, Konkurrenz, durch dauernde Kämpfe um materielle Dinge, durch die Rivalität um die Zuneigung der Mutter und/oder des Vaters, durch gegenseitige Erniedrigungen, vor allem in Folge der Kenntnis der jeweiligen Schwächen u.a.m. Aber sie können ebenso auch emotionale Unterstützung und Fürsorge und Beistand beinhalten (Matsche 2001: 42). Es gibt eben nicht die Geschwistergemeinschaft, sondern für das einzelne Kind kann eine Geschwistergemeinschaft sehr Unterschiedliches bedeuten und damit auch unterschiedlichen Einfluss auf seinen Entwicklungsprozess nehmen, zumal die Intensität der Geschwisterbeziehung im Kindes- und Jugendalter außerdem sehr stark divergieren kann.

In Bezug auf die Einzelkindsituation lässt sich aufgrund vorhandener psychologischer Untersuchungen zusammenfassend festhalten: Einzelkinder können zwar bestimmte soziale Erfahrungen nicht sammeln, aber diese sind - wie bereits betont - nicht nur und immer als positiv unterstützend für die kindliche Entwicklung zu bewerten. Überhaupt stehen sich Vor- und Nachteile auch bei ihnen gegenüber. Jedenfalls ist die im Alltag häufig geäußerte ausschließlich defizitäre Interpretation der Lage von Einzelkindern nicht haltbar (vgl. hierzu auch Petzold 1999: 62ff.).

8.4 Materielle und immaterielle Transferleistungen zwischen den familialen Generationen

8.4.1 Einführung

In allen Industrienationen wurde aufgrund des demografischen Wandels und seiner sozialpolitisch gegenwärtigen und zu erwartenden Folgen die Frage nach den Transferleistungen zwischen den Generationen zur Ent- bzw. Belastung des Staates besonders aktuell. Denn in der öffentlichen Meinung wurde und wird die heutige Familie als Solidargemeinschaft und damit in ihrer Unterstützungsleistung für die jüngsten und jüngeren sowie für die ältesten Familienmitglieder in Frage gestellt. Es wird konstatiert, dass sich die Wohlstandsgesellschaft der Gegenwart zu einer Gesellschaft entwickelt hätte, in der die Individuen zugunsten von Freiheit und Selbstverwirklichung Aversionen gegen langfristige „commitments" hätten (Rossi 1987), und die Familie wäre in diesen Prozess einbezogen worden. Inzwischen sind eine Reihe von diesbezüglichen empirischen Untersuchungen durchgeführt worden, deren Ergebnisse im Folgenden präsentiert werden. Sie betreffen die Betreuung, Pflege, gemeinsame Aktivitäten und Kontakte

(= das Geben und Nehmen der Ressource „Zeit"), dass zur Verfügung stellen von Wohnraum (= Zusammenleben der Generationen), die finanziellen gegenseitigen Unterstützungsleistungen und schließlich die Weitergabe von Erfahrungen. Die vorhandenen Untersuchungen gehen zumeist von austauschtheoretischen Prämissen aus, weswegen die Darstellung der einzelnen Abschnitte unter dieser Perspektive abschließend zusammengefasst werden.

8.4.2 Transfers von Zeit und Fürsorge innerhalb der Mehrgenerationen-Familie

Durch die Nicht-Vermehrbarkeit von „Zeit" (wie eh und je umfasst ein Tag 24 Stunden) bei gleichzeitig zunehmender festgelegter Erwerbsarbeitszeit (vgl. Kap. 6.5) sowie notwendigen Zeiten für Hausarbeit, durch die vielfältigen Weiterbildungs- und Freizeitangebote usw. ist „Zeit" in den Industrieländern für die Bevölkerungsmehrheit zu einem „kostbaren Gut" geworden. Analog der Le Play'schen Haushaltsbudget-Methode (vgl. Kap. 1.1) kann man heutzutage aus der Verwendung von Zeit auf einzelne Aktivitäten Prioritäten in Bezug auf ihre subjektive Wichtigkeit und Notwendigkeit ableiten. Deshalb soll im Folgenden der Zeitaufwand, den Familienmitglieder für andere Familienmitglieder zur Verfügung stellen, analysiert werden.

Auf die Verwendung von Zeit für Hausarbeit wurde in Kap. 6.5 eingegangen. Weiterhin bezieht sich familiale Zeit auf den Umfang der Betreuung von Kindern, auf Gespräche und Kontakte der Familienangehörigen untereinander, auf Hilfs- und Pflegetätigkeiten.

Für die wenigen Kinder pro Familie werden heute - wie sozialhistorische Forschungsergebnisse zeigen (vgl. ausführlicher Schuhmacher 1988; Schütze 1988; 2002) - wesentlich mehr Leistungen seitens der Eltern mobilisiert als früher, vor allem was den zeitlichen Umfang der Betreuung der Kinder anbetrifft. Mehr Quantität braucht jedoch nicht mehr Qualität zu bedeuten.

Die Kindzentrierung der Eltern beginnt seitens beider Elternteile bereits mit der Schwangerschaft und der Geburt, die für beide Partner heute eine bewusst gemeinsam gewollte und erlebte Erfahrung ist. Der Vater ist nicht mehr nur Betrachter wie früher, sondern nimmt heute aktiv an den Vorbereitungen für die Ankunft des Kindes teil. So begleiten viele „werdende" Väter heute ihre Frauen bereits während der Schwangerschaft zu ihren Vorsorgeuntersuchungen, nehmen an geburtsvorbereitenden Kursen teil. Ferner erleben viele Väter heutzutage die Geburt ihrer Kinder mit (vgl. ausführlicher hierzu Nave-Herz 1984/2002c; Gloger-Tippelt 1988). Vor 30 Jahren wäre ihre Anwesenheit im Kreißsaal sowohl mit normativen als auch mit praktischen Argumenten und aus hygienischen Gründen von Ärzten und Pflegepersonal abgelehnt worden.

Weiterhin belegen empirische Erhebungen, dass sich die heutigen Väter auch während der Säuglings- und Kleinkindphase stärker an der Pflege und Sozialisation beteiligen als die Väter vor 40 Jahren, z.B. durch gemeinsames Spielen, Spazierengehen, Ins-Bett-Bringen, Füttern und dgl. (Nave-Herz 1985; Urdze-Rerrich 1981; Schütze 2002). Dennoch sind weiterhin die Mütter in der Familie die Hauptbetreuungspersonen geblieben (vgl. auch Kap. 7.2 in diesem Band).

Der Zeitumfang, der für die Betreuung der Kinder aufgewendet wird, ist bei beiden Eltern abhängig von dem erwerbsbezogenen Zeitaufwand und dem Alter des jüngsten Kindes, was nicht für den Umfang an hauswirtschaftlichen Tätigkeiten gilt (vgl. Kap. 6.5) Bei Müttern spielt zusätzlich das jeweilige Ausbildungsniveau und das Vorhandensein eines Gartens eine Rolle (Walter/Künzler 2002: 110).

Ferner wird Kindern weniger von nicht-ehelichen und geschiedenen Vätern die Ressource „Zeit" gewährt, was jedoch nicht immer an den Vätern liegt. Die DJI-Surveydaten zeigen, dass 6 von 10 nicht-ehelichen Kindern keinen Kontakt mehr zu ihrem leiblichen Vater haben und dies besonders häufig, wenn die Mutter mit einem neuen Partner zusammenlebt (Rost 1998: 135). Auf die unterschiedlichsten Gründe dieser Kontaktreduktion kann hier nicht eingegangen werden (vgl. hierzu ausführlicher Nave-Herz 1996; Schneider et al. 2001: 173ff.).

Abb. 25: Durchschnittliche tägliche Zeit für aktive Kinderbetreuung von Erwachsenen nach Alter des jüngsten Kindes im Haushalt (in min)

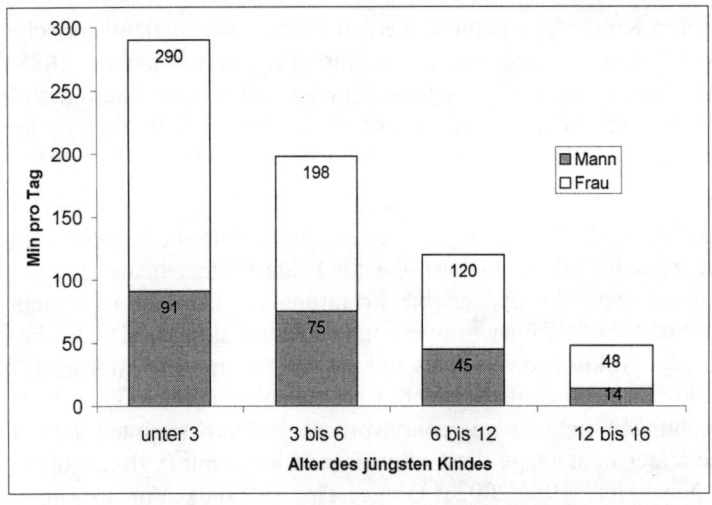

Quelle: Zusammenstellung aus den Angaben des Stat. Bundesamtes:
Die Familie im Spiegel der amtlichen Statistik. Wiesbaden 2003: 134

214

Die Verwendung von Zeit für die Kinder durch beide Ehepartner könnte sich zu Lasten ihrer gemeinsamen paarbezogenen Zeit auswirken, die bei uns bereits durch die Erwerbsarbeitszeiten infolge der Segregation der Arbeitsplätze reduziert ist. Eine seltene Ausnahme hiervon bilden die sehr wenigen Ehepaare, die in eigenen Kleinunternehmen oder als Selbstständige zusammen arbeiten.

B.S. Hewlett: Die Reziprozität der Ehepartner und die Vater-Kind-Beziehung bei den Aka-Pygmäen

„Aka-Väter beteiligen sich außergewöhnlich stark an der Kinderbetreuung, während sie auf der Netz-Jagd oder einer anderen Aktivität zum Nahrungserwerb außerhalb des Lagers beschäftigt sind. So halten Aka-Väter das Kleinkind außerhalb des Lagers, wenn sie mit irgendeiner Aktivität zum Nahrungserwerb beschäftigt sind, ebenso häufig im Arm wie dies Väter in anderen Jäger- und Sammler-Gesellschaften tun, wenn sie sich im Lager aufhalten und *keiner* entsprechenden Aktivität nachgehen. Innerhalb des Lagers beteiligen sie sich an der Kinderbetreuung aber noch stärker, nämlich dann, wenn die Mutter mit der Essenszubereitung oder mit dem Sammeln von Feuerholz beschäftigt ist ... Die Aka leben als Jäger, Sammler und Händler in den tropischen Regenwäldern im Süden der Zentralafrikanischen Republik und im Norden der Volksrepublik Kongo ... Die Ehepartner gehen einer Vielzahl von sozialen und ökonomischen Aktivitäten gemeinsam nach: Sie jagen und sammeln gemeinsam, tanzen und singen gemeinsam, ruhen gemeinsam aus und sie schlafen eng nebeneinander in einem bemerkenswert schmalen Bett (von etwa 50-70 cm Breite) ... In keiner anderen bekannten Gesellschaft sind die Beziehungen zwischen Ehepartnern so eng. Die Art der Interaktion zwischen Ehemann und Ehefrau trägt zu einer starken generalisierten Reziprozität bei. Kinderbetreuung ist nur eine der zahlreichen Aufgaben, die sich Aka-Ehepaare teilen ... Intrakulturell und interkulturell vergleichende Daten haben einen Zusammenhang zwischen der Häufigkeit der Interaktion zwischen Ehepartnern und dem Ausmaß der väterlichen Beteiligung an der Kinderbetreuung ergeben. Je mehr Zeit die Ehepartner gemeinsam verbringen, desto größer ist die Wahrscheinlichkeit, dass der Vater sich an der Kinderbetreuung beteiligt. Die Beteiligung von Vätern an der Kinderbetreuung kann als Aspekt der Existenzsicherung oder als Ausdruck eines Werbungsverhaltens angesehen werden" (Stuttgart 1997, S.105-124).

Schütze (2002: 92) hat diesbezüglich die These aufgestellt, nämlich dass in der heutigen kindzentrierten Familie (damit ist gemeint, dass das Kind zum familialen Mittelpunkt wurde) der Eigenwert der Paarbeziehung gegenüber der Eltern-Kind-Beziehung sinken könnte. Unter dem hier gewählten Aspekt der Zeitverwendung erscheint diese Vermutung plausibel; ihre empirische Absicherung fehlt jedoch bislang.

In der Familie beteiligen sich an der Betreuung der Kinder - wie bereits dargestellt - zudem die Großeltern, wenn auch überwiegend sporadisch und vor allem in Notfällen, gleichgültig in welchem Verhältnis sie zu ihren Kindern oder Schwiegerkindern stehen (Sommer-Himmel 2001; Herlyn et al. 1998: 27/155). Regelmäßige Betreuung übernehmen nur Großmütter aus sozioökonomisch schwachen Verhältnissen mit geringem Bildungs- und Ausbildungsstatus (Herlyn et al. 1998: 16) und stärker während der Kleinstkindphase (vgl. zusammenfassend Sommer-Himmel 2001b: 114ff.). Die Beteiligung der Großmütter ist höher, aber gegenüber dem Großvater nicht ausschließend. Insgesamt zeigen alle Untersuchungen, dass der Partizipationsgrad der Großeltern der Mutter höher, also eine starke Matrilinearität gegeben ist (Herlyn et al. 1998: 29; Bien 1994). Auch bei Nicht-Ehelichkeit der Kinder halten vornehmlich die mütterlichen, kaum die väterlichen Großeltern zu ihnen Kontakt (Marbach 1998: 205). Überhaupt wird in diesem Zusammenhang die Tochter-Mutter-Dyade hervorgehoben, was einerseits durch die geschlechtsspezifische Sozialisation (= Frauen sind zuständig für Betreuungsaufgaben), andererseits bindungstheoretisch (= nicht die Schwiegermutter, sondern die Mutter ist die zeitlich längere und intensiv erlebtere Bezugsperson) sein kann.

Auch bei Ehescheidungen werden die vertikalen Beziehungen innerhalb der Mehrgenerationen-Familie nicht aufgehoben. Fthenakis betont aufgrund seiner quantitativen schriftlichen Befragung von Großeltern zusammenfassend: „Die Ergebnisse bestätigen, dass Ehescheidung die Beziehung im familialen System nicht beendet, sondern lediglich reorganisiert. Großeltern pflegen weiterhin den Kontakt zu ihren Kindern und Enkelkindern. In manchen Fällen findet in der Nachscheidungsphase sogar eine Intensivierung des Kontakts zwischen Großeltern und ihren Enkelkindern statt. Dennoch lassen sich Unterschiede feststellen... Generell pflegen Großeltern mütterlicherseits einen häufigeren und länger andauernden Kontakt zu ihrer geschiedenen Tochter und zu den Enkelkindern als Großeltern väterlicherseits" (1998: 162).

Mit dem Alter der Kinder nehmen die Betreuungsleistungen und im Jugendalter auch die Kontakte zwischen Enkeln, Kindern und Großeltern ab, aber nur im Sinne der zeitlichen Reduktion. Die gegenseitige positive Beurteilung ihrer Beziehung bleibt (Wilk 1993; Bien 1994; Herlyn et al. 1998; Sommer-Himmel 2001; Bertram 2002: 526).

Die Enkel sind vor allem beliebte Gesprächspartner für ihre Großeltern. Die mittlere Generation, also die Eltern, sind insgesamt aber die am meisten präsenten Kommunikationspartner sowohl für die jüngere Generation - und das gilt auch für niederländische Jugendliche (vgl. Schulze 1993) - als auch für ihre alten Eltern (Marbach 1998: 194). In der repräsentativen „Alten-Studie" gaben die 40- bis 85-jährigen Befragten zu 85% an, ihre Kinder mindestens einmal pro Woche zu sehen und zu sprechen (Kohli et al. 2000: 233).

Auch für den Fall von notwendig werdenden Pflegeleistungen der Großel-tern-Generation ist die nächste Familiengeneration zuständig. Über 90% der Bevölkerung ziehen eine Pflege in der Familie dem Pflegeheim vor (Stos-berg 1995: 187). Sofern ein Partner oder eine Partnerin vorhanden ist, über-nehmen diese die Pflege (zu 32%). Andernfalls sind vor allem die weibli-chen Mitglieder der Kindergeneration für die häusliche Pflege verantwort-lich (35%) (BMFSFJ 2002: 198). Von allen Männern im Alter von 80 Jah-ren und mehr leben nur 5% in Heimen, von allen Frauen in dieser Alters-gruppe 13% (BMFSFJ 2002: 125/126), wobei diese statistischen Angaben verschweigen, wie viele von ihnen keine Familie besitzen, z.T. noch durch den Zweiten Weltkrieg bedingt.

Die Hilfs- und Pflegetätigkeiten führen in der Regel also die selbst alt ge-wordenen Töchter und seltener die Söhne sowie die Schwiegertöchter durch, und zwar gleichgültig in welchem emotionalen Verhältnis sie zu ih-ren Eltern standen oder z.Z. stehen (Schütze/Wagner 1991). Konkret: Auch bei aktueller und/oder früherer konfliktreicher und negativer Beziehung der Töchter und Söhne bzw. Schwiegertöchter zu ihren Eltern unterstützen sie diese im Alter. Auch Szydlik betont allgemein aufgrund seiner quantitati-ven Datenanalyse über die Beziehungen erwachsener Kinder und ihrer El-tern: „Mehr als vier von fünf Personen fühlen sich einfach dazu verpflich-tet, ihren Angehörigen zu helfen. Dementsprechend geben die meisten an, dass sie ihnen immer helfen würden, wenn sie Hilfe bräuchten. Dies gilt of-fenbar selbst für Angehörige, die man nicht mag. Lediglich einer von zehn 40- bis 85-Jährigen stimmt der Aussage voll zu, dass man Angehörigen, die man nicht mag, auch nicht hilft." (2000: 92)

Bei Pflegeleistungen wird natürlich nichts über ihre Qualität der Hilfe aus-gesagt, vor allem auch nichts darüber, mit welcher emotionalen Zuwendung diese Tätigkeit ausgeführt wird, ob mit positiven oder negativen Gefühlen, ausgelöst z.B. durch dauernde starke Belastung (vgl. auch Kap. 8.2 in die-sem Band).

Lüscher (2002) hat in Bezug auf die familialen Beziehungen, nämlich in Hinblick auf die emotionalen Zuwendungen, Hilfs- und Pflegeleistungen auf die in der Forschung zu starke dichotomische Sichtweise aufmerksam gemacht. Viele empirische Erhebungen zeigen, wie dargestellt wurde, allein die positiven Beziehungen zwischen den verschiedenen familialen Genera-tionen, insbesondere auch zwischen den erwachsenen Kindern und ihren alten Eltern, und differenzieren höchstens zwischen Intensitätsgraden in Bezug auf die positiven Interaktionen (an erster Stelle steht - wie erwähnt - die Erwachsenen-Tochter-Mutter-Beziehung). Andere Erhebungen kon-zentrieren sich nur auf die Konfliktfälle (z.B. hinsichtlich des Themas „Gewaltanwendungen in Pflegesituationen"). Aber gerade familiale Bezie-hungen wären nach Lüscher durch Ambivalenzen gekennzeichnet und „Ge-nerationenbeziehungen erfordern den Umgang mit Ambivalenzen" (Lettke/Lüscher 2002: 457). Mit dieser Sichtweise wurde in der Familiensoziologie ein neues Forschungsparadigma entworfen, das in zukünftigen empirischen Untersuchungen noch stärkere Beachtung finden müsste und vor allem auch helfen könnte, die Familie nicht zu sehr als Sozialidylle zu interpretieren.

8.4.3 Materielle Transfers innerhalb der Mehrgenerationen-Familie

Materielle Transfers beziehen sich im Folgenden auf das Bereitstellen von Wohnraum und auf die finanziellen Unterstützungen. Über andere materielle Transfers, z.B. von Mahlzeiten, Nahrungsmitteln, Waschmaschinenbenutzung, Überlassen des Autos usw. besitzen wir keine Daten.

Das *Zusammenwohnen* von Großeltern, Eltern und Kindern hat seit 1970 durch das selbstständige Wohnen der einzelnen Familiengenerationen in eigenen Haushalten stetig abgenommen, eine Folge der verbesserten ökonomischen Lage und der Wohnungsbedingungen.

Vor allem setzte sich in Deutschland seit 1980 zunehmend durch, dass die Älteren, selbst diejenigen im hohen Alter, nicht in den Haushalt ihrer Kinder wechseln, auch nicht nach Verwitwung, sondern - solange wie es für sie irgend möglich ist - in ihrer eigenen Wohnung verbleiben. Als Ursache für das veränderte Wohnverhalten im Alter werden genannt: die Verringerung und physische Erleichterung der Haushaltstätigkeiten durch die technische Entwicklung, die gestiegene Rüstigkeit im Alter und die bessere ökonomische Lage der älteren Bevölkerung heutzutage.

Dagegen hat sich das Zusammenwohnen der unverheirateten Jugendlichen mit ihren Eltern zeitgeschichtlich verlängert.

Zwar fällt das Erreichen der Volljährigkeit, der 18. Geburtstag, und der Auszug aus der elterlichen Wohnung für einen Teil der Jugendlichen zusammen, vor allem in den neuen Bundesländern und für Frauen (Mayer/Wagner 1996: 25; Wagner/Huinink 1991; Hullen 1995: 145; Zinnecker et al. 1996: 291; Alt/Weidacher 1996: 15ff.; Müller 2000: 197; Szydlik 2000: 99). Aber betrachtet man die älteste Gruppe der Jugendlichen, so wohnen noch nach dem 25. Lebensjahr von den männlichen Jugendlichen 24% im Westen und 15% im Osten, von den weiblichen Jugendlichen 10% im Westen und 6% im Osten mit den Eltern zusammen (Hullen 1995). Wenn man also die heutige Generation zuweilen mit „Nesthockergeneration" bezeichnet, so bezieht sich das vor allem auf die männlichen Jugendlichen und hier insbesondere auf die mit höherem Bildungsniveau, die in den alten Bundesländern leben.

Diese Querschnittdaten können jedoch mögliche Rückwanderungen in den elterlichen Haushalt nicht ermitteln und suggerieren damit eine Kontinuität im Zusammenwohnen der Eltern mit ihren jugendlichen Kindern, die heutzutage nicht mehr gegeben sein könnte. Denn eine De-Standardisierung des Lebensverlaufs im Jugendalter infolge der Reversibilitätsmöglichkeit von Entscheidungen ist heutzutage für viele Jugendlichen gegeben: Junge Erwachsene, die bereits aus dem Elternhaus ausgezogen waren, kehren wieder in die elterliche Wohnung zurück (Wagner/Huinink 1991: 42; Zinnecker et al. 1996). Ferner berücksichtigen diese Querschnittsdaten nicht die Möglichkeit von zwei Wohnsitzen, also das sog. „Pendlertum" im Jugendalter.

Mit Lebensverlaufsstudien können derartige Messfehler vermieden werden. Die vorhandenen Erhebungen (vgl. Mayer et al. 1991; Hullen 1995: 145) zeichnen dennoch das gleiche Bild, das die Querschnittsdaten widerspiegeln: Trotz Pendlertum hat der Anteil vor allem der jungen Männer, die bis ins hohe Jugendalter im Elternhaus wohnen, zugenommen.

Nicht finanzielle Engpässe sind es, die ein Verbleiben der Jugendlichen im Elternhaus erzwingen, sondern gerade umgekehrt: In ökonomisch gut gestellten Familien mit Hauseigentum verbleiben die Söhne länger in der elterlichen Wohnung (Lauterbach/Lüscher 1999: 425ff.). Dieser Prozess wurde durch die gewandelten elterlichen Erziehungsziele und das veränderte liberalere elterliche Erziehungsverhalten und durch die generelle Liberalisierung der Einstellung zur Sexualität unterstützt. Im Sinne des Rational-Choice-Ansatzes kann vermutet werden, dass zumindest für einen Teil der Jugendlichen, vor allem der männlichen, heute die „Kosten-Nutzen-Bilanz" ganz einfach zugunsten des Elternhauses, für das „Hotel Mama", ausfällt.

Für die Mütter jedoch stellen nach einer zwar nicht repräsentativen Erhebung zuhause wohnende junge Erwachsene nach ihrem Bekunden relativ häufig eine gewisse Belastung dar, und zwar arbeitsmäßig und finanziell. Sie sehen sich zu persönlichen Einschränkungen genötigt. Bei Müttern, deren Kinder teilweise ausgezogen sind (sog. „Pendler"), verringert sich das wahrgenommene bzw. berichtete Belastungspotenzial. Umgekehrt gilt entsprechend: Mütter, deren Kinder den Haushalt verlassen haben, fühlen sich in dieser Hinsicht überdurchschnittlich oft entlastet (Zinnecker et al. 1996: 303). Das Empty-Nest-Syndrom stellt eher - wenn überhaupt - ein psychisches Problem bei Vollzeit-Hausfrauen dar (Wissenschaftlicher Beirat für Frauenpolitik 1993). Die Väter gaben unabhängig vom Wohnstatus ihrer Kinder keine entsprechende Belastung an (Zinnecker et al. 1996: 303).

Insgesamt zählen deshalb zu den Mehrgenerationen-Familien in Deutschland, wenn die Kinder im höheren Jugendalter sind, zumeist drei Haushalte. Insofern spricht man in der deutschen Familiensoziologie von der heutigen „Multilokalen-Mehrgenerationen-Familie".

Dennoch muss betont werden, dass bei 80% aller Familien mindestens ein Kind im selben Ort oder in der näheren Umgebung lebt und dass sich die Familienmitglieder mindestens innerhalb einer Stunde erreichen können.

Das gilt auch in Bezug auf die Großeltern (Kohli et al. 2000: 233; ähnlich Bien 1994: 8, Lauterbach 1998a: 128; Szydlik 2000: 99). Lauterbach schreibt aufgrund der Datenanalyse des sozioökonomischen Panels, einem repräsentativen Datensatz für die Bundesrepublik: „Durch diese Befunde kann der Vorstellung, dass die Bundesrepublik eine hochmobile Gesellschaft sei, in der die Menschen häufig nach beruflichen Kriterien wandern, nicht generell zugestimmt werden. Vielmehr gewinnt man durch diese Analysen den Eindruck, dass große Bevölkerungsgruppen in der Bundesrepublik eher relativ immobil und lokal gebunden sind, nahe bei den Eltern leben und nur in seltenen Fällen weitere Entfernungen zurücklegen und in völlig anderen Regionen der Bundesrepublik ziehen. Eine ‚Herauslösung' aus traditionellen Sozialmilieus scheint generell nur in einem geringen Ausmaß zuzutreffen" (Lauterbach 1998a: 128). Allerdings gilt, dass bei sehr hohem Bildungsniveau Eltern und Kinder in weiter entfernten Wohnorten leben (Lauterbach 1998a: 128).

Finanzielle Transfers zwischen den Generationen fließen von oben nach unten, wobei die Elterngeneration am stärksten belastet ist. Durch die Verlängerung der Ausbildungszeiten seit den 1970er Jahren haben die finanziellen Unterstützungsleistungen der Eltern gegenüber ihren Kindern zeitgeschichtlich zugenommen. Selbst die 18- bis 28-Jährigen sind noch zu 83% von ihren Eltern ökonomisch abhängig. Nicht nur die Kosten des Lebensunterhalts übernehmen die Eltern, sondern die Mehrzahl der Jugendlichen erhält noch bis ins hohe Jugendalter ihr frei verfügbares Taschengeld von ihnen (Vaskovics/Schneider 1989: 405; Fend 1990; Büchner et al. 1996: 58 ff.; Papastefanou 1997: 54).

Ebenso fließen finanzielle Transferleistungen von der älteren zur mittleren Generation, wie verschiedene Untersuchungen zeigen (Kohli 1997: 278 ff.; Vaskovics et al. 1992: 395 ff.; Mayer/Baltes 1996). Selbst bei geringen Ressourcen werden vor allem in absteigender Linie ökonomische Unterstützungsleistungen an die nächste Generation weitergegeben.

Auch das von ihnen während ihrer Lebenszeit ersparte Vermögen geben sie vor allem an die Kinder, selten direkt - höchstens als kleine Aufbesserung des Taschengeldes - an die Enkel weiter. Vor allem im Hinblick auf die Erbschaft werden die Kinder, sehr selten die Enkel, eingesetzt. In einer neueren Untersuchung wurde festgestellt, dass jeder 5. Westdeutsche mindestens 50.000,- Euro erbt bzw. in Zukunft erben wird, bei den Ostdeutschen ist es nur jeder 20. (Motel/Szydlik 1999: 100). Nach einer Untersuchung von Lauterbach und Lüscher scheint zudem häufig das Muster der „vorgezogenen Erbschaft", also abgekoppelt vom Tod des Aszendenten praktiziert zu werden (Lauterbach/Lüscher 1996: 91; ebenso Kohli et al. 2000), vermutlich ist dieser Sachverhalt z.T. eine Folge des deutschen Erbschaftssteuergesetzes.

Das Erbschaftsrecht schreibt in Deutschland vor, dass zumindest ein Pflichtteil des vorhandenen Vermögens an die Kinder weiterzuvererben ist, dem Erblasser steht also keine völlig freie Entscheidung zu. Doch die empirischen Erhebungen zeigen, dass in Deutschland über diesen Pflichtteil, also über die Rechtsnorm hinaus, die Vermögensweitergabe innerhalb der Kernfamilie erfolgt (Lüschen 1988). Also nicht nur juristisch, sondern faktisch wird auch heute noch der Familienverband als Erbengemeinschaft in Deutschland definiert.

8.4.4 Zusammenfassung

Immaterielle Leistungen werden in Deutschland von jeder Generation sowohl an die untere als auch an die höhere weitergegeben, wobei aber zur Unterstützung bzw. Pflege der ältesten Generation (zuweilen der Urgroßeltern bzw. der Urgroßmutter) die ihrerseits bereits alten Kinder (die Großeltern bzw. die Großmutter) gefordert sind. Diese springen häufig ferner in Bezug auf ihre Enkel ein, wenn das öffentliche Betreuungssystem (Kindergarten) nicht funktioniert oder in anderen Fällen. In dieser Hinsicht kann man die Großelterngeneration als „Sandwich-Generation" bezeichnen, weil sie hin- und hergerissen ist in der Fürsorge um die anderen Generationen. Materielle Leistungen fließen in heutigen Mehrgenerationen-Familien überwiegend in Form eines Kaskaden-Modells von oben nach unten. Selbstverständlich sind die Leistungen zwischen den Generationen im Umfang unterschiedlich hoch: am höchsten sind die Leistungen der Eltern an ihre jungen Kinder, noch höher an ihre Jugendlichen. Obwohl also unterschiedliche Ausmaße an Transfers zwischen den Generationen gegeben und genommen werden, bekunden die Familienmitglieder in der DJI-Erhebung „in erstaunlich hohem Maße, dass sie die stattfindenden Tauschprozesse als ausbalanciert ansehen. D.h. obwohl man ‚objektiv' zeigen kann, dass Leistungen oder Unterstützungen oftmals einseitig erbracht werden, wird die Beziehung zwischen den daran beteiligten Individuen oder zwischen den Generationen als im hohen Grade wechselseitig und ausgewogen angesehen. Diese Tatsache legt die Vermutung nahe, dass Familienmitglieder nicht nach rationalen Maßstäben oder nach einem Prinzip der Nutzenmaximierung handeln" (Alt 1994: 221). Es könnte aber auch sein, dass sie stärker eine statische Sichtweise vermeiden und die Tauschbeziehung in ihrer zeitlichen Dynamik bewerten. Der Erhalt von Mehrleistung in der Kinder- und Jugendgeneration könnte als Vorleistung und Verpflichtung im Erwachsenenalter zur „Rückgabe" an die dann älter gewordene Generation begriffen werden. Damit können die Austauschprozesse im Mehrgenerationenverband als ausgeglichen interpretiert werden.

Die Familie erweist sich auch in anderen Kulturen als Solidargemeinschaft im Hinblick auf die immateriellen und materiellen Transferleistungen zwischen den Generationen. Doch die Legitimationsmuster für die gegenseitigen Unterstützungen und damit die Leistungsmotivation sind kulturabhängig und differieren nach Familientyp. In der Abstammungsfamilie wird die Loyalität und Solidarität zwischen den Generationen mit dem Verweis auf die Tradition z.B. der konfuzianistischen Ethik bzw. der islamischen Religion begründet, in der - im Gegensatz zur christlichen Tradition - Ahnenverehrung bzw. Anciennitätenprinzip mit dem Patriarchalismus untrennbar verbunden sind. Gegenseitige Beziehungen innerhalb der Mehrgenerationen-Familie zu pflegen, ist eine religiöse Pflicht; oder umgekehrt gesprochen: ein Unterlassen dieses Verhaltens würde eine religiöse Pflichtverletzung darstellen.

In der Mehrgenerationen-Familie in Form des Generationsverbundes (z.B. in Spanien, Polen, Deutschland) beruhen die Transferleistungen und die Beziehungen zwischen den Familienmitgliedern zwar auch auf traditionalem Verhalten; sie bedeuten die Einlösung einer moralischen Verpflichtung gegenüber der Familie. Familiensolidarität scheint eine unhinterfragte Norm, also ein traditionales Verhalten im Sinne Max Webers, zu sein. Nach ihm bedeutet „Tradition", dass der Fortbestand von Wertvorstellungen, normativen Orientierungen, Verhaltensweisen usw. durch die schlichte praktische Bewährung durch „eingelebte Gewohnheiten" gewährleistet wird, also durch Bindung an das Gewohnte. Der Begriff „Tradition" schließt aber durchaus ein, dass nicht nur „Verharren" (Stillstand) ein Kennzeichen ist, sondern sich neue Traditionen ausprägen, vor allem sich Teile von Traditionen verändern können. Gleichwohl ist die Familie als Solidaritätsverband eine Selbstverständlichkeit geblieben; die Gewährung von Solidaritätsleistungen sind in der Mehrgenerationen-Familie in der Form des Generationenverbundes überwiegend unhinterfragte Handlungen. Das bedeutet nicht, dass diese notwendig mit positiven Emotionen verknüpft sind bzw. durchgeführt werden müssten.

Der Kulturvergleich zeigt also, dass in den einzelnen Gesellschaften die immateriellen und materiellen Transferleistungen mit unterschiedlichen Bedeutungszuschreibungen an die Ehe und Familie verknüpft werden und damit auf unterschiedlichen Motiven beruhen (vgl. hierzu ausführlicher Nave-Herz 2002a). Wenn also familiales Verhalten allein in einem Land gemessen wird, besteht die Gefahr, dass nur Oberflächenphänomene erfasst werden, da die Spezifika der einzelnen Kulturen häufig nur durch Kulturvergleich identifiziert werden können.

9. Schlussbemerkung

Der Leser bzw. die Leserin könnte verwundert sein, dass in dem vorliegenden Einführungsbuch keine speziellen Kapitel über besondere Familienformen (z.B. über Alleinerziehende, über Stiefelternfamilien) enthalten sind. Aber in den letzten Jahren sind sehr viele Spezialveröffentlichungen über bestimmte Familienformen oder vergleichende Gesamtübersichten über die verschiedensten Familientypen erschienen; und deshalb sollten Wiederholungen vermieden werden (vgl. hierzu z.B. Peuckert 1996; Nave-Herz 2002). Die empirischen Erhebungen haben ferner gezeigt, dass es kaum gerechtfertigt erscheint, die einzelnen Familienformen als derart gegensätzlich in ihrer Struktur, in ihren inner- und außerfamilialen Beziehungen zur Zwei-Elternfamilie und als so einzigartig zu bewerten. Das bedeutet nicht, dass es gewisse spezifische einzelne Differenzen zwischen den verschiedenen Familienformen gibt. Diese wurden in den einzelnen Kapiteln selbstverständlich benannt.

Ferner wurde nicht auf familienpolitische Fragen eingegangen; dafür wäre eine gesonderte Veröffentlichung notwendig. Dennoch kann das Buch eine Grundlage für familienpolitische Entscheidungen bieten.

Insgesamt sollte durch das vorliegende Einführungsbuch deutlich geworden sein: Ehe und Familie - in der Alltagskommunikation ständig, aber zumeist unreflektiert verwendete Begriffe - sind, wissenschaftlich gesehen, hoch komplexe Phänomene. Es sollte - neben anderen im Vorwort aufgelisteten - Zielen vor allem die Differenz zwischen den Ansprüchen an die Ehe und Familie seitens der verschiedensten gesellschaftlichen Gruppierungen und Individuen und der sozialen Realität aufgezeigt sowie die familialen Leistungen für die Gesamtgesellschaft und die historisch-gesellschaftliche Bedingtheit von Ehe und Familie verdeutlicht werden. Ob ich meine Ziele erreicht habe, überlasse ich dem Urteil des Lesers bzw. der Leserin.

Literatur

Ade-Ridder, L. (1990): Sexuality and Marital Quality Among Older Married Couples. In: I.H. Brubaker (Hg.): Family Relationships in Later Life. London, 48-67.

Alt, Ch. (1994): Reziprozität von Eltern-Kind-Beziehungen in Mehrgenerationen-Netzwerken. In: W. Bien (Hg.): Eigeninteresse oder Solidarität, Opladen, 197-222.

Alt, Ch. (2001): Kindheit in Ost und West - Wandel der familialen Lebensformen aus Kindersicht. Opladen.

Alt, Ch. (2003): Wandel familialer Lebensverhältnisse minderjähriger Kinder in Zeiten der Pluralisierung. In: W. Bien; J.H. Marbach (Hg.): DJI: Familien-Survey 11. Opladen, 219-244.

Alt, Ch.; Weidacher, A. (1996): Lebensphasen und Wohnungssituation junger Menschen in West und Ost, Diskurs 2. München, 15-20.

Altermann-Köster, M.; Lindau-Bank, D.; Zimmermann, P.(1992): Pluralisierung von Familienformen und neue Anforderungen an die öffentliche Erziehung. In: Jahrbuch der Schulentwicklung: Daten, Beispiele und Perspektiven. Bd. 6, 159-192.

Amelang, M.; Ahrens, H.J.; Bierhoff, H.W. (1991a): Partnerwahl und Partnerschaft - Formen und Grundlagen partnerschaftlicher Beziehungen. Göttingen.

Amelang, M.; Ahrens, H.J.; Bierhoff, H.W. (1991b): Attraktion und Liebe - Formen und Grundlagen partnerschaftlicher Beziehungen. Göttingen.

Amelang, M.; Krüger, C. (1989): Kindesmisshandlung. Heidelberg.

Ariès, P. (1975): Geschichte der Kindheit. München/Wien.

Ariès, P. (1984): Überlegungen zur Geschichte der Homosexualität. In: P. Ariès; A. Béjin; M. Foucault et al. (Hg.): Die Masken des Begehrens und die Metamorphosen der Sinnlichkeit - Zur Geschichte der Sexualität im Abendland, 3. Aufl. Frankfurt a.M., 80-96.

Bach, A. (2001): Die Renaissance der Ein-Eltern-Familie - Eltern-Familie? Herboldsheim.

Backmund, V. (1993): Aspekte der Paarbeziehung - eine Analyse des Paarklimas in jungen Ehen (Diss.). München.

Barabas, F.K.; Erler, M. (2002): Die Familie - ein Lehr- und Arbeitsbuch für Familiensoziologie und Familienrecht. Weinheim.

Baum, M.; Westerkamp, A. (1931): Rhythmus des Familienlebens. Bd. 5 der deutschen Akademie für sozial- und pädagogische Frauenarbeit. Berlin.

Bauman, Z. (2003): Liquid Love. Cambridge.

Baumert, G. (1954): Deutsche Familien nach dem Kriege. Darmstadt.

Beauvoir de, S. (1966): Das andere Geschlecht. Eine Deutung der Frau. Hamburg.

Beck, U. (1986): Risikogesellschaft. Auf dem Weg in eine andere Moderne. Frankfurt a.M.

Beck, U.; Beck-Gernsheim, E. (1990): Das ganz normale Chaos der Liebe. Frankfurt a.M.

Becker, G.S. (1974): A Theory of Marriage. In: v. T.W. Schulz (Hg.): Economics of the Family. London, 299-344.

Becker, G.S. (1991): A treatise on the family. Cambridge.

Becker, R.; Lauterbach, W. (2002): Familie und Armut in Deutschland. In: R. Nave-Herz (Hg.): Kontinuität und Wandel der Familie in Deutschland - Eine zeitgeschichtliche Analyse. Stuttgart, 159-182.

Beck-Gernsheim, E. (1988): Von der Pille zum Retortenbaby: Neue Handlungsmöglichkeiten, neue Handlungszwänge im Bereich des generativen Verhaltens. In: K. Lüscher u.a. (Hg.): Familiale Lebensformen und Familienpolitik - Übergang zur Postmoderne. Konstanz, 201-215.

Beer, U. (1966): Frühehe - Gefahr und Chancen. In: Unsere Jugend, 482-492.

Benard, Ch.; Schlaffer, E. (1978): Die ganz gewöhnliche Gewalt in der Ehe. Hamburg.

Bender, D. (1994): Versorgung von hilfs- und pflegebedürftigen Angehörigen. In: W. Bien (Hg.): Eigeninteresse oder Solidarität, Opladen, 223-248.

Berger, P.L.; Kellner, H. (1965): Die Ehe und die Konstruktion der Wirklichkeit. In: Soziale Welt, 220-235.

Bergmann, A; Ferid, M. (1995): Internationales Ehe- und Kindschaftsrecht (Loseblattsammlung Stand 1995). Frankfurt a.M.

Bertram, H. (1991a): Einstellung zu Kindheit und Familie. In: H. Bertram (Hg.): Familie in Westdeutschland - Stabilität und Wandel familialer Lebensformen. DJI: Familien-Survey 1. Opladen, 429-460.

Bertram, H. (1991b): Familie in Westdeutschland - Stabilität und Wandel familialer Lebensformen. DJI: Familien-Survey 1. Opladen.

Bertram, H. (1992a): Die Familie in den neuen Bundesländern - Stabilität und Wandel in der gesellschaftlichen Umbruchsituation. DJI: Familien-Survey 2. Opladen.

Bertram, H. (1992b): Familienstand - Partnerschaft - Kinder und Haushalt. DJI: Familien-Survey 2. Opladen, 41-80.

Bertram, H. (1994): Wertwandel und Werttradierung. In: W. Bien (Hg.): Eigeninteresse oder Solidarität - Beziehungen in modernen Mehrgenerationenfamilien. DJI-Familiensurvey 3. Opladen, 113-136.

Bertram, H. (2000): Die verborgenen familiären Beziehungen in Deutschland: Die multilokale Mehrgenerationenfamilie. In: M. Kohli; M. Szydlik. (Hg.): Generationen in Familie und Gesellschaft. Opladen, 92-121.

Bertram, H. (2001): Plurale Lebensformen und stabile Bindungen. Von Haushalten und Netzen. In: Zeitschrift für Familienforschung, 80-84.

Bertram, H. (2002): Die multilokale Mehrgenerationenfamilie. In: Berliner Journal für Soziologie, 517-529.

Bertram, H. (2003): Die multilokale Mehrgenerationenfamilie - Von der neolokalen Gattenfamilie zur multilokalen Mehrgenerationenfamilie. In: M. Feldhaus; N. Logemann; M. Schlegel (Hg.): Blickrichtung Familie - Vielfalt eines Forschungsgegenstandes. Würzburg, 15-32.

Bertram, H.; Nauck, B.; Klein, Th. (2000): Solidarität, Lebensformen und regionale Entwicklung. Opladen.

Bien, W. (1994): Eigeninteresse oder Solidarität - Beziehungen in modernen Mehrgenerationenfamilien. DJI-Familiensurvey 3. Opladen.

Bien, W. (1994): Leben in Mehrgenerationen-Konstellationen: Regel- oder Sonderfall? In: W. Bien (Hg.): Eigeninteresse oder Solidarität, Opladen, 3-28.

Bien, W. (1996): Familie an der Schwelle zum neuen Jahrtausend - Wandel und Entwicklung familialer Lebensformen. DJI: Familien-Survey 6. Opladen.

Bien, W.; Hartl, A.; Teubner, M. (2002): Stieffamilien in Deutschland - Eltern und Kinder zwischen Normalität und Konflikt. Opladen.

Bissels, S; Sackmann, S.; Bissels, Th. (2001): Kulturelle Vielfalt in Organisationen. In: Soziale Welt, 403-426.

Blood, R.O.; Wolfe, D.M. (1960): Husbands and Wives. New York/London.

Blossfeld, H.B.; Drobnic, S. (2001): Careers of Couples in Contemporary Society - From Male Breadwinner to Dual-Earner Families. Oxford.

Blossfeld, H.B.; Timm, A. (1997): Der Einfluss des Bildungssystems auf den Heiratsmarkt. Eine Längsschnittanalyse der Wahl von Heiratspartnern im Lebenslauf. In: Kölner Zeitschrift für Soziologie und Sozialpsychologie, 440-476.

BMFS (Bundesministerium für Familie und Senioren) (1994): 5. Familienbericht: Familien und Familienpolitik im geeinten Deutschland. Zukunft des Humanvermögens. Bonn.

BMFSFJ (Bundesministerium für Familie, Senioren, Frauen und Jugend) (1998): Wohnen im Alter - 2. Altenbericht. Berlin.

BMFSFJ (Bundesministerium für Familie, Senioren, Frauen und Jugend) (2001): Dritter Bericht zur Lage der älteren Generation in der Bundesrepublik Deutschland: Alter und Gesellschaft. Bonn.

BMFSFJ (Bundesministerium für Familie, Senioren, Frauen und Jugend) (2002): Vierter Bericht zur Lage der älteren Generation in der Bundesrepublik Deutschland: Risiken, Lebensqualität und Versorgung Hochaltriger - unter besonderer Berücksichtigung demenzieller Erkrankungen. Berlin.

BMFSFJ (Bundesministerium für Familie, Senioren, Frauen und Jugend) (2003): Die Familie im Spiegel der amtlichen Statistik. Wiesbaden.

BMJFG (Bundesministerium für Jugend, Frauen und Gesundheit) (1985): Nichteheliche Lebensgemeinschaften in der Bundesrepublik Deutschland. Schriftenreihe des Bundesministeriums für Jugend, Familie und Gesundheit, Bd. 170. Stuttgart.

Bochow, M. (1994): Reaktion homosexueller Männer auf Aids. In: Sexualverhalten in Zeiten von Aids. Berlin, 279-290.

Bock, F.S. (1780): Lehrbuch der Erziehungskunst. Leipzig.

Boh, K.; Back, N.; Clason, C. et al. (1989): Changing Patterns of European Family Life. A Comparative Analysis of 14 European Countries. London/New York.

Böhnisch, L.; Lenz, K. (1997): Familien - eine interdisziplinäre Einführung - Dresdner Studien. Weinheim.

Bois-Reymond, du M. (1995): Alte Kindheit im Übergang zu neuer Kindheit. Umgangsformen zwischen Kindern und Erwachsenen im Wandel dreier Generationen. In: I. Behnken; U. Jaumann (Hg.): Kindheit und Schule: Kinderleben im Blick von Grundschulpädagogik und Kindheitsforschung. Weinheim, 53-75.

Boli-Bennett, J.; Meyer, J.W. (1978): Ideology of Childhood and the State. In: American Sociological Review, 790-802.

Born, C.; Krüger, H. (2002): Vaterschaft und Väter im Kontext sozialen Wandels. Über die Notwendigkeit der Differenzierung zwischen strukturellen Gegebenheiten und kulturellen Wünschen. In: H. Walter (Hg.): Männer als Väter - sozialwissenschaftliche Theorie und Empirie, Reihe „Forschung psychosozial". Gießen, 117-144.

Boschan, S. (1972): Europäisches Familienrecht. 5. Aufl. München.

Bosse, R. (1835): Das Familienwesen, oder Forschungen über seine Natur, Geschichte und Rechtsverhältnisse. Stuttgart.

Braun, M.; Nowossadeck, S. (1992): Einstellungen zur Familie und zur Rolle der Frau. In: P. Mola; Ch. Bandilla (Hg.): Blickpunkt Gesellschaft. 2. Aufl. Opladen, 127-140.

Brendebach, C.; Hirsch, R.D. (1999): Gewalt gegen alte Menschen in der Familie. In: Zeitschrift für Gerontologie und Geriatrie, 449-455.

Brexel, R. (1962): Die Entwicklung des Namensgebrauchs zu einem Persönlichkeitsrecht. (Diss.) Freie Universität Berlin. Berlin.

Brockmann, H.; Klein, Th. (2002): Familienbiographie und Mortalität in Ost- und Westdeutschland. In: Zeitschrift für Gerontologie und Geriatrie, H. 5, 430-440.

Brubaker, T.H. (1990): Family Relationships in Later Life. London.

Brüderl, J.; Klein, Th. (2003): Die Pluralisierung partnerschaftlicher Lebensformen in Westdeutschland 1960-2000. In: W. Bien; J.H. Marbach (Hg.): DJI: Familien-Survey 11. Opladen, 189-218.

Brühl, W.L. (1978): Institution. In: W. Fuchs; R. Klima; R. Lautmann; O. Rammstedt; H. Wienold: Lexikon zur Soziologie, 2. Aufl. Opladen.

Brunner, O. (1966): Das „ganze Haus" und die alteuropäische „Ökonomik". In: F. Oeter (Hg.): Familie und Gesellschaft. Tübingen, 23-56.

Brunner, O.; Conze, W. (1975): Geschichtliche Grundbegriffe. Stuttgart.

Buchebner-Ferstl, F. (2002): Partnerverlust durch Tod. Österreichisches Institut für Familienforschung Nr. 28. Siegen.

Büchner, P. (2002): Kindheit und Familie. In: H.-H. Krüger; C. Grunert (Hg.): Handbuch Kindheits- und Jugendforschung. Opladen, 475-496.

Büchner, P.; Fuhs, B.; Krüger, H.-H. (1996): Vom Teddybär zum ersten Kuss. Opladen.

Bundeszentrale für politische Bildung (2000): Datenreport 1999. Bonn.

Burkart, G. (1998): Auf dem Weg zu einer Soziologie der Liebe. In: K. Hahn; G. Burkart (Hg.): Liebe am Ende des 20. Jahrhunderts. Studien zur Soziologie intimer Beziehungen. Opladen, 15-50.

Burkart, G.; Fietze, B.; Kohli, M. (1989): Liebe - Ehe - Elternschaft. Eine qualitative Untersuchung über den Bedeutungswandel von Partnerbeziehungen und seine demographischen Konsequenzen. Materialien zur Bevölkerungswissenschaft, Bd. 6. Wiesbaden.

Burkart, G.; Hahn, K. (2001): Liebe am Ende des 20. Jahrhunderts. Studien zur Soziologie intimer Beziehungen. Opladen.

Burkart, G.; Koppetsch, C. (2001): Geschlecht und Liebe. Überlegungen zu einer Soziologie des Paares. In: B. Heintz (Hg.): Geschlechtersoziologie. Kölner Zeitschrift für Soziologie und Sozialpsychologie, Sonderheft 41. Opladen, 431-453.

Busch, F.W. (1980): Familienerziehung in der sozialistischen Pädagogik der DDR. Berlin.

Busch, F.W. (1999): Plädoyer für die Beibehaltung eines Leitbildes. Familie in christlicher Verantwortung. In: F.W. Busch; B. Nauck; R. Nave-Herz (Hg.): Aktuelle Forschungsfelder der Familienwissenschaft. Würzburg, 231-259.

Busch, F.W.; Nauck, B.; Nave-Herz, R. (1999): Aktuelle Forschungsfelder der Familienwissenschaft. Würzburg.

Busch, F.W.; Scholz, W.-D. (2001): Familie - Auslaufmodell oder Zukunftsoption? Oldenburger Universitätsreden Nr. 129. Oldenburg.

Busch, F.W.; Scholz, W.-D. (2002): Wandel in den Beziehungen zwischen Familie und Schule. In: R. Nave-Herz (Hg.): Kontinuität und Wandel der Familie in Deutschland - Eine zeitgeschichtliche Analyse. Stuttgart, 253-276.

Busch, F.W.; Scholz, W.-D. (2003): Familienvorstellungen von Jugendlichen. Oldenburg.

Buskotte, A. (1992): Gewalt in der Familie. In: W. Gernert (Hg.): Über die Rechte des Kindes. Berlin, 71-78.

Calhoun, C.; Light, D.; Keller, S. (1994): Sociology, 6. Aufl. New York.

Carell, A. (1999): Gewalt gegen ältere Menschen - Ein Überblick über den derzeitigen Diskussionsstand. In: T. Brunner (Hg.): Gewalt im Alter. Grafschaft, 7-14.

Cerman, M. (1997): Mitteleuropa und die ‚europäischen Muster'. Heiratsverhalten und Familienstruktur in Mitteleuropa, 16.-19. Jahrhundert. In: J. Ehmer; T.K. Hareven; R. Wall (Hg.): Historische Familienforschung. Frankfurt a.M., 327-346.

Cherlin, A.J. (1992): Marriage, Divorce, Remarriage. Cambridge.

Cipolla, C.M.; Borchardt, K. (1971): Bevölkerungsgeschichte Europas. Mittelalter bis Neuzeit. München.

Claessens, D. (1968): Rolle und Macht. 2. Aufl., München.

Clawson, M. (1972): Das Zeitbudget moderner Gesellschaft. In: E.K. Scheuch; R. Meyersohn (Hg.): Soziologie der Freizeit. Köln, 146-147.

Condrau, G. (1969): Psychosomatik der Frauenheilkunde. Bern/Stuttgart.

Corsten, N. (1993): Das Ich und die Liebe. Opladen.

Corsten, N. (1995): Romantische Liebe und moderne Subjektivität. In: ZSE 1995, 25-137.

Coser, L.A. (1965): Theorie sozialer Konflikte. Neuwied.

Cox, F.D. (2002): Human Intimacy - Marriage, The Family and it's Meaning. 9. Aufl., New York.

Dahrendorf, R. (1959): Westermarck, E. In: W. Bernsdorf (Hg.): Internationales Soziologenlexikon. Stuttgart, 639-640.

Dahrendorf, R. (1961): Homo sociologicus. 3. Aufl. Köln/Opladen.

Daub, C.H. (1996): Intime Systeme - eine soziologische Analyse der Paarbeziehung. Frankfurt a.M.

Davie, M.R.; Reeve, R.J. (1939): Propinquity of Residence before Marriage. In: American Journal of Sociology, Bd. 44, 510-517.

Derleder, P. (2003): Eheschutz, Familienschutz, Partnerschutz, Kinderschutz. Das magische Viereck inkompatibler Ziele des Familienrechts und der Familienpolitik in Deutschland - Eine Betrachtung unter besonderer Berücksichtigung des Partnerschaftsgesetzes. In: M. Feldhaus; N. Logemann; M. Schlegel (Hg.): Blickrichtung Familie - Vielfalt eines Forschungsgegenstandes. Würzburg, 99-116.

Diepgen, P. (1963): Frau und Frauenheilkunde in der Kultur des Mittelalters. Stuttgart.

Dießenbacher, H. (1985): Witwen - vom Leben nach dem Tod des Mannes. Frankfurt a.M.

DJI (Deutsches Jugend Institut) (1994): Beziehungen in modernen Mehrgenerationenfamilien. In: Familiensurvey 3. Opladen, 197-222.

Durkheim, E. (1888): Indroduction à la Sociologie de la famille; In: Annales de la Faculté des lettres de Bourdeaux, 10, 257-281.

Dyczewski, L. (2002): An Intergenerational Family Bond in Poland. In: R. Nave-Herz (Hg.): Family Change and Intergenerational Relations in Different Cultures. Würzburg, 139-214.

Ecarius, J. (2002a): Familienerziehung im historischen Wandel - Eine qualitative Studie über Erziehung und Erziehungserfahrungen von drei Generationen. Opladen.

Ecarius, J. (2002b): Jugend und Familie. In: H.-H. Krüger; C. Grunert (Hg.): Handbuch Kindheits- und Jugendforschung. Opladen, 519-540.

Eckert, R; Hahn, A; Wolf, M. (1989): Die ersten Jahre junger Ehen. Verständigung durch Illusionen? Frankfurt a.M.

Eggen, B. (2002): Gleichgeschlechtliche Lebensgemeinschaften. Erste Ergebnisse einer Untersuchung im Rahmen des Mikrozensus. In: N.F. Schneider; H. Matthias-Bleck (Hg.): Elternschaft heute. Gesellschaftliche Rahmenbedingungen und individuelle Gestaltungsaufgaben. Zeitschrift für Familienforschung, Sonderheft 2. Opladen, 215-234.

Ehmer, J; Hareven, T.K.; Wall, R. (1997): Historische Familienforschung - Ergebnisse und Kontroversen. Frankfurt a.M.

Ehrenreich, B. (2003): The Commercialization of Intimate Life. London.

Eichler, N. (1982): Industrialisation of housework. In: E. Lupri (Hg.): The changing position of women and family and society. Leiden.

Elias, N. (1969): Über den Prozess der Zivilisation. Bern.

Elias, N. (1978): Zum Begriff des Alltags. In: Kölner Zeitschrift für Soziologie und Sozialpsychologie, 22-29.

Emnid-Jugendstudie (1975 & 1986): In: M. Meulemann (1989): Jugend im allgemein bildenden Schulsystem. In: M. Markefka; R. Nave-Herz (Hg.): Handbuch der Familien- und Jugendforschung, Bd. II: Jugendforschung. Neuwied, 421-446.

Engels, F. (1845): Die Lage der arbeitenden Klasse in England. Leipzig.

Engels, F. (1974): Der Ursprung der Familie, des Privateigentums und des Staates. Berlin (erstmalig 1884).

Engfer, A. (1991): Zeit für Kinder. Weinheim.

Engfer, A.; Schneewind, K.; Beckmann, M. (1983): Eltern und Kinder. Stuttgart.

Engstler, H. (1998): Die Familie im Spiegel der amtlichen Statistik, hg. vom BMFSFJ und dem Stat. Bundesamt. Bonn.

Erdmann, R.I. (1999): Soziale Netzwerke und institutionelle Unterstützung allein erziehender Mütter. In: F.W. Busch; B. Nauck; R. Nave-Herz (Hg.): Aktuelle Forschungsfelder der Familienwissenschaft. Familie und Gesellschaft, Bd. 1., Würzburg, 211-230.

Ermisch, J. (1988): The Costs, Aspirations and the Effect of Economic Growth on German Fertility. In: Oxford Bulletin of Economics and Statistics, 2, 125-143.

Esser, H. (2000): Soziologie - spezielle Grundlagen; Bd. 5: Institutionen. Frankfurt a.M.

Esser, H. (2001): Das „Framing" der Ehe und das Risiko zur Scheidung. In: J. Huinink; K.P. Strohmeier; M. Wagner (Hg.): Solidarität in Partnerschaft und Familie. Zum Stand familiensoziologischer Theoriebildung. Reihe: Familie und Gesellschaft. Bd. 7. Würzburg, 103-128.

Esser, H. (2002): Ehekrisen: Das (Re-)Framing der Ehe und der Anstieg der Scheidungsraten. In: Zeitschrift für Soziologie, 472-496.

Esser, H. (2003a): Soziale Einbettung und eheliche (In-)Stabilität. In: M. Feldhaus; N. Logemann; M. Schlegel (Hg.): Blickrichtung Familie - Vielfalt eines Forschungsgegenstandes. Würzburg, 117-139.

Esser, H. (2003b): Wohin, zum Teufel, mit der Soziologie? In: Forum der deutschen Gesellschaft für Soziologie. H. 2, 72-82.

Eyer, D.E. (1993): Mother-Infant Bonding: A Scientific Fiction. New Haven.

Fabe, M.; Wikler, B.N. (1979): Up Against the Clock. New York.

Feldhaus, M. (2003a): Niklas Luhmann und das Handy - Sozialsystem Familie und ubiquitäre Erreichbarkeit. In: M. Feldhaus; N. Logemann; M. Schlegel (Hg.): Blickrichtung Familie. Vielfalt eines Forschungsgegenstandes. Würzburg, 201-215.

Feldhaus, M. (2003b): Die Folgen von Mobilkommunikation für die Privatheit. Empirische Ergebnisse zur Beurteilung ubiquitärer Erreichbarkeit in der Familie. In: Zeitschrift Medien- und Kommunikationswissenschaft, 24-37.

Feldhaus, M. (2003c): „Remote control" durch das Mobiltelefon - empirische Ergebnisse zu einer neuen Qualität in der Soziologie der Erziehung. In: ZSE, 4/2003, 416-433.

Feldhaus, M. (2003d): Jugendliche im Mediennetz. In: F.W. Busch; N. Logemann (Hg.): Forschungen zur Familienwissenschaft. Oldenburg.

Feldhaus, M., Logemann, N., Schlegel, M. (Hg.) (2003): Blickrichtung Familie - Vielfalt eines Forschungsgegenstand. Würzburg.

Fend, H. (1990): Vom Kind zum Jugendlichen. Der Übergang und seine Risiken. Bern u.a.

Fend, H. (2001): Entwicklungspsychologie des Jugendalters: Ein Lehrbuch für pädagogische und psychologische Berufe. Opladen.

Flessner, M.J. (1993): Der Familienname der Ehegatten und der Kinder im amerikanischen Recht. In: Das Standesamt - Zeitschrift für Standesamtswesen, 181-190.

Foa, E.B.; Foa, O.G. (1980): Resource Theory. In: K.J. Gergen et al. (Hg.): Social Exchange. Advances in Theory and Research. New York, 77-101.

Foucault, M. (1994): Überwachen und Strafen - die Geburt des Gefängnisses. Frankfurt a.M.

Fries, M. (1986): Macht in partnerschaftlichen Beziehungen. Pfaffenweiler.

Fthenakis, W.E. (1998): Intergenerative familiale Beziehungen nach Scheidung und Wiederheirat aus der Sicht der Großeltern. In: ZSE, 152-167.

Fthenakis, W.E.; Minsel, B. (2001): Die Rolle des Vaters in der Familie. Schriftenreihe des BMFSFJ. Bd 213. Stuttgart.

Gelles, R.J. (1995): Contemporary Families - A Sociological View. London.

Gennep, A. van (1986): Übergangsriten. Frankfurt a.M. (erstmals: 1909).

Georgas, J. (1997): Die griechische Familie. In: B. Nauck; U. Schönflug (Hg.): Familien in verschiedenen Kulturen. Stuttgart, 200-216.

Gerhards, J. (1988): Soziologie der Emotionen - Fragestellungen, Systematik und Perspektiven. Weinheim.

Gerhards, J.; Hölscher, M. (2003): Kulturelle Unterschiede zwischen den Mitglieds- und Beitrittsländern der EU: Das Beispiel Familien- und Gleichberechtigungsvorstellungen. In: Zeitschrift für Soziologie, 206-225.

Geulen, D. (1977): Das vergesellschaftete Subjekt. Zur Grundlegung der Sozialisationstheorie. Frankfurt a.M.

Giddens, A. (1993): Wandel der Intimität. Sexualität, Liebe und Erotik in modernen Gesellschaften. Frankfurt a.M.

Giddens, A. (1999): Soziologie. 2. Aufl., Wien.

Glatzer, W.; Herget, H. (1994): Ehe, Familie und Haushalt. In: W. Glatzer; W. Zapf (Hg.): Lebensqualität in der Bundesrepublik - Objektive Lebensbedingungen und subjektives Wohlbefinden. Frankfurt a.M., 124-140.

Gloger-Tippelt, G. (1988): Schwangerschaft und erste Geburt - psychologische Veränderungen der Eltern. Stuttgart.

Goode, W.J. (1967): Die Struktur der Familie, 3. Aufl. Köln.

Gottman, J.M.; Levenson, R.W. (2000): Wie stabil sind Ehebeziehungen über mehrere Jahre?/Wie verändern sich Ehebeziehungen über mehrere Jahre? In: Familiendynamik. Interdisziplinäre Zeitschrift für systemorientierte Praxis und Forschung, 5-20.

Graff, E.J. (1999): What is Marriage for? Boston/Mass.

Grundmann, M. (1999): Familiale Lebensführung und die soziale Integration Heranwachsender. In: F.W. Busch; B. Nauck; R. Nave-Herz (Hg.): Aktuelle Forschungsfelder der Familienwissenschaft. Reihe: Familie und Gesellschaft, Bd. 1. Würzburg, 139-160.

Guerry, A.M. (1833): Essai sur la Statistique Morale de la France. Paris.

Gysi, J. (1989): Familienleben in der DDR - zum Alltag von Familien mit Kindern. Berlin.

Gysi, J. (1990): Die Zukunft von Familie und Ehe. Familienpolitik und Familienforschung in der DDR. In: ZSE, 1. Beiheft, 33-41.

Habermas, J. (1967): Soziologische Notizen zum Verhältnis von Arbeit und Zeit. In: H. Plessner (Hg.): Sport- und Leibeserziehung. München, 28-47.

Habermas, J. (1968): Thesen zur Theorie der Sozialisation. Stichworte und Literatur zur Vorlesung im Sommersemester 1968.

Habermas, J. (1981): Strukturwandel der Öffentlichkeit, 12. Aufl. Neuwied.

Habermehl, A. (1989): Gewalt in Familien. Hamburg.

Habich, R.; Noll, H.H.; Zapf, W. (1999): Subjektives Wohlempfinden in Ostdeutschland nähert sich westdeutschem Niveau. Ergebnisse des Wohlfahrtssurveys 1998. In: ISI Informationsdienst soziale Indikatoren. H. 22, 1-6.

Haensch, D. (1973): Zerschlagt die Kleinfamilie; In: D. Claessens; P. Milhoffer (Hg.): Familiensoziologie - ein Reader als Einführung. Frankfurt a.M., 363-374.

Hahn, A. (1968): Einstellungen zum Tod und ihre soziale Bedingtheit - eine soziologische Untersuchung. Stuttgart.

Hahn, A. (1982): Die Definition von Geschlechterrollen. In: V. Eid; L. Vasco-vics (Hg.): Wandel der Familie - Zukunft der Familie. Eltville/Rhein, 94-112.

Hahn, K.; Burkart, G. (1998): Liebe am Ende des 20. Jahrhunderts. Opladen.

Hank, K. (2002): Zur Struktur und Kontinuität regionaler Fertilitätsunterschie-de in Westdeutschland nach der Wiedervereinigung. In: Zeitschrift für Be-völkerungswissenschaft, H. 3, 313-326.

Hank, K. (2003): Eine Mehrebenenanalyse regionaler Einflüsse auf die Famili-engründung westdeutscher Frauen in den Jahren 1984-1999. In: Kölner Zeit-schrift für Soziologie und Sozialpsychologie, 79-98.

Hareven, T.K. (1997): Familie, Lebenslauf und Sozialgeschichte. In: J. Ehmer; T.K. Hareven; R. Wall (Hg.): Historische Familienforschung. Frankfurt a.M., 17-38.

Hark, S. (2002): Junge Lesben und Schwule: Zwischen Heteronormativität und posttraditionaler Vergesellschaftung. In: Diskurs 1, 50-58.

Harris, C.C. (1973): Die Familie. Eine Einführung in ihre Soziologie. Freiburg i. Br.

Hartmann, J. (2003): Ehestabilität und soziale Einbettung. Reihe: Familie und Gesellschaft, Bd. 11, Würzburg.

Hartwig, M. (2001): Junge Frauen heute: Leben zwischen Tradition und Mo-derne. In: C. Hopf; M. Hartwig (Hg.): Liebe und Abhängigkeit - Partnerbe-ziehungen junger Frauen. Weinheim, 13-64.

Häußermann, H.; Siebel, W. (2000): Soziologie des Wohnens. 2. Aufl., Wein-heim.

Häußermann, H.; Siebel, W. (2002): Wohnen und Familie. In: R. Nave-Herz (Hg.): Kontinuität und Wandel der Familie in Deutschland - Eine zeitge-schichtliche Analyse. Stuttgart, 183-206.

Hawkes, K.; O'Connell, J.F. et al. (1998): Grandmothering, menopause, and the evolution of human life historys. In: Proceedings of the National Academy of Sciences of the United States of America, Bd. 95, 1336-1339.

Heekerens, H.-P. (1988): Die zweite Ehe - Wiederheirat nach Scheidung und Verwitwung. Weinheim.

Heinz, W. (2002): Männer als Väter - sozialwissenschaftliche Theorie und Em-pirie, Reihe „Forschung psychosozial". Gießen.

Held, Ch. (1978): Soziologie der ehelichen Machtverhältnisse. Neuwied.

Herlyn, I.; Kistner, A.; Langer-Schulz, H.; Lehmann, B.; Wächter, J. (1998): Großmutterschaft im weiblichen Lebenszusammenhang - Eine Untersuchung zu familialen Generationsbeziehungen aus der Perspektive von Großmüttern. Pfaffenweiler.

Hettlage, R. (1998): Familienreport. Eine Lebensform im Umbruch. München.

Hewlett, B.S. (1997): Die Reziprozität der Ehepartner und die Vater-Kind-Beziehung bei den Aka-Pygmäen. In: B. Nauck; U. Schönpflug (Hg.): Fami-lien in verschiedenen Kulturen. Stuttgart, 105-124.

Hildebrandt, H.J. (1983): Der Evolutionismus in der Familienforschung des 19. Jahrhunderts. Mainzer ethnologische Arbeiten. Berlin.

Hill, P.B. (1999): Segmentäre Beziehungen in modernen Gesellschaften. In: F.W. Busch; B. Nauck; R. Nave-Herz (Hg.): Aktuelle Forschungsfelder der Familienwissenschaft. Reihe: Familie und Gesellschaft, Bd. 1. Würzburg, 33-52.

Hill, P.B.; Kopp, J. (2001): Strukturelle Zwänge, partnerschaftliche Anpassung oder Liebe - einige Überlegungen zur Entstehung enger affektiver Beziehungen. In: Th. Klein (Hg.): Partnerwahl und Heiratsmuster - Sozialstrukturelle Voraussetzungen der Liebe. Opladen, 11-34.

Hill, P.B.; Kopp, J. (2002): Familiensoziologie: Grundlagen und theoretische Perspektiven. Wiesbaden.

Hinschink, J. (1991): Einblick in das Freizeitbudget jüngerer Schulkinder in Ostdeutschland. In: P. Büchner; H.-H. Krüger (Hg.): Aufwachsen hüben und drüben. Opladen, 181-186.

Hirchert, A. (2003): Mütter mit behinderten Kindern im Spannungsfeld zwischen Kind und Berufstätigkeit. In: M. Feldhaus; N. Logemann; M. Schlegel (Hg.): Blickrichtung Familie - Vielfalt eines Forschungsgegenstandes. Würzburg, 165-184.

Hirschfeld, M. (2001): Die Homosexualität des Mannes und des Weibes. Neuauflage. Berlin.

Hirschman, E.C. (1987): Peoples Products: Analysis of Complex Marketing Exchange. In: Journal of Marketing, 98-108.

Hochschild, A.R. (2002): Work-Life-Balance. Keine Zeit. Wenn die Firma zum Zuhause wird und zu Hause nur Arbeit wartet. Opladen.

Hofer, M. (1992): Die Familie mit einem Kind. In: M. Hofer; E. Klein-Allermann; P. Noack (Hg.): Familienbeziehungen - Eltern und Kinder in der Entwicklung. Göttingen, 129-151.

Hoffmann, L.W. (2002): Berufstätigkeit von Müttern: Folgen für die Kinder. In: W.E. Fthenakis; M.R. Textor (Hg.): Mutterschaft, Vaterschaft. Weinheim, 71-88.

Hoffmann-Riem, C. (1989): Elternschaft ohne Verwandtschaft. Adoption, Stiefbeziehung und heterologe Insemination. In: R. Nave-Herz; M. Markefka (Hg.): Handbuch der Familien- und Jugendforschung, Bd I: Familienforschung. Neuwied, 389-412.

Höhn, C.; Mammey, U.; Wendt, H. (1990): Bericht 1990 zur demographischen Lage - Trends in beiden Teilen Deutschlands und Ausländer in der Bundesrepublik Deutschland. In: Zeitschrift für Bevölkerungswissenschaft, 135-205.

Holl, F.H. (1975): Witwen und ihre Probleme. Köln.

Hollingshead, A.B. (1950): Cultural Factors in the Selection of Marriage Mates. In: American Sociological Review, Bd. 15, 619-627.

Holstein, B. (2002): Soziale Netzwerke nach der Verwitwung. Opladen.

Holtappels, H.G.; Zimmermann, P. (1990): Wandel von Familie und Kindheit - Konsequenzen für die Grundschule. In: H.G. Rolff et al.: Jahrbuch der Schulentwicklung. Bd. 6. Weinheim, 149-184.

Holz, W. (2000): Zeitverwendung in Deutschland. Beruf, Familie, Freizeit. Wiesbaden.

Honig, M.S. (1988): Vom alltäglichen Übel zum Unrecht - über den Bedeutungswandel familialer Gewalt. In: DJI (Hg.): Wie geht's der Familie - ein Handbuch zur Situation der Familie. München, 187-202.

Honig, M.S. (1990): Gewalt in der Familie - Ursachen, Prävention und Kontrolle von Gewalt. In: H.D. Schwind; J. Baumann (Hg.): Bd. 3, Sondergutachten (Gewaltkommission) Berlin, 343-362.

Hopf, Ch.; Hartwig, M. (2001): Liebe und Abhängigkeit. Partnerschaftsbeziehungen junger Frauen. Weinheim.

Höpflinger, F. (1987): Wandel der Familienbildung in Westeuropa. Frankfurt. a.M.

Horkheimer, M. (1936): Autorität und Familie. Paris.

Hradil, S. (2003): Vom Leitbild zum „Leidbild" - Singles, ihre veränderte Wahrnehmung und der „Wandel des Wertewandels". In: Zeitschrift für Familienforschung, 38-54.

Hubbard, W.H. (1987): Familiengeschichte - Materialien zur deutschen Familie seit dem Ende des 18. Jahrhunderts. München.

Huinink, J. (1990): Familie und Geburtenentwicklung. In: Lebensläufe und sozialer Wandel. Kölner Zeitschrift für Soziologie und Sozialpsychologie. Sonderheft 31, 245-271.

Huinink, J. (1995): Warum noch Familie? Zur Attraktivität von Partnerschaft und Elternschaft in unserer Gesellschaft. Frankfurt a.M.

Huinink, J. (2002): Polarisierung der Familienentwicklung in europäischen Ländern im Vergleich. In: N.F. Schneider; H. Matthias-Bleck. (Hg.): Elternschaft heute. Gesellschaftliche Rahmenbedingungen und individuelle Gestaltungsaufgaben. Zeitschrift für Familienforschung, Sonderheft 2. Opladen, 49-74.

Huinink, J. (2003): Familie und Gesellschaft. In: M. Feldhaus; N. Logemann; M. Schlegel (Hg.): Blickrichtung Familie - Vielfalt eines Forschungsgegenstandes. Würzburg, 1-14.

Huinink, J.; Brähler, E. (2000): Die Häufigkeit gewollter und ungewollter Kinderlosigkeit. In: E. Brähler; H. Felder; B. Strauß: Fruchtbarkeitsstörungen. Jahrbuch der medizinischen Psychologie, Bd. 17. Göttingen, 43-54.

Huinink, J.; Konietzka, D. (2003): Lebensformen und Familiengründung. In: W. Bien; J.H. Marbach (Hg.): DJI: Familien-Survey 11. Opladen, 65-94.

Huinink, J.; Strohmeier, K.-P.; Wagner, M. (2001): Solidarität in Partnerschaft und Familie. Reihe: Familie und Gesellschaft. Bd. 7, Würzburg.

Hullen, G. (1995): Der Auszug aus dem Elternhaus im Vergleich von West- und Ostdeutschland. In: Zeitschrift für Bevölkerungswissenschaft, 141-158.

Hurrelmann, K.; Ulich, D. (1991): Neues Handbuch der Sozialisationsforschung, 4. Aufl. München.

Hütter, J. (1992): Die gesellschaftliche Kontrolle des homosexuellen Begehrens - Medizinische Definitionen und juristische Sanktionen im 19. Jahrhundert. Frankfurt a.M.

IES (Institut für Entwicklungsplanung und Strukturforschung) (1996): Jugendkompass. Hannover.

Imhof, A. (1981): Die gewonnenen Jahre - Von der Zunahme unserer Lebensspanne seit drei Jahrhunderten oder von der Notwendigkeit einer neuen Einstellung zu Leben und Sterben. München.

Informationsdienst des Deutschen Frauenrates (2003): Informationen für die Frau: Lesbische Frauen - mittendrin und außerhalb. Heft 3. Berlin.

Ingenhorst, H. (1998): Kinderarbeit in Deutschland - Motive, Arbeitsbedingungen und Folgen. In: Diskurs, 56-63.

ISI (1999): Informationsdienst Soziale Indikatoren, hg. v. ZUMA. Mannheim.

Jäckel, U. (1980): Partnerwahl und Eheerfolg. Stuttgart.

Joas, H. (1978): Einleitung. In: A. Heller (Hg.): Das Alltagsleben. Versuch einer Erklärung der individuellen Reproduktion. Frankfurt a.M.

Johansen, E.M. (1978): Betrogene Kinder - eine Sozialgeschichte der Kindheit. Frankfurt a.M.

Kain, E.L. (1990): The Myth of Family Decline: Understanding Families in a World of Rapid Social Change. Toronto.

Kaiser, P. (2000): Partnerschaft und Paartherapie. Göttingen.

Katz, A.M.; Hill, R. (1958): Residential propinquity and marital selection. A review of theory, method and fact. In: Marriage and Family Living, Vol. 20, 237-335.

Kaufmann, F.X. (1995): Zukunft der Familie im vereinten Deutschland. Gesellschaftliche und politische Bedingungen. München.

Keddi, B.; Pfeil, B.; Strehmel, P.; Wittmann, S. (1999): Lebensthemen junger Frauen. In: B. Keddi; P. Pfeil; P. Strehmel; S. Wittmann (Hg): Lebensthemen junger Frauen - die andere Vielfalt weiblicher Lebensentwürfe. Opladen, 87-176.

Keddi, B; Seidenspinner, G. (1991): Arbeitsteilung und Partnerschaft. In: H. Bertram (Hg.): Die Familie in Westdeutschland. Stabilität und Wandel familialer Lebensformen. DJI: Familien-Survey 1. Opladen, 159-192.

Keil, S.; Haspel, M. (2000): Gleichgeschlechtliche Lebensgemeinschaften. Neukirchen-Vluyn.

Keiser, S. (1992): Lebensbedingungen und Lebenssituationen von Kindern und Jugendlichen. In: H. Bertram (Hg.): Die Familie in den neuen Bundesländern. DJI-Familiensurvey 2. Opladen, 151-186.

Kempf, R. (1911): Das Leben der jungen Fabrikmädchen in München. Die soziale und wirtschaftliche Lage ihrer Familie, ihr Berufsleben und ihre persönlichen Verhältnisse. Schriften des Vereins für Sozialpolitik. Bd. 135. Leipzig.

Kerckhoff, A.L. (1956): Patterns of Homogamy. In: M. Anderson (Hg.): Mate Selection in Sociology of the Family. Harmondsworth, 169-185.

Kiaer, A.W. (1903): Statistische Beiträge zur Beleuchtung der ehelichen Fruchtbarkeit. Christiana.

Kindler, H. (2002): Väter und Kinder - Langzeitstudien über väterliche Fürsorge und die sozioemotionale Entwicklung von Kindern. Weinheim/München.

Kinsey, A.C. et al. (Hg) (1948): Sexual Behaviour in the Human Male. London.

Kinsey, A.C. et al. (Hg) (1954): Sexual Behaviour in the Human Female. London.

Kipp, H. (1933): Die Unehelichkeit. Beiheft zur Zeitschrift für angewandte Psychologie, 66. Hamburg.

Kisch, H. (1886): Die Sterilität des Weibes. Wien.

Klafki, W. (1975): Sinn und Unsinn des Leistungsprinzips der Erziehung. In: H. Dreitzel (Hg.): Soziologische Reflektionen über das Elend des Leistungsprinzips. 3. Aufl., München, 69-82.

Klages, H. (1984): Wertorientierungen im Wandel - Rückblick, Gegenwartsanalyse, Prognose. Frankfurt a.M.

Klapisch-Zuber, C. (1989): Die Frauen und die Familie. In: J. le Goff (Hg.): Der Mensch des Mittelalters. Frankfurt a.M./New York.

Klein, J. (1991): Inzest: kulturelles Verbot und natürliche Scheu. Opladen.

Klein, R. (1991): Modelle der Partnerwahl. In: M. Amelang; H.J. Ahrens; H.B. Bierhoff (Hg.): Partnerwahl und Partnerschaft - Formen und Grundlagen partnerschaftlicher Beziehungen. Göttingen, 31-69.

Klein, Th. (1996): Der Altersunterschied zwischen Ehepartnern - ein neues Analysemodell. In: Zeitschrift für Soziologie, 346-370.

Klein, Th. (1997): Intergenerationale und intragenerationale Heiratsmobilität von Frauen. In: R. Becker (Hg.): Generationen und sozialer Wandel - Generationsdynamik, Generationsbeziehungen und Differenzierung von Generationen. Opladen, 41-64.

Klein, Th. (1999a): Der Einfluss vorehelichen Zusammenlebens auf die spätere Ehestabilität. In: Th. Klein; W. Lauterbach: Nichteheliche Lebensgemeinschaften - Analysen zum Wandel partnerschaftlicher Lebensformen. Opladen, 309-324.

Klein, Th. (1999b): Partnerwahl in Ehen und Nichtehelichen Lebensgemeinschaften. In: Th. Klein; W. Lauterbach: Nichteheliche Lebensgemeinschaften - Analysen zum Wandel partnerschaftlicher Lebensformen. Opladen, 207-234.

Klein, Th. (1999c): Partnerschaft im Wandel? In: F.W. Busch; B. Nauck; R. Nave-Herz (Hg.): Aktuelle Forschungsfelder der Familienwissenschaft. Reihe: Familie und Gesellschaft, Bd. 1. Würzburg, 103-118.

Klein, Th. (2000): Partnerwahl zwischen sozialstrukturellen Vorgaben und individuelle Entscheidungsautonomie. In: ZSE, 229-243.

Klein, Th.; Kopp, J. (1999): Scheidungsursachen aus soziologischer Sicht. Reihe: Familie und Gesellschaft Bd. 2. Würzburg.

Klein, Th.; Lauterbach, W. (1999): Nichteheliche Lebensgemeinschaften - Analysen zum Wandel partnerschaftlicher Lebensformen. Opladen.

Klein, Th.; Lengerer, A. (2001): Gelegenheit macht Liebe - die Wege des Kennenlernens und der Einfluss auf die Muster der Partnerwahl. In: Th. Klein (Hg.): Partnerwahl und Heiratsmuster - Sozialstrukturelle Voraussetzungen der Liebe. Opladen, 265-286.

Klein, Th.; Wunder, E. (1996): Regionale Disparitäten und Konfessionswechsel als Ursache konfessioneller Homogamie. In: Kölner Zeitschrift für Soziologie und Sozialpsychologie, H. 1, 96-125.

Klein-Allermann, E. (1994): Vom Leben jenseits der Normalbiographie: Der Beitrag neuerer Adoptionsstudien zur Familienforschung. In: L.A. Vaskovics (Hg.): Soziologie familialer Lebenswelten, Sonderheft 3 der Soziologischen Revue, 74-80.

Kluge, N. (2002): Verfrühung der Sexualreife und die Vorverlagerung des jugendlichen Sexualverhaltens. In: Kind, Jugend und Gesellschaft, 17-27.

Kohli, M. (1997): Beziehungen und Transfers zwischen den Generationen: vom Staat zurück zur Familie? In: L.A. Vaskovics (Hg.): Familienleitbilder und Familienrealitäten. Opladen, 278-289.

Kohli, M.; Künemund H. (2000): Die zweite Lebenshälfte - Gesellschaftliche Lage und Partizipation im Spiegel des Alters-Survey. Opladen.

Kohli, M.; Künemund, H.; Motel, A.; Szydlik, M. (2000): Generationenbeziehungen. In: M. Kohli; H. Künemund (Hg.): Die zweite Lebenshälfte. Opladen, 176-211.

Kohli, M.; Szydlik, M. (2000): Generationen in Familie und Gesellschaft. Opladen.

Koller, M.R. (1948): Residential and Occupational Propinquity. In: American Sociological Review, Vol. 13, 613-618.

König, R. (1974): Die Familie der Gegenwart. München.

König, R. (1985): Einführung - Hochzeit als Ausgangspunkt der Darstellung der Rolle der Frau im interkulturellen Vergleich. In: G. Völger; K. von Welck (Hg.): Die Braut - geliebt, verkauft, getauscht, geraubt. Zur Rolle der Frau im Kulturvergleich. Köln, 26-37.

König, R. (1987): Soziologie in Deutschland. München/Wien.

König, R. (2002): Schriften - Ausgabe letzter Hand. Bd. 14: Familiensoziologie, hg. von R. Nave-Herz. Opladen.

Koppetsch, C. (1998): Liebe und Partnerschaft: Gerechtigkeit in modernen Paarbeziehungen. In: K. Hahn; G. Burkart (Hg.): Liebe - Studien zur Soziologie intimer Beziehungen. Opladen, 111-130.

Korczak, D. (1979): Neue Formen des Zusammenlebens: Erfolg und Schwierigkeiten des Experiments „Wohngemeinschaft". Frankfurt a.M.

Kornhaber, A.; Woodward, K.L. (1985): Grandparents, Grandchildren: The Vital Connection. New Brunswick.

Kraft, Ch.; Witte, E. (1992): Vorstellungen von Liebe und Partnerschaft - Strukturmodelle und ausgewählte empirische Ergebnisse. In: Zeitschrift für Sozialpsychologie, 257-267.

Kramer, D. (1975): Freizeit und Reproduktion der Arbeitskraft. Köln.

Krause, C. (1991): Familiale Sozialisation von Jungen und Mädchen in Ostdeutschland. In: P. Büchner; H.-H. Krüger (Hg.): Aufwachsen hüben und drüben. Opladen, 89-96.

Kraushaar, E. (1997): Hundert Jahre schwul - eine Revue. Berlin.

Krüger, D. (1984): Trends und Tendenzen in der häuslichen Arbeitsverwendung unter rollentheoretischer Perspektive. In: Nave-Herz et al: Familiäre Veränderungen seit 1950 - Eine empirische Studie - Abschlussbericht. Oldenburg, 176-254.

Krüger, D. (1990): Alleinleben in einer paarorientierten Gesellschaft. Pfaffenweiler.

Krüger, H.-H.; Grunert, C. (2002): Handbuch der Kindheits- und Jugendforschung. Opladen.

Krüsselberg, H.G. (1997): Ethik, Vermögen und Familie - Quellen des Wohlstands in einer menschenwürdigen Ordnung. Stuttgart.

Krüsselberg, H.G.; Reichmann, H. (2002): Zukunftsperspektive Familie und Wirtschaft - Vom Wert von Familie für Wirtschaft, Staat und Gesellschaft. Grafschaft.

Kudera, W. (2002): Neue Väter, neue Mütter - neue Arrangements der Lebensführung. In: H. Walter (Hg.): Männer als Väter - sozialwissenschaftliche Theorie und Empirie, Reihe „Forschung psychosozial". Gießen, 145-186.

Kühn, H. (1929): Psychologische Untersuchungen über das Stiefmutterproblem; Beihefte zur Zeitschrift für angewandte Psychologie. Hamburg.

Kuhnt, M.; Speil, W. (1986): Zeit von Kindern - Zeit für Kinder. Ein empirischer Beitrag zur Dokumentation des Betreuungsaufwandes und der Erziehungsleistung für kleine Kinder. Hannover.

Kümmerling, A.; Hassebrauck, M. (2001): Schöner Mann und reiche Frau? Die Gesetze der Partnerwahl unter Berücksichtigung gesellschaftlichen Wandels. In: Zeitschrift für Sozialpsychologie. H. 2, 81-94.

Künemund, H.; Motel, A. (2000): Verbreitung, Motivation und Entwicklungsperspektiven privater intergenerationeller Hilfeleistungen und Transfers. In: M. Kohli; M. Szydlik (Hg.): Generationen in Familie und Gesellschaft. Opladen, 122-137.

Künzler, J. (1993): Familiale Arbeitsteilung - die Beteiligung von Männern an der Hausarbeit. Würzburg. (Diss.).

Künzler, J.; Walter, W. (2001). Arbeitstellung und Partnerschaft - theoretische Ansätze und empirische Befunde. In: J. Huinink; K.P. Strohmeier; M. Wagner (Hg.): Solidarität in Partnerschaft und Familie. Reihe: Familie und Gesellschaft, Band 7. Würzburg, 185-218.

Künzler, J.; Walter, W. (2002): Parentales Engagement. Mütter und Väter im Vergleich. In: F. Schneider; H. Matthias-Bleck (Hg.): Elternschaft, Opladen, 95-120.

Laing, R.D.; Esterson, A. (1975): Wahnsinn und Familie. Köln.

Landwerlin, G. (2002): Interchanges among Generations in Spain. In: R. Nave-Herz: Family Change and Intergenerational Relations in Different Cultures. Würzburg, 85-138.

Laslett, P. (1997): Die europäische Familie der Gegenwart: Einzigartig in der Geschichte? In: J. Ehmer; T.K. Hareven; R. Wall: Historische Familienforschung. Frankfurt a.M., 39-56.

Lauterbach, W. (1994): Lebenserwartung, Lebensverläufe und Generationenfolge. In: Arbeitspapier 10 der Universität Konstanz, Forschungsschwerpunkt „Gesellschaft und Familie". Konstanz.

Lauterbach, W. (1995): Die gemeinsame Lebenszeit von Familiengenerationen. In: Zeitschrift für Soziologie, 23-43.

Lauterbach, W. (1998a): Die Multilokalität später Familienphasen - Zur räumlichen Nähe und Ferne der Generationen. In: Zeitschrift für Soziologie, 113-132.

Lauterbach, W. (1998b): Familiensystem und Vermögensübertragung - Zur Bedeutung einer Erbschaft für Erben und Erblasser. In: M. Wagner; Y. Schütze: Verwandtschaft. Stuttgart, 237-262.

Lauterbach, W. (1999a): Die Dauer Nichtehelicher Lebensgemeinschaften. Alternative oder Vorphase zur Ehe? In: Th. Klein; W. Lauterbach (Hg.): Nichteheliche Lebensgemeinschaften. Analysen zum Wandel partnerschaftlicher Lebensformen. Opladen, 269-308.

Lauterbach, W. (1999b): Demographische Alterung und die Morphologie von Familien, Habilitationsschrift/Universität Konstanz.

Lauterbach, W. (2000): Kinder in ihren Familien. Lebensformen und Generationsgefüge im Wandel. In: A. Lange; W. Lauterbach (Hg.): Kinder in Familie und Gesellschaft zu Beginn des 21sten Jahrhunderts. Stuttgart, 155-186.

Lauterbach, W.; Lüscher, K. (1996): Erben und die Verbundenheit der Lebensverläufe von Familienmitgliedern. KZfSS 48, 66-95.

Lauterbach, W.; Lüscher, K. (1999): Wer sind die Spätauszieher? Oder: Herkunftsfamilie, Wohnumfeld und die Gründung eines eigenen Haushaltes - Eine empirische Untersuchung über das Alter bei der Haushaltsgründung. In: Zeitschrift für Bevölkerungswissenschaft, 425-444.

Lawson, A.; Samson, C. (1988): Age, Gender and Adultery. In: British Journal of Sociology, 409-440.

Lehr, U. (1974) Die Rolle der Mutter in der Sozialisation des Kindes. Darmstadt.

Lenz, K. (1998): Romantische Liebe - Ende eines Beziehungsideals? In: C. Hahn; G. Burkart (Hg.): Liebe am Endes des 20. Jahrhunderts. Opladen, 65-86.

Lenz, K. (2003): Soziologie der Zweierbeziehung - Eine Einführung. Wiesbaden.

Lettke, F.; Lüscher, K. (2002): Generationenambivalenz - Ein Beitrag zum Verständnis von Familie heute. In: Soziale Welt, 437-466.

Limbach, J. (1988): Die Entwicklung des Familienrechts seit 1949. In: R. Nave-Herz (Hg.): Wandel und Kontinuität der Familie in der Bundesrepublik Deutschland. Stuttgart, 11-35.

Limbach, J.; Willutzki, S. (2002): Die Entwicklung des Familienrechts seit 1949. In: R. Nave-Herz (Hg.): Kontinuität und Wandel der Familie in Deutschland - Eine zeitgeschichtliche Analyse. Stuttgart, 7-44.

Loeber, H.-D.; Scholz, W.-D. (2003): Von der deutschen Bildungskatastrophe zum PISA-Schock - zur Kontinuität sozialer Benachteiligung durch das deutsche Schulsystem. Baltmannsweiler, 241-286.

Logemann, N. (2001): Konfessionsverschiedene Ehen. Reihe: Familie und Gesellschaft, Bd. 6, Würzburg.

Logemann, N. (2002): Die Ehe - eine Lebensentscheidung? Anmerkungen aus soziologischer Perspektive. In: INTAMS review, Nr. 8, 193-208.

Logemann, N. (2003a): Überlegungen zur theoretischen Einbettung des Mediums Internet in den familialen Kontext. In: M. Feldhaus; N. Logemann; M. Schlegel (Hg.): Blickrichtung Familie - Vielfalt eines Forschungsgegenstandes. Würzburg, 185-199.

Logemann, N. (2003b): Wissenskluft trotz Wissensmedium - Zum familialen Umgang mit dem Internet und der Frage nach der Medienkompetenz der Familienmitglieder. In: ZSE, 181-199.

Logemann, N.; Feldhaus, M. (2002): Die Bedeutung von Internet und Mobiltelefon im familialen Alltag - der Wandel der medialen Umwelt von Familie. In: R. Nave-Herz (Hg.): Kontinuität und Wandel der Familie in Deutschland - Eine zeitgeschichtliche Analyse. Stuttgart, 207-226.

Lösel, F.; Bender, D. (2003): Theorien und Modelle der Paarbeziehung. In: I. Grau; H.W. Bierhoff (Hg.): Sozialpsychologie der Partnerschaft. Berlin, 43-76.

Loux, F. (1980): Das Kind und sein Körper in der Volksmedizin, hg. von K. Lüscher. Stuttgart.

Luhmann, N. (1975): Macht. Stuttgart.

Luhmann, N. (1977): Funktion der Religion. Frankfurt a.M.

Luhmann, N. (1982): Liebe als Passion - Zur Codierung von Intimität. Frankfurt a.M.

Luhmann, N. (2002): Einführung in die Systemtheorie, hg. von D. Baecker. 1. Aufl. Heidelberg.

Lupri, E. (1983): The Changing Position of Women in Family and Society. Leiden.

Lüschen, G. (1988): Familial-verwandtschaftliche Netzwerke. In: R. Nave-Herz (Hg.): Wandel und Kontinuität der Familie in der Bundesrepublik Deutschland. Stuttgart, 145-172.

Lüscher, K. (2002): Intergenerational Ambivalence. Further Stepps in Theory and Research. In: Journal of Marriage and Family, 585-593.

Lüscher, K.; Stein, A. (1985): Die Lebenssituationen junger Familien - Die Sichtweise der Eltern. Konstanz.

Luszyk, D. (2001): Geschlechtsunterschiede in Partnerwahlpräferenzen. In: Zeitschrift für Sozialpsychologie. H. 2, 95-106.

Luy, M. (2002): Die geschlechtsspezifischen Sterblichkeitsunterschiede - Zeit für eine Zwischenbilanz. In: Zeitschrift für Gerontologie und Geriatrie, H. 5, 413-429.

Luy, M. (2002): Warum Frauen länger leben - Erkenntnisse aus einem Vergleich von Kloster- und Allgemeinbevölkerung. In: Materialien zur Bevölkerungswissenschaft, H. 106.

Mackenroth, G. (1953): Bevölkerungslehre - Theorie, Soziologie und Statistik der Bevölkerung. Berlin.

Maisch, H. (1968): Inzest. Hamburg.

Marbach, J.H. (2003): Familiale Lebensformen im Wandel. In: W. Bien; H. Maurer (Hg.): Partnerschaft und Familiengründung. DJI-Familiensurvey 11. Opladen, 141-188.

Marbach, J.H. (1997): Sozialer Tausch unter drei familiär verbundenen Generationen. In: J. Mansel; G. Rosenthal; A. Toelke: Generationen - Beziehungen, Austausch und Tradierung. Opladen, 85-96.

Marbach, J.H. (1998): Nichteheliche Kinder im Verwandtennetz - Beziehung von Kindern in nichtehelichen Gemeinschaften zu Eltern und Großeltern in alten und neuen Bundesländern. In: W. Bien; N.F. Schneider (Hg.): DJI: Familien-Survey 7. Kind ja, Ehe nein? Status und Wandel der Lebensverhältnisse von nichtehelichen Kindern und von Kindern in Nichtehelichen Lebensgemeinschaften. Opladen, 175-206.

Marx, M.L. (1996): Großeltern als Ersatzeltern ihrer Enkelkinder - Ein vernachlässigtes Problem der Sozialpolitik. Frankfurt a. Main.

Masako Ejima (1999): Japanische Väter. In: B. Drinck (Hg.): Vaterbilder. Bonn, 161-174.

Matsche, R. (2001): Die Bedeutung von Eltern und Peers für Selbst-Bildungsprozesse von Kindern. In: Diskurs, 38-41.

Matthias-Bleck, H. (1997): Warum noch Ehe? Erklärungsversuche der kindorientierten Eheschließung (Diss.). Bielefeld.

Matthias-Bleck, H. (2000): Die Wahl des Ehenamens. Freiheit oder Unsicherheit? Folgen des Deinstitutionalisierungsprozesses von Ehe und Familie. In: R. von Bardeleben (Hg.): Frauen in Kultur und Gesellschaft. Ausgewählte Beiträge der 2. Fachtagung Frauen-/Gender-Forschung in Rheinland-Pfalz. Tübingen, 397-405.

Matzner, M. (2002): Allein erziehende Väter. Männer tragen nach einer Scheidung/Trennung oder dem Tod der Mutter die Hauptsorge für ihre Kinder. In: W. Heinz (Hg.): Männer als Väter - sozialwissenschaftliche Theorie und Empirie, Reihe „Forschung psychosozial". Gießen, 187-218.

Mayer, K.U.; Allmendiger, J.; Huinink, J. (1991): Vom Regen in die Traufe. Frauen zwischen Beruf und Familie. Frankfurt a.M./New York.

Mayer, K.U.; Baltes, P.B. (1996): Die Berliner Altersstudie. Berlin.

241

Mayer, K.U.; Wagner, M. (1996): Lebenslagen und soziale Ungleichheit im hohen Alter. In: K.U. Mayer; P.B. Baltes (Hg.): Die Berliner Altersstudie. Berlin, 221-275.

Mayr, G. von (1897): Handbuch des öffentlichen Rechts, Bevölkerungsstatistik. Freiburg.

Mead, M. (1974): Jugend und Sexualität in primitiven Gesellschaften. Bd. 3: Geschlecht und Temperament in drei primitiven Gesellschaften. München.

Meil Landwerlin, G. (2002): Interchanges among Generations in Spain. In: R. Nave-Herz (Hg.): Family Change and Intergenerational Relations in Different Cultures. Würzburg, 85-138.

Mende, K. (1912): Münchener jugendliche Ladnerinnen zuhaus und im Beruf. Münchener volkswirtschaftliche Studien. Berlin.

Métral, M.O. (1981): Die Ehe. Frankfurt.

Metz-Göckel, S. (1988): Neue Väterlichkeit? In: ZSE, H.8, 224-280.

Metz-Göckel, S. (1988): Väter und Väterlichkeit. Zur alltäglichen Beteiligung der Väter an der Erziehungsarbeit. In: ZSE, H. 8, 264-280.

Meyer, Th. (1992a): Der Monopolverlust der Familie. Vom Teilsystem Familie zum Teilsystem privater Lebensformen. Kölner Zeitschrift für Soziologie und Sozialpsychologie, 23-40.

Meyer, Th. (1992b): Modernisierung der Privatheit - Differenzierungs- und Individualisierungsprozesse des familialen Zusammenlebens. Opladen.

Mitterauer, M. (1977): Der Mythos von der vorindustriellen Großfamilie. In: M. Mitterauer; R. Sieder (Hg.): Vom Patriarchat zur Partnerschaft - zum Strukturwandel der Familie. München, 38-65.

Mitterauer, M. (1986): Sozialgeschichte der Jugend. Frankfurt a.M.

Mitterauer, M. (1989): Entwicklungstrends der Familie in der europäischen Neuzeit. In: R. Nave-Herz; M. Markefka (Hg.): Handbuch der Familien- und Jugendforschung. Band I: Familienforschung. Neuwied, 179-194.

Mitterauer, M. (1991): Die Entwicklung zum modernen Familienzyklus. In: M. Mitterauer; R. Sieder (Hg.): Vom Patriarchat zur Partnerschaft - zum Strukturwandel der Familie, 4. Aufl. München, 72-99.

Mitterauer, M.; Sieder, R. (1977): Vom Patriarchat zur Partnerschaft - Zum Strukturwandel der Ehe. München.

Möhle, S. (1999): Nichteheliche Lebensgemeinschaft in historischer Perspektive. In: Th. Klein; W. Lauterbach (Hg.): Nichteheliche Lebensgemeinschaft - Analysen zum Wandel partnerschaftlicher Lebensformen. Opladen, 183-206.

Motel, A.; Szydlik, M. (1999): Private Transfers zwischen den Generationen. In: Zeitschrift für Soziologie, 3-22.

Motel, A.; Wagner, M. (1993): Armut im Alter? Ergebnisse der Berliner Altersstudie zur Einkommenslage alter und sehr alter Menschen. In: Zeitschrift für Soziologie, S. 439-448.

Mühlfeld, C. (1976): Familiensoziologie - eine systematische Einführung. Hamburg.

Müller, H.P. (1996): Störenfried mit mittlerer Reichweite. In: J. Fritz-Vannahme (Hg.): Wozu heute noch Soziologie?. Opladen, 37-43.

Müller, R. (2000): Single, Nichteheliche Lebensgemeinschaft oder Ehe? In: ZSE, 3. Beiheft, 188-204.

242

Münch, E.M. von (1988): Ehe und eheähnliches Zusammenleben - Ein geschichtlicher Rückblick. In: J. Limbach; E. Schwenzer (Hg.): Familie ohne Ehe. Schriften des deutschen Juristinnenbundes, Bd. 3. München, 1-10.

Münning, M. (1992): Die Rechte der Kinder in der Rechtsordnung Deutschlands. In: W. Gernert (Hg.): Über die Rechte des Kindes. Stuttgart, 233-246.

Murdock, G.T. (1949): Social structure. New York.

Murstein, B.I. (1986): Paths to Marriage. Beverly Hills.

Nahrstedt, W. (1972): Die Entstehung der Freizeit. Göttingen.

Napp-Peters, A. (1985): Ein-Elternteil-Familie - Soziale Randgruppe oder neues familiales Selbstverständnis?. Weinheim.

Nauck, B. (1989a): Familiales Freizeitverhalten. In: R. Nave-Herz; M. Markefka (Hg.): Handbuch der Familien- und Jugendforschung. Bd. I: Familienforschung. Neuwied, 325-344.

Nauck, B. (1989b): Individualistische Erklärungsansätze in der Familienforschung: die rational-choice-Basis von Familienökonomie, Ressourcen- und Austauschtheorie. In: R. Nave-Herz; M. Markefka (Hg.): Handbuch der Familien- und Jugendforschung. Bd. I: Familienforschung. Neuwied, 45-62.

Nauck, B. (1991): Familien- und Betreuungssituationen im Lebenslauf von Kindern. In: H. Bertram (Hg.): DJI-Familiensurvey 1. Die Familie in Westdeutschland. Opladen, 389-428.

Nauck, B. (1993): Sozialstrukturelle Differenzierung der Lebensbedingungen von Kindern in West- und Ostdeutschland. In: M. Markefka; B. Nauck (Hg.): Handbuch der Kindheitsforschung. Neuwied, 143-164.

Nauck, B. (1997): Sozialer Wandel, Migration und Familienbildung bei türkischen Frauen. In: B. Nauck; U. Schönpflug (Hg.): Familie in verschiedenen Kulturen. Stuttgart, 162-199.

Nauck, B. (2001a): Generationenbeziehungen und Heiratsregimes - theoretische Überlegungen zur Struktur von Heiratsmärkten und Partnerwahlprozessen am Beispiel der Türkei und Deutschlands. In: Th. Klein (Hg.): Partnerwahl und Heiratsmuster - Sozialstrukturelle Voraussetzungen der Liebe. Opladen, 35-55.

Nauck, B. (2001b): Der Wert von Kindern für ihre Eltern. „Value of Children" als spezielle Handlungstheorie des generativen Verhaltens und von Generationenbeziehungen im interkulturellen Vergleich. In: Kölner Zeitschrift für Soziologie und Sozialpsychologie, 407-435.

Nauck, B. (2002a): Dreißig Jahre Migrantenfamilien in der Bundesrepublik. Familiärer Wandel zwischen Situationsanpassung, Akkulturation, Segregation und Remigration. In: R. Nave-Herz (Hg.): Kontinuität und Wandel der Familie in Deutschland - Eine zeitgeschichtliche Analyse. Stuttgart, 315-340.

Nauck, B. (2002b): Families in Turkey. In: R. Nave-Herz (Hg.): Family Change and Intergenerational Relations in Different Cultures. Würzburg, 11-48.

Nauck, B.; Kohlmann, A. (1999): Values of Children. Ein Forschungsprogramm zur Erklärung von generativen Verhalten und intergenerativen Beziehungen. In: F.W. Busch; B. Nauck; R. Nave-Herz (Hg.): Aktuelle Forschungsfelder der Familienwissenschaft. Reihe: Familie und Gesellschaft. Bd. 1, Würzburg, 53-74.

Nauck, B.; Suckow, J. (2003): Generationenbeziehungen im Kulturvergleich - Beziehungen zwischen Müttern und Großmüttern in Japan, Korea, China,

Indonesien, Israel, Deutschland und der Türkei. In: M. Feldhaus; N. Logemann; M. Schlegel (Hg.): Blickrichtung Familie - Vielfalt eines Forschungsgegenstandes. Würzburg, 51-66.

Nauck, B; Onnen-Isemann, C. (1995): Familie im Brennpunkt von Wissenschaft und Forschung. Neuwied.

Nave-Herz, R. (1976): Beruf - Freizeit - Weiterbildung. Darmstadt.

Nave-Herz, R. (1984): Familiale Veränderungen in der Bundesrepublik seit
1950. ZSE, H.1, 45-63.

Nave-Herz, R. (1985): Die Bedeutung des Vaters für den Sozialisationsprozess
seiner Kinder - eine Literaturexpertise. In: Traditionalismus, Verunsiche-
rung, Veränderung - Männerrolle im Wandel? IFG-Materialien zur Frauenforschung. Bielefeld, 45-76.

Nave-Herz, R. (1988a): Kinderlose Ehen - Eine empirische Studie über die Lebenssituation kinderloser Ehepaare und ihre Gründe für ihre Kinderlosigkeit.
Weinheim.

Nave-Herz, R. (1988b): Wandel und Kontinuität der Familie in der Bundesrepublik Deutschland. Stuttgart.

Nave-Herz, R. (1989): Tensions between paid working hours and family life.
In: K. Boh; M. Bak; C. Clason; M. Pankratova; J. Qvortrup, G.B. Sgritta; K.
Waerness (Hg.): Changing Patterns Of European Family Life. London, 159-
172.

Nave-Herz, R. (1992): Frauen zwischen Tradition und Moderne. Bielefeld.

Nave-Herz, R. (1996a): Allein erziehende Mütter - Neuere Forschungsergebnisse. In: A. Kaiser (Hg.): FrauenStärken - ändern Schule. Bielefeld, 91-100.

Nave-Herz, R. (1996b): Die Beziehung des Kindes zum nicht-
sorgeberechtigten Vater. In: F.W. Busch; R. Nave-Herz (Hg.) Ehe und Familie in Krisensituationen. Schriftenreihe der CvO-Universität Oldenburg. Oldenburg, 99-115.

Nave-Herz, R. (1997a): Die Geschichte der Frauenbewegung in Deutschland, 5.
Aufl. Hannover.

Nave-Herz, R. (1997b): Die Hochzeit. Ihre heutige Sinnzuschreibung seitens
der Eheschließenden: eine empirisch-soziologische Studie. Würzburg.

Nave-Herz, R. (1997c): Familie - Jugend - Alter. In: H. Korte; B. Schäfers
(Hg.): Einführung in Praxisfelder der Soziologie, 2. Aufl. Opladen, 9-28.

Nave-Herz, R. (1997d): Pluralisierung familialer Lebensformen - Ein Konstrukt
der Wissenschaft? In: L.A. Vaskovics: Familienleitbilder und Familienrealität. Opladen, 36-49.

Nave-Herz, R. (1998): Die These über den „Zerfall der Familie". In: J. Fried-
richs; R.M. Lepsius; K.U. Mayer (Hg.): Die Diagnosefähigkeit der Soziologie, Sonderheft der Kölner Zeitschrift für Soziologie und Sozialpsychologie,
38. Köln, 286-315.

Nave-Herz, R. (1999a): Die Nichteheliche Lebensgemeinschaft als Beispiel gesellschaftlicher Differenzierung. In: Th. Klein; W. Lauterbach: Nichteheliche Lebensgemeinschaften - Analyse zum Wandel partnerschaftlicher Lebensformen. Opladen, 37-62.

Nave-Herz, R. (1999b): Auswirkungen des neuen Namensrechts. In: W. Glatzer; I. Ostner (Hg.): Deutschland im Wandel - Sozialstrukturelle Analysen.
Opladen, 265-274.

Nave-Herz, R. (2001): Gibt es die postmoderne Familie?. In: B. Hoeltje; B. Jansen-Schulz; K. Liebsch (Hg.): Stationen des Wandels: Rückblicke und Fragestellungen zu dreißig Jahren Bildungs- und Geschlechterforschung. Hamburg, 169-180.

Nave-Herz, R. (2002a): Family Change and Intergenerational Relations in Different Cultures. Reihe Familie und Gesellschaft. Bd. 9. Würzburg.

Nave-Herz, R. (2002b): Family Change and Intergenerational Relationships in Germany. In: R. Nave-Herz (Hg.): Family Change and Intergenerational Relations in Different Cultures. Würzburg, 218-248.

Nave-Herz, R. (2002c): Familie heute. Wandel der Familienstrukturen und Folgen für die Erziehung. 2., überarbeite u. ergänzte Aufl., Darmstadt.

Nave-Herz, R. (2003): Familie zwischen Tradition und Moderne - Ausgewählte Beiträge zur Familiensoziologie. Bibliotheks- und Informationssystem der Universität Oldenburg. Oldenburg.

Nave-Herz, R.; Daum-Jaballah, M.; Hauser, F.; Matthias, H.; Scheller, G. (1990): Scheidungsursachen im Wandel. Eine zeitgeschichtliche Analyse des Anstiegs der Ehescheidungen in der Bundesrepublik Deutschland. Bielefeld.

Nave-Herz, R.; Krüger, D. (1992): Ein-Eltern-Familie. Eine empirische Studie zur Lebenssituation und Lebensplanung allein erziehender Mütter und Väter. Bielefeld.

Nave-Herz, R.; Markefka, M. (1989): Handbuch der Familien- und Jugendforschung. Bd. 1 Familienforschung. Neuwied.

Nave-Herz, R.; Matthias-Bleck, H.; Sander, D. (1996): Zeitgeschichtliche Veränderungen im Phasenablaufsprozess bis zur Eheschließung. Die heutige Bedeutung der Verlobung. In: H.P. Buber; L.F. Schneider (Hg.): Familie. Opladen, 232-244.

Nave-Herz, R.; Nauck, B. (1978): Familie und Freizeit - eine empirische Studie. München.

Neidhardt, F. (1975): Die Familie in Deutschland. In: Beiträge zur Sozialkunde: Reihe B: Struktur und Wandel der Gesellschaft, H. 4, 4. Aufl. Opladen.

Neidhardt, F. (1980): Kann Wissenschaft Politik beraten? Überlegungen anlässlich der Familienberichtserstattung der Bundesregierung. In: J. Matthes (Hg.): Lebenswelt und soziale Probleme. Verhandlungen des 20. Deutschen Soziologentages zu Bremen 1980. Frankfurt a.M., 401-403.

Neumann, K. (1993): Zum Wandel der Kindheit vom Anfang des Mittelalters bis an die Schwelle des 20. Jahrhunderts. In: M. Markefka, B. Nauck: Handbuch der Kindheitsforschung. Neuwied, 191-206.

Newcomb, Th. (1950): Social Sociology. The Study of Human Interaction. London.

Noack, B. (2000): „Gleich zu gleich gesellt sich gern?" - Eine empirische Überprüfung der Homogamieregel am Beispiel von Hoferben im Weser-Ems-Gebiet. In: ZSE, 244-259.

Noack, B. (2001): Zeitgeschichtlicher Wandel und aktuelle Probleme der Ehepartnerinnen-Wahl bei Hoferben. Reihe Familie und Gesellschaft, Bd. 5. Würzburg.

Noelle-Neumann, E.; Köcher, R. (2002): Allensbacher Jahrbuch der Demoskopie 1998-2002, Bd. 11, München.

Nunner-Winkler, G. (1987): Identitätskrise ohne Lösung: Wiederholungskrisen, Dauerkrisen. In: H.P. Frey; K. Haußer: Identität. Stuttgart, 165-178.

Nye, F.I. (1979): Choice, Exchange, and the Family. In: W.R. Burr, R. Hill, F.I. Nye, I.L. Reiss (Hg.) Contemporary Theories About The Family. Vol. 2. New York, 1-41.

Oesterdiekhoff, G.W. (2002): Die vorindustrielle europäische Familie im Kulturvergleich. In: J. Dorbritz; J. Otto: Familienpolitik und Familienstrukturen. BiB Wiesbaden, 177-183.

Ogburn, W.F. (1957): Cultural Lag as Theory. In: Sociology and Social Research, 167-174.

Onnen-Isemann, C. (1995): Ungewollte Kinderlosigkeit und moderne Reproduktionsmedizin. In: B. Nauck; C. Onnen-Isemann (Hg.): Familie im Blickpunkt von Wissenschaft und Forschung. Neuwied, 473-488.

Onnen-Isemann, C. (2000): Wenn der Familienbildungsprozess stockt. Eine empirische Studie über Stress- und Coping-Strategien reproduktionsmedizinisch behandelter Partner. Heidelberg.

Onnen-Isemann, C. (2003): Aspekte der Familienbildung in Frankreich, Spanien und Deutschland. In: M. Feldhaus; N. Logemann; M. Schlegel (Hg.): Blickrichtung Familie - Vielfalt eines Forschungsgegenstandes. Würzburg, 67-82.

Ostermeyer, H. (1979): Ehe - Isolation zu zweit? Misstrauen gegen eine Institution. Frankfurt a.M.

Ostner, E.; Kupka, P.; Raabe, C. (1995): Wege in die Ehe - Bilanzierungen bei Spätheiratenden. In: B. Nauck; C. Onnen-Isemann (Hg.): Familienbrennpunkt von Wissenschaft und Forschung. Neuwied, 419-436.

Oswald, H. (1989): Intergenerative Beziehungen (Konflikte). In: R. Nave-Herz; M. Markefka (Hg.): Handbuch der Familien- und Jugendforschung Bd. 2. Neuwied, 367-382.

Ott, N. (2001): Der Erklärungsansatz der Familienökonomik. In: J. Huinink; K.P. Strohmeier; M. Wagner (Hg.): Solidarität in Partnerschaft und Familie - Zum Stand familiensoziologischer Theoriebildung. Bd. 7. Familie und Gesellschaft, Würzburg, 129-144.

Papastefanou, Chr. (1997): Auszug aus dem Elternhaus - Aufbruch und Ablösung im Erleben von Kindern und Eltern. Weinheim.

Parks, C.M. (1978): Vereinsamung - die Lebenskrise bei Partnerverlust. Hamburg.

Parsons, T. (1964): Beiträge zur Soziologischen Theorie. Neuwied.

Peiper, A. (1966): Chronik der Kinderheilkunde, 4. Aufl., Leipzig.

Pettengill, S.M.; Ruhna, R.P. (1985): Corean-American Adolescents' Perceptions of Control, Parental Acceptance-Rejection and Parental Adolescent Conflict. In: I. Reyers-Lagunes; Y.H. Poortinga (Hg.): From a Different Perspective: Studies of Behaviour Across Cultures. Lisse, 241-252.

Petzold, M. (1999): Entwicklung und Erziehung in der Familie. Göttingen.

Peuckert, R. (1996): Familienformen im sozialen Wandel, 2. Aufl. Opladen.

Pieper, B.; Pieper, M. (1975): Familie - Stabilität und Veränderung. München.

PISA-Konsortium (2001): PISA 2000. Basiskompetenzen von Schülerinnen und Schülern im internationalen Vergleich. Opladen.

Plakans, A; Wetherell, Ch. (1997): Auf der Suche nach einer Verortung. Die Geschichte der Familie in Osteuropa 1800-2000. In: J. Ehmer; T.K. Hareven; R. Wall: Historische Familienforschung. Frankfurt a.M., 301-326.

Play Le, F. (1879): Les Ouvriers Européens. Paris (erstmalig 1855).

Ploß, H.; Bartels, M. (1897): Das Weib in der Natur- und Völkerkunde, Bd. 1. Leipzig.

Popitz, H. (1972): Der Begriff der sozialen Rolle als Element der soziologischen Theorie. 3.Aufl. Tübingen.

Popper, K.R. (1965): Prognose und Prophetie in den Sozialwissenschaften. In: E. Topitsch (Hg.): Logik der Sozialwissenschaften. Köln/Berlin, 113-125.

Portmann, A. (1960): Zoologie und das neue Bild des Menschen. Hamburg.

Prahl, H.W. (2002): Soziologie der Freizeit. Paderborn.

Prinzing, F. (1904): Die sterilen Ehen. In: Zeitschrift für Sozialwissenschaften. Berlin. Bd. 1, 47-51; Bd. 2, 116-124.

Quataerst, J. (1985): Combining Agrarian and Industrial Livelihood: Rural Households in the Saxon Oberlausitz in 19th Century. In: Journal of Family History, 145-162.

Quételet, A. (1914/1921): Soziale Physik oder Behandlung über die Fähigkeit des Menschen (nach der Ausgabe letzter Hand, 1835). Jena.

Rabe-Kleberg, U.; Zeiher, H. (1984): Kindheit und Zeit. Über das Eindringen moderner Zeitorganisation in die Lebensbedingungen von Kindern. In: ZSE, 29-44.

Ramu, G.N. (1985): Voluntarily childless and parental couples: Comparison of their lifestyle characteristics. Spring.

Rattner, J.; Danzer, G. (2001): Liebe und Ehe - Zur Psychologie der Zweierbeziehung. Darmstadt.

Raumer, F. von (1833): Über Ehe und Familie. Historisches Taschenbuch. Leipzig, 327-376.

Reich, W. (1970): Charakteranalyse. Köln/Berlin (erstmalig 1933).

Reik, T. (1985): Geschlecht und Liebe. München.

Reinprecht, Ch.; Weiss, H. (1998): Liebe und Treue. Empirische Studien zur Verbindlichkeit des Liebesideals. In: K. Hahn; G. Burkart: Liebe am Ende des 20. Jahrhunderts. Studien zur Soziologie intimer Beziehungen. Opladen, 87-110.

Remberg, A. (1995): Wandel des Hochzeitsbrauchtums im 20. Jahrhundert. Münster.

Reuß, A. (1913): Frédéric Le Play in seiner Bedeutung für die Entwicklung der sozialwissenschaftlichen Methode. In: Archiv für exakte Wirtschaftsforschung. Bd. 5, 277-422.

Richter, H.E. (1970): Patient Familie. Hamburg.

Riehl, W.H. (1881): Die Familie. Stuttgart (erstmalig 1855).

Rinderspacher, J.T. (2003): Arbeits- und Lebenszeiten im Wandel. In: ZSE, 238-250.

Ritzenfeldt, S. (1998): Kinder mit Stiefvätern - Familienbeziehungen und Familienstrukturen in Stiefvaterfamilien. München.

Robertson, J. (1977): Grandmother Hood: Earth study of Role Conception. In: Journal of Marriage and the Family, 165-174.

Robinson, L.C.; Blanton, P.W. (1993):. Marital Strength in Enduring Marriages. In: Family Relations 42, 38-45.

Rodman, H. (1970): Eheliche Macht und der Austausch von Ressourcen im kulturellen Kontext. In: G. Lüschen; E. Lupri (Hg.): Soziologie der Familie, Sonderheft 14, Kölner Zeitschrift für Soziologie und Sozialpsychologie, 121-143.

Rolff, H.G. (1967): Sozialisation und Auslese durch die Schule, Heidelberg.

Rollett, B.; Werneck, H. (2002): Die Vaterrolle in der Kultur der Gegenwart und die väterliche Rollenentwicklung in der Familie. In: W. Heinz (Hg.): Männer als Väter - sozialwissenschaftliche Theorie und Empirie, Reihe „Forschung psychosozial". Gießen, 323-344.

Rosenbaum, H. (1982a): Die Bedeutung historischer Forschung für die Erkenntnis der Gegenwart - dargestellt am Beispiel der Familiensoziologie. In: M. Mitterauer, R. Sieder (Hg.): Historische Familienforschung. Frankfurt a.M., 40-63.

Rosenbaum, H. (1982b): Formen der Familie. Frankfurt a.M.

Rosenkranz, D.; Schneider, N.F. (1997): Wer pflegt morgen? Auswirkungen des Wandels der privaten Lebensführung auf die häusliche Pflege. In: R. Becker (Hg.): Generationen und sozialer Wandel - Generationsdynamik, Generationsbeziehungen und Differenzierung von Generationen. Opladen, 137-156.

Rosenmayr, L. (1969): Alter. In: R. König (Hg.): Handbuch zur empirischen Sozialforschung, Bd. 7. Stuttgart, 218-367.

Rossi, A.S. (1987): Parenthood in Transition: From Lineage to Child to Self-Orientation. In: J.B. Lancaster; J. Altmann; A.S. Rossi; L.R. Sherrod (Hg.): Parenting Across the Life-Span: Biosocial Dimensions. New York, 31-81.

Rössler, D. (1994): Grundriss der praktischen Theologie, 2. Aufl. Berlin/ New York.

Rost, H. (1998): Die Beziehung nichtehelicher Kinder zum leiblichen Vater. In: W. Bien; N.F. Schneider (Hg.): DJI: Familien-Survey 7. Kind ja, Ehe nein? Opladen, 109-138.

Rothe, S. (1994): Gewalt in Familien - Eine Literaturexpertise. In: DJI (Hg.): Materialien zum Fünften Familienbericht. Bd. 3: Gesundheitliche Aspekte. München.

Rüffer, W. (2001): Bildungshomogamie im internationalen Vergleich - die Bedeutung der Bildungsverteilung. In: Th. Klein (Hg.): Partnerwahl und Heiratsmuster - Sozialstrukturelle Voraussetzungen der Liebe. Opladen, 99-133.

Rupp, M. (1998): Lebensverhältnisse nicht verheirateter Frauen beim Übergang zur Elternschaft. In: W. Bien, N.F. Schneider (Hg.): Kind ja, Ehe nein? Opladen, 41-69.

Safilios-Rothschild, C. (1976): The Dimension of Power Distribution in the Family. In: H. Grunebaum; J. Christ (Hg.): Contemporary Marriage. Boston, 275-292.

Saito, O. (1997): Zwei Arten des Stammfamiliensystems? Das traditionelle Japan und Europa im Vergleich. In: J. Ehmer; T.K. Hareven; R. Wall (Hg.): Historische Familienforschung. Frankfurt a.M., 371-393.

Sander, D. (1997): Warum (noch) ledig? Warum nicht Ehe? Bielefeld.

Schaeper, H.; Kühn, Th. (2000): Zur Rationalität familialer Entscheidungsprozesse am Beispiel des Zusammenhangs zwischen Berufsbiographie und Familiengründung. In: ZSE, 3. Beiheft, 124-145.

Schäfers, B. (1993): Rechtssoziologie. In: H. Korte; B. Schäfers: Einführung in spezielle Soziologien. Opladen, 191-213.

Scharmann, D.L.; Scharmann, T. (1979): Die Vaterrolle im Sozialisations- und Entwicklungsprozess des Kindes - theoretische Ansätze und empirische Materialien. In: F. Neidhardt (Hg.): Frühkindliche Sozialisation. Theorien und Analysen. Stuttgart, 270-320.

Scheibler, P.M. (1992): Bi-Nationale Ehen - Zur Lebenssituation europäischer Paare in Deutschland. Weinheim.

Schelsky, H. (1953): Wandlungen der deutschen Familie in der Gegenwart. Dortmund.

Schelsky, H. (1955): Soziologie der Sexualität. Hamburg.

Schelsky, H. (1962): Schule und Erziehung in der industriellen Gesellschaft, 4. Aufl., Würzburg.

Scheuch, E.K (1969): Soziologie der Freizeit. In: R. König (Hg.): Handbuch der empirischen Sozialforschung. Bd 2., Stuttgart, 735-862.

Schieren, C. (1961): Fertilitätsstörungen des Mannes. Stuttgart.

Schmidt-Denter, U. (1993): Eltern-Kind- und Geschwister-Beziehungen. In: M. Markefka; B. Nauck (Hg.): Handbuch der Kindheitsforschung. Neuwied, 337-352.

Schmid-Thannenwald, I.; Urdze, A. (1983): Sexualität und Kontrazeption aus der Sicht der Jugendlichen und ihrer Eltern. Schriftenreihe des Ministeriums für Jugend, Familie und Gesundheit, Bd. 132. Berlin.

Schmidt-Wiegand, R. (1985): Hochzeit, Vertragsehe und Ehevertrag in Mitteleuropa. In: G. Völger; K. von Welck (Hg.): Die Braut - zur Rolle der Frau im Kulturvergleich. Köln, 263-273.

Schnapper-Arndt, G. (1883): Fünf Dorfgemeinschaften auf dem hohen Taunus - eine socialstatistische Untersuchung über Kleinbauernthum, Hausindustrie und Volksleben. In: Staats- und Socialwissenschaftliche Forschung, Bd. 4, H. 2. Leipzig.

Schneewind, K.A. (1995a): Kinder und Jugendliche im Kontext der Familie: Strategien für eine entwicklungsförderliche Erziehung. In: W. Edelstein (Hg.): Entwicklungskrisen kompetent meistern. Heidelberg, 43-51.

Schneewind, K.A. (1995b): Beziehungsempowerment: Handreichungen zur Stärkung von Beziehungsfertigkeiten in unterschiedlichen Lebensbereichen. In: W. Edelstein (Hg.): Entwicklungskrisen kompetent meistern. Heidelberg, 110-112.

Schneewind, K.A. (1999): Familienpsychologie. 2.Aufl. Stuttgart.

Schneewind, K.A. (2000): Familienpsychologie im Aufwind - Brückenschläge zwischen Forschung und Praxis. Göttingen.

Schneewind, K.A. (2002): Familie und Gewalt. In: R. Nave-Herz (Hg.): Kontinuität und Wandel der Familie in Deutschland - Eine zeitgeschichtliche Analyse. Stuttgart, 131-158.

Schneewind, K.A.; Gerhard, A.K. (2002): Relationship personality, conflict resolution, and marital satisfaction in the first five years of marriage. In: Family Relations 51, 63-71.

Schneider, N.F. (1994): Familie und private Lebensführung in West- und Ostdeutschland. Eine vergleichende Analyse des Familienlebens 1970/1992. Stuttgart.

Schneider, N.F. (2002): Zur Lage und Zukunft der Familie in Deutschland. In: Gesellschaft - Wirtschaft - Politik, 511-544.

Schneider, N.F.; Hartmann, K.; Eggen, K.; Fölker, B. (2000): Wie leben die Deutschen? Lebensformen, Familien- und Haushaltsstrukturen in Deutschland. Sonderauswertung mit den Daten des Mikrozensus 1998. In: BFSFG (Hg.): Materialien zur Familienpolitik Nr.10. Mainz.

Schneider, N.F.; Krüger, D.; Lasch, W.; Lemmer, R.; Matthias-Bleck, H. (2001): Alleinerziehen - Vielfalt und Dynamik einer Lebensform. Weinheim.

Schneider, N.F.; Matthias-Bleck, H. (2002): Elternschaft heute. Gesellschaftliche Rahmenbedingungen und individuelle Gestaltungsaufgaben. Zeitschrift für Familienforschung, Sonderheft 2. Opladen.

Schneider, N.F.; Rosenkranz, D.; Lemmer, R. (1998): Nichtkonventionelle Lebensformen: Entstehung - Entwicklung - Konsequenzen. Opladen.

Scholz, W.D.; Schwab, H. (1999): Bildung und Gesellschaft im Wandel und Perspektiven der Erziehungswissenschaft. Oldenburg.

Schott, C. (1992): Trauung und Ja-Wort. Von der Brautübergabe zur Ziviltrauung. Frankfurt a.M.

Schröter, M. (1985): „Wo zwei zusammenkommen in rechter Ehe". Frankfurt a.M.

Schulz, E. (2002): Auswirkungen des demografischen Wandels auf die Familienstandsstruktur. Entwicklung 1991-1999 und Vorausschätzung bis 2005. In: Zeitschrift für Bevölkerungswissenschaft, H. 1, 213-246.

Schulz, R. (1985): Die kirchliche Trauung aus evangelischer Sicht. In: G. Völger; K. von Welck (Hg.): Die Braut - geliebt, verkauft, getauscht, geraubt. Zur Rolle der Frau im Kulturvergleich. Köln, 150-155.

Schulze, H.J. (1993): Wie Jugendliche ihre Kommunikation in Familien und mit Freunden erleben. In: Zeitschrift für internationale erziehungs- und sozialwissenschaftliche Forschung, 257-270.

Schulze, H.W. (1987): „Eigenartige Familien" - Aspekte der Familienkultur. In: I. Karsten; U. Otte (Hg.): Die sozialpädagogische Ordnung der Familie. Weinheim, 27-43.

Schumacher, J. (1988): Leistungsniveau und Leistungsbereitschaft in der Familie. In: K.O. Hondrich; J. Schumacher et al. (Hg.): Krise der Leistungsgesellschaft. Opladen, 68-99,

Schütz, A.; Wiesner, Ch. (2000): Partnerschaft und Gesundheit. In: P. Kaiser (Hg.): Partnerschaft und Paartherapie. Göttingen, 193-218.

Schütze, Y. (1986): Die gute Mutter - zur Geschichte des normativen Muster ‚Mutterliebe'. Bielefeld.

Schütze, Y. (1989): Geschwisterbeziehungen. In: R. Nave-Herz; M. Markefka (Hg.): Handbuch der Familien- und Jugendforschung. Bd. 1: Familienforschung. Neuwied, 311-324.

Schütze, Y. (1989): Pflicht und Neigung: Intergenerationelle Beziehungen zwischen Erwachsenen und ihren alten Eltern - Ergebnisse einer Pilotstudie. In: Zeitschrift für Familienforschung, 72-97.

Schütze, Y. (2000): Wandel der Mutterrolle - Wandel der Familienkindheit? In: A. Herlth; A. Engelberth; J. Mansel; C. Palentien (Hg.): Spannungsfeld Familienkindheit - neue Anforderungen, Risiken und Chancen. Opladen, 92-105.

Schütze, Y. (2002): Zur Veränderung im Eltern-Kind-Verhältnis seit der Nachkriegszeit. In: R. Nave-Herz (Hg.): Kontinuität und Wandel der Familie in Deutschland - Eine zeitgeschichtliche Analyse. Stuttgart, 71-98.

Schütze, Y. (2003): Zum Wandel des Familienleitbildes durch das Recht. In: M. Feldhaus; N. Logemann; M. Schlegel (Hg.): Blickrichtung Familie - Vielfalt eines Forschungsgegenstands. Würzburg, 83-98.

Schütze, Y.; Wagner, M. (1991): Sozialstrukturelle, normative und emotionale Determinanten der Beziehungen zwischen erwachsenen Kindern und ihren alten Eltern. In: ZSE, 295-313.

Schwab, P. (1988): Großeltern und Enkelkinder - Zur Dynamik der Generationsbeziehung. Heidelberg.

Schwägler, G. (1970): Soziologie der Familie - Ursprung und Entwicklung. Tübingen.

Schwenzer, I. (1991): Namensrecht im Überblick. Entwicklung - Rechtsvergleich - Analyse. In: Zeitschrift für das gesamte Familenrecht, 390-397.

Schwind, H.D.; Baumann, J. (1990): Ursachen, Prävention und Kontrolle von Gewalt - Analysen und Vorschläge der unabhängigen Regierungskommission zur Verhinderung und Bekämpfung von Gewalt. Gewaltkommission; Bd. 1, Berlin.

Schwob, P. (1988): Großeltern und Enkelkinder. Heidelberg.

Segalen, M. (1990): Die Familie - Geschichte, Soziologie, Anthropologie. Frankfurt a.M./Paris.

Seyfarth, C. (1979): Alltag und Charisma bei Max Weber. In: W.M. Sprondel; R. Grathoff: Alfred Schütz und die Idee des Alltags in den Sozialwissenschaften. Stuttgart, 155-177.

Shamgar-Handelman, L. (1989): Verwitwung und Witwenschaft in modernen Gesellschaften. In: R. Nave-Herz; M. Markefka (Hg.): Handbuch der Familien- und Jugendforschung. Bd. 1: Familienforschung. Neuwied, 423-432.

Shell-Studie (1992): Jugend '92 - Lebenslagenorientierungen und Entwicklungsperspektiven im vereinigten Deutschland. Opladen.

Shell-Studie (2002): Jugend 2002. Frankfurt a.M.

Shepher, J. (1983): Incest. A Biosocial View. New York.

Shorter, E. (1975): Der Wandel der Mutter-Kind-Beziehung zu Beginn der Moderne. In: Geschichte und Gesellschaft, Heft 2/3, 256-287.

Shorter, E. (1977): Die Geburt der modernen Familie. Hamburg.

Sieder, R. (1977): Ehe - Fortpflanzung und Sexualität. In: M. Mitterauer; R. Sieder (Hg.): Vom Patriarchat zur Partnerschaft - Zum Strukturwandel der Ehe. München, 144-168.

Siedler, N. (1970): Zur Universalität des Inzesttabus. Stuttgart.

Silzer, M. (2001): Machtungleichheit in Partnerschaftsbeziehungen. Strategien der Machtbehauptung, Balancierung und Konfliktvermeidung. In: Ch. Hopf; M. Hartwig (Hg.): Liebe und Abhängigkeit. Weinheim, 65-96.

Simm, R. (1991): Partnerschaft und Familienentwicklung. In: K.U. Mayer; J. Allmendinger; J. Huinink (Hg.): Vom Regen in die Traufe; Frauen zwischen Beruf und Familie. Frankfurt a.M., 318-340.

Skolnick, A. (1981). Married Lives. Longitudinal perspectives on marriage. In: D.H. Eichorn et al.: Present and past in middle life. New York, 269-298.

Sommer-Himmel, R. (2001a): „Was kann man schöneres überhaupt tun?" Zum Selbstverständnis von Großeltern in der regelmäßigen Kinderbetreuung. In: Zeitschrift für Frauenforschung und Geschlechterstudien, 109-117.

Sommer-Himmel, R. (2001b): Großeltern heute. Betreuen, erziehen, verwöhnen. Eine qualitative Studie zum Betreuungsalltag mit Enkelkindern. Bielefeld.

Sommerkorn, I. (1988): Die erwerbstätige Mutter in der Bundesrepublik: Einstellungs- und Problemveränderungen. In: R. Nave-Herz (Hg.): Wandel und Kontinuität der Familie in der Bundesrepublik Deutschland. Stuttgart, 115-144.

Sommerkorn, I.; Liebsch, K. (2002): Erwerbstätige Mütter zwischen Beruf und Familie: Mehr Kontinuität als Wandel. In: R. Nave-Herz (Hg.): Kontinuität und Wandel der Familie in Deutschland - Eine zeitgeschichtliche Analyse. Stuttgart, 99-130.

Somucho Seishonen Taisaku Honbu (1989): A Summary Report on the World Youth Survey. Tokyo.

Sowarka, D.; Schwichtenberg-Hilmert, B.; Thürkow, K.; Hesse, A. (2001): Literaturangaben und inhaltliche Zusammenfassungen der Beiträge zum Thema „Gewalt gegen alte Menschen im häuslichen und institutionellen Bereich. Berlin.

Stacey, J.; Biblarz, T.J. (2001): (How) does the sexual Orientation of parents matter? In: American Sociological Review, 66, 159-183.

Stanley, L. (1995): Sex Surveyed 1949-1994. London.

Starke, K. (1997): Partner- und Sozialverhalten ostdeutscher Jugendlicher und gesellschaftlicher Umbruch. In: H. Sydow (Hg.): Entwicklung und Sozialisation von Jugendlichen vor und nach der Vereinigung Deutschlands. Opladen, 159-220.

Stauber, M. (1979): Psychosomatik der sterilen Ehe. Berlin.

Stauder, J. (2000): Eheliche Arbeitsteilung und Ehestabilität (Diss.). Heidelberg.

Stolten, I.; Ayck, T. (1988): Keine Lust auf Kinder? Eine politische Streitschrift. Hamburg.

Stosberg, M. (1995): Alter und Familie. Zur sozialen Integration älterer Menschen. Theoretische Konzepte und empirische Befunde. Frankfurt a.M.

Straßburger, G. (2003): Heiratsverhalten und Partnerwahl im Einwanderungskontext - Eheschließungen der zweiten Migrantengeneration türkischer Herkunft. In: F.W. Busch; B. Nauck; R. Nave-Herz (Hg.): Reihe: Familie und Gesellschaft, Bd. 10, Würzburg.

Strauß, M.A.; Gelles, R.J.; Steinmetz, S.K. (1980): Behind Closed Doors. New York.

Strohmeier, K.P. (2003): Familienpolitik und Familienleben in Europa. In: J. Dorbritz; J. Otto (Hg.): Familienpolitik und Familienstrukturen. Materialien zur Bevölkerungswissenschaft. H. 108. Wiesbaden, 109-120.

Struck, G. (1991): Reglementierung und Emanzipation im Namensrecht. In: Recht der Jugend und des Bildungswesens, 412-422.

Sulloway, F.J. (1999): Der Rebell der Familie - Geschwisterrivalität, kreatives Denken und Geschichte. Berlin.

Swaan, A. de (1982): Vom Ausgehverbot zur Angst vor der Straße. In: pet extra. H. 2, 48-55.

Szydlik, M. (1999): Erben in der Bundesrepublik Deutschland. In: Kölner Zeitschrift für Soziologie und Sozialpsychologie, 80-104.

Szydlik, M. (2000): Lebenslange Solidarität? Generationenbeziehungen zwischen erwachsenen Kindern und Eltern. Opladen.

Szydlik, M. (2001): Wer hat, dem wird gegeben - Befunde zu Erbschaften und Schenkungen in Deutschland. In: ISI, H. 25, 5-8.

Szydlik, M. (2002): Wenn sich Generationen auseinander leben. In: ZSE, 362-373.

Szydlik, M. (2003): Soziale Sicherheit durch Familiensolidarität?. In: M. Feldhaus; N. Logemann; M. Schlegel (Hg.): Blickrichtung Familie - Vielfalt eines Forschungsgegenstandes. Würzburg, 33-50.

Szydlik, M.; Schupp, J. (1998): Stabilität und Wandel von Generationenbeziehungen. In: Zeitschrift für Soziologie, 297-315.

Teckenberg, W. (2000): Wer heiratet wen? Sozialstruktur und Partnerwahl. Opladen.

Teichert, V. (1990): Familie und Gesellschaftsstruktur. In: V. Teichert (Hg.): Junge Familien in der Bundesrepublik. Opladen, 11-25.

Thiersch, H. (1980): Können wir noch unsere Kinder lieben? In: Neue Sammlung, 208-224.

Thoman, W. (1989): Psychoanalytische Erklärungsansätze in der Familienforschung. In: R. Nave-Herz; M. Markefka (Hg.) Handbuch der Familien- und Jugendforschung. Bd. 1: Familienforschung. Neuwied, 81-94.

Thurnwald, H. (1948): Gegenwartsprobleme Berliner Familien. Berlin.

Tietze, W. (2002): Institutionelle Betreuung von Kindern. In: H.-H. Krüger; C. Grunert (Hg.): Handbuch Kindheits- und Jugendforschung. Opladen, 497-518.

Todorova, M. (1997): Zum erkenntnistheoretischen Wert von Familienmodellen. Der Balkan und die ‚europäische Familie'. In: J. Ehmer; T.K. Hareven; R. Wall: Historische Familienforschung. Frankfurt a.M., 283-300.

Tölke, A. (1991): Partnerschaft und Eheschließung - Wandlungstendenzen in den letzten fünf Jahrzehnten. In: H. Bertram (Hg.): Die Familie in Westdeutschland. DJI: Familien-Survey 1. Opladen, 113-158.

Toprak, A. (2002): „Auf Gottes Befehl und mit dem Worte des Propheten ..." - Auswirkungen des Erziehungsstils auf die Partnerwahl und die Eheschließung türkischer Migranten in der zweiten Generation. Herboldsheim.

Trommsdorff, G. (1993): Kindheit im Kulturvergleich. In: M. Markefka; R. Nave-Herz (Hg.): Handbuch der Kindheitsforschung. Neuwied, 45-66.

Trommsdorff, G. (1997): Familie und Eltern-Kind-Beziehungen in Japan. In: B. Nauck; U. Schönpflug (Hg.): Familien in verschiedenen Kulturen. Stuttgart, 44-63.

Trommsdorff, G. (2001): Eltern-Kind-Beziehungen aus kulturvergleichender Sicht. In: S. Walper; R. Pekrun (Hg.): Familie und Entwicklung. Göttingen, 36-62.

Trost, J. (1967): Some Data on Nate-Selection: Homogamie and Perceived Homogamie. In: Journal of Marriage and the Family, 739-755.

Trost, J. (1989): Nichteheliche Lebensgemeinschaften. In: R. Nave-Herz; M. Markefka (Hg.): Handbuch der Familienforschung, Bd. 1: Familienforschung. Neuwied, 363-373.

Turner, R. (1970): Family Interaction. New York.

Tylor, E.B. (1889): On a Method of Investigating the Development of Instituti-
ons, applied to Laws of Marriage and Descent. In: Journal of the Royal
Anthropological Institute of Great Britain and Ireland, Bd. 18, 245-269.

Tyrell, H. (1985): Literaturbericht - Nichteheliche Lebensgemeinschaften in der
Bundesrepublik Deutschland. In: Schriftenreihe des Bundesministeriums für
Jugend, Familie, Frauen und Gesundheit, Bd. 170. Stuttgart, 93-140.

Tyrell, H. (1988): Ehe und Familie - Institutionalisierung und De-
Institutionalisierung. In: K. Lüscher; F. Schultheiß; M. Wehrspaun (Hg.):
Die ‚postmoderne‘ Familie. Konstanz, 145-156.

Urdze, A.; Rerrich, M. (1981): Frauenalltag und Kinderwunsch. Frankfurt.

Vaskovics, L.A.; Buba, H.P. (2000): Benachteiligung gleichgeschlechtlich orientierter Personen und Paare - Studien im Auftrage des Bundesministeriums
der Justiz. Köln.

Vaskovics, L.A.; Buba, H.P.; Früchtel, F. (1992): Postadoleszenz und intergenerative Beziehungen in der Familie. In: Jugendwerk der Deutschen Shell,
Jugend ’92: Lebenslagen, Orientierungen und Entwicklungsperspektiven im
vereinigten Deutschland, Bd. 2. Opladen, 395-408.

Vaskovics, L.A.; Rupp, M. (1995): Partnerschaftskarrieren: Entwicklungspfade
Nichtehelicher Lebensgemeinschaften. Opladen.

Vaskovics, L.A.; Schneider, N. (1989): Ökonomische Ressourcen und Kon-
sumverhalten. In: R. Nave-Herz; M. Markefka (Hg.): Handbuch der Famili-
en- und Jugendforschung, Bd. 2: Jugendforschung. Neuwied, 403-418.

Veevers, J.E. (1983): Voluntary Childlessness. London.

Vetter, St. (2001): Partnerwahl und Nationalität. Heiratsbeziehungen zwischen
Ausländern in der Bundesrepublik Deutschland. In: Th. Klein (Hg.): Part-
nerwahl und Heiratsmuster - Sozialstrukturelle Voraussetzungen der Liebe.
Opladen, 207-232.

Vincent, G. (1987): Eine Geschichte des Geheimen? In: P. Ariès; G. Duby
(Hg.): Geschichte des privaten Lebens, Bd. 5. Paris, 153-344.

Völger, G.; Welck, K. (1985): Die Braut: geliebt - verkauft - getauscht - geraubt. Zur Rolle der Frau im Kulturvergleich. Köln.

Wagner, A. (2000): Arbeiten ohne Ende? Über die Arbeitszeiten hoch qualifi-
zierter Angestellter. In: Institut Arbeit und Technik (Hg.): Jahrbuch
1999/2000, 258-275.

Wagner, M. (2001): Soziale Differenzierung, Gattenfamilie und Ehesolidarität -
zur Familiensoziologie Emile Durkheims. In: J. Huinink; K.P. Strohmeier;
M. Wagner (Hg.): Solidarität in Partnerschaft und Familie - zum Stand familiensoziologischer Theoriebildung. Bd. 7: Familie und Gesellschaft. Würzburg, 19-42.

Wagner, M. (2002): Familie und soziales Netzwerk. In: R. Nave-Herz (Hg.):
Kontinuität und Wandel der Familie in Deutschland - Eine zeitgeschichtliche
Analyse. Stuttgart, 227-252.

Wagner, M.; Franzmann, G. (2000): Die Pluralisierung der Lebensformen. In:
Zeitschrift für Bevölkerungswissenschaft, 151-173.

Wagner, M.; Franzmann, G.; Stauder, J. (2001): Neue Befunde zur Pluralität
der Lebensformen. In: Zeitschrift für Familienforschung, 52-73.

Wagner, M.; Huinink, J. (1991): Neuere Trends beim Auszug aus dem Elternhaus. Acta Demographica/Deutsche Gesellschaft für Bevölkerungswissenschaft 1, 39-62.

Wagner, M.; Weiß, B. (2003): Bilanz der deutschen Scheidungsforschung. Versuch einer Metaanalyse. In: Zeitschrift für Soziologie 2003, 29-49.

Wahl, K. (1989): Studien über Gewalt und Familie. München.

Waite, L.J.; Gallagher, M. (2000): The Case For Marriage - Why Married People Are Happier, Healthier, and Better Off Financially. New York.

Wakao, Y. (1997): Ländliche Familien in Japan in der frühen Neuzeit bis zur Mitte des 19. Jahrhunderts in vergleichender Perspektive mit Mitteleuropa. In: J. Ehmer; T.K. Hareven; R. Wall (Hg.): Historische Familienforschung. Frankfurt a.M., 346-370.

Wall, R. (1997): Zum Wandel der Familienstrukturen im Europa der Neuzeit. In: J. Ehmer; T.K. Hareven; R. Wall: Historische Familienforschung. Frankfurt a.M., 255-282.

Wallerstein, J.; Blakeslee, S. (1989): Gewinner und Verlierer. Frauen, Männer, Kinder nach der Scheidung. Eine Langzeitstudie. München.

Walter, H. (1995): Das Alter leben! Darmstadt.

Walter, H. (2002): Männer als Väter - sozialwissenschaftliche Theorie und Empirie, Reihe: Forschung psychosozial. Gießen.

Walter, W.; Künzler, J. (2002): Parentales Engagement. Mütter und Väter im Vergleich. In: N. Schneider; H. Matthias-Bleck (Hg.): Elternschaft heute. Gesellschaftliche Rahmenbedingungen und individuelle Gestaltungsaufgaben. Zeitschrift für Familienforschung. Sonderheft 2. Opladen, 95-119.

Weber, M. (1956): Wirtschaft und Gesellschaft, (1. Aufl. 1922). Tübingen.

Weber-Kellermann, I. (1974): Die deutsche Familie - Versuch einer Sozialgeschichte. Frankfurt a.M.

Weick, St. (1999): Steigende Bedeutung der Familie nicht nur in der Politik. Untersuchungen zur Familie mit objektiven und subjektiven Indikatoren. In: ISI Informationsdienst soziale Indikatoren. H. 22, 12-15.

Weiss, H. (1995): Liebesauffassungen der Geschlechter. Veränderungen in Partnerschaft und Liebe. In: Soziale Welt, 119-137.

Weiß, R. (1975): Marital separation. New York.

Westermarck, E.A. (1891): Die Geschichte der menschlichen Ehe. Jena.

Wetzels, P.; Greve, W. (1996): Alte Menschen als Opfer innerfamilialer Gewalt. Ergebnisse einer kriminologischen Dunkelfeldstudie. In: Zeitschrift für Gerontologie und Geriatrie, 191-200.

Weyer, S. (1984): Westdeutsche Soziologie 1954-1960. Berlin.

Wilk, N. (1993): Großeltern und Enkelkinder. In: K. Lüscher; F. Schultheis (Hg.): Generationenbeziehungen in „postmodernen Gesellschaften". Konstanz, 203-214.

Wilson, E.O. (1980): Biologie als Schicksal. Die soziobiologischen Grundlagen menschlichen Verhaltens. Frankfurt a.M.

Winch, R.F. (1958): Mate selection. A Study of Complementary Needs. New York.

Wirth, H. (1996): Wer heiratet wen? Die Entwicklung der bildungsspezifischen Heiratsmuster in Westdeutschland. In: Zeitschrift für Soziologie, 371-394.

Wirth, H. (2000): Bildung, Klassenlage und Partnerwahl - eine empirische Analyse zum Wandel der bildungs- und klassenspezifischen Heiratsbeziehungen. Opladen.

Wissenschaftlicher Beirat für Familienfragen (2002): Die bildungspolitische Bedeutung der Familie - Folgerungen aus der Pisa-Studie. Schriftenreihe des BMFSFJ, Bd. 224. Stuttgart.

Wissenschaftlicher Beirat für Frauenpolitik beim Bundesministerium für Frauen und Jugend (1993): Frauen im mittleren Lebensalter - Lebenslagen der Geburtskohorten von 1935-1950 in den alten und neuen Bundesländern, Schriftenreihe des Ministeriums für Frauen und Jugend, Bd. 13. Bonn.

Woll, S.B.; Cozby, P.C. (1987): Videodating and other alternatives to traditional methods of relationship initiation. In: Advances in Personal Relationships, Vol. 1, 69-108.

Wurzbacher, G. (1951): Leitbilder gegenwärtigen deutschen Familienlebens, 1. Aufl., Stuttgart.

Xu, X.; Whyte, M.K. (1990): Love Matches and Arranged Marriages: A Chinese Replication. In: Journal of Marriage and the Family, 52, 709-722

Yeong-Su Tscheong (1999): Der Vater in Koreas Tradition und Gegenwart. In: B. Drinck (Hg.): Vaterbilder. Bonn, 191-200.

Yoo, D. (2002): Family Structure in South Korea. In: R. Nave-Herz (Hg.): Family Change and Intergenerational Relations in Different Cultures. Würzburg, 49-84.

Zapf, W. (1992): Entwicklung und Sozialstruktur moderner Gesellschaften. In: H. Korte; B. Schäfers (Hg.): Einführung in die Hauptbegriffe der Soziologie. Opladen, 181-194.

Zentralarchiv für empirische Sozialforschung (1988): Information Nr. 22, 23-28.

Zinn, H. (1978): Wohngewohnheiten im Wandel. Bonn/Bad Godesberg.

Zinneker, J.; Strzoda, Ch.; Georg, W. (1996): Familiengründer, Postadoleszente und Nesthocker - eine empirische Typologie zu Wohnformen junger Erwachsener. In: H.-P. Buba; N.F. Schneider (Hg.): Familie - zwischen gesellschaftlicher Prägung und individuellem Design. Opladen, 289-306.

ZUMA (Hg.) (1999): Informationsdienst Soziale Indikatoren (ISI). Mannheim.

Register